普通高等教育"十四五"创新型规划教材

工程项目管理

主　编　范成伟　周文昉　张海捷
副主编　刘　阳　张哨军　占征杰
参　编　寇美侠　雷　刚　丁雨婷

东南大学出版社
·南京·

内容提要

本书在总结我国工程项目管理实践的基础上,系统全面地介绍了工程项目管理的基本知识,从理论到实践进行了深入分析。内容以建设工程项目管理目标任务为主要线索,综合考虑了工程项目成本、质量、进度三大目标之间的对立统一关系,以合同管理为纽带,以信息管理为基础,并引入安全管理理念,系统阐述了工程项目实施阶段全过程的项目管理工作。全书具体内容包括工程项目管理概述、工程项目组织管理、工程项目进度管理、工程项目成本管理、工程项目质量和安全管理、工程合同与合同管理、工程项目信息管理。

图书在版编目(CIP)数据

工程项目管理 / 范成伟,周文昉,张海捷主编. — 南京:东南大学出版社,2023.7(2025.1重印)
 ISBN 978-7-5766-0806-9

Ⅰ.①工… Ⅱ.①范… ②周… ③张… Ⅲ.①工程项目管理－高等教育－教材 Ⅳ.①F284

中国国家版本馆 CIP 数据核字(2023)第 131303 号

责任编辑:戴坚敏　责任校对:韩小亮　封面设计:余武莉　责任印制:周荣虎

工程项目管理
Gongcheng Xiangmu Guanli

出版发行:	东南大学出版社
社　　址:	南京市四牌楼 2 号　邮编:210096　电话:025-83793330
网　　址:	http://www.seupress.com
电子邮箱:	press@seupress.com
经　　销:	全国各地新华书店
印　　刷:	常州市武进第三印刷有限公司
开　　本:	787 mm×1092 mm　1/16
印　　张:	16.25
字　　数:	419 千字
版　　次:	2023 年 7 月第 1 版
印　　次:	2025 年 1 月第 2 次印刷
书　　号:	ISBN 978-7-5766-0806-9
印　　数:	3 001—4 000 册
定　　价:	52.00 元

本社图书若有印装质量问题,请直接与营销部调换。电话(传真):025-83791830

前　言

本书面向全国本科院校工程管理、工程造价、土木工程等专业开设的"工程项目管理"专业课程编写，坚持以就业为导向，以企业需求为基本依据，适应行业技术发展的要求。内容以建设工程项目管理目标任务为主要线索，系统论述了工程项目建设全过程的管理理论和方法，重点阐述了施工阶段项目管理的内容。教材中工程案例丰富实用，习题设计严格参照各执业资格考试，融入执业标准、各项建设规范及建造师执业资格考试的相关内容，为学生更好地提高项目管理能力、更快地适应岗位需求奠定了良好基础。

本书的编写以现行国家标准《建设工程项目管理规范》(GB/T 50326—2017)为基础，以建筑工程项目施工阶段的管理为核心，将"建筑工程施工组织"和"项目管理"的理论、方法融为一体，形成一个较完整的、适用于应用型人才培养要求的教材。并紧密结合我国建筑业、建筑施工企业和工程建设的改革及国家执业资格考试，着力培养学生的工程项目管理能力。

编写特点：

1. 本着以适用为基础、以提高能力为本位、理论联系实际的原则，教授内容体现基础性、适用性、实践性的特点。

2. 结构上以"理论＋实例"为主，内容中结合最常见的工程为实例来编写，突出工程项目管理基本技能训练，尽可能浅显易懂。

3. 融入全国建造师执业资格考试相关内容，使其更符合应用型本科高等教育教学的使用要求。

4. 教材中工程案例丰富实用，课后习题选自全国建造师等执业职格考试历年真题，为学生将来取得执业资格证书奠定基础。

本书由武昌工学院范成伟、武汉文华学院周文昉、武汉船舶职业技术学院张海捷担任主编，武昌工学院刘阳、武汉工程大学张哨军、湖北工业大学工程技术学院占征杰担任副主编，武汉城市学院寇美侠和丁雨婷、湖北轻工职业技术学院雷刚参加了编写。在编写过程中，多位教师及武汉铭泽瑞建设工程有限公司总经理李敏提出了宝贵意见和建议，查阅和参考了大量工程项目管理类的相关资料和有关专家的著述，在此一并感谢！

工程项目管理是紧随行业不断发展的，需要在实践中不断丰富和完善。由于编者水平有限，教材难免会出现不足或疏漏之处，恳请读者和同行给予批评指正并提出宝贵意见。

编者

2023 年 5 月

目 录

1 工程项目管理概述 ... 1
　1.1 工程项目概述 ... 3
　1.2 工程项目管理的概念、类型和任务 ... 7
　1.3 业主方项目管理的目标和任务 ... 10
　1.4 供货方项目管理的目标和任务 ... 15
2 工程项目组织管理 ... 21
　2.1 工程项目组织概述 ... 23
　2.2 工程项目组织结构 ... 26
　2.3 工程项目采购的模式 ... 41
　2.4 工程项目组织协调 ... 49
3 工程项目进度管理 ... 60
　3.1 建设工程项目进度管理概述 ... 61
　3.2 建设工程项目进度计划编制的方法与技术 ... 64
　3.3 建设工程进度计划的调整方法 ... 84
　3.4 建设工程项目进度控制 ... 91
4 工程项目成本管理 ... 101
　4.1 建筑安装工程项目费用的组成 ... 102
　4.2 施工成本管理的任务、程序和措施 ... 109
　4.3 施工成本计划 ... 113
　4.4 施工成本分析和成本考核 ... 134
5 工程项目质量和安全管理 ... 149
　5.1 建设工程项目质量管理概述 ... 150
　5.2 建设工程项目参与各方的质量责任和义务 ... 166
　5.3 建设工程项目质量控制 ... 169
　5.4 建设工程项目职业健康安全管理概述 ... 183
　5.5 建设工程项目施工现场安全管理 ... 190
6 工程合同与合同管理 ... 202
　6.1 建设工程合同总体策划 ... 203
　6.2 建设工程招标与投标 ... 217
　6.3 建设工程合同的实施管理与索赔 ... 227
7 工程项目信息管理 ... 239
　7.1 施工信息管理的任务和方法 ... 241
　7.2 信息技术在工程项目管理中的应用 ... 248
参考文献 ... 254

1 工程项目管理概述

教学目标

本章主要讲述建设工程项目管理的基本概念、基本类型及任务,并分析了业主方、设计方、施工方、供货方、建设项目总承包方项目管理的目标和任务,最后介绍了工程管理的背景及发展趋势。通过本章学习,应达到以下目标:

(1) 熟悉项目的内涵及建设工程项目管理的概念;
(2) 掌握建设工程项目管理的类型及任务;
(3) 掌握业主方、设计方、施工方、供货方及建设项目总承包方的目标和任务;
(4) 理解国内外工程项目管理发展现状与未来发展。

案例导入

武汉长江隧道

武汉长江隧道位于武汉长江大桥和武汉长江二桥之间,是万里长江上的第一条穿江隧道,又称"万里长江第一隧"(图1-1)。隧道起于汉口大智路铭新街平交口,止于武昌友谊大道东侧,与规划的沙湖路衔接,并在汉口端设胜利街右进隧道匝道、天津路右出隧道匝道,在武昌端设友谊大道南北方向右进匝道和右出匝道各2条。该隧道总建筑长度3 630 m,分左、右2个隧洞,其中东线隧道长3 295 m,西线隧道长3 303.6 m,每条线各设2车道,宽7 m,车道净高4.5 m,设计车速50 km/h。

武汉长江隧道于2008年12月28日试通车。该工程于2004年11月破土动工,是中国第一条开建、最先贯通的长江公路隧道。

图1-1 武汉长江隧道

长江武汉段江底地质条件复杂，有黏土、粉土、粉细砂、卵石，还有岩层等13种围岩，开挖武汉长江隧道的每一个施工阶段，几乎都伴随着世界级技术难题的攻关。武汉长江隧道的建设施工必须在防洪设施密集、城市建筑众多的中心城区进行，这也决定了这些难题的世界性。

武汉地质条件复杂，有黏土、粉土、粉细砂、卵石，还有岩层。上软下硬的地层，是隧道挖掘的"大敌"。在武汉这种地质条件搞大断面施工，在世界上都算是难题，但难题还是被攻克了。

与上海、南京长江隧道相比，武汉地质情况最复杂，砂石多，水压最高，地面建筑多、技术难度最大。自2004年11月动工至今，武汉过江隧道运用各种先进技术，解决了一系列意外状况，没有发生过一起安全事故。武汉过江隧道在施工中，也出现过几次紧张时刻。

在江南竖井开工时，由于地下水多，压力大，深21.5 m的市政基坑武汉以前没有过。基坑挖到底部时，突然出现管涌，由于及时采取应急措施，险情很快排除。最惊心动魄的一次遇险，是在长江江底。当时，盾构机要拐弯，没想到隧道壁上的管片有一角出现裂缝，水和土极容易渗透进来，导致重大风险。幸亏之前有预案，两个小时紧张抢险后，险情被排除。

当盾构机在江底掘进时，居然碰到了炸弹，是日本侵略时丢到江底的。当时，施工人员只是感觉到盾构机碰到了异物，但并没有发现炸弹，直到盾构机在汉口出洞后，人们清理盾构机前面的杂物，才发现一枚50 cm长的炸弹。

盾构机到汉口后，准备破洞贯通，这个时候极容易出危险，弄不好会出现塌陷，造成周围建筑物垮塌，甚至把盾构机埋进去。施工单位对洞口进行加固处理，确保盾构机安全"爬"出洞。

盾构机在江底掘进时，周围的压力很大，而工程潜水员必须进入盾构机前面的重压机舱里了解情况，这就是"高压进舱"。潜水员一般能承受3 kg的压力，而此时需要承受4.5 kg压力。为解决这一问题，施工方请了海军工程大学的专家来培训，采用了新技术。当技术人员第一次进去时，大家都捏了一把汗，出来时，大家才松了一口气。

盾构机穿越江南的武九铁路时，施工人员绷紧了神经，24小时巡视，火车随时都可能经过，最后没有出现任何异常。位处汉口的鲁兹故居，是湖北省重点文物保护单位，离江北的竖井南侧仅20 m，保护难度极大。鲁兹故居是一栋西式两层砖木结构楼房，盾构机从它下面经过时，距离上面房屋只有6 m，该处地质条件差，容易下陷。施工方控制掘进参数，科学防护监测，盾构机经过后，房屋下陷不超过1 cm，建筑完好无损。

为了确保消防安全，长江隧道在设计之初，充分考虑了消防需要。长江隧道采用钢筋混凝土结构，内部装修以水泥和防火材料为主。隧道内道路沥青层厚9 cm，上层的4 cm采用具有阻燃、低噪和防滑等多项功能的新型沥青。长江隧道设置的烟道板，主要用于发生火灾后抽排浓烟，通过武昌、汉口两端风井向外排放，其科技含量与创新技术在全国领先。原本设计的烟道板采用钢梁混凝土架设，为更安全轻便，后改为槽钢吊装，类似于家庭装修中的"吊顶"。改装后的长江隧道烟道板总重超1 000 t，直径1.38 m，为国内体积最大的烟道板。

通观整个隧道，共设通风排烟阀91个。除此之外，由于隧道两端地处城市中心，市政管网完善，隧道消防水源分别从武昌、汉口给水管网中两路不同自来水干管上引入，发生火灾时，隧道用水直接从市政管网中抽取。在长江隧道盾构段，每隔25 m就有1个雨淋阀组，1组有16个水雾喷头，隧道内共设4 944个喷头，可以实现远程启动，在隧道内形成水幕空间，及时扑灭火情。此外，每隔50 m就有1个消火栓箱和水成膜灭火系统，每个消火栓箱内设消火栓2个、水带2盘、水枪2支。在行车道右侧，每隔80 m就有1个逃生滑梯。一旦隧道内出现重大车祸或火灾，人员需要紧急疏散时，可打开逃生滑梯盖子。人员顺着滑梯可以从隧道底层进入逃生通道,通道还可用作消防队员灭火进攻的通道。

武汉长江隧道穿越长江后向北延伸穿越沿江大道、胜利街、中山大隧道出入口,出地面与汉口大智路连接;隧道穿越长江后向南延伸穿越和平大道在武昌友谊大道与立交相连通往中山路和徐东大街。隧道长3.7 km,设双向4车道。江北过江车辆除了可从大智路隧道入口过江外,隧道主线西侧设有一条右转进入隧道的匝道,与胜利街相连。车辆可经南京路、胜利街进入隧道。

武汉长江隧道是目前中国地质条件最复杂、工程技术含量最高、施工难度最大的江底隧道工程。中国工程技术人员在开挖这一江底隧道的过程中,成功攻克了五大世界性施工技术难题。

1.1 工程项目概述

1.1.1 工程项目的含义和特点

1) 工程项目的含义

工程项目是指为了特定目标而进行的投资建设活动,属于最典型的项目类型。其内涵如下:

(1) 工程项目是一种既有投资行为又有建设行为的项目,其目标是形成固定资产。工程项目是将投资转化为固定资产的经济活动过程。

(2) "一次性事业"即一次性任务,表示项目的一次性特征。

(3) "经济上实行统一核算,行政上实行统一管理",表示项目是在一定的组织机构内进行,项目一般由一个组织或几个组织联合完成。

(4) 对一个工程项目范围的认定标准,是具有一个总体设计或初步设计。凡属于一个总体设计或初步设计的项目,不论是主体工程还是相应的附属配套工程,不论是由一个还是由几个施工单位施工,不论是周期建设还是分期建设,都视为一个工程项目。

2) 工程项目的特点

工程项目除了具有一般项目的基本特点外,还有自身的特点。工程项目的特点表现在以下几个方面:

(1) 具有明确的建设任务。如建设一个住宅小区或建设一所学校等。

(2) 具有明确的进度、费用和质量目标。工程项目受到多方面条件的制约:时间约束,即有合理的工期时限;资源约束,即要在一定的人力、财力和物力投入条件下完成建设任务;质量约束,即要达到预期的使用功能、生产能力、技术水平、产品等级等的要求。这些约束条件形成了项目管理的主要目标,即进度目标、费用目标和质量目标。

(3) 具有固定性。建设过程和建设成果固定在某一地点,受当地资源、气象、地质条件的制约,受当地经济、社会和文化的影响。

(4) 具有唯一性。建设过程和建设成果的固定性,设计的单一性,施工的单件性,管理组织的一次性,使建设过程不同于一般商品的批量生产过程,其产品具有唯一性。即使采用同样型号标准图纸的2栋住宅,由于建设时间、建设地点、建设条件和施工队伍等的不同,2栋住宅也就存在差异。

(5) 具有整体性。一个工程项目往往是由多个互相关联的子项目构成的系统,其中一个子项目的失败有可能影响整个项目功能的实现。项目建设包括多个阶段,各阶段之间有着紧密的联系,各阶段的工作都对整个项目的完成产生影响。

(6) 具有复杂性。工程项目涉及的单位多,各单位之间关系协调的难度和工作量大;工程技术的复杂性不断提高,出现了许多新技术、新材料和新工艺;大中型项目的建设规模大;社会、政治和经济环境对工程项目的影响,特别是对一些跨地区、跨行业的大型工程项目的影响,越来越复杂。

1.1.2 工程项目的划分

国家统计部门统一规定将工程项目在可交付实体划分意义上划分为若干个单项工程,一个单项工程由若干个单位工程组成,一个单位工程由若干个分部工程组成,一个分部工程由若干个分项工程组成,以一所学校为例,项目划分如图1-2所示。

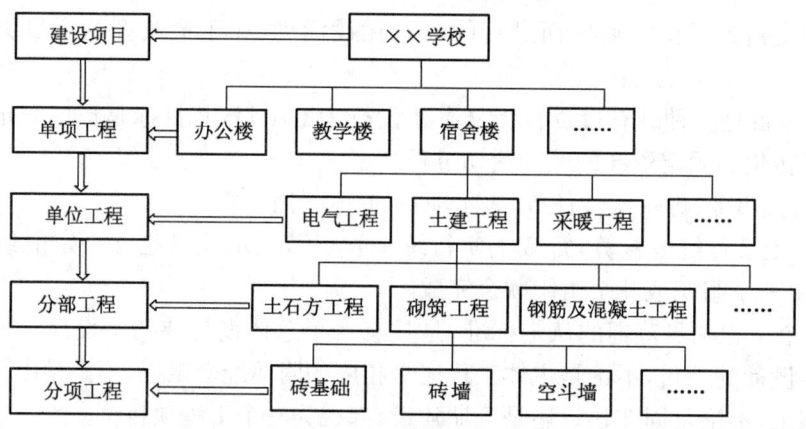

图1-2 工程项目划分示例图

(1) 建设项目。建设项目由一个或若干个单项工程组成。按照现行规定,在一个总体设计或初步设计范围内,建设项目是一个或若干个互相有内在联系的单项工程的总和,尤其是指在一个总体设计范围内,由一个或几个单项工程所组成的、经济上独立核算、行政上统一管理的建设单位,如建设一个工厂、一所学校、一个小区等。

(2) 单项工程。单项工程是建设项目的组成部分,一般是指在一个建设项目中,具有独立的设计文件,建成后能够独立发挥生产能力或效益的工程。工业建设项目的单项工程一般是指各个生产车间、办公楼、食堂、住宅等;非工业建设项目中,每栋住宅楼、剧院、商店等,各为一个单项工程。

(3) 单位工程。单位工程是单项工程的组成部分,一般是指具有独立组织施工条件及可单独作为计算成本的对象。

民用项目的单位工程较容易划分。以一栋住宅楼为例,其中一般土建工程、给排水、采暖、通风、照明工程等各为一个单位工程。

工业项目由于工程内容复杂,且有时出现交叉,因此单位工程的划分比较困难。以一个车间为例,其中土建工程、机电设备工程、工艺设备安装、工业管道安装、给排水、采暖、通风、电气安装、自控仪表安装等各为一个单位工程。

(4) 分部工程。分部工程是建筑物按单位工程的部位、专业性质划分的,也即单位工程的进一步分解,是单位工程的局部,如土建工程中的土石方工程、砌筑工程、钢筋及混凝土工程等。

(5) 分项工程。分项工程是分部工程的组成部分,一般按主要工种、材料、施工工艺、设备类别等进行划分,是分部工程的组成部分,如砌筑工程中的砖基础、砖墙、空斗墙等。

1.1.3 建设工程项目的分类

由于工程建设项目种类繁多,为了适应科学管理的需要,正确反映工程建设项目的性质、内容和规模,可从不同角度对工程建设项目进行分类。

1) 按建设性质划分

建设工程项目可分为基本建设项目和更新改造项目,按这种方法划分的只限于全民所有制企业单位的建设项目。非全民所有制企业单位的建设项目、非生产性部门的建设项目不做此类划分。

基本建设项目一般指新建、扩建、改建等扩大生产能力的项目,如果以土建工作量划分,凡是土建工作量投资占整个项目投资 30% 以上的作为基本建设项目。基本建设项目以利用国家预算内拨款,主要以基本建设资金、银行基本建设贷款为主。基本建设项目必须是列入基本建设计划的项目。

基本建设项目一般又具体划分为以下几类:

(1) 新建项目。是指根据国民经济和社会发展的近远期规划,按照规定的程序立项,从无到有、"平地起家"的建设项目。包括新建的企事业单位和行政单位项目及新建输电线路、铁路、公路、水库等独立工程。有的单位如果原有基础薄弱需要再兴建的项目,其新增加的固定资产价值超过原有全部固定资产价值(原值)3 倍以上时,才可算新建项目。

(2) 扩建项目。一般是指现有企事业单位为了技术进步,提高产品质量,增加花色品种,促进产品升级换代,降低消耗和成本,加强资源综合利用和三废治理及劳保安全等,采用新技术、新工艺、新设备、新材料等,对现有设施、工艺条件等进行技术改造和更新,包括相应配套的辅助性生产、生活设施建设。有的企业为充分发挥现有的生产能力,进行填平补齐而增建不直接增加本单位主要产品生产能力的车间等,也属于改建项目。

(3) 迁建项目。是指原有企业、事业单位,根据自身生产经营和事业发展的要求,按照国家调整生产力布局的经济发展战略的需要或出于环境保护等其他特殊要求,搬迁到异地而建设的项目。在搬迁到另地建设过程中,不论其建设规模是维持其原规模,还是扩大规模,都按迁建项目统计。

（4）恢复项目。是指原有企业、事业和行政单位，因在自然灾害或战争中使原有固定资产遭受全部或部分报废，需要进行投资重建来恢复生产能力和业务工作条件、生活福利设施等的建设项目。这类项目，不论是按原有规模恢复建设，还是在恢复过程中同时进行扩建，都属于恢复项目。但对尚未建成投产或交付使用的项目，受到破坏后，若仍按原设计重建的，原建设性质不变；如果按新设计重建，则根据新设计内容来确定其性质。

（5）更新改造项目。是指以节约、增加产品品种、提高质量、治理"三废"、劳保安全为主要目的，以利用企业基本折旧基金、企业自有资金和银行技术改造贷款为主的技术改造项目，项目土建工作量投资占整修项目投资30%以下。更新改造项目主要是对企业、事业单位原有设施进行技术改造或固定资产更新的辅助性生产项目和生活福利设施项目。

2）按投资作用划分

工程建设项目可分为生产性建设项目和非生产性建设项目。

（1）生产性建设项目。是指直接用于物质资料生产或直接为物质资料生产服务的工程建设项目。主要包括：

① 工业建设。包括工业、国防和能源建设。

② 农业建设。包括农、林、牧、渔、水利建设。

③ 基础设施建设。包括交通、邮电、通信建设，地质普查、勘探建设等。

④ 商业建设。包括商业、饮食、仓储、综合技术服务事业的建设。

（2）非生产性建设项目。是指用于满足人民物质和文化、福利需要的建设和非物质资料生产部门的建设。主要包括：

① 办公用房。国家各级党政机关、社会团体、企业管理机关的办公用房。

② 居住建筑。住宅、公寓、别墅等。

③ 公共建筑。科学、教育、文化艺术、广播电视、卫生、博览、体育、社会福利事业、公共事业、咨询服务、宗教、金融、保险等建设。

④ 其他建设。不属于上述各类的其他非生产性建设。

3）按项目规模划分

为适应对工程建设项目分级管理的需要，国家规定基本建设项目分为大型、中型、小型3类；更新改造项目分为限额以上和限额以下2类。基本建设项目的大、中、小型和更新改造项目限额的具体划分标准，根据各个时期经济发展和实际工作中的需要而有所变化。现行国家的有关规定如下：

（1）按投资额划分的基本建设项目，属于生产性建设项目中的能源、交通、原材料部门的工程项目，投资额达到5 000万元以上为大中型项目；其他部门和非工业建设项目，投资额达到3 000万元以上为大中型建设项目。

（2）按生产能力或使用效益划分的建设项目，以国家对各行各业的具体规定作为标准。

（3）更新改造项目只按投资额标准划分，能源、交通、原材料部门投资额达到5 000万元及其以上的工程项目和其他部门投资额达到3 000万元及其以上的项目为限额以上项目，否则为限额以下项目。

4）按行业性质和特点划分

根据工程建设项目的经济效益、社会效益和市场需求等基本特性，可将其划分为竞争性项目、基础性项目和公益性项目3种。

（1）竞争性项目。主要是指投资效益比较高、竞争性比较强的一般性建设项目。这类建设项目应以企业作为基本投资主体，由企业自主决策、自担投资风险。

（2）基础性项目。主要是指具有自然垄断性、建设周期长、投资额大而收益低的基础设施和需要政府重点扶持的一部分基础工业项目，以及直接增强国力的符合经济规模的支柱产业项目。对于这类项目，主要应由政府集中必要的财力、物力，通过经济实体进行投资。同时，还应广泛吸收地方、企业参与投资，有时还可吸收外商直接投资。

（3）公益性项目。主要包括科技、文教、卫生、体育和环保等设施，公、检、法等政权机关以及政府机关、社会团体办公设施，以及国防建设等。公益性项目的投资主要是由政府用财政资金安排的项目。

1.2 工程项目管理的概念、类型和任务

1.2.1 建设工程管理的概念

【问题分析1】 关于建设工程项目管理的说法，正确的是（　　）。（2016年全国二级建造师考试真题）
  A. 业主方是建设工程项目生产过程的总集成者，工程总承包方式建设工程项目生产过程总组织者
  B. 建设项目工程总承包方的项目管理工作不涉及项目设计准备阶段
  C. 供货方项目管理的目标包括供货方的成本目标，供货的进度和质量目标
  D. 建设项目工程总承包方管理的目标只包括总承包方的成本目标、项目的进度和质量目标

建设工程项目管理指自项目开始至项目完成，通过项目策划和项目控制，以使项目的费用目标、进度目标和质量目标得以实现。

"自项目开始至项目完成"指的是项目的实施期；"项目策划"指的是项目实施的策划（它区别于项目决策期的策划），即项目目标控制前的一系列筹划和准备工作；"费用目标"对业主而言是投资目标，对施工方而言是成本目标。

建设工程管理（Professional Management in Construction）作为一个专业术语，其内涵涉及工程项目全过程（工程项目全寿命）的管理，它包括（如图1-3）：

（1）决策阶段的管理是DM（Development Management）（尚没有统一的中文术语，可译为项目前期的开发管理）。

（2）实施阶段的管理是PM（Project Management），即项目管理。

（3）使用阶段（或称运营阶段，或称运行阶段）的管理是FM（Facility Management），即设施管理。

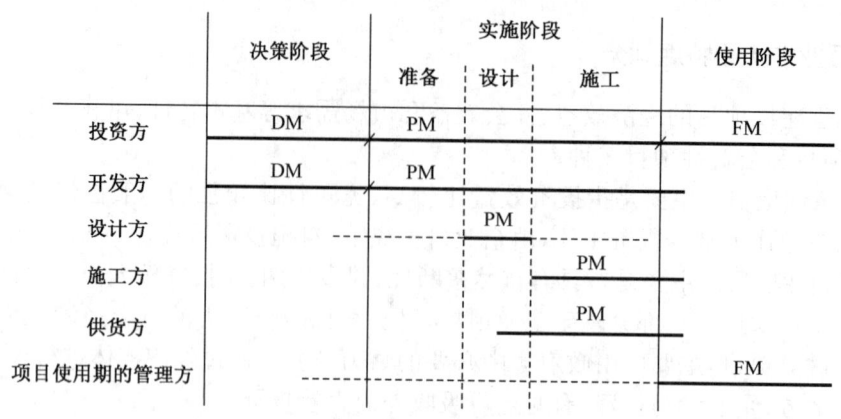

图 1-3　DM、PM 和 FM

"建设工程管理"涉及参与工程项目的各个方面对工程的管理,即包括投资方、开发方、设计方、施工方、供货方和项目使用期的管理方的管理。如图 1-4 所示。

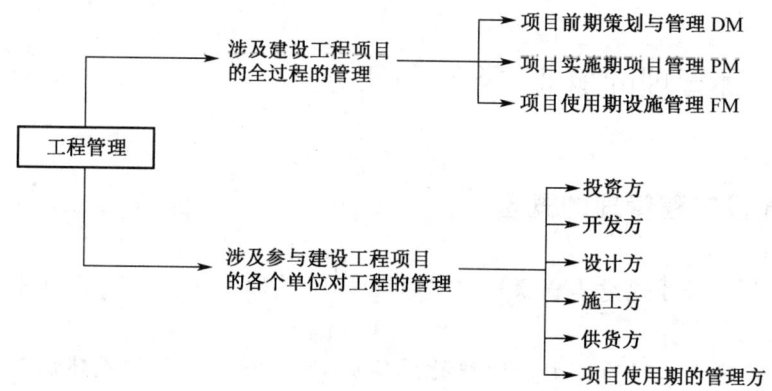

图 1-4　工程管理的内涵

【问题分析 1 答案】　C

【解析】　选项 A 错误,正确的表述应为"业主方是建设工程项目生产过程中的总集成者"。选项 B 错误,正确的表述应为"建设项目工程总承包方项目管理工作涉及项目实施阶段的全过程,即设计前的准备阶段、设计阶段、施工阶段、动用前准备阶段和保修期"。选项 D 错误,建设项目工程总承包方的项目管理目标包括项目的总投资目标和总承包方的成本目标、项目的进度目标和项目的质量目标。

1.2.2　建设工程管理的类型

按建设工程生产组织的特点,一个项目往往由众多参与单位承担不同的建设任务,而各参与单位的工作性质、工作任务和利益不同,因此就形成了不同类型的项目管理。由于业主方既是建设工程项目生产过程的总集成者——人力资源、物质资源和知识的集成,也是建设工程项目生产过程的总组织者,因此对于一个建设工程项目而言,虽然有代表不同利益方的项目管理,但是,业主方的项目管理是管理的核心。

按工程项目不同参与方的工作性质和组织特征划分,工程项目管理有如下类型:①业主方的项目管理;②设计方的项目管理;③施工方的项目管理;④供货方的项目管理;⑤建设项目总承包方的项目管理等。

投资方、开发方和由咨询公司提供的代表业主方利益的项目管理服务都属于业主方的项目管理。施工总承包方和分包方的项目管理都属于施工方的项目管理。材料和设备供应方的项目管理都属于供货方的项目管理。建设项目总承包(工程项目总承包)有多种形式,如设计和施工任务综合的承包,设计、采购和施工任务综合的承包(简称EPC承包)等,它们的项目管理都属于建设项目总承包方的项目管理。

1.2.3 建设工程管理的任务

【问题分析2】 关于建设工程项目管理的说法,正确的有( )。(2012年全国一级建造师考试真题)

A. 建设工程管理工作的核心任务是为工程的建设和使用增值
B. 业主方的项目管理工作涉及项目实施阶段的全过程
C. 项目决策阶段项目管理工作的任务之一是进行项目定义
D. 建造师的业务范围只限于项目实施阶段的项目管理工作
E. 只有施工企业对项目的管理才称为施工方的项目管理

【问题分析2答案】 ABC

【解析】 施工方项目管理工作主要在施工阶段进行,但由于设计阶段和施工阶段在时间上往往是交叉的,因此,施工方的项目管理工作也会涉及设计阶段。所以DE错误。

工程项目管理是建设工程管理中的一个组成部分,工程项目管理的工作仅限于在项目实施期的工作,建设工程管理则涉及项目全寿命期。

【问题分析3】 建设工程管理的核心任务是为工程的建设和使用增值,下列属于工程使用增值的是( )。

A. 确保工程建设安全　　　　　B. 有利于环保
C. 有利于成本控制　　　　　　D. 有利于进度控制

工程管理的核心任务是为工程的建设和使用增值,工程管理工作是一种增值服务工作,如图1-5所示。

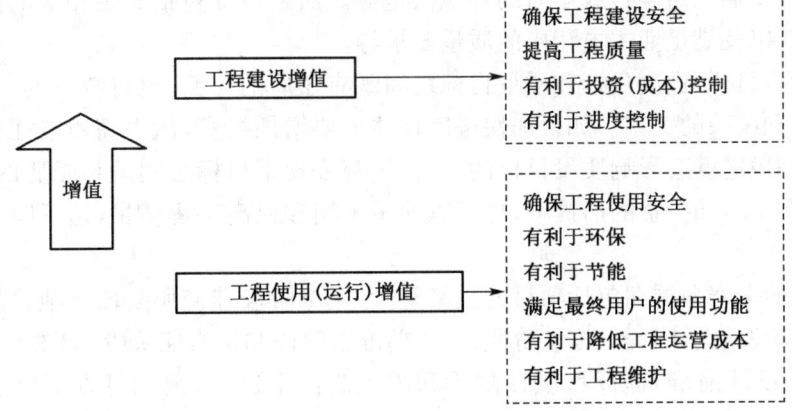

图1-5 工程管理的增值

【问题分析3答案】 B

【解析】 工程管理的核心任务是为工程的建设和使用增值,工程管理工作是一种增值服务工作。工程建设增值包括:确保工程建设安全、提高工程质量、有利于投资(成本)控制、有利于进度控制。工程使用(运行)增值包括:确保工程使用安全、有利于环保、有利于节能、满足最终用户的使用功能、有利于降低工程运营成本、有利于工程维护。

在工程实践中,人们往往重视通过管理为工程建设增值,而忽视通过管理为工程使用增值。如有些办公楼在设计时为了节约投资,减少了必要的电梯的数量,这样就导致该办公楼在使用时等候电梯的时间太长。

【问题分析4】 建设工程管理的核心任务是(   )。(2011年全国一级建造师考试真题)

A. 目标控制
B. 为工程的建设和使用增值
C. 提高项目的寿命周期价值
D. 实现业主的建设目标和为工程的建设增值

【问题分析4答案】 D

【解析】 工程管理的核心任务是为工程的建设和使用增值,工程管理工作是一种增值服务工作。

1.3 业主方项目管理的目标和任务

1.3.1 业主方项目管理的目标和任务

业主方项目管理服务于业主的利益,其项目管理的目标包括项目的投资目标、进度目标和质量目标。其中,投资目标指的是项目的总投资目标;进度目标指的是项目动用的时间目标,亦指项目交付使用的时间目标,如工厂建厂可以投入生产、道路建成可以通车、办公楼可以启用、旅馆可以开业的时间目标等;项目的质量目标不仅涉及施工质量,还包括设计质量、材料质量、设备质量和影响项目运行或运营的环境质量等。质量目标包括满足相应的技术规范和技术标准的规定,以及满足业主方相应的质量要求等。

项目的投资目标、进度目标和质量目标之间既有矛盾的一面,也有统一的一面,它们之间的关系是对立和统一的关系。如果加快进度往往需要增加投资,欲提高质量往往也需要增加投资,过度地缩短进度会影响质量目标的实现,这都表现了目标之间关系矛盾的一面;但通过有效的管理,在不增加投资的前提下,也可以缩短工期和提高工程质量,这反映了关系统一的一面。

工程项目的全寿命周期包括项目的决策阶段、实施阶段和使用阶段。项目的实施阶段包括设计前准备阶段、设计阶段、施工阶段、动用前准备阶段和保修期阶段,如图1-6所示。招投标工作分散在设计前准备阶段、设计阶段和施工阶段中进行,因此可以不单独列为招投标阶段。

1 工程项目管理概述

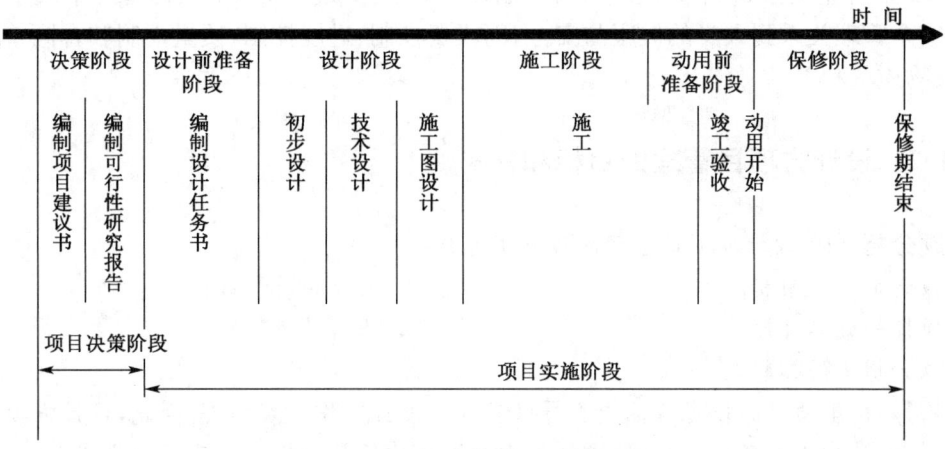

图 1-6 建设工程项目的决策阶段和实施阶段

【问题分析 5】 在建设工程项目管理的基本概念中,进度目标对业主而言是项目(　　)的时间目标。

A. 竣工　　　　　B. 调试　　　　　C. 试生产　　　　D. 动用

【问题分析 5 答案】 D

【解析】 本题考查的是业主的进度目标。进度目标指的是项目动用的时间目标,也即项目交付使用的时间目标。

【问题分析 6】 项目设计准备阶段的工作包括(　　)。(2016 年全国二级建造师考试真题)

A. 编制项目建议书　　　　　　　　B. 编制项目可行性研究报告
C. 编制项目初步设计　　　　　　　D. 编制项目设计任务书

【问题分析 6 答案】 D

【解析】 项目设计准备阶段的工作包括编制项目设计任务书。

业主方的项目管理工作涉及项目实施阶段的全过程,即在设计前准备阶段、设计阶段、施工阶段、动用前准备阶段和保修期分别进行安全管理、投资控制、进度控制、质量控制、合同管理、信息管理及组织和协调,如表 1-1 所示。

表 1-1　业主方项目管理的任务

	设计前的准备阶段	设计阶段	施工阶段	动用前准备阶段	保修期
安全管理					
投资控制					
进度控制					
质量控制					
合同管理					
信息管理					
组织和协调					

表 1-1 中有业主方 35 个分块项目管理的任务,其中,安全管理是项目管理中最重要的任务,因为安全管理关系到人身的健康与安全,而投资控制、进度控制、质量控制和合同管理等则主要涉及物质的利益。

1.3.2 设计方项目管理的目标和任务

【问题分析 7】 设计方项目管理的目标不包括( )。
A. 设计的进度目标　　　　　　　　B. 设计的质量目标
C. 项目的成本目标　　　　　　　　D. 项目的投资目标
【问题分析 7 答案】 C
【解析】 由于项目的投资目标能否得以实现与设计工作密切相关,因此,设计方项目管理的目标包括设计的成本目标、设计的进度目标和设计的质量目标以及项目的投资目标。

【问题分析 8】 建设项目设计方进度控制的任务是依据( )对设计工作进度的要求,控制设计工作进度。
A. 设计任务委托合同　　　　　　　B. 可行性研究报告
C. 设计大纲　　　　　　　　　　　D. 设计总进度大纲
【问题分析 8 答案】 A
【解析】 本题考查的是项目进度控制的任务。建设项目设计方进度控制的任务是依据设计任务委托合同对设计工作进度的要求,控制设计工作进度,这是设计方履行合同的义务。

设计方作为项目建设的一个重要参与方,其项目管理主要服务于项目的整体利益和设计方本身的利益。其项目管理的目标包括设计的成本目标、设计的进度目标和设计的质量目标,以及项目的投资目标。项目的投资目标能否实现与设计工作密切相关。

设计方的项目管理工作主要在设计阶段进行,但它的设计工作涉及设计前准备阶段、施工阶段、动用前准备阶段和保修期。因此,设计方的项目管理也涉及上述各个阶段。

设计方项目管理的任务包括:①与设计工作有关的安全管理;②设计成本控制及与设计工作有关的工程投资的控制;③设计进度控制;④设计质量控制;⑤设计合同管理;⑥设计信息管理;⑦与设计工作有关的组织和协调。

1.3.3 施工方项目管理的目标和任务

【问题分析 9】 为了有效地控制工程项目的施工进度,施工方应根据工程项目的特点和施工进度控制的需要,编制( )。
A. 项目动用前准备阶段的工作计划　　B. 年度、季度、月度和旬施工计划
C. 采购计划、供货进度计划　　　　　D. 设计准备工作计划、设计进度计划
E. 控制性、指导性和实施性的施工进度计划
【问题分析 9 答案】 BE
【解析】 施工方进度控制的任务是依据施工任务委托合同对施工进度的要求控制施工进度,这是施工方履行合同的义务。在进度计划编制方面,施工方应视项目的特点和施工进度控制的需要,编制深度不同的控制性、指导性和实施性的施工进度计划,以及按不同计划周期(年

度、季度、月度和周)的施工计划等。

【案例分析1】 某综合楼建设项目由于工期紧,刚确定施工单位的第二天,在施工单位还未任命项目经理和组建项目部的情况下,业主要求施工单位提供项目管理规划,施工单位提供了一份针对该项目的施工组织设计,其内容深度满足管理规划要求,但业主不接受,还要求施工单位提供项目管理规划。

【问题】

(1) 项目经理未任命和项目经理部还未建立,就提供施工组织设计,其程序是否正确?

(2) 业主要求施工单位提供项目经理规划,其要求是否正确?

(3) 项目管理规划是指导项目管理工作的纲领性文件。请简述施工项目管理规划的规划目标及内涵。

施工方作为项目建设的一个重要参与方,其项目管理主要服务于项目的整体利益和施工方本身的利益。其项目管理的目标包括施工的成本目标、施工的进度目标和施工的质量目标。

施工方的项目管理工作主要在施工阶段进行,但它也涉及设计前准备阶段、设计阶段、动用前准备阶段和保修期阶段。在工程实践中,设计阶段和施工阶段往往是交叉的,因此施工方的项目管理工作也涉及设计阶段。

1) 施工方项目管理的任务

施工方项目管理的任务包括:①施工安全管理;②施工成本控制;③施工进度控制;④施工质量控制;⑤施工合同管理;⑥施工信息管理;⑦与施工有关的组织和协调。

施工方是承担施工任务的单位的总称谓,它可能是施工总承包方、施工总承包管理方、分包施工方、建设项目总承包的施工任务执行方或仅仅提供施工劳务的参与方。当施工方担任的角色不同,其项目管理的任务和工作重点也会有差异。

【案例分析1解析】

(1) 程序不正确。应先任命项目经理和成立项目部,然后由项目经理组织项目部的人员编写施工组织设计。

(2) 业主的要求不正确。因为项目管理规划为企业内部文件,不具对外性。施工单位提供给业主的应为施工组织设计。

(3) 施工项目管理规划的规划目标及内涵有:

① 规划目标。包括项目的管理目标、质量目标、工期目标、成本目标、安全目标、文明施工及环境保护目标。

② 内涵。包括施工部署、技术组织措施、施工进度计划、施工准备工作计划、资源供应计划和其他文件等。

2) 施工总承包的管理任务

施工总承包(GC,General Contractor)对所承包的建设工程承担施工任务的执行和组织的总责任,它的主要管理任务如下:

(1) 负责整个工程的施工安全、施工总进度控制、施工质量控制和施工的组织与协调等。

(2) 控制施工的成本(这是施工总承包方内部的管理任务)。

(3) 施工总承包是工程施工的总执行者和总组织者，除了完成自己承担的施工任务外，还负责组织和指挥其自行分包的分包施工单位和业主指定的分包施工单位的施工(业主指定的分包施工单位有可能与业主单独签订合同，也可能与施工总承包签约，不论采用何种合同模式，施工总承包方应负责组织和管理业主指定的分包施工各单位的施工，这也是国际惯例)，并为分包施工单位提供和创造必要的施工条件。

(4) 负责施工资源的供应组织。

(5) 代表施工方和业主方、设计方、工程监理方等外部单位进行必要的联系和协调等。

分包施工方承担合同所规定的分包施工任务，以及相应的项目管理任务。若采用施工总承包或施工总承包管理模式，分包方(不论是一般的分包方，还是由业主指定的分包方)必须接受施工总承包方或施工总承包管理方的工作指令，服从其总体的项目管理。

3) 施工总承包管理方的主要特征

【问题分析10】 关于施工总承包管理方主要特征的说法，正确的是(   )。(2019年全国二级建造师考试真题)

A. 在平等条件下可通过竞标获得施工任务并参与施工
B. 不能参与业主的招标和发包工作
C. 对于业主选定的分包方，不承担对其的组织和管理责任
D. 只承担质量、进度和安全控制方面的管理任务和责任

【问题分析10答案】 A

【解析】 选项A正确。一般情况下，施工总承包管理方不承担施工任务，它主要进行施工的总体管理和协调。如果施工总承包管理方通过投标(在平等条件下竞标)获得一部分施工任务，则它也可参与施工。

选项B错误。一般情况下，施工总承包管理方不与分包方和供货方直接签订施工合同，这些合同都由业主方直接签订。但若施工总承包管理方应业主方的要求，协助业主参与施工的招标和发包工作，其参与的工作深度由业主方决定。业主方也可能要求施工总承包管理方负责整个施工的招标和发包工作。

选项C错误。不论是业主方选定的分包方，还是经业主方授权由施工总承包管理方选定的分包方，施工总承包管理方都承担对其的组织和管理责任。

选项D错误。施工总承包管理方和施工总承包方承担相同的管理任务和责任，即负责整个工程的施工安全控制、施工总进度控制、施工质量控制和施工的组织与协调等。

施工总承包管理方(MC，Managing Contractor)对所承包的建设工程承担施工任务组织的总责任，它的主要特征如下：

(1) 一般情况下，施工总承包管理方不承担施工任务，它主要进行施工的总体管理和协调。如果施工总承包管理方通过投标(在平等条件下竞标)获得一部分施工任务，则它也可参与施工。

(2) 一般情况下，施工总承包管理方不与分包方和供货方直接签订施工合同，这些合同都由业主方直接签订。但若施工总承包管理方应业主方的要求，协助业主参与施工的招标和发包工作，其参与的工作深度由业主方决定。业主方也可能要求施工总承包管理方负责整个施工的招标和发包工作。

（3）不论是业主方选定的分包方，还是经业主方授权由施工总承包管理方选定的分包方，施工总承包管理方都承担对其的组织和管理责任。

（4）施工总承包管理方和施工总承包方承担相同的管理任务和责任，即负责整个工程的施工安全控制、施工总进度控制、施工质量控制和施工的组织与协调等。因此，由业主方选定的分包方应经施工总承包管理方的认可，否则施工总承包管理方难以承担对工程管理的总责任。

（5）负责组织和指挥分包施工单位的施工，并为分包施工单位提供和创造必要的施工条件。

（6）与业主方、设计方、工程监理方等外部单位进行必要的联系和协调等。

4）建设项目工程总承包的特点

工程总承包和工程项目管理是国际通行的工程建设项目组织实施方式。积极推行工程总承包和工程项目管理，是深化我国工程建设项目组织实施方式改革、提高工程建设管理水平、保证工程质量和投资效益、规范建筑市场秩序的重要措施；是勘察、设计、施工、监理企业调整经营结构，增强综合实力，加快与国际工程承包和管理方式接轨，适应社会主义市场经济发展和加入世界贸易组织后新形势的必然要求；是积极开拓国际承包市场，带动我国技术、机电设备及工程材料的出口，促进劳务输出，提高我国企业国际竞争力的有效途径。

建设项目工程总承包的基本出发点是借鉴工业生产组织的经验，实现建设生产过程的组织集成化，以克服由于设计与施工的分离致使投资增加，以及克服由于设计和施工的不协调而影响建设进度等弊病。

建设项目工程总承包的主要意义并不在于总价包干，也不是"交钥匙"，其核心是通过设计与施工过程的组织集成，促进设计与施工的紧密结合，以达到为项目建设增值的目的。即使采用总价包干的方式，稍大一些的项目也难以用固定总价包干的方式，而多数采用变动总价合同。

1.4 供货方项目管理的目标和任务

【问题分析11】 作为工程项目建设的参与方之一，供货方的项目管理工作主要是在（　　）进行。（2011年全国一级建造师考试真题）

A. 设计阶段　　　　　　　　B. 施工阶段
C. 保修阶段　　　　　　　　D. 动用前准备阶段

【问题分析11答案】 B

【解析】 供货方的项目管理工作主要在施工阶段进行，但它也涉及设计前准备阶段、设计阶段、动用前准备阶段和保修期阶段。

供货方作为项目建设的一个参与方，其项目管理主要服务于项目的整体利益和供货方本身的利益。其项目管理的目标包括供货方的成本目标、供货的进度目标和供货的质量目标。

供货方的项目管理工作主要在施工阶段进行，但它也涉及设计前准备阶段、设计阶段、动用前准备阶段和保修期阶段。

供货方项目管理的任务包括：①供货的安全管理；②供货方的成本控制；③供货的进度控制；④供货的质量控制；⑤供货合同管理；⑥供货信息管理；⑦与供货方有关的组织和协调。

【问题分析12】 建设工程项目供货方的项目管理主要在（　　）阶段进行。（2015年全国二级建造师考试真题）

A．施工　　　　　　B．设计　　　　　　C．决策　　　　　　D．保修期

【问题分析12答案】 A

【解析】 供货方的项目管理工作主要在施工阶段进行，但它也涉及设计前准备阶段、设计阶段、动用前准备阶段和保修期阶段。

1.3.5 建设项目总承包方项目管理的目标和任务

【问题分析13】 建设项目工程总承包方的项目管理工作主要在项目的（　　）。（2013年全国一级建造师考试真题）

A．决策阶段、实施阶段、施工阶段　　　　B．实施阶段
C．设计阶段、施工阶段、保修阶段　　　　D．施工阶段

【问题分析13答案】 B

【解析】 建设项目总承包方项目管理工作涉及项目实施阶段的全过程，即设计前准备阶段、设计阶段、施工阶段、动用前准备阶段和保修期阶段。

【问题分析14】 建设项目工程总承包方的项目管理目标包括（　　）。

A．施工方的质量目标　　　　　　B．工程建设的安全管理目标
C．项目的总投资目标　　　　　　D．工程总承包方的成本目标
E．工程总承包方的进度目标

【问题分析14答案】 BCDE

【解析】 项目工程总承包方作为项目建设的一个重要参与方，其项目管理的目标应符合合同的要求，包括：(1)工程建设的安全管理目标；(2)项目的总投资目标和建设项目工程总承包方的成本目标；(3)项目总承包方的进度目标；(4)项目总承包方的质量目标。

建设项目总承包方作为项目建设的参与方，其项目管理主要服务于项目的整体利益和建设项目总承包方本身的利益。其项目管理的目标包括项目的总投资目标和总承包方的成本目标、项目的进度目标和项目的质量目标。

建设项目总承包方项目管理工作涉及项目实施阶段的全过程，即设计前准备阶段、设计阶段、施工阶段、动用前准备阶段和保修期阶段。

参考《建设项目工程总承包管理规范》GB/T 50358—2017 的规定，建设项目工程总承包方的管理工作涉及：①项目设计管理；②项目采购管理；③项目施工管理；④项目试运行管理和项目收尾等。

其中属于项目总承包项目管理的任务包括：①项目风险管理；②项目进度管理；③项目质量管理；④项目费用管理；⑤项目安全、职业健康与环境管理；⑥项目资源原理；⑦项目沟通与信息管理；⑧项目合同管理等。

【问题分析15】 EPC工程总承包方的项目管理工作涉及的阶段是（　　）。（2018年全

国二级建造师考试真题)

A. 决策—设计—施工—动用前准备
B. 决策—施工—动用前准备—保修期
C. 设计前的准备—设计—施工—动用前准备
D. 设计前的准备—设计—施工—动用前准备—保修期

【问题分析 15 答案】 D

【解析】 建设项目工程总承包项目管理工作涉及项目实施阶段的全过程,即在设计前的准备阶段、设计阶段、施工阶段、动用前准备阶段和保修期。

课后习题

一、单项选择题

1. 编制可行性研究报告属于建设工程全寿命周期的( )的工作。
   A. 使用阶段   B. 决策阶段   C. 设计阶段   D. 实施阶段
2. 施工方作为项目建设的一个参与方,其项目管理主要服务于施工方本身的利益和( )。
   A. 设计方的利益   B. 总承包方的利益
   C. 社会的利益   D. 项目的整体利益
3. 建设工程项目管理,是指自项目开始至项目完成,通过项目策划和项目控制,实现项目的费用目标、进度目标和质量目标。对此,下列理解中正确的是( )。
   A. 自项目开始至项目完成是项目的寿命期
   B. 项目策划的主要任务是项目定义
   C. 费用目标对业主而言就是成本目标
   D. 项目实施期管理的主要任务是通过管理使项目目标得以实现
4. 下列关于施工方项目管理目标和任务的表述中,正确的是( )。
   A. 施工方项目管理的目标主要包括建设项目施工的进度、质量、成本目标
   B. 施工方项目管理的目标包括项目的投资目标和进度、质量目标
   C. 施工方项目管理主要服务于本身的利益
   D. 施工总承包方一般不承担具体的施工任务
5. 某酒店建设工程将设计工作分包给一家设计单位,下列不属于该设计单位的项目管理目标的是( )。
   A. 项目投资目标   B. 设计进度目标   C. 施工质量目标   D. 设计成本目标
6. 下列建设工程承包模式中,除( )以外都属于施工方项目管理范畴。
   A. 施工总承包   B. 供货方   C. 施工总承包管理   D. 施工分包
7. 工程项目全寿命管理中,项目使用阶段的管理被称为( )。
   A. 决策管理   B. 实施管理   C. 开发管理   D. 设施管理
8. 建设工程管理工作的核心任务是( )。
   A. 确保工程的使用周期   B. 确保工程的施工质量
   C. 确保工程的目标控制   D. 为工程的建设和使用增值
9. 建设工程项目管理的时间范畴是建设工程项目的( )。

A. 设计阶段　　　B. 保修阶段　　　C. 使用阶段　　　D. 实施阶段

10. 下列工作中,属于建设工程项目设计阶段的是(　　)。
A. 编制设计任务书　　　　　　　　B. 施工图设计
C. 编制项目建议书　　　　　　　　D. 编制可行性研究报告

11. 按照国际工程的惯例,当建设工程采用指定分包时,(　　)应对分包工程的工期目标和质量目标负责。
A. 业主方　　　B. 监理方　　　C. 施工总承包方　　　D. 劳务分包方

12. 建设工程管理工作的核心任务是(　　)。
A. 项目的目标控制　　　　　　　　B. 为工程建设和使用增值
C. 为项目建设的决策和实施增值　　D. 实现工程项目实施阶段的建设目标

13. 建设工程项目总承包方项目管理工作涉及(　　)的全过程。
A. 决策阶段　　　B. 使用阶段　　　C. 全寿命周期　　　D. 实施阶段

14. 建设工程项目实施阶段策划的主要任务是(　　)。
A. 定义项目开发或减少的任务　　　B. 确定如何组织该项目的开发或建设
C. 确定建设项目的进度目标　　　　D. 编制项目投资总体规划

15. 下列关于项目实施阶段策划的说法,正确的是(　　)。
A. 策划是一个封闭性的、专业性较强的工作过程
B. 项目目标的分析和再论证是其基本内容之一
C. 项目实施阶段策划的主要任务是进行项目实施的管理策划
D. 实施阶段策划的范围和深度有明确的统一规定

16. 下列项目策划工作中,属于实施阶段管理策划的是(　　)。
A. 项目实施期管理总体方案策划
B. 生产运营期设施管理总体方案策划
C. 生产运营期经营管理总体方案策划
D. 项目实施各阶段项目管理的工作内容策划

17. 下列关于建设工程项目策划的说法,正确的是(　　)。
A. 工程项目策划只针对建设工程项目的决策和实施
B. 旨在为项目建设的决策和实施增值
C. 工程项目策划是一个封闭性的工作过程
D. 其实质就是知识组合的过程

18. 运用动态控制原理控制建设工程项目进度时,第一步工作是(　　)。
A. 收集工程进度实际值
B. 进行进度目标的调整
C. 进行工程进度的计划值和实际值的比较
D. 进行项目目标分解,确定目标控制的计划值

19. 某项目专业性强且技术复杂,开工后,由于专业原因,该项目的项目经理不能胜任该项目,为了保证项目目标的实现,企业更换了项目经理。企业的此项行为属于项目目标动态控制的(　　)。
A. 管理措施　　　B. 经济措施　　　C. 技术措施　　　D. 组织措施

20. 下列项目目标动态控制中,正确的是(　　)。
A. 收集项目目标的实际值→实际值与计划比较→找出偏差→进行目标调整
B. 收集项目目标的实际值→实际值与计划比较→找出偏差→采取纠偏措施
C. 收集项目目标的实际值→实际值与计划比较→采取控制措施→进行目标调整
D. 实际值与计划比较→找出偏差→采取控制措施→实际值与计划比较

二、多项选择题
1. 建设工程项目实施阶段中的设计阶段所包含的内容有(　　)。
A. 编制设计任务书　　　　B. 初步设计　　　　　　　C. 编制项目建议书
D. 技术设计　　　　　　　E. 施工图设计
2. 建设工程项目的全寿命周期包括项目的(　　)。
A. 决策阶段　　　　　　　B. 实施阶段　　　　　　　C. 使用阶段
D. 维修阶段　　　　　　　E. 控制阶段
3. 关于建设工程管理与项目管理的概念,下列说法正确的有(　　)。
A. 项目策划指的是目标控制前的一系列筹划和准备工作
B. 自项目开始至项目完成指的是项目的实施期
C. 费用目标对业主而言是成本目标,对施工方而言是投资目标
D. 项目决策期管理工作的主要任务是确定项目的定义
E. 项目实施期管理工作的主要任务是确定项目的定义
4. 业主方项目管理服务于业主的利益,其项目管理的目标包括项目的(　　)。
A. 投资目标　　　　　　　B. 信息目标　　　　　　　C. 进度目标
D. 质量目标　　　　　　　E. 安全目标
5. 下列关于业主方项目管理中的质量目标的说法中,正确的有(　　)。
A. 质量目标不涉及影响项目运行或运营的环境质量
B. 满足施工的质量要求就完全实现了项目的质量目标
C. 质量目标需要满足工期短、质量高、投资最少的要求
D. 质量目标要满足相应的技术规范和技术标准的规定以及满足业主方相应的质量要求
E. 质量目标包括对设计、施工、材料、设备及环境质量的要求
6. 关于设计方的项目管理工作的说法,正确的有(　　)。
A. 设计方的项目管理工作主要在设计阶段进行
B. 设计方的项目管理涉及实施阶段的全过程
C. 设计方的项目管理工作只限于在设计阶段进行
D. 设计方的项目管理仅仅服务于业主方利益
E. 项目投资目标能否得以实现与设计工作密切相关
7. 下列选项中,属于项目实施阶段工作任务的有(　　)。
A. 编制项目建议书　　　　B. 编制可行性研究报告　　C. 技术设计
D. 编制设计任务书　　　　E. 初步设计
8. 建设工程管理工作是一种增值服务工作,下列属于工程使用增值的有(　　)。
A. 确保工程建设安全　　　B. 提高工程质量　　　　　C. 满足最终用户的使用功能
D. 有利于工程维护　　　　E. 有利于投资控制

9. 供货方的项目管理目标包括( )。
   A. 供货方的成本目标　　　　B. 供货的进度目标　　　　C. 供货的安全目标
   D. 供货的质量目标　　　　　E. 供货的投资目标

10. 下列关于建设工程项目管理的说法,正确的有( )。
    A. 建设工程管理工作的核心任务是为工程的建设和使用增值
    B. 业主方的项目管理工作涉及项目实施阶段的全过程
    C. 建造师的业务范围只限于项目实施阶段的项目管理工作
    D. 只有施工企业对项目的管理,才能称为施工方的项目管理
    E. 项目决策阶段项目管理工作的任务之一是进行项目定义

11. 单位工程施工组织设计和分部(分项)工程施工组织设计均应包括的内容有( )。
    A. 施工安全管理计划　　　　B. 主要技术经济指标　　　　C. 工程概况
    D. 施工特点分析　　　　　　E. 各项资源需求量计划

12. 项目经理在承担项目施工管理过程中,需履行的职责有( )。
    A. 贯彻执行国家和工程所在地政府的有关法律、法规和政策
    B. 确定项目部和企业之间的利益分配
    C. 对工程项目施工进行有效控制
    D. 严格财务制度,加强财务管理
    E. 确保工程质量和工期,实现安全、文明生产

13. 根据《建设工程项目管理规范》(GB/T 50326—2017),项目经理的职责有( )。
    A. 主持编制项目管理实施规划　　　　　B. 对资源进行动态管理
    C. 进行授权范围内的利益分配　　　　　D. 主持项目经理部工作
    E. 在授权范围内协调与项目有关的内外部关系

14. 下列项目目标动态控制的纠偏措施中,属于技术措施的有( )。
    A. 调整项目管理工作流程组织　　　　　B. 调整进度控制的方法和手段
    C. 改进施工方法　　　　　　　　　　　D. 选择高效的施工机具
    E. 调整项目管理任务分工

15. 下列项目目标动态控制的纠偏措施中,属于技术措施的有( )。
    A. 改进施工方法　　　　　　　　　　　B. 调整项目管理工作流程组织
    C. 调整进度控制的方法和手段　　　　　D. 选择高效的施工机具
    E. 调整项目管理任务分工

2 工程项目组织管理

教学目标

本章主要讲述组织、项目组织结构相关的基本概念,组织结构的类型,以及项目组织的内部、外部及远外层关系协调等内容。通过本章学习,应达到以下目标:
(1) 了解组织的含义、建设工程项目组织的定义及特点;
(2) 掌握建设工程项目组织结构模式及优缺点;
(3) 掌握建设工程项目采购模式;
(4) 熟悉项目组织内部、外部及远外层关系协调。

案例导入

武汉琴台大剧院

武汉琴台大剧院(图2-1)由武汉市政府投资兴建,是中国人自己设计、建造的第一座大剧院。剧院位于月湖之畔、汉江之滨,隔湖南望始建于明万历年间的古琴台,作为月湖文化艺术主题公园的核心组成部分,它是武汉最高档次的文化表演场所。

图2-1 武汉琴台大剧院

大剧院于2004年5月开工,2007年8月竣工,占地面积24 543 m²,总建筑面积65 650m²,地下4层,地上6层,建筑高度40 m。其中大剧场有1 802个座位,跻身国内特大型剧场。琴台大剧院舞台设备投入约1亿元,采用传统的"品"字形舞台,建筑台口宽18 m,高12 m,舞台总进深50 m,宽72 m,拥有一个由两部分组成的面积为92 m²的乐池,可容纳120人的乐队。舞台设备创下了国内多项第一:主升降台可承载25 t重量,承载能力国内第一;主升降台运动速度0.5 m/s,速度国内第一;主升降台装有倾斜台板,舞台表面能倾斜至10°,国内第一;主升降台4台电机驱动,可使舞台运动更平稳,升降更精准,驱动技术国内第一;布景的电机吊杆可承载1 000 kg,运动速度1.8 m/s,运动速度全国第一。

琴台大剧院剧场舞台总进深50 m,主舞台可任意升降、倾斜、平移,侧舞台可互换或与主舞台组合,后舞台可旋转、平移,舞台功能国际领先,可接纳目前世界所有大型舞台艺术剧目演出。主舞台吊杆有63道,为剧院中的最高配置,承载1 t重量时,吊杆移动速度1.8 m/s,适应大型布景、快速换景。舞台上下方设备联动,组合模式千变万化,给艺术创造巨大空间,能满足国内外各类歌剧、音乐剧、戏剧、戏曲、音乐会使用要求。大剧院演奏交响乐可不用扩音系统。歌唱家在这里用自然声演唱,后排观众也能听得清晰。

琴台大剧院针对项目特点,为保证整个项目信息传达便捷、管理层次合理、管理效率有保障,管理单位确定了项目的组织结构,如图2-2所示。

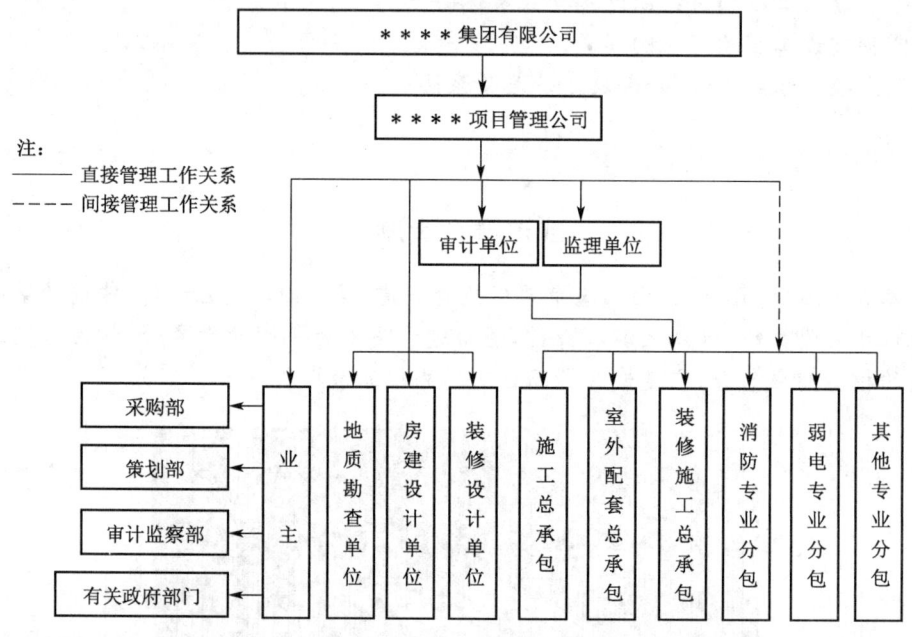

图2-2 项目组织结构图

同时,在管理公司内部,本工程项目管理实行以项目部管理为中心、公司各职能部门管理为基础的管理机制。在管理组织结构上采用公司矩阵支持协作、项目部直线指挥的管理模式,经各部门分工与协作以及设置不同层次的权利和责任制度,建立精干、合理、科学和高效的现场管理组织,顺利实现本项目管理目标。

案例分析

(1) 本工程主要采用了线性组织结构的形式,责权清楚,相对稳定性较大,易于保持良好的组织状态,不易发生责权混乱的现象。

(2) 业主方面配以矩阵支持协作,把职能原则和对象原则有机地结合起来,既发挥了纵向职能部门的优势,又发挥了横向项目组织的优势。

(3) 从管理层次上看,本工程主要划分了4层,合理的层次结构是形成合理的权利结构的基础,也是合理分工的重要方面。

(4) 管理幅度上,第四层的管理幅度较大,适当的管理幅度,加上适当的层次划分和适当的授权,是建立高效组织的基本条件。

(5)在工程项目实施过程中,各参建单位的项目部既要协调好项目部内组织成员之间的关系,同时由于参建单位众多,还应协调处理好工程项目部各参建单位之间的关系以及工程项目部以外的项目间接参与者和相关单位的关系,只有这样,才能提高建设工程项目的组织运行效率。

2.1 工程项目组织概述

【案例分析1】 中国的房地产业作为改革开放以来最具活力和发展潜力的行业之一,随着经济的迅猛发展,企业规模逐渐加大,很多企业由原先从事单一产品的小区块地产开发,转变为具有跨地区、多项目、具有不同使用功能的集合运作,并且企业内部同期多项目的运行成为房地产企业经营运作的突出特点。为适应这种发展,房地产企业必须在多项目管理的情况下对原有组织作出适当的调整。

房地产企业作为房地产开发建筑的主体,应该结合自身运行项目的情况,建立与企业经营运作相适应的组织结构,使得这种组织结构既能体现项目开发全过程各个阶段的任务,又能符合多项目运作的特点。

武汉百祥房地产公司成立于2012年,经过十多年的发展,逐步确定了以工业复合地产开发为主导,房地产代建业务为支撑,适当开展工业园配套业务的发展格局。随着企业房地产开发项目的不断增多,项目组织结构的不适应越来越明显。该房地产公司原来的组织结构如图2-3所示。

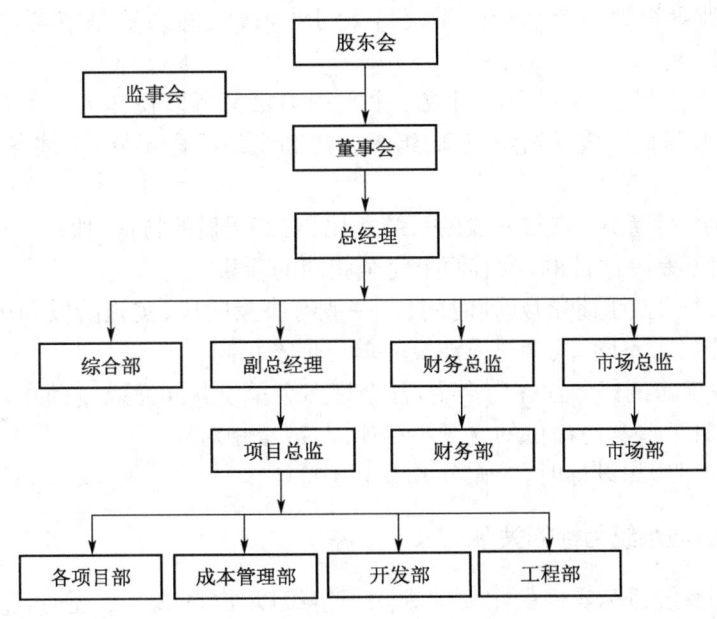

图2-3 企业原有组织结构图

该公司按照房地产项目开发的过程设置了开发部、预算部、工程部、市场销售部等负责项目全过程开发的业务,并设立了综合部、财务部统管企业日常工作和财务工作,对业务部分进行支持和服务。在项目开工后,组建项目部负责项目实施阶段的项目管理工作。由于企业人员不多,管理效率较高,项目部经理主要由职能部门的经理兼任。

2.1.1 组织论概述

如果把一个工程项目视作为一个系统,如 2008 年北京奥运工程项目、武汉琴台大剧院项目、武汉市地铁项目等,其建设目标能否实现无疑有诸多影响因素,其中组织因素是决定性的因素。

某大型轨道交通工程项目建设时,建设指挥部的工程技术人员超过 1 000 人,在历时数年的建设中先后签订了 3 000 余个合同。可以想象,这样一个项目实施时工程组织何等重要,必须有非常严谨的指令关系、非常明确的任务分工和非常明晰的工作流程等。

一个项目在决策阶段、实施阶段和运营阶段的组织系统(相对于软件和硬件而言,组织系统也可称为组织软件)不仅包括建设单位本身的组织系统,还包括项目各参与单位(设计单位、工程管理咨询单位、施工单位、供货单位等)共同或分别建立的针对该工程项目的组织系统,如:①项目结构;②项目管理的组织结构;③工作任务分工;④管理职能分工;⑤工作流程组织等。

1) 不同系统的组织

系统取决于人们对客观事物的观察方式,人们可以把一个工程项目视作为一个系统,也可以把多个相互关联的工程项目,把在一个城市将建设的许多工程项目,把一个行业、一个国家或整个亚洲等视为一个系统。系统可大可小,最大的系统是宇宙,最小的系统是基本粒子。

一个企业、一个学校、一个科研项目或一个工程项目都可以视作为一个系统,但上述不同系统的目标不相同,从而形成的组织观念、组织方法和组织手段不同,上述各种系统的运行方式也不同。

工程项目作为一个系统,它与一般的系统相比,有其明显的特征,如:

(1) 工程项目都是一次性的,没有两个完全相同的项目。

(2) 工程项目全生命周期的延续时间长,一般有决策阶段、实施阶段和运营阶段,各阶段的工作任务和工作目标不同,其参与或涉及的单位也不相同。

(3) 一个工程项目的任务往往由多个,甚至许多个单位共同完成,它们的合作多数不是固定的合作关系,并且一些参与单位的立场不尽相同,甚至相对立。

在进行工程项目组织设计时,应充分考虑上述特征。

2) 系统的组织与系统目标的关系

(1) 影响一个系统目标实现的主要因素除了组织以外(图 2-4),还有:①人的因素,它包括管理人员和生产人员的数量和质量;②方法与工具,它包括管理的方法与工具以及生产的方法与工具。

(2) 对于工程项目而言,其中人的因素包括:①建设单位和该项目所有参与单位(设计、工程监理、施工、供货单位等)的管理人员的数量和质量;②该项目所有参与单位的生产人员(设计、工程监理、施工、供货单位等)的数量和质量。

(3) 对于工程项目而言,其中方法与工具包括:① 建设单位和所有参与单位的管理的方法与工具;② 所有参与单位的生产的方法与工具(设计和施工的方法与工具等)。

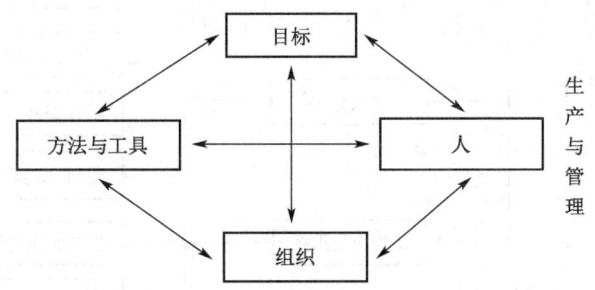

图 2-4　影响一个系统目标实现的主要因素

系统的目标决定了系统的组织,而组织是目标能否实现的决定性因素,这是组织论的一个重要结论。如果把一个工程项目的项目管理视作为一个系统,其目标决定了项目管理的组织,而项目管理的组织是项目管理的目标能否实现的决定性因素,由此可见项目管理的组织的重要性。

【问题分析 1】　系统的(　　)决定了系统的组织,而组织是目标能否实现的决定性因素,这是组织论的一个重要结论。(2016 年全国二级建造师考试真题)

A. 目标　　　　　B. 层次　　　　　C. 流程　　　　　D. 职能

【问题分析 1 答案】　A

【解析】　系统的目标决定了系统的组织,而组织是目标能否实现的决定性因素,这是组织论的一个重要结论。

2.1.2　组织论和组织工具

组织论是一门学科,它主要研究系统的组织结构模式、组织分工和工作流程组织(如图 2-5 所示),它是与项目管理学相关的一门非常重要的基础理论学科。

(1) 组织结构模式反映一个组织系统中各子系统之间或各元素(各工作部门或各管理人员)之间的指令关系。

指令关系指的是哪一个工作部门或哪一位管理人员可以对哪一些部门或哪一些管理人员下达工作指令。

(2) 组织分工反映一个组织系统中各子系统或各元素的工作任务分工和管理职能分工。

(3) 组织结构模式和组织分工都是一种相对静态的组织关系。工作流程组织则可反映一个系统中各项工作之间的逻辑关系,是一种动态关系。图 2-5 所示的物质流程组织对于建设工程项目而言,指的是项目实施任务的工作流程组织,如:设计的工作流程组织可以是方案设计、初步设计、技术设计、施工图设计,也可以是方案设计、初步设计(扩大初步设计)、施工图设计。施工作业也有多个可能的工作流程。

组织工具是组织论的应用手段,用图或表等形式表示各种组织关系,它包括:①项目结构

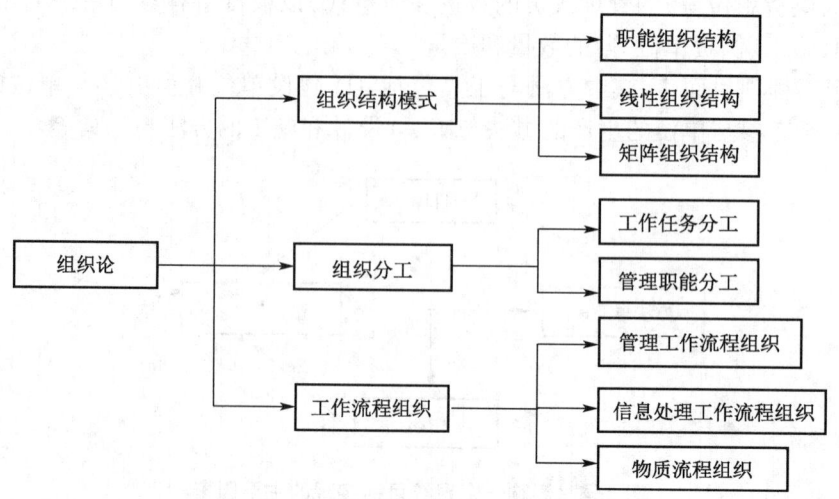

图 2-5 组织论的基本内容

图;②组织结构图(管理组织结构图);③工作任务分工表;④管理职能分工表;⑤工作流程图等。

2.2 工程项目组织结构

2.2.1 项目结构图

项目结构图(Project Diagram,或称 WBS——Work Breakdown Structure)是一个组织工具,它通过树状图的方式对一个项目的结构进行逐层分解,以反映组成该项目的所有工作任务(如图 2-6 所示)。在组织结构图中,矩形框表示工作部门,上级工作部门对其直接下属工作部门的指令关系用单向箭线表示。

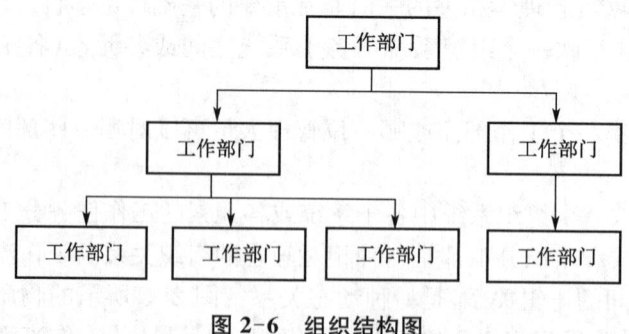

图 2-6 组织结构图

组织论的 3 个重要的组织工具——项目结构图、组织结构图和合同结构图(如图 2-7 所示),三者之间的区别见表 2-1。

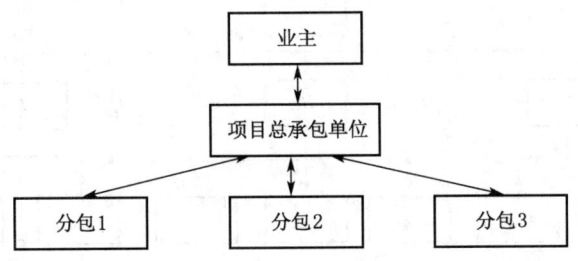

图 2-7　合同结构图

表 2-1　项目结构图、组织结构图和合同结构图的区别

	表达的含义	图中矩形框的含义	矩形框连接线的表达
项目结构图	对一个项目的结构进行逐层分解,以反映组成该项目的所有工作任务(该项目的组成部分)	一个项目的组成部分	直线
组织结构图	反映一个组织系统中各组成部门(组成元素)之间的组织关系(指令关系)	一个组织系统中的组成部分(工作部分)	单向箭线
合同结构图	反映一个建设项目参与单位之间的合同关系	一个建设项目的参与单位	双向箭线

常用的组织结构模式包括职能组织结构(图 2-8)、线性组织结构(图 2-9、图 2-10)和矩阵组织结构等,这几种常用的组织结构模式既可以用于企业管理中,也可以在工程项目管理中运用。

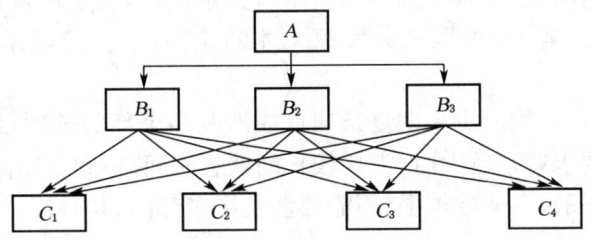

图 2-8　职能组织结构

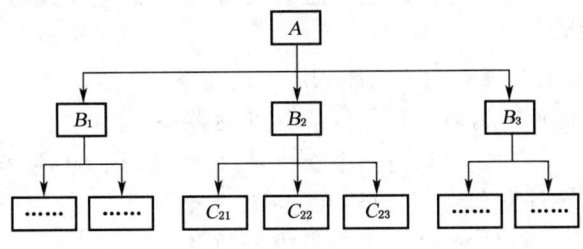

图 2-9　线性组织结构 1

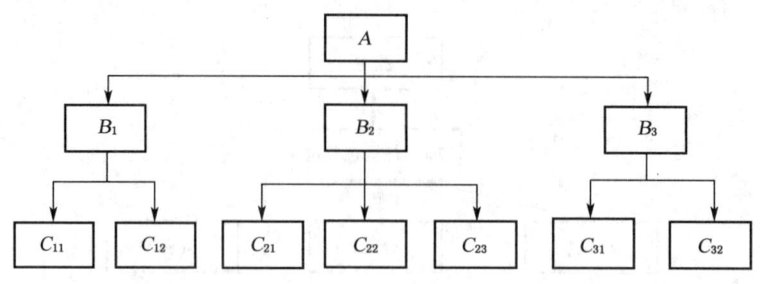

图 2-10 线性组织结构 2

1）职能组织结构的特点及其应用

在人类历史发展中，当手工业作坊发展到一定规模时，一个企业内需要设置对人、财、物和产、供、销管理的职能部门，这样就逐步形成了初级的职能式组织结构。因此，职能式组织结构是一种传统的组织结构形式。

在职能式组织结构中，每一个职能部门可根据它的管理职能对其直接和非直接的下属工作部门下达工作指令。因此，每一个工作部门可能得到其直接和非直接的上级工作部门下达的指令，这样就会形成多个矛盾的指令源而影响管理机制的运行。

在图 2-8 所示的职能组织结构中，A、B_1、B_2、B_3、C_1、C_2、C_3、C_4 都是工作部门，A 可以对 B_1、B_2、B_3 下达指令；B_1、B_2、B_3 都可以在其管理的职能范围内对 C_1、C_2、C_3、C_4 下达指令。因此 C_1、C_2、C_3 和 C_4 有多个指令源，其中有些指令可能是矛盾的。

职能组织结构优点：由于将项目委托给企业某一部门组织，不需要设立专门的组织机构，所以项目的运转启动时间短；职责明确，职能专一，关系简单，便于协调；由于组织成员长期的合作关系，人际关系协调容易，可以充分发挥人才的作用；项目经理无需专门培训就能进入状态。

职能组织结构缺点：不能适应大型复杂项目或涉及多个部门的项目，因而局限性较大；原组织职能和项目工作要求差别较大时，需要较长的熟悉时间；不利于精简机构。这种组织形式一般适用于小型或单一的、专业性较强、不需要涉及许多部门的项目。

2）线性组织结构的特点及其应用

【问题分析 2】 关于图 2-9 所示的线性组织结构，下列叙述错误的是（ ）。（2017 年全国二级建造师考试真题）

A. A 可以对其直接的下属部门 B_1、B_2、B_3 下达指令

B. B_2 可以对其直接的下属部门 C_{21}、C_{22}、C_{23} 下达指令

C. 虽然 B_1 和 B_3 比 C_{21}、C_{22}、C_{23} 高一个组织层次，但是，B_1 和 B_3 并不是 C_{21}、C_{22}、C_{23} 的直接上级部门，不允许它们对 C_{21}、C_{22}、C_{23} 下达指令

D. 在该组织结构中，B_1、B_3 的指令源不是唯一的

在军事组织系统中，组织法律非常严谨，军、师、旅、团、营、连、排和班等组织关系间的指令是逐级下达的，一级指挥一级且一级对一级负责。线性组织结构就是来自这种十分严谨的军事组织系统。在线性组织结构中，每一个工作部门只能对其直接的下属部门下达工作指令，每一个工作部门也只有一个直接的上级部门，因此，每一个工作部门只有唯一一个指令源，避免

了由于矛盾的指令而影响组织系统的运行。

但在一个较大的组织系统中,由于线性组织结构形式的指令路径过长,有可能会造成组织系统在一定程度上运行困难。

在图 2-10 所示的线性组织结构中,A 可以对其直接的下属部门 B_1、B_2、B_3 下达指令;B_2 可以对其直接的下属部门 C_{21}、C_{22}、C_{23} 下达指令;虽然 B_1 和 B_3 比 C_{21}、C_{22}、C_{23} 高一个组织层次,但是 B_1 和 B_3 不是 C_{21}、C_{22}、C_{23} 的直接上级部门,不允许它们对 C_{21}、C_{22}、C_{23} 下达指令。在该组织结构中,每一个工作部门的指令源是唯一的。

线性组织结构优点:责权清楚,相对稳定性较大,易于保持良好的纪律,不易发生责权混乱的现象。

线性组织结构缺点:可能导致管理方式死板僵化,工作作风武断甚至独裁;某一位领导人负担过重,而其他人员又闲着无事;可能有的部门会强调局部目标和局部利益而忽视整体目标和整体利益;可能因某位领导离职或调离工作岗位而影响整个工作。

【问题分析 2 答案】 D

【解析】 在线性组织结构中,每一个工作部门只能对其直接的下属部门下达工作指令,每一个工作部门也只有一个直接的上级部门,因此,每一个工作部门只有唯一一个指令源,避免了由于矛盾的指令而影响组织系统的运行。图 2-9 中 B_1、B_3 具有同一个指令源 A。

3)矩阵式组织结构的特点及其应用

【问题分析 3】 矩阵组织结构的特点有(   )。(2011 年全国一级建造师考试真题)
A. 设置有两种工作性质不同的部门
B. 可以避免不同部门指令的冲突
C. 横向部门与纵向部门相互无关
D. 适用于具有多个子项目的大型项目或项目群
E. 职能部门的管理弱化

矩阵式组织结构是一种较新的组织结构形式。在矩阵式组织结构最高指挥者(部门)下设纵向和横向两种不同类型的工作部门。纵向工作部门如人、财、物、产、供、销的职能管理部门,横向工作部门如生产车间等。一个施工企业如采用矩阵式组织结构形式,则纵向工作部门可以是计划管理、技术管理、合同管理、财务管理和人事管理部门等;而横向工作部门可以是项目部。如图 2-11 所示。

一个大型建设工程项目如采用矩阵式组织结构形式,则纵向工作部门可以是投资控制、进度控制、质量控制、合同管理、信息管理、财务管理、物资管理等部门,而横向工作部门可以是各子项目的项目管理部,如图 2-12 所示。

在矩阵组织结构中,每一项纵向和横向交汇的工作,指令源为 2 个。当纵向和横向工作部门的指令发生矛盾时,由该组织系统的最高指挥者(部门)进行协调或决策。为避免纵向和横向工作部门指令矛盾对工作的影响,可以采用以纵向工作部门指令为主或以横向工作部门指令为主的矩阵组织结构模式,这样也可减轻该组织系统最高指挥者(部门)的协调工作量。

矩阵式组织结构的主要优点如下:

(1)把职能原则和对象原则有机地结合起来。它既发挥了纵向职能部门的优势,又发挥了横向职能项目组织的优势,解决了传统组织模式中企业组织和项目组织相互矛盾的难题,增

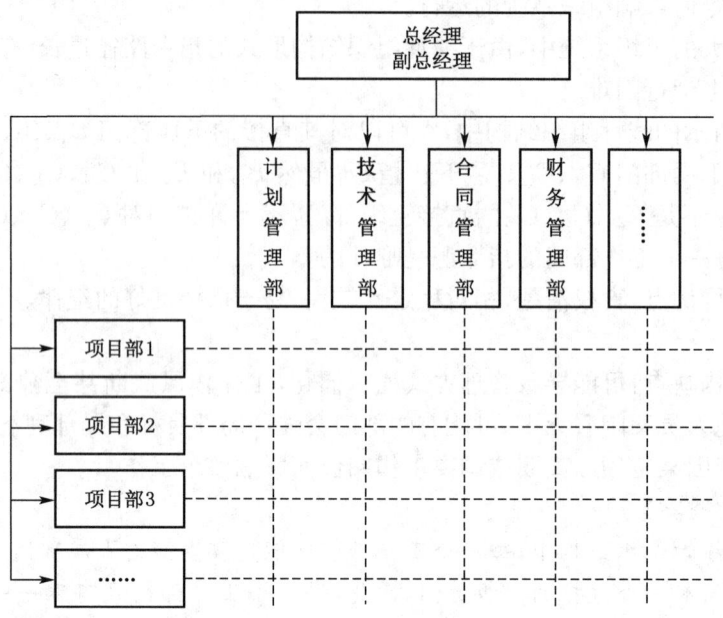

图 2-11 施工企业矩阵式组织结构

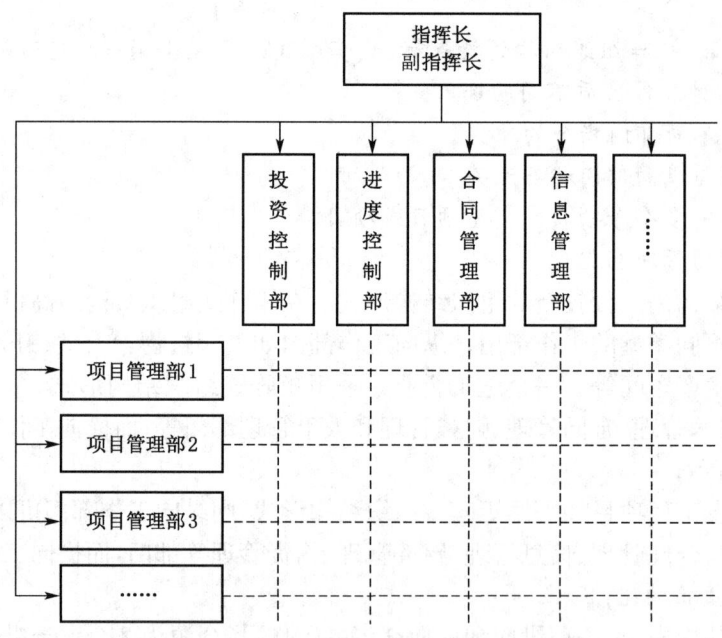

图 2-12 建设工程项目矩阵式组织结构

强了企业长期例行性管理和项目一次性管理的统一性。

(2) 能有效地利用人力资源。它可以通过职能部门的协调,将一些项目上闲置的人才及时转到急需项目上去,实现以尽可能少的人力实施多个项目管理的高效率,使有限的人力资源得到最佳利用。

(3) 有利于人才的全面培养。它既可以使具有不同知识背景的人在项目组织的合作中相互取长补短,在实践中拓宽知识面,培养一专多能的人才,又可以充分发挥纵向专业职能集中的优势,使人才的成长有深厚的专业训练基础。

矩阵式组织结构主要缺点如下:

(1) 双重领导。矩阵组织中的成员要接受来自横向、纵向领导的双重指令,当双方目标不一致或有矛盾时,会使当事人无所适从。当出现问题时,往往会出现相互推诿、无人负责的现象。

(2) 管理要求高,协调较困难。矩阵式组织形式对企业管理和项目管理的水平、领导者的素质、组织机构的办事效率、信息沟通渠道的畅通均有较高的要求。由于矩阵式组织复杂性和项目管理部门的增加,往往导致信息沟通量的膨胀和沟通渠道的复杂化,致使信息梗阻和信息失真增加,这就使组织关系协调更困难。

(3) 经常出现项目经理的责任与权力不统一的现象。一般情况下,职能部门对项目组织成员的控制力大于项目经理的控制力,导致项目经理的责任大于权力,工作难以开展。项目组织成员受到职能部门的控制,所以凝聚在项目上的力量较弱,使项目组织作用的发挥受到影响。同时,管理人员监管多个项目,难以确定管理项目的前后顺序,会顾此失彼。

【问题分析3答案】 AD

【解析】 A项,矩阵组织结构是一种较新型的组织结构模式。在矩阵组织结构最高指挥者(部门)下设纵向和横向两种不同类型的工作部门。B项,在矩阵组织结构中为避免纵向和横向工作部门指令矛盾对工作的影响,可以采用以纵向工作部门指令为主或以横向工作部门指令为主的矩阵组织结构模式,这样也可减轻该组织系统的最高指挥者(部门)的协调工作量。C项,在矩阵组织结构中,每一项纵向和横向交汇的工作,指令来自纵向和横向两个工作部门,因此其指令源为两个。当纵向和横向工作部门的指令发生矛盾时,由该组织系统的最高指挥者(部门)进行协调或决策。D项,矩阵组织结构适宜用于大型组织系统。E项,一个大型建设项目如采用矩阵组织结构模式,则纵向工作部门可以是投资控制、进度控制、质量控制、合同管理、信息管理、人事管理、财务管理和物资管理等部门,而横向工作部门可以是各子项目的项目管理部。

【案例分析1解析】 从图2-3中可以看出这种组织结构的特点是:同期多个开发和运行项目在逐年增加,需要组建的项目部增多;项目业务阶段性特点比较明显;采用直线职能式管理模式,但职能部门职责不清;不同阶段部门的权力在不断变化,项目经理处理项目职权与职能职权之间冲突比较多。这种组织结构模式随着企业的发展暴露出来的问题越来越多。具体表现为以下几个方面:

第一,企业的职能部门的职责主要是依据专业设置的职能部门,但当公司同期并行运作多个项目时,没有专门的部门和人员进行统筹、计划、组织、协调、监督和控制,导致项目之间经常出现资源调配不均、进度受限、公司成本增加等问题,无法实现工作效率的最大化。

第二,公司各部门职责制度不健全,各职能部门分工不明确,项目部具体职责宽泛,工作权限不清晰。同时,在项目实施过程中,项目部介入时点不清,衔接方式不实,导致各项工作配合不协调,交接不顺利。

第三,各个项目启动前均没有专门的部门和人员负责对项目进行可行性分析,统筹项目的策划,导致在项目实施过程中没有明确的项目目标、职责、进度计划、投资(成本)及风险预控方案,无法对项目本身及项目部人员实行有效的评价和考核。

　　针对企业的实际情况,武汉百祥房地产公司对本企业组织结构进行了调整,如图2-13所示,构建了企业"职能＋项目制"的复合组织结构,突出解决了统筹和管控企业多项运作的问题。

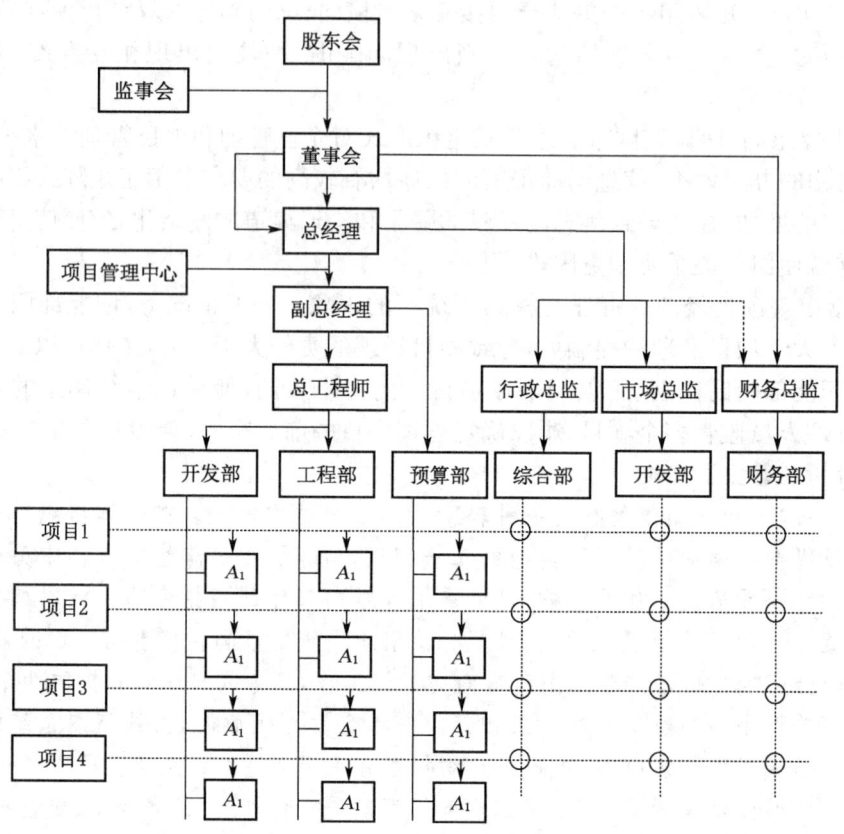

图2-13　调整后的企业组织结构图

　　其中项目管理中心主要负责企业项目管理,对每个项目从前期策划、概预算、工程实施到工程验收等的全过程进行协调管理,决策企业内部资源配置问题,以及企业项目运作风险预控和决策问题等,是企业项目运作的决策结构。

　　项目管理中心各部门主要职责明确且统一,协调项目实施阶段的管理,以及多项目之间与规划、预算、市场部门之间的衔接。市场部、财务部、综合部等职能部门为项目全过程提供服务。

　　新建企业项目管理矩阵式组织格局,明确各职能部门在项目实施阶段与项目部的职责定位,确保工程建设目标的实现;建立项目团队,协调项目实施过程中相关利益方的关系;办理工程报建手续;施工现场管理,制订有效的项目管理实施计划,对项目施工阶段的工期、质量、投资进行有效控制,确保工程建设质量和进度最优。

　　武汉百祥房地产公司通过对组织结构的细微调整,解决了阻碍该企业进一步发展的问题,给企业在激烈的市场竞争中提供了强有力的后盾。

2.2.2 项目管理的组织结构图

对一个项目的组织结构进行分解,并用图的方式表示,就形成项目组织结构图(DOBS,Diagram of Organizational Breakdown Structure),或称项目管理组织结构图。项目组织结构图反映一个组织系统(如项目管理班子)中各子系统之间和各元素(如各工作部)之间的组织关系,反映的是各工作单位、各工作部门和各工作人员之间的组织关系。而项目结构图描述的是工作对象之间的关系。对一个稍大一些项目的组织结构应该进行编码,它不同于项目结构编码,但两者之间也会有一定的联系。项目组织结构图的示例如图 2-14 所示,它属于职能组织结构。

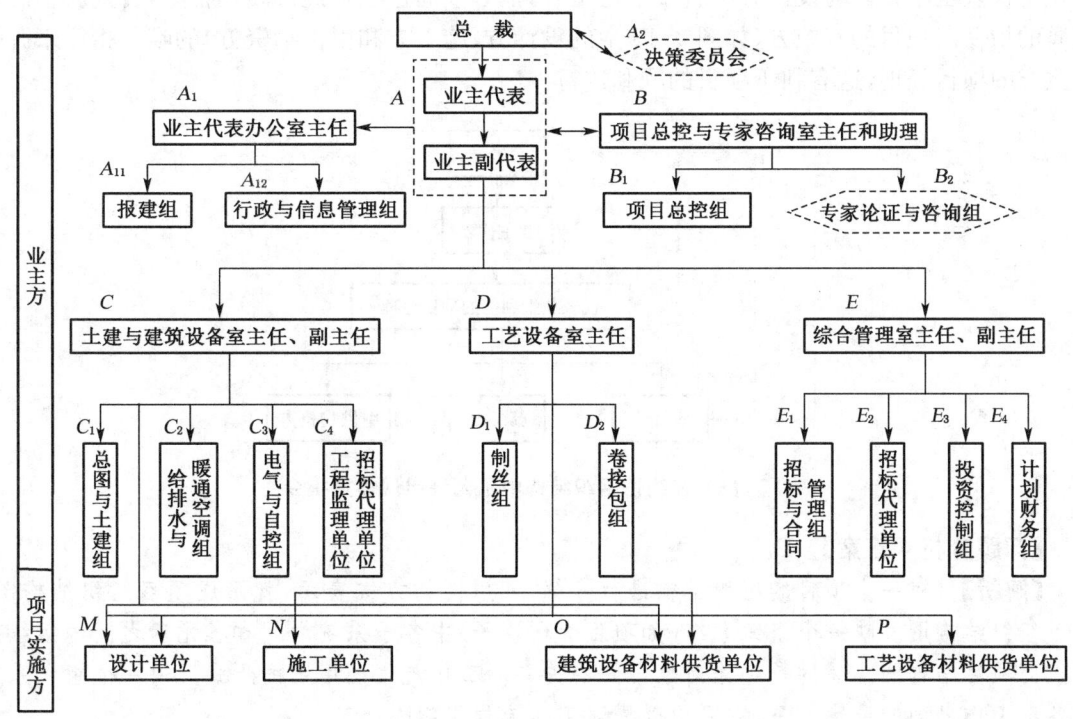

图 2-14 项目组织结构图示例

一个建设工程项目的实施除了业主方外,还有许多单位参加,如设计单位、施工单位、供货单位和工程管理咨询单位以及有关的政府行政管理部门等,项目组织结构图应注意表达业主方以及项目各参与单位有关的各工作部门之间的组织关系。

图 2-14 是项目组织结构图的一个示例,业主方内部是线性组织结构,而对于项目实施方而言,则是职能组织结构,该组织结构的运行规则如下:

(1) 在业主代表和业主副代表下设 3 个直接下属管理部门,即土建与建筑设备工程管理(C)、工艺设备工程管理(D)和综合管理部门(E)。这 3 个管理部门只接受业主代表和业主副代表下达的指令。

(2) 在 C 下设 C_1、C_2、C_3 和 C_4 4 个工作部门,C_1、C_2、C_3 和 C_4 只接受 C 的指令。在 D 下

设 D_1 和 D_2 2个工作部门,D_1 和 D_2 只接受 D 的指令。E 下设的情况与 C 和 D 相同。

(3) 施工单位将接受土建与建筑设备工程管理部门、工艺设备工程管理部门和工程监理单位的工作指令,设计单位将接受土建与建筑设备管理部门和工艺设备工程管理部门的指令。

【问题分析4】 对一个项目的管理组织进行分解,并用图的形式表示就形成(　　)。(2015年全国一级建造师考试真题)

A. 项目结构图 　　　　　　B. 项目管理结构图
C. 工作流程图 　　　　　　D. 项目组织结构图

图 2-15 所示的某项目管理组织结构,在业主方内部和对于实施方都是线性组织结构。在线性组织结构中,每一个工作部门只有唯一的上级工作部门,其指令源是唯一的。图 2-15 中表示了总经理不允许对项目经理和设计方直接下达指令,总经理必须通过业主代表转达指令;而业主代表也不允许对设计方等直接下达指令,他必须通过项目经理转达指令,否则就会出现矛盾的指令。项目的实施方(如图 2-15 中的设计方、施工方和甲供物资方)的唯一指令来源是业主方的项目经理,这有利于项目的顺利进行。

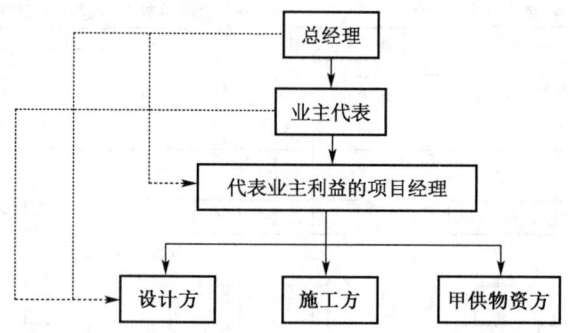

图 2-15　在线性组织结构中不允许出现多重指令

【问题分析4答案】 D

【解析】 对一个项目的组织结构进行分解,并用图的方式表示,就形成项目组织结构图。项目组织结构图反映一个组织系统(如项目管理班子)中各子系统之间和各元素之间的组织关系。而项目结构图描述的是工作对象之间的关系。工作流程图用图的形式反映一个组织系统中各项工作之间的逻辑关系,它可用以描述工作流程组织。

2.2.3 施工管理的工作任务分工

【问题分析5】 组织系统中的(　　)反映了一个组织系统中各子系统或者各元素的工作任务分工和管理职能分工。(2017年全国一级建造师考试真题)

A. 组织结构模式 　　　　　　B. 职责范围分工
C. 组织分工 　　　　　　　　D. 工作流程组织

业主方和项目各参与方,如设计单位、施工单位、供货单位和工程管理咨询单位等都有各自的项目管理的任务,上述各方都应该编制各自的项目管理任务分工表。

为了编制项目管理任务分工表,首先应对项目实施各阶段的费用(投资或成本)控制、进度控制、质量控制、合同管理、信息管理及组织与协调等管理任务进行详细分解,在项目管理任务分解的基础上确定项目经理和费用(投资或成本)控制、进度控制、质量控制、合同管理、信息管理及组织与协调等主管部门或主管人员的工作任务。

1) 工作任务分工

每一个建设项目都应编制项目管理任务分工表,这是一个项目组织设计文件的一部分。在编制项目管理任务分工表前,应结合项目的特点,对项目实施各阶段的费用(投资或成本)控制、进度控制、质量控制、合同管理、信息管理及组织与协调等管理任务进行详细分解。在项目管理任务分解的基础上,明确项目经理和上述管理任务主管工作部门或主管人员的工作任务,从而编制工作任务分工表(表 2-2)。

表 2-2　工作任务分工表

工作任务	投资或成本控制	进度控制	质量控制	合同管理	信息管理	组织与协调

【问题分析 5 答案】　C

【解析】　本题考核的是组织分工。组织分工反映了一个组织系统中各子系统或者各元素的工作任务分工和管理职能分工。

2) 工作任务分工表

【问题分析 6】　反映一个组织系统中各子系统之间和各元素(如各工作部门)之间的组织关系,反映的是各工作单位、各工作部门和各工作人员之间的组织关系的管理工具是(　　)。(2019 年全国一级建造师考试真题)

A. 工作任务分工表　　　　　　B. 项目组织结构图
C. 管理职能分工表　　　　　　D. 项目结构图

在工作任务分工表中应明确各项工作任务由哪个工作部门(或个人)负责,由哪些工作部门(或个人)配合或参与。无疑,在项目的进展过程中,应视必要性对工作任务分工表进行调整。

某大型公共建筑属于国家重点工程,在项目实施初期,项目管理咨询公司建议把工作任务划分成 26 个大块,针对这 26 个大块任务编制了管理任务分工表(表 2-3),随着工程的进展,任务分工表还将不断深化和细分。该表(表 2-3)有如下特点:

表 2-3 某大型公共建筑的管理任务分工表

	工作项目	经理室、指挥部室	技术委员会	专家顾问组	办公室	总工程师室	综合部	财务部	计划部	工程部	设备部	运营部	物业开发部
1	人事	☆					△						
2	重大技术审查决策	☆	△	○									
3	设计管理												
4	技术标准												
5	科研管理												
6	行政管理												
7	外事工作			○	☆	○				○	○	○	
8	档案管理			○	☆	○	○	○	○	○	○	○	○
9	资金保险						○	☆	○				
10	财务管理							☆					
11	审计						☆	○					
12	计划管理						○	○	☆	△	△	○	
13	合同管理								☆	△	△		
14	招投标			○		○	○		☆	△	△		
15	工程筹划			○		○				☆	○	○	
16	土建评定项目管理			○		○				☆	○		
17	工程前期工作			○			○			☆			○
18	质量管理			○		△				☆	△		
19	安全管理					○	○			☆	△		
20	设备选型			△		○					☆	○	
21	设备材料采购						○		△	△			☆
22	安装工程项目管理								○	△	☆		
23	运营准备			○		○				△	△	☆	
24	开通、调试、验收			○		△				△	☆	△	
25	系统交接			○	○	○	○			☆	☆	☆	
26	物业开发						○	○		○	○	○	

注：☆—主办；△—协办；○—配合

（1）管理任务分工表主要明确哪项任务由哪个工作部门（机构）负责主办，另明确协办部门和配合部门，主办、协办和配合在表中分别用 3 个不同的符号表示。

（2）在管理任务分工表的每一行中，即每一个任务，都有至少一个主办工作部门。

(3) 运营部和物业开发部参与项目实施的整个过程,而不是在工程竣工前才介入工作。

【问题分析 6 答案】 A

【解析】 工作任务分工表反映一个组织系统中各子系统之间和各元素(如各工作部门)之间的组织关系,反映的是各工作单位、各工作部门和各工作人员之间的组织关系。

2.2.4 管理职能分工

【问题分析 7】 每一个建设项目都应该编制( ),这是一个项目的组织设计文件的一部分。(2016 年全国二级建造师考试真题)

A. 工作任务分工表　　　　　　　B. 管理职能分工表
C. 项目管理任务分工表　　　　　D. 项目结构图

1) 管理职能的内涵

管理是由多个环节组成的有限循环过程,如图 2-16 所示。

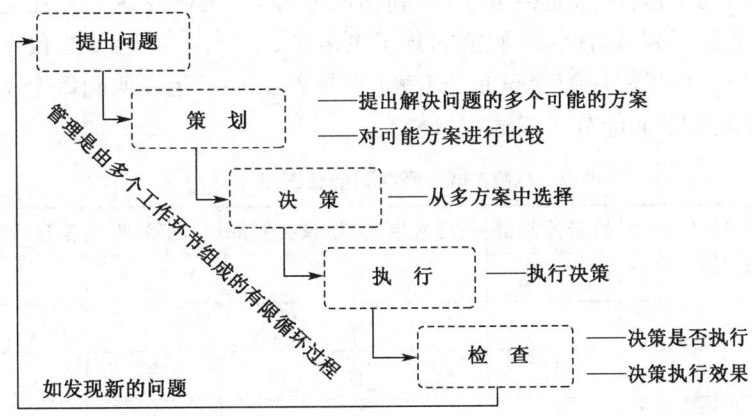

图 2-16 管理职能

提出问题、策划、决策、执行、检查,这些组成管理的环节就是管理的职能。管理的职能在一些文献中也有不同的表述,但是其内涵是类似的。

以下以一个示例来解释管理职能的含义:

(1) 提出问题——通过进度计划值和实际值的比较,发现进度推迟了。

(2) 策划——加快进度有多种可能的方案,如改一班工作制为两班工作制,或增加夜班作业,或增加施工设备和改变施工方法,应对这 3 个方案进行比较。

(3) 决策——从上述 3 个可能的方案中选择一个将被执行的方案,如增加夜班作业。

(4) 执行——落实夜班施工的条件,组织夜班施工。

(5) 检查——检查增加夜班施工的决策有否被执行,如已执行,则检查执行的效果。

如通过增加夜班施工,工程进度的问题解决了,但发现新的问题,即施工成本增加了,这样就进入了管理的一个新的循环:提出问题、策划、决策、执行和检查。整个施工过程中管理工作就是不断发现问题和不断解决问题的过程。

以上不同的管理职能可由不同的职能部门承担,如:
(1) 进度控制部门负责跟踪和提出有关进度的问题。
(2) 施工协调部门对进度问题进行分析,提出3个可能的方案,并对其进行比较。
(3) 项目经理在3个可供选择的方案中,决定采用第一个方案,即增加夜班作业。
(4) 施工协调部门负责执行项目经理的决策,组织夜班施工。
(5) 项目经理助理检查夜班施工后的效果。

业主方和项目各参与方,如设计方、施工单位、供货单位和工程管理咨询单位等都有各自的项目管理的任务及其管理职能分工,上述各方都应编制各自的项目管理职能分工表。

【问题分析7答案】 A

【解析】 每一个建设项目都应该编制工作任务分工表,这是一个项目的组织设计文件的一部分。

2) 管理职能分工在项目管理中的应用

我国多数企业和建设项目的指挥或管理机构,习惯用岗位责任制的岗位责任描述书来描述每一个工作部门的工作任务(包括责任、权利和任务等)。工业发达国家在建设项目管理中广泛应用管理职能分工表,以使管理职能的分工更清晰、更严谨,并会暴露仅用岗位责任描述书时所掩盖的矛盾。如果使用管理职能分工表(如图2-4)还不足以明确每个工作部门的管理职能,还可辅以使用管理职能分工描述书。

表2-4 管理职能分工表

工作任务	项目经理部	投资控制部	进度控制部	质量控制部	合同管理部	信息管理部	……

注:每一个方块用拉丁字母表示管理的职能。

为了区分业主方和代表业主利益的项目管理方和工程建设监理方等的管理职能,也可以用管理职能分工表表示。表2-5是某项目的一个示例,表中用英文字母表示管理职能。

表2-5 某项目管理职能分工表示例

序号	任务		业主方	项目管理方	工程监理方
	设计阶段				
1	审批	获得政府有关部门的各项审批	E		
2		确定投资、进度、质量目标	D、C	P、C	P、E

续表 2-5

序号	任务		业主方	项目管理方	工程监理方
	设计阶段				
3	发包与合同管理	确定设计发包模式	D	P、E	
4		选择总包设计单位	D、E	P	
5		选择分包设计单位	D、C	P、E、C	P、C
6		确定施工发包模式	D	P、E	P、E
7	进度	设计进度目标规划	D、C	P、E	
8		设计进度目标控制	D、C	P、E、C	
9	投资	投资目标分解	D、C	P、E	
10		设计阶段投资控制	D、C	P、E	
11	质量	设计质量控制	D、C	P、E	
12		设计任务与批准	D、E	P、C	
	投标阶段				
13	发包	招标、评标	D、C	P、E	P、E
14		选择施工总包单位	D、E	P、E	P、E、C
15		选择施工分包单位	D	P、E	P、E、C
16		合同签订	D、E	P	P
17	进度	施工进度目标规划	D、C	P、C	P、E
18		项目采购进度规划	D、C	P、C	P、E
19		项目采购进度控制	D、C	P、E、C	P、E、C
20	投资	指标阶段投资控制	DC	PEC	
21	质量	制定材料设计质量标准	D	PC	PEC

注：P——策划；D——决策；E——执行；C——检查

2.2.5 工作流程组织在项目管理中的应用

1) 工作流程组织的内容

如图 2-17 所示，工作流程组织包括：①管理工作流程组织，如投资控制、进度控制、合同管理、付款和设计变更等流程；②信息处理工作流程组织，如与生成月度进度报告有关的数据处理流程；③物质流程组织，如钢结构深化设计工作流程、弱电工程物资采购工作流程、外立面施工工作流程等。

2) 工作流程组织的任务

每一个建设项目应根据其特点，从多个可能的工作流程方案中确定以下几个主要的工作流程组织：①设计准备工作的流程；②设计工作的流程；③施工招标工作的流程；④物资采购工作的流程；⑤施工作业的流程；⑥各项管理工作（投资控制、进度控制、质量控制、合同管理和信息管理等）的流程；⑦与工程管理有关的信息处理的流程。

这也就是工作流程组织的任务，即定义工作的流程。工作流程应视需要逐层细化，如投资控制工作流程可细化为初步设计阶段投资控制工作流程图、施工图阶段投资控制工作流程图和施工阶段投资控制工作流程图等。

业主方和项目各参与方，如工程项目咨询单位、设计单位、施工单位和供货单位等都有各自的工作流程组织的任务。

3）工作流程图

工作流程图用图的形式反映一个组织系统中各项工作之间的逻辑关系，它可用以描述工作流程组织。工作流程图是一个重要的组织工具，如图2-17所示。工作流程图用矩形框表示工作，箭线表示工作之间的逻辑关系，菱形框表示判别条件，也可用两个矩形分别表示工作和工作的执行者。

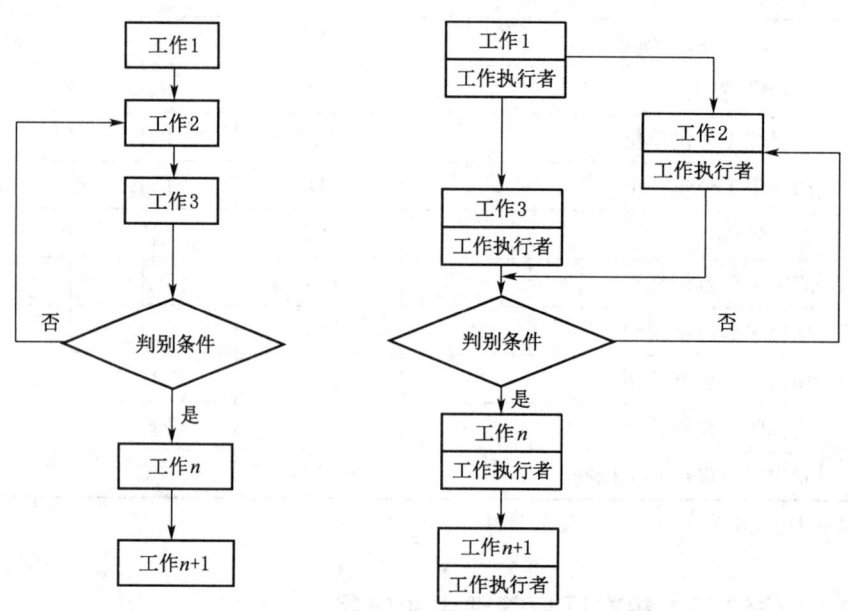

图 2-17 工作流程图

【问题分析 8】 对工作流程图描述正确的是（　　）。

A. 矩形框表示工作
B. 箭线表示工作之间的逻辑关系
C. 单向箭线表示工作之间的逻辑关系
D. 菱形框表示判别条件
E. 双向箭线表示工作之间的逻辑关系

【问题分析 8 答案】 ABD

【解析】 工作流程图用矩形框表示工作，箭线表示工作之间的逻辑关系，菱形框表示判别条件，也可用两个矩形分别表示工作和工作的执行者。

2.2.6 合同结构图在项目管理中的应用

合同结构图反映业主方和项目各参与方之间,以及项目各参与方之间的合同关系。通过合同结构图可以非常清晰地了解一个项目有哪些或将有哪些合同,以及了解项目各参与方的合同组织关系。

如果两个单位之间有合同关系,在合同结构图中用双向箭线联系(图 2-7)。在项目管理的组织结构图中,如果两个单位之间有管理指令关系,则用单向箭线表示。

2.3 工程项目采购的模式

2.3.1 项目管理委托的模式

在国际上,项目管理咨询公司(咨询事务所,或称顾问公司)可以接受业主方、设计方、施工方、供货方和建设项目工程总承包方的委托,提供代表委托方利益的项目管理服务。项目管理咨询公司所提供的这类服务的工作性质属于工程咨询(工程顾问)服务。

在国际上,业主方项目管理的方式主要有 3 种:
(1) 业主方自行项目管理。
(2) 业主方委托项目管理咨询公司承担全部业主方项目管理的任务。
(3) 业主方委托项目管理咨询公司与业主方人员共同进行项目管理,业主方从事项目管理的人员在项目管理咨询公司委派的项目经理的领导下工作。

2.3.2 设计任务委托的模式

工业发达国家设计单位的组织体制与我国有所区别,多数设计单位是专业设计事务所,而不是综合设计院,如建筑师事务所、结构工程师事务所和各种建筑设备专业工程师事务所等,设计事务所的规模多数也较小,因此其设计任务委托的模式与我国不相同。对于工业与民用建筑工程而言,在国际上,建筑师事务所往往起着主导作用,其他专业设计事务所则配合建筑师事务所从事相应的设计工作。

我国业主方主要通过设计招标的方式选择设计方案和设计单位,而在国际上不少国家有设计竞赛条例,设计竞赛与设计任务的委托并没有直接的联系。设计竞赛的范围可宽可窄,如设计理念、设计方案、某一个设计问题的设计竞赛。设计竞赛的结果只限于设计竞赛成果的评奖,业主方综合分析和研究设计竞赛的成果后再决定设计任务的委托。

设计任务的委托主要有两种模式,即:
(1) 业主方委托一个设计单位或由多个设计单位组成的设计联合体或设计合作体作为设计总负责单位,设计总负责单位视需要再委托其他设计单位配合设计。
(2) 业主方不委托设计总负责单位,而平行委托多个设计单位进行设计。

【案例分析2】
1. 项目介绍
(1) 项目背景

武汉市某银行办公楼,总建筑面积 32 000 m²;主楼高 18 层,裙房 5 层,地下 1 层,框架剪力墙结构;钢筋混凝土钻孔灌注桩基;外墙干挂进口大理石,少量玻璃幕墙;室内部分公共部位精装修(4 星级宾馆标准)。

项目进行了较广泛的设计方案竞赛(共有 7 个方案),业主在专家评审的基础上选定最优方案,并委托当地具有甲级资质的大型设计院承担该工程的扩初设计和施工图设计。同时,业主也委托某工程管理单位(监理单位)承担该项目全方位全过程的工程监理任务。

(2) 主要实物工程量

钢筋混凝土钻孔灌注桩基 288 根,土方 20 000 m³,钢筋混凝土箱式承台基础 8 200 m³,外墙干挂大理石 13 600 m²,玻璃幕墙 1 600 m²,电梯 9 台,多孔砖墙 4 500 m³。这些估算的实物工程量是安排工程进度计划和制定项目投资规划的基础。

(3) 项目进度目标要求

由于该项目为启动浦东开发的首期重点项目,项目进度要求较紧,整个建设周期必须在 36 个月内完成。

2. 承包方案
(1) 传统施工总包

① 工作程序

工程方案设计—扩初设计—施工图设计—施工招标—施工常规工作程序

根据工程具体情况,工程施工分钻孔灌注桩(相对独立)和主体工程两步进行招标。整个工程总进度为 35 个月。

② 注意事项

a. 由于工程采用了分段招标,各个工作相互搭接安排紧凑,相应工程管理协调难度增加,组织管理上的风险较大。

b. 各种工作搭接较为紧凑,网络计划中关键工作较多,任何一项工作的延迟和耽误都可能影响整个工程进度目标的实现。

(2) 项目总承包模式

① 工作程序

设计+施工方式,根据审批通过的初步设计图纸和功能描述书、房建手册进行项目总承包的招标,由中标的总承包单位完成工程的施工图设计和全部工程的施工,直至交付使用。

② 优劣点

a. 整个工程可在 35 个月内完成。促成设计和施工的早期结合,以充分发挥设计和施工两方面的优势,从而提高项目的经济性,这有利于项目的进度控制和投资控制。

b. 由于业主在工程实施过程中合同较少,对项目的合同管理相对简单,同时该方案可极大减少甲方的工作量。

c. 功能描述书和房建手册,这两个文件在完整性和精确性方面均有较高要求,否则会直接影响工程质量。

2.3.3 项目总承包的模式

1) 项目总承包的内涵

"建筑工程的发包单位可以将建筑工程的勘察、设计、施工、设备采购一并发包给一个工程总承包单位,也可以将建筑工程勘察、设计、施工、设备采购的一项或者多项发包给一个工程总承包单位;但是,不得将应当由一个承包单位完成的建筑工程肢解成若干部分发包给几个承包单位。"(引自《中华人民共和国建筑法》第24条)

"工程总承包企业受业主委托,按照合同约定对工程建设项目的勘察、设计、采购、施工、试运行等实行全过程或若干阶段的承包。"(引自《建设项目工程总承包管理规范》GB/T 50358—2017)

"工程总承包企业按照合同约定对工程项目的质量、工期、造价等向业主负责。工程总承包企业可依法将所承包工程中的部分工作发包给具有相应资质的分包企业;分包企业按照分包合同的约定对总承包企业负责。"(引自原建设部《关于培育发展工程总承包和工程项目管理企业的指导意见》,建市〔2003〕30号)

建设项目工程总承包主要有以下两种方式:

(1) 设计—施工总承包(Design—Build)。"设计—施工总承包是指工程总承包企业按照合同约定,承担工程项目设计和施工,并对承包工程的质量、安全、工期、造价全面负责。"(引自原建设部《关于培育发展工程总承包和工程项目管理企业的指导意见》,建市〔2003〕30号)

(2) 设计采购施工总承包(EPC—Engineering Procurement Construction)。"设计采购施工总承包是指工程总承包企业按照合同约定,承担工程项目的设计、采购、施工、试运行服务等工作,并对承包工程的质量、安全、工期、造价全面负责。"(引自建设部《关于培育发展工程总承包和工程项目管理企业的指导意见》,建市〔2003〕30号)设计采购施工总承包已在我国石油和石化等工业建设项目中得到成功的应用。

建设项目工程总承包的基本出发点是借鉴工业生产组织的经验,实现建设生产过程的组织集成化,以克服由于设计与施工的分离致使投资增加,以及克服由于设计和施工的不协调而影响建设进度等弊病。

建设项目工程总承包的主要意义并不在于总价包干和"交钥匙",其核心是通过设计与施工过程的组织集成,促进设计与施工的紧密结合,以达到为项目建设增值的目的。应该指出,即使采用总价包干的方式,稍大一些的项目也难以用固定总价包干,而多数采用变动总价合同。

2) 国际项目总承包的组织

国际项目总承包的组织有如下几种可能的模式:

(1) 一个组织(企业)既具有设计力量,又具有施工力量,由它独立地承担建设项目工程总承包的任务(在美国这种模式较为常用)。

(2) 由设计单位和施工单位为一个特定的项目组成联合体或合作体,以承担项目总承包的任务(在德国和一些其他欧洲国家这种模式较为常用,特别是民用建筑项目的工程总承包往往由设计单位和施工单位组成的项目联合体或合作体承担。待项目结束后项目联合体或合作体就解散)。

(3) 由施工单位承接项目总承包的任务,而设计单位受施工单位的委托承担其中的设计任务。

(4) 由设计单位承接项目总承包的任务,而施工单位作为其分包承担其中的施工任务。

3) 项目总承包方的工作程序

项目总承包方的工作程序如下(参考《建设项目工程总承包管理规范》GB/T 50358—2017):

(1) 项目启动。在工程总承包合同条件下,任命项目经理,组建项目部。

(2) 项目初始阶段。进行项目策划,编制项目计划,召开开工会议;发表项目协调程序,发表设计基础数据;编制计划,包括采购计划、施工计划、试运行计划、财务计划和安全管理计划,确定项目控制基准等。

(3) 设计阶段。编制初步设计或基础工程设计文件,进行设计审查,编制施工图设计或详细工程设计文件。

(4) 采购阶段。采买、催交、检验、运输、与施工办理交接手续。

(5) 施工阶段。开工前的准备工作,现场施工,竣工试验,移交工程资料,办理管理权移交,进行竣工决算。

(6) 试运行阶段。对试运行进行指导和服务。

(7) 合同收尾。取得合同目标考核证书,办理决算手续,清理各种债权债务;缺陷通知期限满后取得履约证书。

(8) 项目管理收尾。办理项目资料归档,进行项目总结,对项目部人员进行考核评价,解散项目部。

2.3.4 施工任务委托的模式

施工任务的委托主要有如下几种模式:

(1) 业主方委托一个施工单位或由多个施工单位组成的施工联合体或施工合作体作为施工总承包单位,施工总承包单位视需要再委托其他施工单位作为分包单位配合施工。

(2) 业主方委托一个施工单位或由多个施工单位组成的施工联合体或施工合作体作为施工总承包管理单位,业主方另委托其他施工单位作为分包单位进行施工。

(3) 业主方不委托施工总承包单位,也不委托施工总承包管理单位,而平行委托多个施工单位进行施工。

1) 施工总承包

业主方委托一个施工单位或由多个施工单位组成的施工联合体或施工合作体作为施工总包单位,经业主同意,施工总承包单位可以根据需要将施工任务的一部分分包给其他符合资质的分包人。施工总承包的合同结构图如图2-18所示。

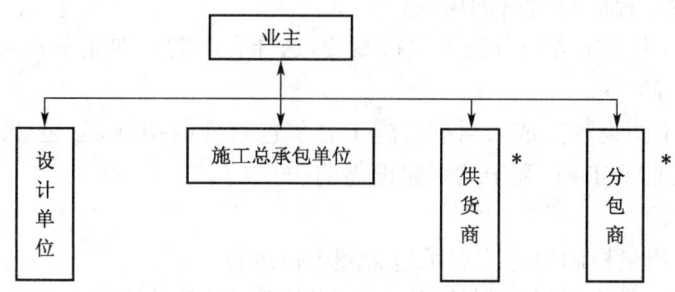

图 2-18　建设项目施工总承包模式的合同结构
注：＊表示为业主自行采购和分包的部分

施工总承包模式有如下特点：
(1) 投资控制方面
① 一般以施工图设计为投标报价的基础，投标人的投标报价较有依据。
② 在开工前就有较明确的合同价，有利于业主的总投资控制。
③ 若在施工过程中发生设计变更，可能会引发索赔。
(2) 进度控制方面。由于一般要等施工图设计全部结束后，业主才进行施工总承包的招标，因此，开工日期不可能太早，建设周期会较长。这是施工总承包模式的最大缺点，限制了其在建设周期紧迫的建设工程项目上的应用。
(3) 质量控制方面。建设工程项目质量的好坏在很大程度上取决于施工总承包单位的管理水平和技术水平。
(4) 合同管理方面
① 业主只需要进行一次招标，与施工总承包商签约，因此招标及合同管理工作量将会减小。
② 在很多工程实践中，采用的并不是真正意义上的施工总承包，而是采用所谓的"费率招标"。"费率招标"实质上是开口合同，对业主方的合同管理和投资控制十分不利。
(5) 组织与协调方面。由于业主只负责对施工总承包单位的管理及组织协调，其组织与协调的工作量比平行发包会大大减少，这对业主有利。

2) 施工总承包管理

施工总承包管理模式(Managing Contractor)的内涵是：业主方委托一个施工单位或由多个施工单位组成的施工联合体或施工合作体作为施工总承包管理单位，业主方另委托其他施工单位作为分包单位进行施工。一般情况下，施工总承包管理单位不参与具体工程的施工，但如施工总承包管理单位也想承担部分工程的施工，它也可以参加该部分工程的投标，通过竞争取得施工任务。

(1) 施工总承包管理模式的特点
① 投资控制方面
a. 一部分施工图完成后，业主就可单独或与施工总承包管理单位共同进行该部分工程的招标，分包合同的投标报价和合同价以施工图为依据。
b. 在进行对施工总承包管理单位的招标时，只确定施工总承包管理费，而不确定工程总造价,这可能成为业主控制总投资的风险。

c. 多数情况下,由业主方与分包人直接签约,这样有可能增加业主方的风险。

② 进度控制方面

不需要等待施工图设计完成后再进行施工总承包管理的招标,分包合同的招标也可以提前,这样就有利于提前开工,有利于缩短建设周期。

③ 质量控制方面

a. 对分包人的质量控制由施工总承包管理单位进行。

b. 分包工程任务符合质量控制的"他人控制"原则,对质量控制有利。

c. 各分包之间的关系可由施工总承包管理单位负责,这样就可减轻业主方管理的工作量。

④ 合同管理方面

a. 一般情况下,所有分包合同的招标投标、合同谈判以及签约工作均由业主负责,业主方的招标及合同管理工作量较大。

b. 对分包人的工程款支付可由施工总包管理单位支付或由业主直接支付,前者有利于施工总包管理单位对分包人的管理。

⑤ 组织与协调方面

由施工总承包管理单位负责对所有分包人的管理及组织协调,这样就大大减轻业主方的工作,这是采用施工总承包管理模式的基本出发点。

(2) 施工总承包管理与施工总承包模式的比较

① 工作开展程序不同。施工总承包模式的工作程序是:先进行建设项目的设计,待施工图设计结束后再进行施工总承包招标投标,然后再进行施工,如图 2-19(a)所示。而如果采用施工总承包管理模式,施工总承包管理单位的招标可以不依赖完整的施工图,当完成一部分施工图就可对其进行招标,如图 2-19(b)所示。由图 2-19(b)可以看出,施工总承包管理模式可以在很大程度上缩短建设周期。

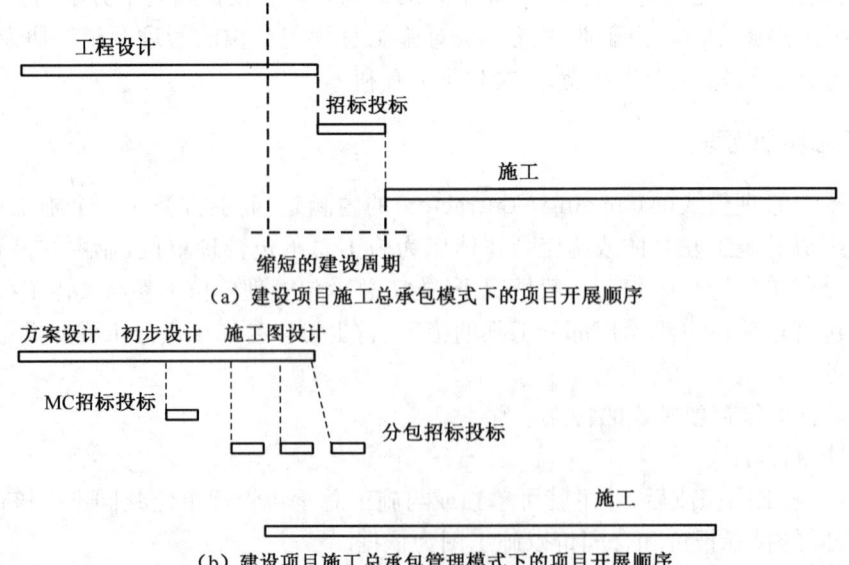

图 2-19 施工总承包管理与施工总承包模式的比较

② 合同关系。正如前述,施工总承包管理模式的合同关系有两种可能,即业主与分包单位直接签订合同或者由施工总承包管理单位与分包单位签订合同,其合同结构图分别如图 2-20 和图 2-21 所示。而当采用施工总承包模式时,由施工总承包单位与分包单位直接签订合同。

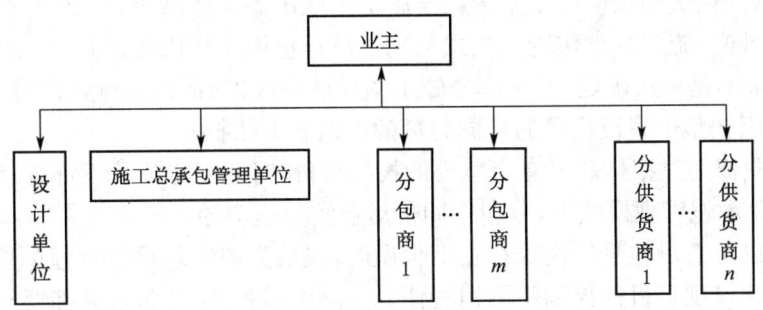

图 2-20 施工总承包管理模式下的合同结构 1

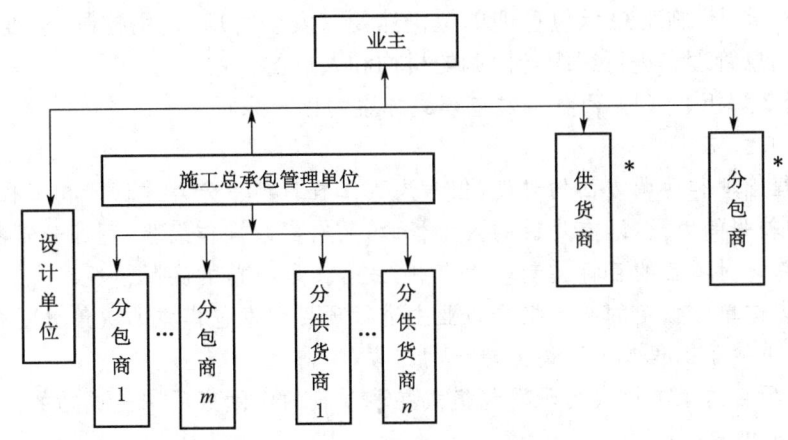

图 2-21 施工总承包管理模式下的合同结构 2
注:* 表示为业主自行采购和分包的部分

③ 分包单位的选择和认可。一般情况下,当采用施工总承包管理模式时,分包合同由业主与分包单位直接签订,但每一个分包人的选择和每一个分包合同的签订都要经过施工总承包管理单位的认可,因为施工总承包管理单位要承担施工总体管理和目标控制的任务和责任。如果施工总承包管理单位认为业主选定的某个分包人确实没有能力完成分包任务,而业主执意不肯更换分包人,施工总承包管理单位也可以拒绝认可该分包合同,并且不承担该分包人所负责工程的管理责任。而当采用施工总承包模式时,分包单位由施工总承包单位选择,由业主方认可。

④ 对分包单位的付款。对各个分包单位的工程款项可以通过施工总承包管理单位支付,也可以由业主直接支付。如果由业主直接支付,需要经过施工总承包管理单位的认可。而当采用施工总承包模式时,对各个分包单位的工程款项,一般由施工总承包单位负责支付。

⑤ 对分包单位的管理和服务。施工总承包管理单位和施工总承包单位一样,既要负责对现场施工的总体管理和协调,也要负责向分包人提供相应的配合施工的服务。对于施工总承

包管理单位或施工总承包单位提供的某些设施和条件,如搭设的脚手架、临时用房等,如果分包人需要使用,则应由双方协商所需支付的费用。

⑥ 施工总承包管理的合同价格。施工总承包管理合同中一般只确定施工总承包管理费(通常是按工程建筑安装工程造价的一定百分比计取),而不需要确定建筑安装工程造价,这也是施工总承包管理模式的招标可以不依赖于施工图纸出齐的原因之一。分包合同一般采用单价合同或总价合同。施工总承包管理模式与施工总承包模式相比在合同价方面有以下优点:

a. 合同总价不是一次确定,某一部分施工图设计完成以后,再进行该部分施工招标,确定该部分合同价,因此整个建设项目的合同总额的确定较有依据;

b. 所有分包都通过招标获得有竞争力的投标报价,对业主方节约投资有利;

c. 在施工总承包管理模式下,分包合同价对业主是透明的。

在国内,对施工总承包管理模式存在不少误解,误认为施工总承包管理单位仅仅做管理与协调工作,而对建设项目目标控制不承担责任。实际上,每一个分包合同都要经过施工总承包管理单位的确认,施工总承包管理单位有责任对分包人的质量和进度进行控制,并负责审核和控制分包合同的费用支付,负责协调各个分包的关系,负责各个分包合同的管理。因此,在组织结构和人员配备上,施工总承包管理单位仍然要有安全管理、费用控制、进度控制、质量控制、合同管理、信息管理和进行组织与协调的机构和人员。

【案例分析2解析】(1) 两种承发包模式方案的比较分析

① 传统施工总包

增加了工程管理和协调方面的难度,但考虑到工程目前甲方筹建班子和工程项目管理(工程监理)方具有较强的力量,既有足够的人力资源,又有实践操作经验,可部分解决这一弊端。

传统施工总包对项目的目标控制较为有利,适合工程目前的实际情况。

工程管理咨询单位拟定的咨询报告为业主进行项目承发包模式的决策分析提供了较好的帮助,最后业主采纳了工程管理咨询方建议的方案。

实践证明,项目总承包模式的承发包模式在该项目的实际应用中是成功的。

② 项目总承包模式

施工图设计和工程施工虽然能相互搭接进行,但考虑到该项目的未定因素较多(工程的精装修和特殊装修、部分工程的详细工艺要求均难以确定),采用项目总承包模式对工程的质量控制不利;同时,由于工程的招投标工作和合同洽谈时间较长(估计需要75d),从而使项目总承包模式在工程的进度控制方面并没有明显的优势。

(2) 两个方案分别从投资控制、进度控制、质量控制等方面进行比较如表2-6。

表2-6 两种方案比较分析表

比较方案	传统施工总包	项目总承包模式
投资控制	施工图全部完成后进行施工招标,合同价易于确定	利用设计和施工的有效配合降低项目的费用
进度控制	施工图全部完成后进行施工招标,不太利于缩短建设周期	利用设计和施工的有效配合缩短建设工期
质量控制	符合质量由他人控制原则,对质量控制有利	以功能描述为基础的招标工作十分困难,质量目标难以准确定义,质量控制风险大

续表 2-6

比较方案	传统施工总包	项目总承包模式
合同管理	甲方分别签订设计和施工合同	甲方仅签订工程承包合同,合同管理工作相对传统施工总承包模式好
甲方工作量	项目实际过程中协调工作量较大	招标工作和合同谈判工作量大,项目实施过程中甲方工作量少

2.3.5 物资采购的模式

工程建设物资指的是建筑材料、建筑构配件和设备。国际上业主方工程建设物资采购有多种模式,如:①业主方自行采购;②与承包商约定某些物资为指定供货商;③承包商采购等。

我国《建筑法》对物资采购有这样的规定:"按照合同约定,建筑材料、建筑构配件和设备由工程承包单位采购的,发包单位不得指定承包单位购入用于工程的建筑材料、建筑构配件和设备或者指定生产厂、供应商。"

物资采购工作应符合有关合同和设计文件所规定的数量、技术要求和质量标准,并符合工程进度、安全、环境和成本管理等要求。采购管理应遵循下列程序:①明确采购产品或服务的基本要求、采购分工及有关责任;②进行采购策划,编制采购计划;③进行市场调查,选择合格的产品供应或服务单位,建立名录;④采用招标或协商等方式实施评审工作,确定供应或服务单位;⑤签订采购合同;⑥运输、验证、移交采购产品或服务;⑦处置不合格产品或不符合要求的服务;⑧采购资料归档。

2.4 工程项目组织协调

【案例分析3】 武汉市某工程项目总建筑面积32万 m^2,其中地上建筑面积24万 m^2、地下建筑面积8万 m^2,单体楼栋30栋,主要以6F花园洋房、11F和18F住宅兼底层商业用房为主,总户数2 200户。总承包单位为具有建筑施工资质特级企业,监理单位为具有甲级资质监理企业,设计单位具有甲级综合资质设计企业,房屋地产开发企业具有甲级开发资质。承包范围包括住宅楼、商业、地下车库、室外配套工程(含配套设施和工程配套)土建及水电安装(其中甲方直接分包工程包括桩基、消防、塑钢门窗、幕墙、外墙涂料、人防门、弱电智能化等)。就这样一个项目,合同工期450天,居然3年的时间都没有完工交付,在临近交付的一年内,一直在抢工期。

探求原因,让人不得不深思。先看看本工程参建单位当时的现状:该项目由一家具有较大规模的上市房地产开发企业投资开发运营,该企业机构庞大,部门多、领导多、员工多,管理过于分散,流程环节多部门间缺乏协调,效率低,管理制度过于固化、形式化,缺乏灵活性。总结存在如下问题:

(1)管理过于分散、不协调,表现在营销策划负责人、设计负责人、工程负责人,当工程现场施工出现问题时,许多立即能判别处理的施工问题,因领导各负其责,缺乏有效沟通,使大量问题积压得不到解决,阻碍了工程总体的进度计划。

(2) 现场技术问题。因为公司设计部门没有及时有效地和设计院进行协调反馈,出具设计变更单,延误了工期;即使有些现场已经调整落实的实体方案,因缺乏签证设计变更资料而得不到及时签证,降低了施工单位的积极性,也给现场管理协调带来了难度。监理单位因工期耗时过长,加上监理合同外新增监理费用未及时落实,造成现场监理人员匮乏,缺少责任感。本来甲方和施工方是一对矛盾的统一体,在出现分歧时,需要监理单位出面进行协商解决的,也得不到监理的支持,相关需要监理单位进行签章的技术文件、工程资料等也大量积压,从而影响了房屋中间验收和最终的竣工验收。总承包单位同样因为工期耗时过长或部分工程款未及时到位,出现中高层项目管理人员脱岗,分包单位缺乏有效一致的管理和协调,出现了层层分包,现场施工管理混乱。项目经理不到岗,而委托有关人员进行现场管理,加上管理人员和班组的多次更换,有关工程材料设备、机械设备进场不及时,从而使拟定的总进度计划严重滞后,现场施工质量更不能保证。尤其给各参建方的现场管理协调带来了非常大的工作量。

(3) 该项目的水电现状,总承包单位的项目经理将现场 30 栋单体分半,委托两名项目副经理进行现场生产管理,同时又将水电安装肢解为 4 个批次分包给 4 家单位水电安装责任人承包施工,而这 4 家水电安装责任人很少来现场安排工作,只负责提供材料,现场又安排了 4 个班组带班进行现场施工管理。可以想象这样一种分包模式,会给现场的甲方带来多大的协调对接困难、多大的工作量。要知道现场的安装工程师,不仅要负责室内建筑机电安装工程进度,同时要兼顾室外工程,诸如要负责室外雨污水、外网强电、室外生活供水、室外消防、室外智能化、室外通信广电等基础配套设施的现场协调、管理工作。因为这些工程相对室内来讲,涉及的事业单位多、相关人员多、现场管网交叉作业多、对应的专项验收多,同时这些基础配套工程是保证正常竣工验收,即保证房屋投入使用的一个先决条件,其功能性、安全性都不容忽视。

建设工程组织协调是提高建设工程项目组织运行效率的重要措施,是建设工程项目成功的关键因素之一。从组织系统角度来看,建设工程项目组织协调可分为组织系统内部关系协调和组织系统外部的协调,组织系统外部的协调根据组织与外部联系的程度又可分为近外层协调和远外层协调。近外层协调是指项目直接参与者之间的协调,远外层协调是指项目组织与间接参与者以及其他单位的协调。组织协调范围示意图如图 2-22 所示。

2.4.1 项目组织内部关系的协调

项目组织关系有多种,项目组织内部关系的协调也有多方面的内容,主要包括项目组织内部人际关系的协调、项目组织内部组织关系的协调、项目组织内部需求关系的协调等。

1) 项目组织内部人际关系的协调

人是项目组织中最活跃的要素,组织的运行效率很大程度上取决于人际关系的协调程度。为了顺利完成建设工程项目目标,项目经理应该十分注意项目组织内部人际关系的协调。

项目组织内部人际关系协调的内容多,因此协调的方法也是多种多样的,为了做好项目组织内部人际关系的协调工作,应注意以下工作:

(1) 正确对待员工,重视人的能力建设。正确对待员工是搞好项目人际关系协调的基础。

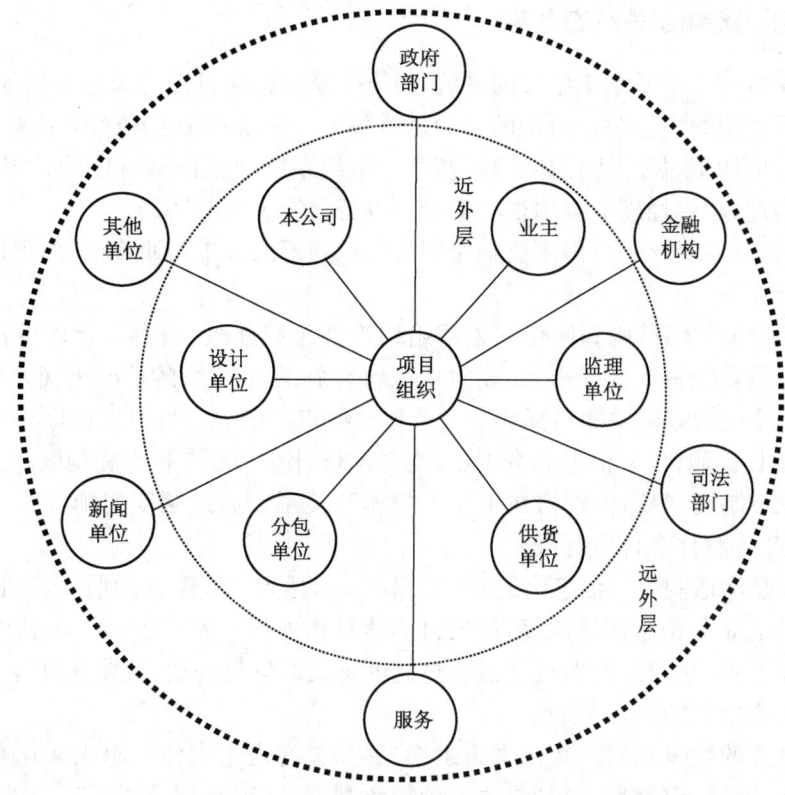

图 2-22 组织协调范围示意图

项目管理者是以新的管理理念来协调项目内部的人际关系,不要把人只看成是项目管理的基本要素之一,这种以"经济人"假设为基础和前提的物本管理,见物不见人,强调的是对人的经济和物质的鼓励,把协调工作简单化。在项目管理实践中应既要把人看作"社会人",以人为本,以行为科学的理论指导协调工作,又要把人看成是"能力人",以能力为本,大力开发人力资源,营造一个能发挥创造能力的环境,充分调动人的创造能力和智力,为实现项目目标服务。

(2) 重视沟通工作。沟通是协调各个体、各个要素,使项目成为一个整体的凝聚剂。每个建设工程项目都由许多人组成,项目每天的活动也由许许多多的具体工作所构成,由于各个体的地位、利益和能力的不同,他们对项目的目标的理解、所掌握的信息也不同,这就使得各个体的目标有可能偏离项目目标,甚至完全背离,这就需要相互交流意见,统一思想认识,自觉地协调各个体的工作,以保证项目目标的完成。没有沟通就没有协调,也就不可能完成项目目标。

(3) 做好激励工作。激励是协调工作的重要内容。在项目中每个员工都有自己的特性,他们的需求、期望、目标等都各不相同,项目管理者应根据激励理论,针对不同特点采用不同的方法进行激励。

(4) 及时处理各种冲突。冲突是指由于某种差异而引起的抵触、争执或争斗的对立状态。员工之间由于利益、观点、掌握的信息以及对事件的理解都可能存在差异,有差异就有可能引起冲突。这种冲突在很多情况下有一个过程,项目管理者要及时处理好各种冲突,以减少由于冲突所造成的损失。

2）项目组织内部组织关系的协调

项目组织是由若干个子系统组成的系统,每个子系统都有自己的目标和任务,并按规定和自定的方式运行。组织内部关系协调的目的是使各个子系统都能从项目组织整体目标出发,理解和履行自己的职责,相互协作和支持,使整个组织系统处于协调有序的状态,以保证组织的运行效率。因此,项目经理应当用很大的精力进行组织关系的协调。

组织关系协调的工作很多,但主要解决项目组织内部的分工与协作问题,可以从以下几个方面入手。

（1）合理地设置组织结构和岗位。根据组织设计原则和组织目标,合理设置组织结构和岗位,既要避免机构重叠、人浮于事,又要防止机构不全、缺人少物的情况出现。

（2）明确每个结构和岗位的目标职责和合理地授权。根据项目组织目标和工作任务来确定机构和岗位的目标职责,并根据职责授权,建立执行、检查、考查和奖励制度。

（3）建立规章制度,明确各机构在工作中的相互关系。通过制度明确各个机构和人员的工作关系,规范工作程序和评定标准。

（4）建立信息沟通制度。信息沟通是消除不协调,达到相互配合的前提,项目组织应该通过组织关系建立正常的信息沟通制度,使项目的信息沟通得到基本保证。项目组织内部信息沟通的方式灵活多样,项目组织既要注意通过制度正式的信息沟通,又要注意各种非正式的信息沟通,倡导相互之间主动沟通信息。

（5）建立良好的组织文化。文化之于组织,犹如灵魂之于人体。组织文化在项目中是客观存在的,它是一种无形的制度。如果说各种规章制度、守则是规范成员行为的"有形准则",那么组织文化则作为一种"无形准则"存在于组织成员意识中,如同社会道德一样约束着成员的精神。作为一种亚文化,良好的组织文化对提高项目工作效率有着重要的作用。

（6）及时消除工作中的不协调现象。项目系统比价复杂,影响因素多,各种利益关系复杂,在实施过程中不可避免地存在各种不协调现象,这些不协调现象可能随着项目的进一步展开,诱发各种严重的矛盾或冲突,导致组织的无序。因此,项目经理应该注意及时消除各种不协调现象,防止产生严重后果。

3）项目组织内部需求关系的协调

在建设工程项目实施过程中,组织内部的各个部门为了完成任务,在不同的阶段,需要各种不同的资源,如对人员的需求、材料的需求、设备的需求、能源动力的需求、配合力量的需求等。建设工程项目始终在有限资源的约束条件下实施,因此搞好项目组织内部需求关系,既可以合理使用各种资源,保证工程项目建设的需要,又可以充分地提高组织内部各部门的积极性,保证组织的运行效率。在实际工作中需要注意以下重点环节：

（1）计划环节。项目组织内部需求关系协调的目的是解决各种资源的供求平衡和均衡配置问题,而搞好供求平衡和均衡配置的关键在于计划环节。建设工程项目的不同实施阶段,组织内部的各个部门对资源的需求不同,为了搞好需求关系的协调工作,首先应该在项目的总体目标和资源约束条件下,编制各种资源的需求计划,并严格按计划来供应各种资源。各种资源供应计划既是资源的供应依据,也是供求关系是否平衡的评价标准。计划环节要注意计划在期限上的及时性、规格上的明确性、数量上的准确性、质量上的规定性,以充分发挥计划的指导性。

(2) 瓶颈环节。建设工程项目在实施过程中,项目内部环境和外部环境千变万化,由于这些变化导致某些环节受到人力、材料、设备、技术等资源的限制或人为的影响而成为影响整个项目实施的瓶颈环节。这些环节是主要矛盾,是对项目全局产生较大影响的关键性环节,协调好这些环节可以为整个项目的需求平衡创造条件。因此,在协调中抓瓶颈环节,就是抓重点和关键。

(3) 调度环节。建设工程项目的实施需要土建、机械化施工、机电安装、材料供应等各个专业工种的交替进行或配合进行。为了保证各工种合理衔接、密切配合,就应注意做好调度工作。通过调度,使各种配合力量及时到位,保证项目的顺利实施。

2.4.2 项目组织近外层关系的协调

不同类型的项目管理,其项目组织与近外层关系协调的工作内容不同,但协调的原理和方法是相似的。下面以承包商的项目组织为例说明项目组织与近外层的关系协调。

1) 项目组织与本公司关系的协调

项目组织是项目经理受公司的委派,为了完成项目的目标而建立的工作体系。从管理角度看,项目组织是公司内部的一个管理层次,要接受公司的检查、指导和监督、控制。从合同关系看,项目组织往往和公司签订内部承包合同,是平等的合同关系。项目组织与本公司的关系协调的主要工作如下。

(1) 经济核算与本公司关系的协调。项目成本核算是项目管理的基本特征之一。项目组织作为公司一个相对独立的核算单位,应根据公司的核算制度、方法、资金有偿使用制度,负责整个建设工程项目的财务收支和成本核算工作。核算的结果应真实反映项目组织的经营成果。

(2) 周转材具供应关系的协调。建设工程项目所需机械设备及周转材料主要由公司供应部门供应,部门机械设备及周转性材料由项目组织向物资租赁市场租赁使用。设备进入项目施工现场后由项目组织统一管理和使用。

(3) 预算关系的协调。建设工程项目的预算和结算是公司与项目组织应该密切配合、认真做好的一项重要工作,项目组织的预算人员要和公司预算管理部门分工合作,及时做好预算和结算。

(4) 技术、质量、安全等工作关系的协调。公司对项目组织的管理方式不同,这些工作的协调关系也不同,一般是由公司通过管理系统,对项目实施的全过程进行监控、检查、考核、评比和管理。

(5) 计划统计关系的协调。项目组织的计划统计工作应该纳入公司的计划统计工作体系,项目组织应该根据公司的规定,向公司报送项目的各种统计报表和计划,并接受公司计划统计部门的指导、检查。

2) 项目组织与业主关系的协调

项目组织和业主对建设工程项目承包负有共同履约的责任。项目组织与业主的关系协调不仅影响到项目顺利实施,而且影响到公司与业主的长期合作关系。在项目实施过程中,项目组织和业主之间发生多种业务关系,实施阶段不同,这些关系的内容也不同,因此项目组织与业主的协调工作内容也不同。

(1) 施工准备阶段的协调

项目经理作为公司在项目上的代表人,应参与工程承包合同的洽谈和签订,熟悉各种洽谈记录和签订过程。在承包合同中应明确相互的权、责、利,业主要保证落实资金、材料、设计、建设场地和外部水、电、路等基础设施,而项目组织负责落实施工必需的劳动力、材料、机具、技术及场地准备等。项目组织负责编制施工组织设计,并参加业主的施工组织审核会。开工条件落实后应及时提出开工报告。

(2) 施工阶段的协调

施工阶段的协调工作主要有以下内容:

① 材料、设备的交验。项目组织负责提出根据合同规定应由业主提供的材料、设备的供应计划,并根据有关规定对业主提供的材料、设备进行验收。供应到现场的各类物资必须在项目组织调配下统一设库、统一保管、统一发料、统一加工、按规定结算。

② 进度控制。项目组织和业主都希望建设工程项目能按计划进度实施。双方应密切合作,创造条件保证项目的顺利进行。项目组织应及时向业主提出施工进度计划表、月份施工作业计划、月份施工统计表等,并接受业主的检查、监督。

③ 质量控制。项目组织在进行质量控制时应注意尊重业主对质量的监督权,对重要的隐蔽工程和关键工序,如地槽及基础的质量检查,应请业主代表参加并签字,确认合格后方可进入下道工序。项目组织应及时向业主或业主代表提交进场设备报验单、施工放样报验单、隐蔽工程验收通知、工程质量事故报告等材料,以便业主或业主代表进行分析、监督和控制。

④ 合同关系。承包商和业主是平等的合同关系,双方都应真心实意地共同履约。项目经理作为承包商在项目上的代表,应注意协调与业主的合同关系。对合同纠纷,首先应协商解决,协商不成的再向合同管理机构申请调解、仲裁或法院审判解决。施工期间,一般合同关系切忌诉讼,遇到非常棘手的合同问题不妨暂时回避,等待时机,另谋良策。只有当对方严重违约而使自己的利益受到严重损失时才采用诉讼手段。

⑤ 签证问题。在项目的施工过程中,出现工程变更和项目的增减现象是不可避免的。对较大的设计变更和材料代用,应经原设计部门签证,合同双方再根据签证文件办理工程增减,调整施工图预算。国家规定的材料、设备价格的调整等,可请业主或业主代表签证,作为工程结算的依据。

⑥ 收付进度款。项目组织根据已完成工程量及收费标准,计算已完工程价值,编制"工程价款结算单"和"已完工程报表"等送交业主代表办理签证结算。

(3) 交工验收结算的协调

当全部工程项目或单项工程完工后,双方应按规定及时办理交工验收手续。项目组织应按交工资料清单整理有关交工资料,验收后交业主保管。

3) 项目组织与监理单位关系的协调

监理单位与承包商都属于企业的性质,都是平等的主体。在建设工程项目的建设中,他们之间没有合同关系。监理单位之所以对工程项目建设行为具有监理的身份,一是因为业主的授权;二是因为承包商在承包合同中也事前予以承认。同时,国家建设监理法规也赋予监理单位具有监督建设法规、技术标准实施的职责。监理单位接受业主的委托,对项目组织在施工质量、建设工期和建设资金使用等方面,代表业主实施监督。项目组织必须接受监理单位的监督,并为其开展的工作提供方便,按照要求提供完整的原始记录、检测记录、技术及经济资料。

4)项目组织与设计单位关系的协调

项目组织与设计单位都是具有承包商性质的单位,他们均与业主签订承包合同,但他们没有合同关系,而是图纸供应关系,设计与施工关系,需要密切配合。为了协调好两者的关系,应通过密切接触,做到互相信任、互相尊重,遇到问题,友好协商。有时也可以利用业主或监理单位的中介作用,做好协调工作。

5)项目组织与分包单位关系的协调

项目组织在处理与分包商的关系时,应注意做好以下方面的工作:

(1)选好分包商。为了顺利实施项目目标,应选择具有相应资质条件的分包商,最好是选择实力较强、信誉好、曾经有过良好合作关系的分包单位。除了总包合同约定的分包外,所选择的分包商必须经过业主的认可。

(2)明确总承包单位与分包单位的责任。总承包单位与分包商应通过分包合同的形式,明确双方的责任、义务和权利。总包单位按照总承包合同的约定对业主负责,分包单位应按照分包合同的约定对总承包合同负责,总承包单位和分包单位就分包工程对业主承担连带责任。

(3)处理好总承包单位与分包单位的经济利益。

(4)及时解决总包和分包之间的纠纷。对在项目实施过程中所发生的总分包之间的纠纷应及时解决,双方应本着互相理解的原则依据合同条款协商解决;协商解决不了的,提请主管部门协商;调解不成,可向合同仲裁机关申请仲裁或提出诉讼。

2.4.3 项目组织远外层关系的协调

项目组织与远外层的关系是指项目组织与项目间接参与者和相关单位的关系,一般是非合同关系。有些远外层的单位对项目的实施具有一定的甚至是决定性的控制、监督、支持、帮助作用。项目组织与远外层关系协调的目的是得到批准、许可、支持或帮助。协调的方法主要是请示、报告、汇报、送审、取证、宣传、沟通和说明等。项目组织与远外层的协调主要包括与政府部门、金融组织、社会团体、新闻单位、社会服务单位等的协调。协调这些关系没有固定的模式,协调的内容也不相同,项目组织应按有关法规、公共关系准则、经济联系规定来处理。

【案例分析3解析】 针对以上工程案例从以下方面进行纠偏:

(1)从参建方的角度纠偏。从甲方或房地产开发企业的角度考虑,要做到诚信、务实,选择健康有效的管理机制,摒弃多余的管理部门,提高管理沟通效率,尊重客观规律、客观事实,选择制定最优方案,跟踪落实,做好动态主动管理,及时纠偏。做好项目现场管理人员的高效配置、有效对接,如现场工程师可以直接对接总承包单位的施工员、技术员、质量检查员,垂直相对可以向上对接总承包单位的项目经理、项目副经理、项目技术负责人,对于反馈不符合预期要求的,对接本项目本部门的上级直接或间接负责人。可以说这样一种对接模式,形成了一种闭环解决问题的机制,有益于问题的圆满处理。

(2) 从监理单位的角度进行纠偏。从监理单位的角度出发,要依照监理合同,做好项目前期、施工阶段、竣工阶段的有效跟踪管理,根据制定批准的监理规划大纲、监理细则,结合批准的总的施工方案,现场做好"三管理、三控制、一协调"。充分发挥监理企业的技术咨询优势,为工程实体的推进、工程资料的完善性出谋划策。

(3) 从施工单位的角度进行纠偏。从施工单位的角度出发,施工单位是工程产品的最终制造者、设计理念的最终落实者,所以施工单位相对所有参建单位是主角。显然一个最终的工程产品好坏,主导在于施工单位是否尽心尽责,是否按照甲方、设计、监理的要求,依据标准规范施工落实。同时,施工企业应该组织配备高效团结的项目班子,做到从上到下、从下到上的高度统一,拒绝层层分包等工程陋习。

课后习题

一、单项选择题

1. 组织系统中的(   )反映了一个组织系统中各子系统或者各元素的工作任务分工和管理职能分工。
   A. 组织结构模式   B. 职责范围分工   C. 组织分工   D. 工作流程组织

2. 反映一个组织系统中各子系统之间和各元素(如各工作部门)之间的组织关系,反映的是各工作单位、各工作部门和各工作人员之间的组织关系的管理工具是(   )。
   A. 工作任务分工表   B. 项目组织结构图
   C. 管理职能分工表   D. 项目结构图

3. 能够反映一个组织系统中各子系统之间或各元素(各工作部门或各管理人员)之间的指令关系的是(   )。
   A. 组织分工   B. 工作流程组织   C. 组织结构模式   D. 项目结构图

4. 能够反映一个组织系统中各组成元素之间的指令关系的组织工具是(   )。
   A. 合同结构图   B. 工作流程图   C. 组织结构图   D. 项目结构图

5. 能够反映一个组织系统中各子系统之间和各元素之间的组织关系的组织工具是(   )。
   A. 工作流程图   B. 项目结构图   C. 项目组织结构图   D. 组织结构图

6. 能够反映一个组织系统中各子系统或各元素的工作任务分工和管理职能分工的是(   )。
   A. 组织分工   B. 组织结构模式   C. 工作流程组织   D. 合同结构图

7. 反映一个组织系统中各子系统之间指令关系的是(   )。
   A. 组织结构图   B. 职能分工表   C. 项目合同图   D. 工作流程图

8. 组织论中反映了一个组织系统中各子系统之间或各元素之间的指令关系的是(   )。
   A. 组织结构模式   B. 组织分工   C. 工作流程组织   D. 组织工具

9. 反映一个组织系统中各子系统之间和各元素(如各工作部门)之间的组织关系,反映的是各工作单位、各工作部门和各工作人员之间的组织关系的管理工具是（　　）。
   A. 工作任务分工表　　　　　　　　B. 项目组织结构图
   C. 管理职能分工表　　　　　　　　D. 项目结构图
10. 组织分工反映的是一个组织系统中各子系统或各元素的工作任务分工和（　　）。
   A. 管理目标分工　B. 管理职能分工　C. 管理责任分工　D. 管理权限分工
11. 大型的组织系统适宜采用（　　）组织结构。
   A. 线性　　　　　B. 职能　　　　　C. 矩阵　　　　　D. 项目式
12. 以下关于线性组织结构模式的叙述中，正确的包括（　　）。
   A. 指令路径很短　　　　　　　　　B. 是国际上惯用的组织结构模式
   C. 允许越级指挥　　　　　　　　　D. 指令源为两个
13. 下面不属于工作流程组织有（　　）。
   A. 管理工作流程组织　　　　　　　B. 信息处理工作流程组织
   C. 物质流程组织　　　　　　　　　D. 合同流程组织
14. 属于矩阵组织结构纵向工作部门的是（　　）。
   A. 计划管理部　　B. 技术管理部　　C. 合同管理部　　D. 项目部
15. 工作流程图采用图的形式反映一个组织系统中各项工作之间的逻辑关系，它经常可用来描述（　　）。
   A. 工作流程组织　B. 工作流程　　　C. 组织结构　　　D. 工作任务分工
16. 下列组织工具中，能够组成项目所有工作任务的是（　　）。
   A. 项目结构图　　B. 工作任务分工表　C. 合同结构图　D. 工作流程图
17. 下列关于编制项目管理任务分工表的说法，正确的是（　　）。
   A. 业主方应对项目参与方给予统一指导和管理
   B. 首先定义主管部门的工作任务
   C. 同一类别的项目可以集中编制通用的分工表
   D. 首先要对项目实施各阶段的具体管理任务做详细分解
18. 在国际上，民用建筑项目工程总承包的招标多采用（　　）描述的方式。
   A. 项目构造　　　B. 项目功能　　　C. 项目结构　　　D. 项目价值
19. 我国建设工程的业主方选择设计方案和设计单位的主要方式是（　　）。
   A. 设计竞赛　　　　　　　　　　　B. 设计招标
   C. 直接委托　　　　　　　　　　　D. 设计竞赛和设计招标相结合
20. 关于影响系统目标实现因素的说法，正确的是（　　）。
   A. 组织是影响系统目标实现的决定性因素
   B. 系统组织决定了系统目标
   C. 增加人员数一定会有助于系统目标的实现
   D. 生产方法与工具的选择与系统目标实现无关

二、多项选择题
1. 下列关于职能分工的说法，正确的有（　　）。
   A. 编制管理职能分工表时，施工质检员只有"执行"职能
   B. 项目管理职能分工表只需针对质量控制进行编制

C. 业主方和项目各参与方都应该编制各自的项目管理职能分工表

D. 管理职能实际上就是管理过程中的多个工作环节

E. 在一个项目施工全过程中,项目管理班子的职能分工应保持不变

2. 国际上业主方工程建设物资采购的模式主要有( )。

A. 业主自行采购　　　　　　　　B. 与承包商约定某些物资的指定供应商

C. 承包商采购　　　　　　　　　D. 业主规定价格,由承包商采购

E. 承包商询价,由业主采购

3. 下列建设工程项目实施阶段策划的工作中,属于项目目标分析和再论证工作内容的有( )。

A. 编制项目投资总体规划　　　　B. 编制项目建设总进度规划

C. 项目实施环境调查　　　　　　D. 项目功能分解

E. 建筑面积分配

4. 关于施工总承包管理模式特点的说法,正确的有( )。

A. 在开工前有较明确的合同价,有利于业主的总投资控制

B. 业主方的招标及合同管理工作量较大

C. 多数情况下,由业主方与分包人直接签约,这样有可能减少业主的风险

D. 分包工程任务符合质量控制的"他人控制"原则,对质量控制有利

E. 各分包之间的关系可由施工总承包管理单位负责协调,这样可减轻业主方管理的工作量

5. 在国际上,工程建设物资采购的常用模式有( )。

A. 业主方自行采购　　　　　　　B. 行政制定采购

C. 承包商采购　　　　　　　　　D. 与承包商约定制定供应商采购

E. 行业协会统一采购

6. 关于建设工程项目管理规划的说法,正确的有( )。

A. 建设工程项目管理规划仅涉及项目的施工阶段和保修期

B. 建设工程项目管理规划完成以后不需要调整

C. 除业主方以外,建设项目的其他参与单位也需要编制项目管理规划

D. 如果采用工程总承包模式,业主方可以委托总承包方编制建设工程项目管理规划

E. 建设工程项目管理规划内容涉及的范围和深度,应视项目的特点而定

7. 关于项目施工总承包模式特点的说法,正确的是( )。

A. 不利于投资控制

B. 业主选择承包方范围小

C. 开工日期不可能太早,建设周期会较长

D. 与平行承发包模式相比,组织协调工作量大

E. 项目质量好坏在很大程度上取决于总承包单位的管理水平和技术水平

8. 在施工质量管理的工具和方法中,直方图一般用来( )。

A. 找出影响质量问题的主要因素

B. 分析生产过程质量是否处于稳定状态

C. 分析生产过程质量是否处于正常状态

D. 整理统计数据,了解统计数据的分布特征
E. 分析质量水平是否保持在公差允许的范围内
9. 关于项目管理组织结构模式说法正确的有( )。
A. 矩阵组织适用于大型组织系统
B. 线性组织结构中可以跨部门下达指令
C. 大型线性组织系统中的指令路径太长
D. 矩阵组织系统中有横向和纵向两个指令源
E. 职能组织结构中每一个工作部门只有一个指令源
10. 下列关于项目管理组织结构模式说法正确的有( )。
A. 矩阵组织适用于大型组织系统
B. 矩阵组织系统中有横向和纵向两个指令源
C. 职能组织结构中每一个工作部门只有一个指令源
D. 大型线性组织系统中的指令路径太长
E. 线性组织结构中可以跨部门下达指令

3 工程项目进度管理

教学目标

本章主要介绍了工程项目进度管理的基本内容;重点介绍了进度和进度管理的基本概念、网络进度计划的绘制方法和时间参数的计算,进度计划的检查方法,进度控制和调整的措施方法。通过本章学习,应达到以下目标:

(1) 了解工程项目进度管理、进度计划等基本概念;
(2) 掌握流水施工技术、横道图进度计划、网络计划技术的编制方法;
(3) 熟悉工程项目进度控制的基本原则、内容;
(4) 掌握进度计划控制的方法及措施。

案例导入

某办公楼工程,建筑面积 5 500 m²,框架结构,独立柱基础,上设承台梁,独立柱基础埋深为 1.5 m,地质勘查报告中地基基础持力层为中砂层,基础施工钢材由建设单位供应。基础工程施工分为两个施工流水段,组织流水施工,根据工期要求编制了该工程基础项目的施工进度计划,并绘出施工双代号网络计划图,如图 3-1 所示。

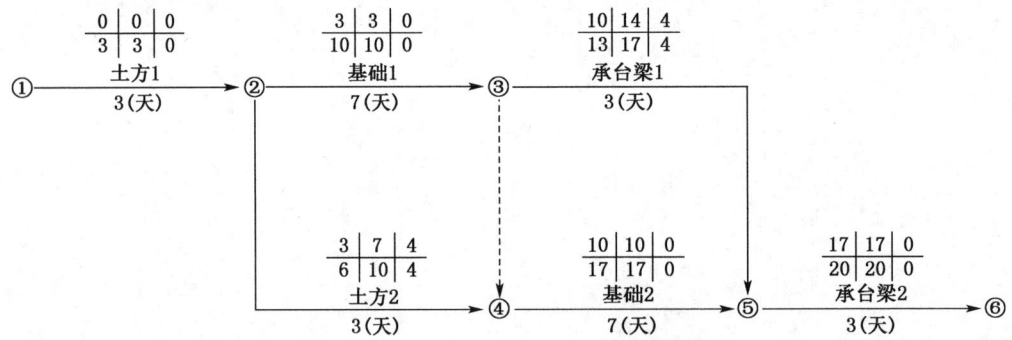

图 3-1 某办公楼双代号网络计划图

在工程施工中发生如下事件:

事件一:土方 2 施工中,开挖后发现局部基础地基持力层为软弱层需处理,工期延误 6 天。

事件二:承台梁 1 施工中,因施工用钢材未按时进场,工期延期 3 天。

事件三:基础 2 施工时,因施工总承包单位原因造成工程质量事故,返工致使工期延期 5 天。

问题:(1)指出基础工程网络计划的关键线路,写出该基础工程计划工期。

(2) 针对本案例上述各事件,施工总承包单位是否可以提出索赔?可以的话,索赔工期是多少天?

(3) 对索赔成立的事件,总工期可以顺延几天?实际工期是多少天?

(4) 上述事件发生后,本工程网络计划的关键线路是否发生改变?如有改变,请指出新的关键线路。

分析:(1)网络计划的关键线路为①→②→③→④→⑤→⑥;该基础工程的计划工期为20天。

(2)事件一:能提出工期索赔,索赔天数为6－4＝2天。理由:地基持力层存在软弱层,与地质勘查报告中提供的持力层为中砂层不符,为施工单位不可预见原因造成的工期延误。虽然土方2工作不是关键工作,但延误的时间已经超过总时差,故可以提出工期索赔,能索赔6－4＝2天。

事件二:施工总承包单位不能提出工期索赔。理由:虽然基础工程钢材由建设单位供应,因施工用钢材未按时进场导致工期延误3天,理应由建设单位承担责任,但承台梁1不是关键工作,且总时差为4天,延误的3天未超过其总时差,所以不可以提出工期索赔。

事件三:施工总承包单位不可以提出工期索赔。理由:基础2施工工期延误5天是由于施工总承包单位原因造成工程质量事故的返工而造成的,属于施工总承包单位应承担的责任。

(3)总工期能顺延2天,实际工期为3＋3＋6＋7＋5＋3＝3＋9＋12＋3＝27天。

(4)上述事件发生后,关键路线发生了变化,新的关键路线变为①→②→④→⑤→⑥。

3.1 建设工程项目进度管理概述

【问题分析1】 华天集团公司承接了一家商业银行办公楼的施工任务,由于该工程所采用的设备极为先进,因此经业主商业银行同意后,将设备安装工程分包给香港某设备安装公司。

【问题】 (1)华天集团作为总包单位应编制何种进度计划?其编制的依据和内容是什么?

(2)设备安装公司作为分包公司应编制何种施工进度计划?其编制的依据和内容是什么?

(3)如果设备的进场能够满足施工的正常进行,则设备的运输过程是否需要列入进度计划?原因是什么?

3.1.1 进度与进度目标

1)进度

进度通常是指工程项目实施结果的进展情况,在工程项目实施过程中要消耗时间(工期)、劳动力、材料、成本等才能完成项目的任务。项目的实施结果主要以项目任务的完成情况,主要是项目的可交付成果数量来表达,但由于工程项目对象的复杂性,常常很难选定一个恰当的、统一的指标来全面反映工程的进度。

在现代工程项目管理中,人们已赋予进度综合的含义,它将工程项目的任务、工期、成本有机地结合起来,形成一个综合的指标,能全面反映项目的进展情况。进度管理已不仅仅是传统意义上的工期控制,它还将工期与实物工程量、成本、劳动消耗、资源等统一起来。

2) 项目总进度目标

建设工程项目的总进度目标指的是整个工程项目的进度目标,它是在项目决策阶段项目定义时确定,项目管理的主要任务是在项目的实施阶段对项目的目标进行控制。建设工程项目总进度目标的控制是业主方项目管理的任务。

(1) 在项目的实施阶段,项目总进度不仅只是施工进度,它包括:①设计前准备阶段的工作进度;②设计工作进度;③招标工作进度;④施工前准备工作进度;⑤工程施工和设备安装工作进度;⑥工程物资采购工作进度;⑦项目动用前的准备工作进度。

进行建设工程项目总进度目标控制前,首先应分析和论证进度目标实现的可能性。若项目总进度目标不可能实现,则项目管理者应提出调整项目总进度目标的建议,并提请项目决策者审议。

在建设工程项目总进度目标论证时,往往还无法掌握较详细的设计资料,也缺乏较全面的有关工程发包的组织、施工组织和施工技术等方面的资料,以及其他有关项目实施的条件分析等与工程相关的资料。因此,总进度目标论证并不是单纯的总进度纲要的编制工作,它涉及许多工程实施条件的分析和工程实施策划方面的问题。

(2) 大型建设工程项目总进度目标论证的核心工作是通过编制总进度纲要论证目标实现的可能性。总进度纲要的主要内容:①项目实施的总体部署;②总进度规划;③各子系统进度规划;④确定里程碑事件的计划进度目标;⑤总进度目标实现的条件和应采取的措施等。

(3) 建设工程项目总进度目标论证的工作步骤如下:①调查研究和收集资料;②进行项目结构分析;③进行进度计划系统的结构分析;④确定项目的工作编码;⑤编制各层(各级)进度计划;⑥协调各层进度计划的关系和编制总进度计划;⑦若所编制的总进度计划不符合项目的进度目标,则设法调整;⑧若经过多次调整,进度目标无法实现,则报告项目决策者。

3.1.2 进度管理的概念

建筑工程项目管理有多种类型,代表着不同利益方的项目管理(业主方和项目各参与方)都有进度管理的任务,但是,其管理的目标和时间范畴并不相同。建筑工程项目是在动态条件下实施的,因此进度管理也就必须是一个动态的管理过程。

所谓建设工程项目进度管理是指在既定的工期内,编制出最优的施工进度计划,在执行该计划的施工中,经常检查施工实际进度情况,并将其与计划进度相比较,若出现偏差,便分析产生的原因和对工期的影响程度,找出必要的调整措施,修改原计划,不断地如此循环,直至工程竣工验收。

进度管理的总目标是确保施工项目既定目标工期的实现,其总目标和工期管理是一致的,但在进度管理过程中,它不仅追求时间上相一致,而且追求劳动效率的一致性。进度与工期这两个概念既相互联系,又有所区别。工期作为进度的一个指标,进度管理首先表现为工期管理,有效的工期管理才能达到有效的进度管理。

本章以工期的管理作为进度管理的重点。

3.1.3 进度计划系统

1) 进度计划系统的概念

工程项目实施活动的时间进度计划,即工期计划,就是确保项目目标实现所必须进行的工程活动,根据其内在的联系及持续时间,用横道图方法或网络计划进行安排,它是项目计划的主要内容,也是其他计划工作的基础。工程项目进度目标是项目的主要目标之一,对工期计划具有规定性和限制性。

从项目整体角度看,建设工程包括多个相互关联的进度计划,各项目参与方、各不同层次项目管理者都有他们的进度计划,他们组成了一个系统,即建设工程项目进度计划系统。业主方控制项目实施全过程的进度;设计方控制设计阶段的设计进度;施工方控制项目施工的进度,确保工程按合同要求交付使用;供货方依据供货合同,按进度要求提供材料和设备。对于总目标的实现而言,缺一不可。建设工程项目进度计划系统是项目进度控制的依据。建设工程项目进度计划系统一般由业主方来建立,也可以委托工程总承包方建立。

由于各种进度计划编制所需要的必要资料是在项目进展过程中逐步形成的,因此项目进度计划系统的建立和完善也有一个过程,它是逐步形成的。例如,没有设计的图样和说明,是不能编制施工进度计划的。图 3-2 是一个建设工程项目进度计划系统的示例,这个计划系统有 4 个计划层次。

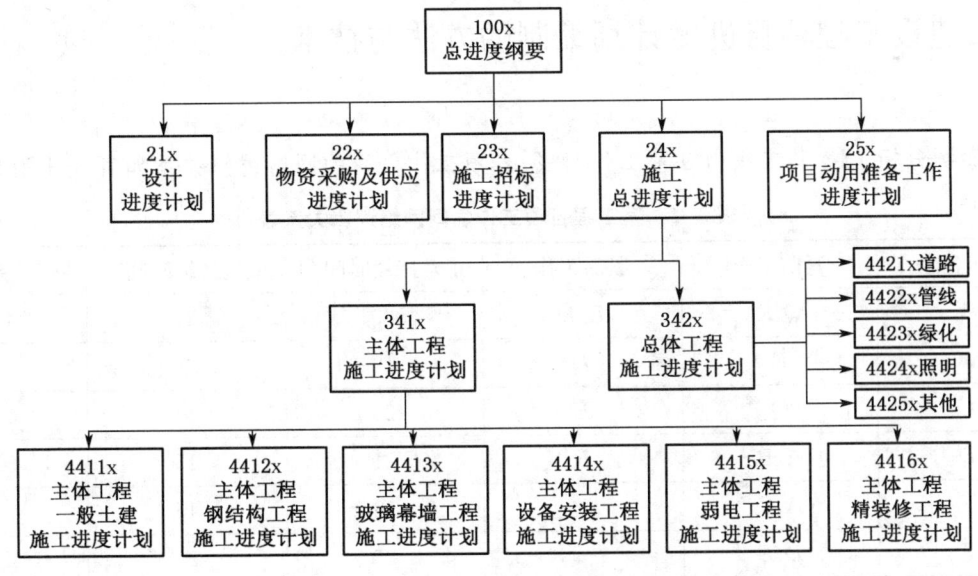

图 3-2 建设工程项目进度计划系统

为了满足不同管理和研究的需要,还可以从多个不同角度来看待建设工程项目进度计划系统,这样就有了不同的进度计划系统类型。

2）进度计划系统的类型

根据项目进度控制不同的需要和不同的用途，业主方和项目各参与方可以构建多个不同的建设工程项目进度计划系统，如：

（1）由不同深度的计划构成进度计划系统，包括：①总进度计划；②项目子系统进度计划；③项目子系统中的单位工程进度计划。

（2）由不同功能的计划构成进度计划系统，包括：①控制性进度计划；②指导性进度计划；③实施性进度计划。

（3）由不同项目参与方的计划构成进度计划系统，包括：①业主编制的整个项目实施的进度计划；②设计进度计划；③施工进度计划；④采购和供货进度计划。

（4）由不同周期构成的进度计划，包括：①5年建设进度计划；②年度、季度、月度、旬和周进度计划。

【问题分析1答案】（1）华天集团作为总包单位应编制施工总进度计划。编制的依据有：施工合同、施工进度目标、工期定额、有关技术经济资料、施工部署与主要工程施工方案。内容有：编制说明、施工总进度计划表、资源需要量及供应平衡表等。

（2）设备安装公司作为分包单位应编制单位工程施工进度计划。编制的依据有：项目管理目标责任书、施工总进度计划和施工方案。内容有：编制说明、进度计划图（或表）、资源需要量计划、风险分析及控制措施。

（3）设备的运输过程不应列入进度计划。原因是设备的运输属于作业前的准备工作，而且要能够保证设备的安装按计划进行，不影响工期，因此不应列入进度计划。

3.2 建设工程项目进度计划编制的方法与技术

【案例分析1】某工程由9项工作组成，各项工作之间的网络逻辑关系如表3-1所示。

表3-1 某工程各项工作之间网络逻辑关系表

工作名称	紧前工作	紧后工作	正常持续时间/d	最短持续时间/d	优选系数
A	Q、R	E、D	30	23	4
B	R	D	12	9	9
C	Q	E	25	18	6
D	A、B	F	21	15	5
E	A、C	F	18	15	7
F	D、E	—	25	20	2
P	—	Q、R	30	22	1
Q	P	A、C	24	15	3
R	P	A、B	18	15	8

【问题】 (1)根据工作之间的逻辑关系绘制双代号网络图。

(2)计算时间参数,确定关键路线和网络计划工期。

(3)如果合同工期为110 d,该网络计划是否需要调整?如何调整?在图上标出调整之后网络计划的关键路线。

【案例分析1解析】 (1)网络计划如图3-3所示。

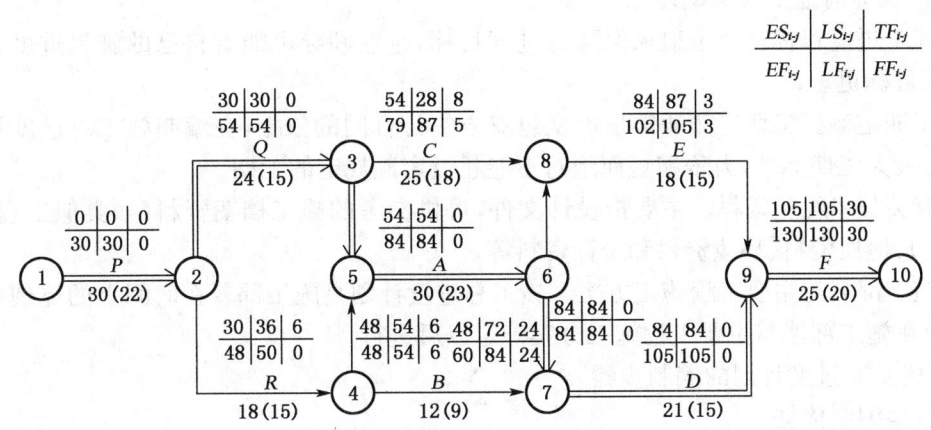

图3-3 某工程网络计划图

(2)关键线路:1—2—3—5—6—7—9—10。

(3)如果合同工期为100 d,该网络计划的工期需要调整。

工期调整:

① 计算需缩短时间,根据所计算的工期需要缩短时间20 d。

② 在1—2,2—3,5—6,8—9,9—10工作中挑选优选系数最小的工作。首先将1—2工作压缩8d,再压缩9—10工作5 d,再压缩2—3工作6 d,此时2—4工作也成为关键工作,至此工期累计压缩了8+5+6=19 d。再压缩5—6工作5 d,此时3—7工作也成为关键工作,至此工期累计压缩了19+5=24 d。再压缩8—9工作3 d,此时7—9工作也成为关键工作,至此工期累计压缩了24+3=27 d。

③ 此时按要求仍需继续压缩,同时压缩3—7工作和5—6工作,组合优选系数6+4=10 d,同时压缩2—3工作和2—4工作,组合优选系数3+8=11d,同时压缩7—9工作和8—9工作,组合优选系数12。同时压缩3—7工作和5—6工作2 d,再同时压缩2—3工作和2—4工作1 d。至此工期累计压缩30 d,可满足合同工期100 d的要求。

3.2.1 进度计划的编制方法

1)施工总进度计划的编制

(1)施工总进度计划概述

施工总进度计划是针对建设项目或建筑群的施工而编制的施工进度计划,它是施工总体方案在时间序列上的反映。由于这些项目规模大,子项目多,因此其进度计划具有概略的控制性、综合性、预测因素多等特点,对进度只能起规划作用,用以确定各主要工程项目的施工起止日期,综合平衡各施工阶段(或施工年、季、度)建筑工程的工程量和投资分配。施工总进度计划应在施工组织总设计阶段编制完成。

(2) 施工总进度的编制依据

① 施工合同。包括合同工期、分期分批子工程的开竣工日期,关于工期提前、延误、调整的约定,以及标前施工组织设计。

② 施工进度目标。为了追求保险的进度目标,企业领导可能有自己的施工进度目标,一般比合同目标更短。

③ 工期定额。工期定额通常是承发包双方签订合同的依据,在编制施工总进度计划时,应以此为最大工期标准,力争缩短而绝对不能超过定额规定的工期。

④ 有关技术经验资料。主要指设计文件,可供参考的施工档案资料(如类似工程的实际进度情况)、地质资料、环境资料和统计资料等。

⑤ 施工部署与主要工程施工方案。施工总进度计划是施工部署在时间上的体现,所以它的编制应在施工部署与主要工程施工方案确定以后进行。

(3) 施工总进度计划的编制步骤

① 收集编制依据。

② 确定进度编制目标。应在充分研究经营策略的前提下,确定一个比合同工期和指令工期更积极可靠(更短)的工期作为编制施工总进度计划的目标工期。

③ 计算工程量。施工总进度计划的工程量综合性较大,编制计划者可从图纸计算得到。因为企业投标报价需要计算工程量,现在有些招标文件就附有工程量清单,所以也可利用这些工程量。

④ 确定各单位工程的施工期限和开、竣工日期。影响单位工程施工期限的因素很多,主要是:建筑类型、结构特征和工程规模,施工方法,施工经验和管理水平,资源供应情况以及施工现场的地形、地质条件等。因此,各单位工程的工期应综合考虑上述因素并参考有关工程定额(或指标)、类似工程,根据实际情况决定。

⑤ 安排各单位工程的搭接关系。在不违背工艺关系(如设备安装与土建工程)的前提下,主要考虑资源平衡(如主要工种工人的连续作业)的需要,搭接越多,总工期越短。在具体安排时着重考虑以下几点:a. 根据施工要求兼顾施工可能,尽量分期分批安排施工,明确每个施工阶段的主要单位工程开、竣工时间;b. 同一时期安排开工项目不宜过多,其中施工难度大、工期长的应尽量先安排开工;c. 每个项目的施工准备、土建施工、设备安装、试生产在时间上要合理衔接;d. 土建、设备安装应组织连续、均衡的流水施工。

⑥ 编制施工总进度计划表。首先根据各单位工程(或单项工程)的工期与搭接关系,编制初步计划;然后按照流水施工与综合平衡的要求,调整进度计划得出施工总进度计划;最后依据总进度计划编制分期分批施工工程的开工日期、完工日期及工期一览表、资源需要量表等。

⑦ 编写说明书。施工总进度计划的编制说明书内容有:本施工总进度计划安排的总工期;工期提前率(与合同工期比较);施工高峰人数、平均人数及劳动力不均衡系数;本计划的优缺点;本计划执行的重点和措施;有关责任的分配等。

2）单位工程施工进度计划的编制

（1）单位工程施工进度计划概述

单位工程施工进度计划以施工方案为基础，根据规定工期、技术及物资的供应条件，遵循各施工过程合理的工艺顺序，统筹安排各项施工活动而进行编制，这种进度计划所含施工内容比较简单，施工工期相对较短，故具有作业指导性。它为各施工过程指明了一个确定的施工日期，即时间计划，并以此为依据确定施工作业所必需的劳动力和各种物资的供应计划。单位工程进度计划通常由建筑业企业项目经理部在单位工程开工之前编制完成。

（2）单位工程施工进度计划的编制依据

① 项目管理目标责任书。"项目管理目标责任书"中对进度的要求，均是编制单位工程施工进度计划的依据。

② 施工总进度计划。单位工程施工进度计划应执行施工总进度计划中的开、竣工时间，工期安排，搭接关系以及说明书。在实施中如需调整，不能打乱总计划的部署，且应征得施工总进度计划审批者（企业经理或技术主管）的批准。

③ 施工方案。施工方案的选择先于施工进度计划确定，它所包含的内容都对施工进度计划有约束作用。其中，施工方法直接影响施工进度的快慢；施工顺序就是施工进度计划的编制次序；机械设备的选择，既影响所涉及的子项的持续时间，又影响总工期，对施工顺序亦有制约。

④ 主要材料和设备的供应能力。施工进度计划编制的过程中，必须考虑主要材料和机械设备的供应能力。主要检查供应能否满足进度要求，这就需要反复平衡。一旦进度确定，则供应能力必须满足进度的需要。

⑤ 施工人员的技术素质及劳动效率。施工项目的活动大多以人工为主，机械为辅，施工人员的技术素质高低，影响着工程的速度和质量。作业人员技术素质必须满足规定要求，不能以"壮工"代替"技工"。作业人员的劳动效率要客观实际，并应考虑社会平均先进水平。

⑥ 施工现场条件、气候条件和环境条件。这些条件的摸底调查，是编制施工计划的要求，也是以后施工调整的需要。

⑦ 已建成的同类工程实际进度及经济指标。这项依据既可参照、模仿，又可用来分析本计划的水平高低。

（3）单位工程施工进度计划的编制步骤

① 熟悉图纸和有关资料，调查施工条件。

② 施工过程项目划分。任何一个建筑物的建造，都由许多施工过程组成。因建筑物类型、建造地点和时间的不同，每一建筑物所要完成的施工过程数量和内容也各不相同。

a. 施工过程的粗细程度。为使计划简明，便于执行，原则上应尽量减少施工过程的数目，能合并的项目尽可能合并。关键是找到工作量大、工作持续时间长的主导施工过程。

b. 施工过程应与施工方法一致。应结合施工方法进行划分，以保证进度计划能够完全符合施工进展的实际情况，真正起到指导施工的作用。

③ 编排合理的施工顺序。确定施工顺序是为了按照施工的技术规律和合理的组织关系，解决各项目之间在时间上的先后顺序和搭接关系，以期做到保证质量、安全施工、充分利用空间、争取时间，实现合理安排工期的目的。

施工顺序是在施工方案中确定的施工起点流向、施工阶段程序的基础上，按照所选的施工方法和施工机械的要求确定的。确定施工顺序时,必须根据工程的特点、技术上和组织上的要求以及施工方案等进行研究,不能拘泥于某种僵化的顺序。

④ 计算各施工过程的工程量。施工过程确定后,根据施工图及有关工程量计算规划,按划分的施工段的分界线,分层分段计算各个施工过程的工程量,以便安排进度。工程量计算应与所采用的施工方法一致;工程量的计量单位应与采用定额的单位一致。

⑤ 确定劳动量和机械需要量。计算劳动量和机械需要量时,应根据现行施工定额,并考虑实际施工水平,使作业班组有超额完成的可能性,以调动其工作积极性。

$$P = \frac{Q}{S} = Q \cdot H \tag{3-1}$$

式中:P——每个工程分项劳动量或机械台班需要量;
　　　Q——某工程分项的工程量;
　　　S——完成某工程分项的产量定额;
　　　H——完成某工程分项的时间定额。

⑥ 工程分项工作持续时间。

a. 定额计算法。根据施工项目需要的劳动量或机械台班量,按配备的劳动人数或机械台数计算其工作持续时间。

$$t = \frac{P}{Rb} \tag{3-2}$$

式中:P——每个工程分项劳动量或机械台班需要量;
　　　t——某工程分项的工作持续时间;
　　　R——该工程分项所配备的班组作业人数或机械台数;
　　　b——每天采用的工作班制。

施工班组人数的确定:在确定班组人数时,应考虑最小劳动组合人数、最小工作面和可能安排的施工人数等因素。最小劳动组合人数即某一施工过程进行正常施工所必需的最低限度的班组人数;可能安排的施工人数指施工单位所能配备的人数;最小工作面即施工班组为保证安全生产和有效操作所需的工作空间。

工作班制的确定:一般情况下,当工期允许、劳动力和机械周转使用不紧迫、施工工艺无"连续"施工要求时,可采用一班制施工;当工期较紧或为了提高机械使用率,或工艺上要求连续施工时,某些施工过程可考虑二班制甚至三班制施工。

b. 经验估算法。对于采用新工艺、新技术、新结构、新材料等无定额可循的工程分项,可以根据过去的施工经验估算出最乐观时间 a、最可能时间 b、最悲观时间 c,然后按公式(3-3)确定工作持续时间:

$$t = \frac{a + 4b + c}{6} \tag{3-3}$$

c. 倒排计划法。根据流水施工方式及要求工期,先确定工作持续时间,再确定班组人数(或机械台数)及工作班制。

⑦ 编制施工进度计划图(表)。应优先使用网络图,有时也可使用横道图。

⑧ 编制劳动力和物资等资源计划。有了施工进度计划之后,还需要依据它编制劳动力、

主要材料、预制件、半成品及机械设备需要量计划,资金收支计划。施工过程就是资源的消耗过程,要以资源支持施工,这些计划统称为施工进度计划的支持性计划。

3.2.2 流水施工技术

生产实践已经证明,在所有的生产领域中,流水作业法是组织产品生产的理想方法;流水施工也是建筑安装工程施工最有效的科学组织方法。它建立在专业化大生产的基础上,但由于工程项目本身及其建造的特点不同,流水施工中是人员、机具在"产品"上流动,而一般工业产品的生产,其人员、机械设备是固定的,流动的是产品。因此,流水施工这种工程项目组织实施的管理形式,是由固定组织的工人在若干个工作性质相同的施工环境中,依次连续地工作的一种施工组织方法。

流水施工组织方式是将拟建工程项目的整个建造活动分解成若干个施工过程,可以是若干工作性质不相同的部分、分项工程或工序;同时,将拟建工程项目在平面上划分成若干个劳动量大致相同的施工段,这是实现"批量"生产的前提条件;在竖向上为了满足操作需要,往往需要划分成若干个施工层;按照施工过程分别建立相应的专业工作队,各专业工作队按照一定的施工顺序投入施工(不同的专业工作队在时间上最大限度地、合理地搭接起来),依次地、连续地在各施工层各施工段上按规定的时间完成各自的施工任务,保证拟建工程项目的施工全过程在时间和空间上,有节奏、连续、均匀地进行下去,直到完成全部施工任务。

流水施工在工艺划分、时间排列和空间布置上的科学规划和统筹安排,使劳动力得以合理使用,资源供应也较均衡,无论是在缩短工期、保证工程质量方面,还是在提高劳动效率、降低工程成本等方面效果显著。组织流水施工重要的是确定反映流水特征的工艺参数、空间参数和时间参数,主要有施工过程数 n、施工段数 m、流水节拍 t、流水步距 k 等。

3.2.3 横道图进度计划

横道图进度计划法是一种传统方法,虽然当前社会中还有许多先进的计划技术和方法,但横道图仍然是目前在工程中运用最广泛且最简单的进度计划方法。如图3-4所示。

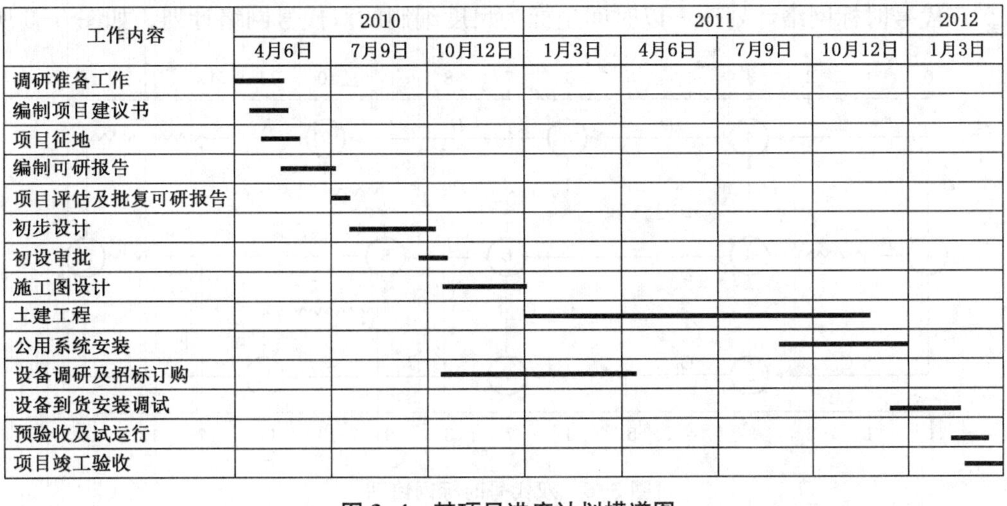

工作内容	2010			2011				2012
	4月6日	7月9日	10月12日	1月3日	4月6日	7月9日	10月12日	1月3日
调研准备工作	──							
编制项目建议书	──							
项目征地	──							
编制可研报告	────							
项目评估及批复可研报告	──							
初步设计	────							
初设审批		──						
施工图设计		────	────					
土建工程				────────────				
公用系统安装					────			
设备调研及招标订购			────	────				
设备到货安装调试							──	
预验收及试运行							──	──
项目竣工验收								──

图3-4 某项目进度计划横道图

其横坐标是时间标尺,各工作的进度线与之相对应,这种表达方式简便直观、易于管理使用,依据它直接进行统计计算可得到资源需要量计划。

其纵坐标按照项目实施的先后顺序自上而下表示各工作的名称、编号。为了便于计划的审查与使用,在纵坐标上也可以表示出各工作的工程量、劳动力(或机械量)、工作队人数(或机械台数)、工作持续时间等内容。

图中的横道线段表示任务计划,各工作的开展情况,工作持续时间、开始与结束时间,一目了然。其本质上是图和表的结合形式。

横道图表示的进度计划具有直观、编制简单等特点,它的最大优点是能够按天统计资源,在实际工程中,横道图常用来表示总进度计划。当然,横道图也有局限性,主要是工作之间的逻辑关系表达不清楚,不能反映各工作间的联系与制约关系,不能反映哪些工作是主要的、关键的,看不出计划的潜力,尤其是项目包含的工作数量较多时,这些缺点表现得更加突出。所以,它适用于一些简单的小项目,或者工作划分很大的总进度计划,或者工程活动及其相互关系还分析得很不清楚的项目初期的总体计划。

3.2.4 网络计划技术

1)网络计划技术概述

(1)网络计划的类型

网络图是指由箭线和节点组成,用来表示工作流程的有向、有序网络图形。这种利用网络图的形式来表达各项工作的相互制约和相互依赖关系,并标注时间参数,用以编制计划、控制进度、优化管理的方法统称为网络计划技术。我国《工程网络计划技术规程》(JGJ/T 121—2015)推荐的常用的工程网络计划类型如下:

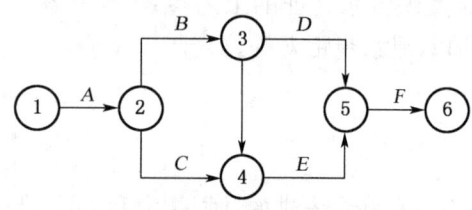

图3-5 双代号网络图

① 双代号网络计划——以箭线及其两端节点的编号表示工作的网络图。如图3-5所示。

② 双代号时标网络计划——以时间坐标为尺度编制的双代号网络计划。如图3-6所示。

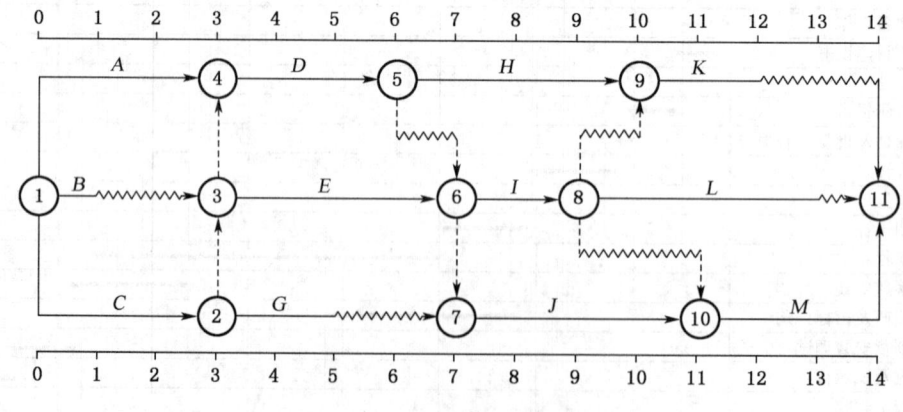

图3-6 双代号时标网络图

③ 单代号网络图——以节点及其编号表示工作、以箭线表示工作之间逻辑关系的网络图。如图 3-7 所示。

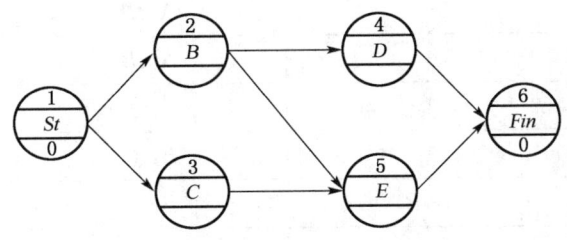

图 3-7　单代号网络图

④ 单代号搭接网络计划——指前后工作之间有多种逻辑关系的肯定型(工作持续时间确定)单代号网络计划。如图 3-8 所示。

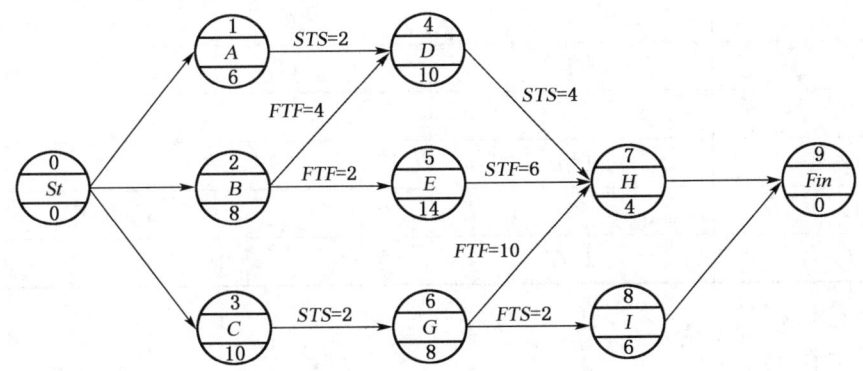

图 3-8　单代号搭接网络图

(2) 网络计划技术的特点

网络计划是目前最理想的进度计划与控制方法。与横道图比较,它有以下优点:

① 网络计划把计划各工作的逻辑关系表达得非常清楚,实质上表示项目工程活动的流程,网络图就是一个工作流程图。

② 通过网络分析,能够给项目组织者提供丰富的信息(时间参数)。

③ 十分清晰地判明关键工作。这一点对于计划的调整和实施中的控制来说非常重要。

④ 很方便进行工期、成本和资源的优化。

⑤ 网络计划方法有普遍的适用性,特别是对复杂的大型项目更显出它的优越性。对于复杂的网络计划,网络图的绘制、分析、优化和使用往往可以借助计算机进行。

以下重点介绍 3 种网络图的绘制与计算:双代号网络图、双代号时标网络图以及单代号网络图。

2) 双代号网络图的绘制与计算

【案例分析 2】 已知网络计划的资料如表 3-2 所示,试绘制双代号网络图。若计划工期等于计算工期,试计算各项工作的 6 个时间参数,确定关键线路并标注在网络图上。

表 3-2　某网络计划工作逻辑关系及持续时间表

工作	紧前工作	紧后工作	持续时间
A_1	—	A_2、B_1	2
A_2	A_1	A_3、B_2	2
A_3	A_2	B_3	2
B_1	A_1	B_2、C_1	3
B_2	A_2、B_1	B_3、C_2	3
B_3	A_3、B_2	D、C_3	3
C_1	B_1	C_2	2
C_2	B_2	C_1、C_3	4
C_3	B_3、C_2	E、F	2
D	B_3	G	2
E	C_3	G	1
F	C_3	—	2
G	D、E	H、I	4
H	G		3
I	F、G	—	3

(1) 基本概念

① 箭线(工作)

工作是泛指一项需要消耗人力、物力和时间的具体活动过程,也称工序、活动、作业。双代号网络图中,每一条箭线表示一项工作。箭线的箭尾节点 i 表示该工作的开始,箭线的箭头节点 j 表示该工作的完成。工作名称可标注在箭线的上方,完成该项工作所需要的持续时间可标注在箭线的下方,如图 3-9 所示。由于一项工作需用一条箭线和其箭尾与箭头处两个圆圈中的号码来表示,故称为双代号网络计划。

在双代号网络图中,任意一条实箭线都要占用时间,并多数要消耗资源。在建设工程中,一条箭线表示项目中的一个施工过程,它可以是一道工序、一个分项工程、一个分部工程或一个单位工程,其粗细程度和工程范围的划分根据计划任务的需要确定。

在双代号网络图中,为了正确地表达图中工作之间的逻辑关系,往往需要应用虚箭线。虚箭线是实际工作中并不存在的一项虚设工作,故它们既不占用时间,也不消耗资源,一般起着工作之间的联系、区分和断路 3 个作用。

a. 联系作用是指应用虚箭线正确表达工作之间相互依存的关系,如图 3-10 所示。

b. 区分作用是指双代号网络图中每一项工作都必须用一条箭线和两个代号表示,若两项工作的代号相同时,应使用虚工作加以区分。

c. 断路作用是用虚箭线断掉多余联系,即在网络图中把无联系的工作连接上时,应加上虚工作将其断开。

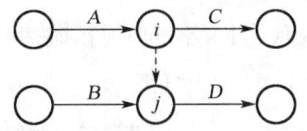

图3-9 双代号网络图工作的表示方法　　图3-10 虚箭线的联系作用

在无时间坐标的网络图中,箭线的长度原则上可以任意画,其占用的时间以下方标注的时间参数为准。箭线可以为直线、折线或斜线,但其行进方向均应从左向右。在有时间坐标的网络图中,箭线的长度必须根据完成该工作所需持续时间的长短按比例绘制。

在双代号网络图中,通常将工作用 $i-j$ 工作表示。紧排在本工作之前的工作称为紧前工作;紧排在本工作之后的工作称为紧后工作;与之平行进行的工作称为平行工作。

② 节点(又称结点、事件)

节点是网络图中箭线之间的连接点。在时间上节点表示指向某节点的工作全部完成后该节点后面的工作才能开始的瞬间,它反映前后工作的交接点。网络图中有3个类型的节点:

a. 起点节点。即网络图的第一个节点,它只有外向箭线(由节点向外指的箭线),一般表示一项任务或一个项目的开始。

b. 终点节点。即网络图的最后一个节点,它只有内向箭线(指向节点的箭线),一般表示一项任务或一个项目的完成。

c. 中间节点。即网络图中既有内向箭线,又有外向箭线的节点。

双代号网络图中,节点应用圆圈表示,并在圆圈内标注编号。一项工作应当只有唯一的一条箭线和相应的一对节点,且要求箭尾节点的编号小于其箭头节点的编号,即 $i<j$。网络图节点的编号顺序应从小到大,可不连续,但不允许重复。

③ 线路

网络图中从起始节点开始,沿箭头方向顺序通过一系列箭线与节点,最后达到终点节点的通路称为线路。在一个网络图中可能有很多条线路,线路中各项工作持续时间之和就是该线路的长度,即线路所需要的时间。一般网络图有多条线路,可依次用该线路上的节点代号来记述,例如网络图3-5中有3条线路:①—②—③—⑤—⑥、①—②—④—⑤—⑥、①—②—③—④—⑤—⑥。

在各条线路中,有一条或几条线路的总时间最长,称为关键路线,一般用双线或粗线标注。其他线路长度均小于关键线路,称为非关键线路。

④ 逻辑关系

网络图中工作之间相互制约或相互依赖的关系称为逻辑关系,它包括工艺关系和组织关系,在网络中均应表现为工作之间的先后顺序。

a. 工艺关系。生产性工作之间由工艺过程决定的,非生产性工作之间由工作程序决定的先后顺序称为工艺关系。

b. 组织关系。工作之间由于组织安排需要或资源(人力、材料、机械设备和资金等)调配需要而确定的先后顺序关系称为组织关系。

网络图必须正确地表达整个工程或任务的工艺流程和各工作开展的先后顺序,以及它们之间相互依赖和相互制约的逻辑关系。因此,绘制网络图时必须遵循一定的基本规则和要求。

(2) 绘图规则

① 双代号网络图必须正确表达已确定的逻辑关系,网络图中常见的各种工作逻辑关系的表示方法如表 3-3 所示。

表 3-3　网络图中常见的各种工作逻辑关系的表示方法

序号	工作之间的逻辑关系	网络图中表示方法	说　　明
1	有 A、B 两项工作,按照依次施工方式进行		B 工作依赖着 A 工作,A 工作约束着 B 工作的开始
2	有 A、B、C 三项工作同时开始		A、B、C 三项工作称为平行工作
3	有 A、B、C 三项工作同时结束		A、B、C 三项工作称为平行工作
4	有 A、B、C 三项工作,只有在 A 完成后,B、C 才能开始		A 工作制约着 B、C 工作的开始,B、C 为平行工作
5	有 A、B、C 三项工作,C 工作只有在 A、B 完成后才能开始		C 工作依赖着 A、B 工作,A、B 为平行工作
6	有 A、B、C、D 四项工作,只有当 A、B 完成后,C、D 才能开始		通过中间事件,正确地表达了 A、B、C、D 之间的关系
7	有 A、B、C、D 四项工作,A 完成后 C 才能开始,A、B 完成后 D 才能开始		D 与 A 之间引入了逻辑连接(虚工作),只有这样,才能正确表达它们之间的约束关系
8	A、B 两项工作分三个施工段,平行施工		每个工种工程建立专业工作队,在每个施工段上进行流水作业,不同工种之间用逻辑搭接关系表示

② 双代号网络图中,不允许出现循环回路。所谓循环回路是指从网络图中的某一个节点出发,顺着箭线方向又回到了原来出发点的线路。

③ 双代号网络图中,在节点之间不能出现带双向箭头或无箭头的连线。

④ 双代号网络图中,不能出现没有箭头节点或没有箭尾节点的箭线。

⑤ 当双代号网络图的某些节点有多条外向箭线或多条内向箭线时,为使图形简洁,可使用母线法绘制(但应满足一项工作用一条箭线和相应的一对节点表示),如图 3-11 所示。

⑥ 绘制网络图时,箭线不宜交叉。当交叉不可避免时,可用过桥法或指向法,如图 3-12 所示。

⑦ 双代号网络图中应只有一个起点节点和一个终点节点(多目标网络计划除外),而其他所有节点均应是中间节点。

⑧ 双代号网络图应条理清楚,布局合理。例如,网络图中的工作箭线不宜画成任意方向或曲线形状,尽可能用水平线或斜线;关键线路、关键工作尽可能安排在图面中心位置,其他工作分散在两边;避免倒回箭头等。

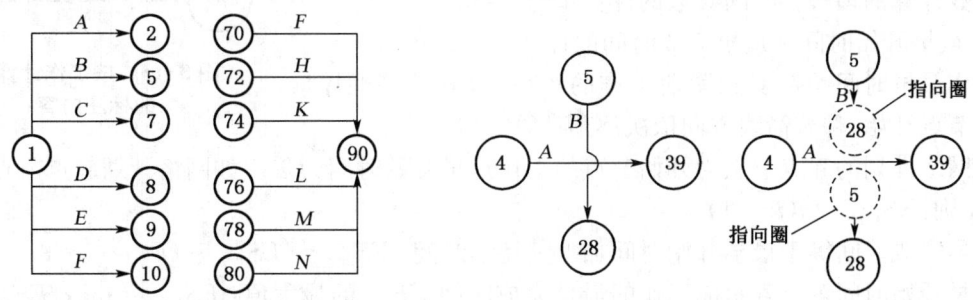

图 3-11 母线法绘图　　　　图 3-12 箭线交叉的表示方法

(3) 双代号网络图时间参数的计算

双代号网络计划时间参数计算的目的在于通过计算各项工作的时间参数,确定网络计划的关键工作、关键线路和计算工期,为网络计划的优化、调整和执行提供明确的时间参数。双代号网络计划时间参数的计算方法很多,一般常用的有按工作计算法和按节点计算法进行计算。以下只讨论按工作计算法在图上进行计算的方法。

① 时间参数的概念及其符号

a. 工作持续时间(D_{i-j})。工作持续时间是一项工作从开始到完成的时间。

b. 工期(T)。工期泛指完成任务所需要的时间,一般有 3 种:计算工期,根据网络计划时间参数计算出来的工期,用 T_c 表示;要求工期,任务委托人所要求的工期,用 T_r 表示;计划工期,根据要求工期和计算工期所确定的作为实施目标的工期,用 T_p 表示。

网络计划的计划工期 T_p 应按下列情况分别确定:当已规定了要求工期 T_r 时,$T_p \leqslant T_r$;当未规定要求工期时,可令计划工期等于计算工期,$T_p = T_c$。

② 网络计划中工作的 6 个时间参数

a. 最早开始时间(ES_{i-j}),是指在各紧前工作全部完成后,工作 $i-j$ 有可能开始的最早时刻。

b. 最早完成时间(EF_{i-j}),是指在各紧前工作全部完成后,工作 $i-j$ 有可能完成的最早时刻。

c. 最迟开始时间(LS_{i-j}),是指在不影响整个任务按期完成的前提下,工作 $i-j$ 必须开始的最迟时刻。

d. 最迟完成时间(LF_{i-j}),是指在不影响整个任务按期完成的前提下,工作 $i-j$ 必须完成的最迟时刻。

e. 总时差(TF_{i-j}),是指在不影响总工期的前提下,工作 $i-j$ 可以利用的机动时间。

f. 自由时差(FF_{i-j}),是指在不影响其紧后工作最早开始的前提下,工作 $i-j$ 可以利用的机动时间。

按工作计算法计算网络计划中各时间参数,其计算结果应标注在箭线之上,如图 3-13 所示。

③ 双代号网络计划时间参数的计算

按工作计算法在网络图上计算 6 个工作时间参数，必须在清楚计算顺序和计算步骤的基础上，列出必要的公式，以加深对时间参数计算的理解。时间参数的计算步骤如下：

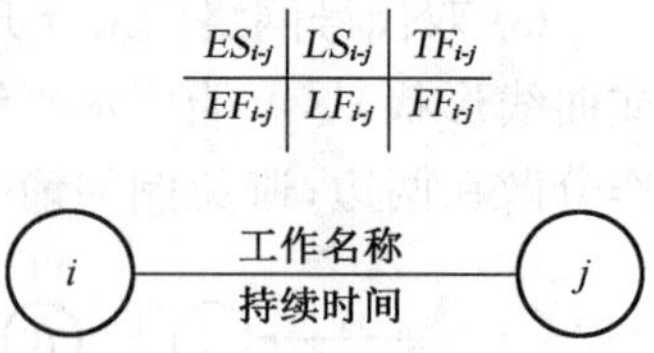

a. 最早开始时间和最早完成时间的计算

工作最早时间参数受到紧前工作的约束，故其计算顺序应从起点节点开始，顺着箭线方向依次逐项计算。

图 3-13 按工作计算法的标注内容

以网络计划的起点节点为开始节点的工作最早开始时间为零。如网络计划起点节点的编号为 1，则：$ES_{i-j} = 0 (i = 1)$

最早完成时间等于最早开始时间加上其持续时间：$EF_{i-j} = ES_{i-j} + D_{i-j}$

最早开始时间等于各紧前工作的最早完成时间 EF_{h-i} 的最大值：$ES_{i-j} = \max\{EF_{h-i}\}$ 或 $ES_{i-j} = \max\{ES_{h-i} + D_{h-i}\}$

b. 确定计算工期 T_c

计算工期等于以网络计划的终点节点为箭头节点的各个工作的最早完成时间的最大值。当网络计划终点节点的编号为 n 时，计算工期：$T_c = \max\{EF_{i-n}\}$

当无要求工期的限制时，取计划工期等于计算工期，即取 $T_p = T_c$。

c. 最迟开始时间和最迟完成时间的计算

工作最迟时间参数受到紧后工作的约束，故其计算顺序应从终点节点起，逆着箭线方向依次逐项计算。

以网络计划的终点节点 ($j = n$) 为箭头节点的工作的最迟完成时间等于计划工期，即：$LF_{i-n} = T_p$

最迟开始时间等于最迟完成时间减去其持续时间：$LS_{i-j} = LF_{i-j} - D_{i-j}$

最迟完成时间等于各紧后工作的最迟开始时间 LS_{j-k} 的最小值：$LF_{i-j} = \min\{LS_{j-k}\}$ 或 $LF_{i-j} = \min\{LF_{j-k} - D_{j-k}\}$

d. 计算工作总时差

总时差等于其最迟开始时间减去最早开始时间，或等于最迟完成时间减去最早完成时间，即：$TF_{i-j} = LS_{i-j} - ES_{i-j}$ 或 $TF_{i-j} = LF_{i-j} - EF_{i-j}$

e. 计算工作自由时差

当工作 $i-j$ 有紧后工作 $j-k$ 时，其自由时差应为：$FF_{i-j} = ES_{j-k} - EF_{i-j}$ 或 $FF_{i-j} = ES_{j-k} - ES_{i-j} - D_{i-j}$

以网络计划的终点节点 ($j = n$) 为箭头节点的工作，其自由时差 FF_{i-n} 应按网络计划的计划工期 T_p 确定，即：$FF_{i-n} = T_p - EF_{i-n}$

④ 关键工作和关键线路的确定

a. 关键工作。网络计划中总时差最小的工作是关键工作。当计划工期等于计算工期时，总时差为零的工作就是关键工作。

b. 关键线路。自始至终全部由关键工作组成的线路为关键线路，或线路上总的工作持续时间最长的线路为关键线路。网络图上的关键线路可用双线或粗线标注。

(4) 双代号网络图计算实例

【案例分析 2 解析】　① 根据表 3-2 中的网络计划资料，按照双代号网络图的绘图规则,绘制双代号网络图如图 3-14 所示。

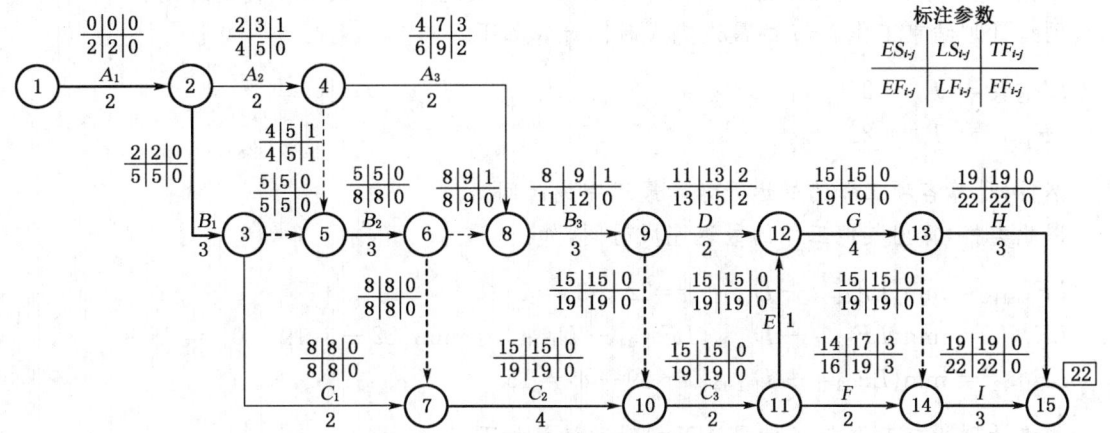

图 3-14 双代号网络图计算实例

② 计算各项工作的时间参数,并将计算结果标注在箭线上方相应的位置。

a. 计算各项工作的最早开始时间和最早完成时间

从起点节点(①节点)开始顺着箭线方向依次逐项计算到终点节点(⑮节点)。

首先,以网络计划起点节点为开始节点的各工作的最早开始时间为零。

工作 1-2 的最早开始时间 ES_{1-2} 从网络计划的起点节点开始,顺着箭线方向依次逐项计算,因未规定其最早开始时间 ES_{1-2},故 $ES_{1-2}=0$。

然后,计算各项工作的最早开始和最早完成时间。

工作的最早开始时间 ES_{i-j} 计算如下:

$ES_{2-3} = ES_{1-2} + D_{1-2} = 0 + 2 = 2$

$ES_{2-4} = ES_{1-2} + D_{1-2} = 0 + 2 = 2$

$ES_{3-5} = ES_{2-3} + D_{2-3} = 2 + 3 = 5$

$ES_{4-5} = ES_{2-4} + D_{2-4} = 2 + 2 = 4$

$ES_{5-6} = \max\{ES_{3-5} + D_{3-5}, ES_{4-5} + D_{4-5}\} = \max\{5+0, 4+0\} = 5$

工作的最早完成时间就是本工作的最早开始时间 ES_{i-j} 与本工作的持续时间 D_{i-j} 之和,所以:

$EF_{1-2} = ES_{1-2} + D_{1-2} = 0 + 2 = 2$

$EF_{2-4} = ES_{2-4} + D_{2-4} = 2 + 2 = 4$

$EF_{5-6} = ES_{5-6} + D_{5-6} = 5 + 3 = 8$

b. 确定计算工期 T_c 及计划工期 T_p

已知计划工期等于计算工期,即网络计划的计算工期 T_c 取以终节点 15 为箭头节点的工作 13-15 和工作 14-15 的最早完成时间的最大值,即:

$$T_c = \max\{EF_{13-15}, EF_{14-15}\} = \max\{22, 22\} = 22$$

c. 计算各项工作的最迟开始时间和最迟完成时间

从终点节点(⑮节点)开始逆着箭线方向依次逐项计算到起点节点(①节点)。
首先,以网络计划终点节点为箭头节点的工作的最迟完成时间等于计划工期。
网络计划结束工作 $i-j$ 的最迟完成时间计算如下:

$LF_{13-15} = T_p = 22$
$LF_{14-15} = T_p = 22$

然后,计算各项工作的最迟开始和最迟完成时间。
以此类推,算出其他工作的最迟完成时间,如:

$LF_{13-14} = \min\{LF_{14-15} - D_{14-15}\} = 22 - 3 = 19$
$LF_{12-13} = \min\{LF_{13-15} - D_{13-15}, LF_{13-14} - D_{13-14}\} = \min\{22-3, 19-0\} = 19$
$LF_{11-12} = \min\{LF_{12-13} - D_{12-13}\} = 19 - 4 = 15$

网络计划所有工作 $i-j$ 的最迟开始时间计算如下:

$LS_{14-15} = LF_{14-15} - D_{14-15} = 22 - 3 = 19$
$LS_{13-15} = LF_{13-15} - D_{13-15} = 22 - 3 = 19$
$LS_{12-13} = LF_{12-13} - D_{12-13} = 19 - 4 = 15$

d. 计算各项工作的总时差
可以用工作的最迟开始时间减去最早开始时间或用工作的最迟完成时间减去最早完成时间。计算如下:

$TF_{1-2} = LS_{1-2} - ES_{1-2} = 0 - 0 = 0$
$TF_{2-3} = LS_{2-3} - ES_{2-3} = 2 - 2 = 0$
$TF_{5-6} = LS_{5-6} - ES_{5-6} = 5 - 5 = 0$

e. 计算各项工作的自由时差
网络中工作 $i-j$ 的自由时差等于紧后工作的最早开始时间减去本工作的最早完成时间。计算如下:

$FF_{1-2} = ES_{2-3} - EF_{1-2} = 2 - 2 = 0$
$FF_{2-3} = ES_{3-5} - EF_{2-3} = 5 - 5 = 0$
$FF_{5-6} = ES_{6-8} - EF_{5-6} = 8 - 8 = 0$

网络计划中的结束工作 $i-j$ 的自由时差计算如下:

$FF_{13-15} = T_p - EF_{13-15} = 22 - 22 = 0$
$FF_{14-15} = T_p - EF_{14-15} = 22 - 22 = 0$

将以上计算结果标注在图 3-14 中的相应位置。
③ 确定关键工作及关键线路。
在图 3-14 中,最小的总时差是 0,所以,凡是总时差为 0 的工作均为关键工作。
该例中的关键工作是:A_1、B_1、B_2、C_2、C_3、E、G、H、I。
在图 3-14 中,自始至终全由关键工作组成的关键线路用粗箭线进行标注。

3)双代号时标网络图的绘制与计算

【案例分析3】 已知网络计划的资料如表3-4所示,试用直接法绘制双代号时标网络计划。

表3-4 时标计划表

日历 (时间单位)	1	2	3	4	5	6	7	8	9	10	11	12	13	14	15	16	17
网络计划 (时间单位)	1	2	3	4	5	6	7	8	9	10	11	12	13	14	15	16	17

(1)基本概念

双代号时标网络计划是以时间坐标为尺度编制的网络计划,如图3-15所示。

时标网络计划中应以实箭线表示工作,以虚箭线表示虚工作,以波形线表示工作的自由时差。

(2)双代号时标网络计划的特点

双代号时标网络计划是以水平时间坐标为尺度编制的双代号网络计划,其主要特点如下:

① 时标网络计划兼有网络计划与横道计划的优点,它能够清楚地表明计划的时间进程,使用方便。

② 时标网络计划能在图上直接显示出各项工作的开始与完成时间、工作的自由时差及关键线路。

③ 在时标网络计划中可以统计每一个单位时间对资源的需要量,以便进行资源优化和调整。

④ 由于箭线受到时间坐标的限制,当情况发生变化时,对网络计划的修改比较麻烦,往往要重新绘图。但在使用计算机以后,这一问题已较容易解决。

(3)双代号时标网络计划的一般规定

① 双代号时标网络计划必须以水平时间坐标为尺度表示工作时间。时标的时间单位应根据需要在编制网络计划之前确定,可为时、天、周、月或季。

② 时标网络计划中所有符号在时间坐标上的水平投影位置,都必须与其时间参数相对应。节点中心必须对准相应的时标位置。

③ 时标网络计划中虚工作必须以垂直方向的虚箭线表示,有自由时差时加波形线表示。

(4)时标网络计划的编制

时标网络计划宜按各个工作的最早开始时间编制。在编制时标网络计划之前,应先按已确定的时间单位绘制出时标计划表,如表3-4所示。

双代号时标网络计划的编制方法有以下两种:

① 间接法绘制。先绘制出时标网络计划,计算各工作的最早时间参数,再根据最早时间参数在时标计划表上确定节点位置,连线完成,某些工作箭线长度不足以到达该工作的完成节点时用波形线补足。

② 直接法绘制。根据网络计划中工作之间的逻辑关系及各工作的持续时间,直接在时标计划表上绘制时标网络计划。绘制步骤如下:

a. 将起点节点定位在时标计划表的起始刻度线上。

b. 按工作持续时间在时标计划表上绘制起点节点的外向箭线。

c. 其他工作的开始节点必须在其所有紧前工作都绘出以后,定位在这些紧前工作最早完成时间最大值的时间刻度上,某些工作的箭线长度不足以到达该节点时用波形线补足,箭头画在波形线与节点连接处。

d. 用上述方法从左至右依次确定其他节点位置,直至网络计划终点节点定位,绘图完成。

(5) 时标网络计划的编制实例

【案例分析 3 解析】 ① 将起始节点①定位在时标计划表的起始刻度线上,如图 3-15 所示。

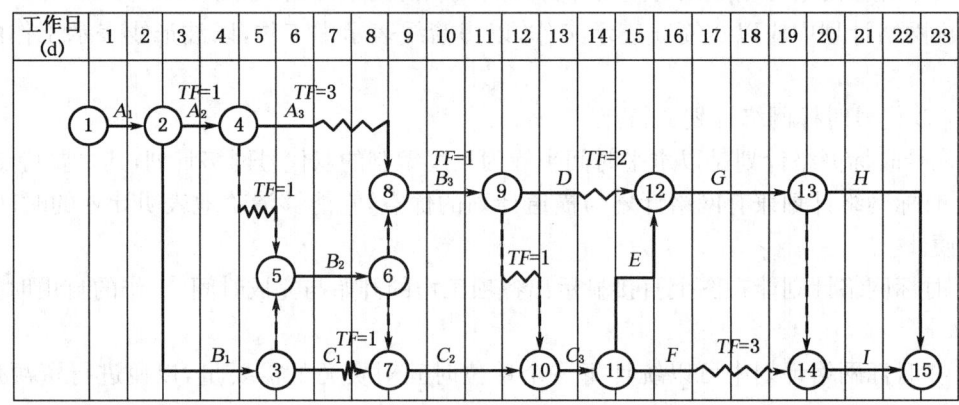

图 3-15 时标网络计划示例

② 按工作的持续时间绘制①节点的外向箭线①~②,按 A_1 工作的持续时间,画出无紧前工作的 A_1 工作,确定节点②的位置。

③ 自左至右依次确定其余各节点的位置。如②、③、④、⑥、⑨、⑩节点之前只有一条内向箭线,则在其内向箭线绘制完成后即可在其末端将上述节点绘出。⑤、⑦、⑧、⑩、⑫、⑬、⑭、⑮节点则必须待其前面的两条内向箭线都绘制完成后才能定位在这些内向箭线中最晚完成的时刻处。其中,⑤、⑦、⑧、⑩、⑫、⑭各节点均有长度不足以达到该节点的内向实箭线,故用波形线补足。

④ 用上述方法自左至右依次确定其他节点位置,直至画出全部工作,确定终点节点的位置,该时标网络计划即绘制完成。

4) 单代号网络图的绘制与计算

单代号网络图是以节点及其编号表示工作,以箭线表示工作之间逻辑关系的网络图,并在节点中加注工作代号、名称和持续时间,以形成单代号网络计划,如图 3-6 所示。

(1) 单代号网络图的特点

单代号网络图与双代号网络图相比,具有以下特点:

① 工作之间的逻辑关系容易表达,且不用虚箭线,故绘图较简单。
② 网络图便于检查和修改。
③ 由于工作持续时间表示在节点之中,没有长度,故不够直观。
④ 表示工作之间逻辑关系的箭线可能产生较多的纵横交叉现象。

(2) 单代号网络图的基本符号

① 节点。单代号网络图中的每一个节点表示一项工作,节点宜用圆圈或矩形表示。节点所表示的工作名称、持续时间和工作代号等应标注在节点内,如图 3-16 所示。

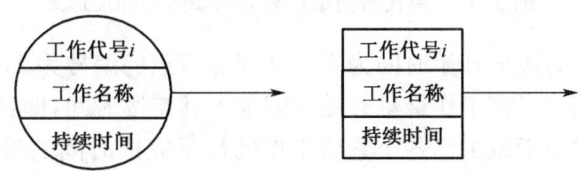

图 3-16 单代号网络图工作的表示方法

单代号网络图中的节点必须编号,编号标注在节点内,其号码可间断,但严禁重复。箭线的箭尾节点编号应小于箭头节点的编号。一项工作必须有唯一的一个节点及相应的一个编号。

② 箭线。单代号网络图中的箭线表示紧邻工作之间的逻辑关系,既不占用时间,也不消耗资源。箭线应画成水平直线、折线或斜线。箭线水平投影的方向应自左向右,表示工作的行进方向。工作之间的逻辑关系包括工艺关系和组织关系,在网络图中均表现为工作之间的先后顺序。

③ 线路。单代号网络图中,各条线路应用该线路上的节点编号从小到大依次表述。

(3) 单代号网络图的绘图规则

① 单代号网络图必须正确表达已确定的逻辑关系。
② 单代号网络图中,不允许出现循环回路。
③ 单代号网络图中,不能出现双向箭头或无箭头的连线。
④ 单代号网络图中,不能出现没有箭尾节点的箭线和没有箭头节点的箭线。
⑤ 绘制网络图时,箭线不宜交叉。当交叉不可避免时,可采用过桥法或指向法绘制。
⑥ 单代号网络图中只应有一个起点节点和一个终点节点。当网络图中有多项起点节点或多项终点节点时,应在网络图的两端分别设置一项虚工作,作为该网络图的起点节点(St)和终点节点(Fin)。

单代号网络图的绘图规则大部分与双代号网络图的绘图规则相同,故不再进行解释。

(4) 单代号网络图时间参数的计算

单代号网络计划时间参数的计算应在确定各项工作的持续时间之后进行。时间参数的计算顺序和计算方法基本上与双代号网络计划时间参数的计算相同。单代号网络计划时间参数的标注形式如图 3-17 所示。

单代号网络计划时间参数的计算步骤如下。

① 计算最早开始时间和最早完成时间

网络计划中各项工作的最早开始时间和最早完成时间的计算应从网络计划的起点节点开始,顺着箭线方向依次逐项计算。

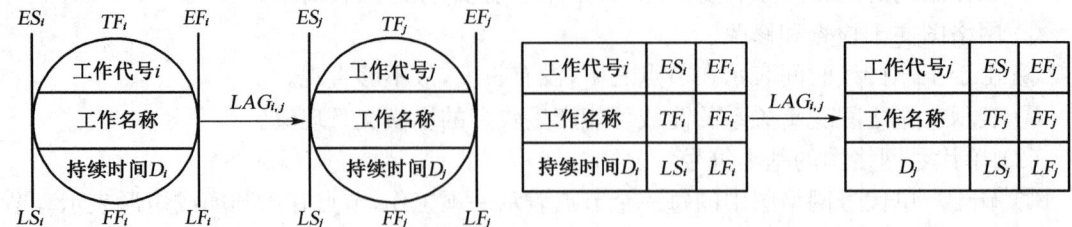

图 3-17 单代号网络计划时间参数的标注形式

网络计划起点节点的最早开始时间为零。如起点节点的编号为1,则:$ES_i = 0 (i=1)$

工作最早完成时间等于该工作最早开始时间加上其持续时间,即:$EF_i = ES_i + D_i$

工作最早开始时间等于该工作各个紧前工作的最早完成时间的最大值,如工作j的紧前工作的代号为i,则:

$$ES_j = \max\{EF_i\} \quad 或 \quad ES_j = \max\{ES_i + D_i\}$$

式中:ES_i——工作j的各项紧前工作的最早开始时间。

② 网络计划的计算工期 T_c

T_c 等于网络计划的终点节点n的最早完成时间EF_n,即:$T_c = EF_n$

③ 计算相邻两项工作之间的时间间隔 $LAG_{i,j}$

相邻两项工作i和j之间的时间间隔$LAG_{i,j}$等于紧后工作j的最早开始时间ES_j和本工作的最早完成时间EF_i之差,即:

$$LAG_{i,j} = ES_j - EF_i$$

④ 计算工作总时差 TF_i

工作i的总时差TF_i,应从网络计划的终点节点开始,逆着箭线方向依次逐项计算。网络计划终点节点的总时差TF_n,如计划工期等于计算工期,其值为零,即:$TF_n = 0$

其他工作i的总时差TF_i等于该工作各个紧后工作j的总时差TF_j加该工作与其紧后工作之间的时间间隔$LAG_{i,j}$之和的最小值,即:$TF_i = \min\{TF_j + LAG_{i,j}\}$

⑤ 计算工作自由时差

工作i若无紧后工作,其自由时差FF_n等于计划工期T_p减去该工作的最早完成时间EF_n,即:$FF_n = T_p - EF_n$

当工作i有紧后工作j时,其自由时差FF_i等于该工作与其紧后工作j之间的时间间隔$LAG_{i,j}$的最小值,即:$FF_i = \min\{LAG_{i,j}\}$

⑥ 计算工作的最迟开始时间和最迟完成时间

工作i的最迟开始时间LS_i等于该工作的最早开始时间ES_i与其总时差TF_i之和,即:
$LS_i = ES_i + TF_i$

工作i的最迟完成时间LF_i等于该工作的最早完成时间EF_i与其总时差TF_i之和,即:
$LF_i = EF_i + TF_i$

⑦ 关键工作和关键线路的确定

a. 关键工作:总时差最小的工作是关键工作。

b. 关键线路的确定按以下规定：从起点节点开始到终点节点均为关键工作，且所有工作的时间间隔为零的线路为关键线路。

（5）单代号网络图计算实例

【案例分析4】 已知网络计划的资料如表3-2所示，试绘制单代号网络计划。若计划工期等于计算工期，试计算各项工作的6个时间参数并确定关键线路，标注在网络计划上。

【案例分析4解析】 ① 根据表3-2中网络计划的有关资料，按照网络图的绘图规则，绘制单代号网络图如图3-18所示。

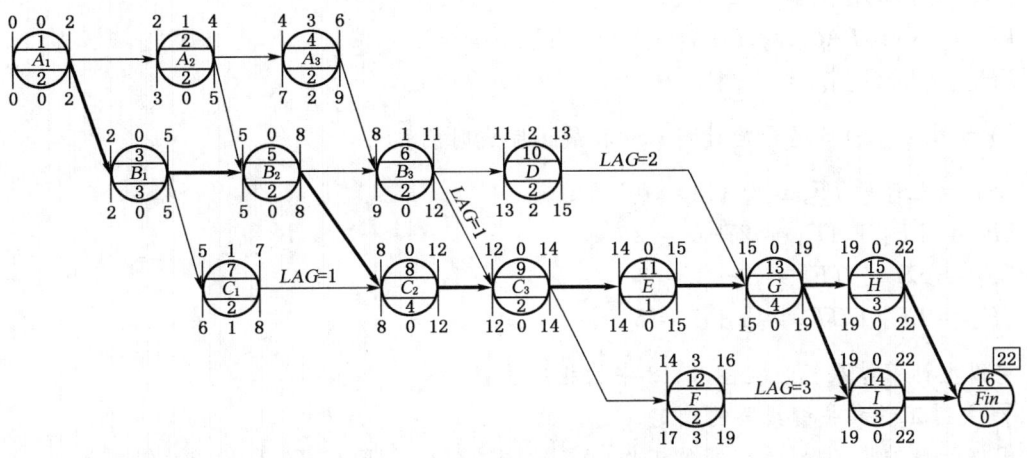

图 3-18 单代号网络图计算实例

② 计算最早开始时间和最早完成时间

因为未规定其最早开始时间，所以：$ES_1 = 0$

其他工作 i 的最早开始时间和最早完成时间依次计算如下：

$EF_1 = 0 + 2 = 2$

$ES_5 = \max\{EF_2, EF_3\} = \max\{4, 5\} = 5$

$EF_5 = ES_5 + D_5 = 5 + 3 = 8$

已知计划工期等于计算工期，故有 $T_p = T_c = EF_{16} = 22$

③ 计算相邻两项工作之间的时间间隔 $LAG_{i,j}$

$LAG_{15,16} = T_p - EF_{15} = 22 - 22 = 0$

$LAG_{14,16} = T_p - EF_{14} = 22 - 22 = 0$

$LAG_{12,14} = ES_{14} - EF_{12} = 19 - 16 = 3$

④ 计算工作的总时差 TF_i

已知计划工期等于计算工期 $T_p = T_c = 22$，故终点节点的总时差为零，即：$TF_{16} = T_P - EF_{16} = 22 - 22 = 0$

其他工作总时差如下：

$TF_{15} = TF_{16} + LAG_{15,16} = 0 + 0 = 0$

$TF_{14} = TF_{16} + LAG_{14,16} = 0 + 0 = 0$

$TF_{13} = \min\{(TF_{15} + LAG_{13,15}), (TF_{14} + LAG_{13,14})\} = \min\{(0+0), (0+0)\} = 0$

$TF_{12} = TF_{14} + LAG_{12,14} = 0 + 3 = 3$

⑤ 计算工作的自由时差 FF_i

已知计划工期等于计算工期 $T_p = T_c = 22$，故自由时差计算如下：

$FF_{16} = T_p - EF_{16} = 22 - 22 = 0$

$FF_{15} = LAG_{15,16} = 0$

$FF_{14} = LAG_{14,16} = 0$

$FF_{13} = \min\{LAG_{13,15}, LAG_{13,14}\} = \min\{0,0\} = 0$

$FF_{12} = LAG_{12,14} = 3$

⑥ 计算工作的最迟开始时间 LS_i 和最迟完成时间 LF_i

$LS_1 = ES_1 + TF_1 = 0 + 0 = 0$

$LF_1 = EF_1 + TF_1 = 2 + 0 = 2$

$LS_2 = ES_2 + TF_2 = 2 + 1 = 3$

$LF_2 = EF_2 + TF_2 = 4 + 1 = 5$

将以上计算结果标注在图 3-18 中的相应位置。

⑦ 关键工作和关键线路的确定

根据计算结果，总时差为零的工作：A_1、B_1、B_2、C_2、C_3、E、G、H、I，均为关键工作。

所有工作之间时间间隔为零的线路，即①—③—⑤—⑧—⑨—⑪—⑬—⑭—⑮，①—③—⑤—⑧—⑨—⑪—⑬—⑮—⑯为关键线路，用粗箭线标示在图 3-18 中。

3.3 建设工程进度计划的调整方法

【案例分析 5】 某工程项目的施工进度计划如图 3-19 所示，其持续时间和预算费用额列入表 3-5，工程进行到第 5 周末时进行检查，A、D 工作已经完成，B 工作完成了 4 周，C 工作完成了 2 周。

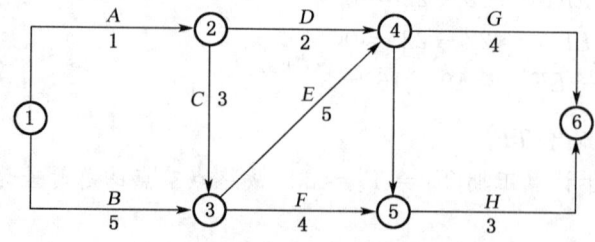

图 3-19 某工程项目施工进度计划图

表 3-5　某工程项目施工进度持续时间和预算费用额

工作名称	A	B	C	D	E	F	G	H
持续时间/周	1	5	3	2	5	4	4	3
费用/万元	2	10	6	4	15	8	12	6

【问题】（1）绘制实际进度前锋线。

（2）计算在第 5 周末进行检查时累计完成造价多少？按净值法计算进度偏差是多少？

（3）如果后续工作按计划进行，试分析 A、B、C、D 四项工作对网络计划工期产生什么影响？

（4）如果不进行工期调整，试绘制第 5 周之后的网络计划。

（5）如果要保持工期不变，该进度计划应如何调整？试绘制压缩之后的网络计划。

在计划执行过程中，由于组织、管理、经济、技术、资源、环境和自然条件等因素的影响，往往会造成实际进度与计划进度产生偏差，如果偏差不能及时纠正，必将影响进度目标的实现。因此，在计划执行过程中采取相应措施来进行管理，对保证计划目标的顺利实现具有重要意义。

进度计划执行中的管理工作主要有以下几个方面：①检查并掌握实际进展情况；②分析产生进度偏差的主要原因；③确定相应的纠偏措施或调整方法。

3.3.1　进度计划的检查

工程进度的检查与进度计划的执行是融合在一起的，计划检查是对执行情况的总结，是工程项目进度调整和分析的依据。

1）进度计划的检查方法

（1）计划执行中的跟踪检查

在网络计划的执行过程中，必须建立相应的检查制度，定时定期地对计划的实际执行情况进行跟踪检查，收集反映实际进度的有关数据。

（2）收集数据的加工处理

收集反映实际进度的原始数据量大面广，必须对其进行整理、统计和分析，形成与计划进度具有可比性的数据，以便在网络图上进行记录。根据记录的结果可以分析判断进度的实际状况，及时发现进度偏差，为网络图的调整提供信息。

（3）实际进度检查的方法

进度计划的检查方法主要是对比法，即实际进度与计划进度相对比较。通过比较发现偏差，以便调整或修改计划，保证进度目标的实现。实际进度都是记录在计划图上的，故因计划图形的不同而产生了多种检查方法。常见的方法有以下几种：

① 横道图比较法

横道图比较检查的方法就是将项目实施中针对工作任务检查实际进度收集到的信息，经过整理后直接用横道双线（彩色线或其他线型）并列标于原计划的横道单线下方（或上方），进行直观比较的方法。通过这种比较，管理人员能很清晰和方便地观察出实际进度与计划进度的偏差。根据工作速度不同，可以分为匀速比较法和非匀速比较法。

a. 匀速比较法

工作匀速进度的横道图比较法是假设所有工作自始至终按照相同速度进行，在图中可用红线直接标注实际进度，最后比较分析实际进度红线右端与检查日期相重合，表明实际进度与计划进度相一致。红线右端落在检查日期左侧，表明实际进度拖后。红线右端落在检查日期右侧，表明实际进度超前。

图 3-20 表示的是从某工程进度计划横道图中截取的一项工作，该工作的计划持续时间为 5 周，根据工作匀速进度的情况计算，每周完成工作量的 20%。现在第 3 周结束时检查实际进度，按原计划应该完成工程量的 60%，但实际只完成了 50%，这表明该工作的进度落后了工程量的 10% 或落后了半周时间。

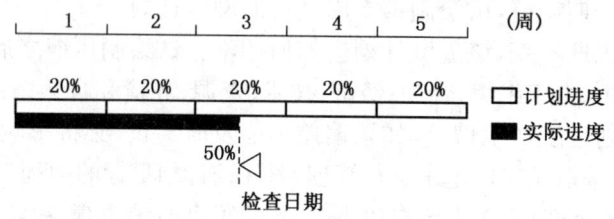

图 3-20 工作匀速进度的横道图比较法

b. 非匀速比较法

工作非匀速进度的横道图比较法是指在实际工作中，往往是刚开始时，工作进展较慢，但随着工程进行，工人熟练程度提高，工作进展会越来越快。

如图 3-21 所示，某工作的计划持续时间为 5 周，原计划第 1 周完成工程量的 10%，第 2 周完成 15%（累计 25%），第 3 周完成 20%（累计 45%），第 4 周完成 25%（累计 70%），第 5 周完成 30%（累计 100%）。在第 3 周结束时检查实际进度，与匀速比较法不同，深色位置不能表示快慢，我们还需要用实际完成的数据来反映进度。图 3-21 中所示的实际进度表明：第 1 周完成了工程量的 8%，比计划落后 2%；到第 2 周结束时完成了 24%，总量比实际进度落后了 1%，但是第 2 周实际完成了 16%，比计划进度还多完成 1%，只是由于第 1 周落后了 2%，导致总量比实际进度落后 1%；到第 3 周结束时完成了总工程量的 50%，超前了 5%，且本周实际完成了总工程量的 26%，超过计划完成量 6%。这说明，工人在施工时，开始上手较慢，但熟悉后速度就加快了，按此速度，估计不需要 5 周就能提前完成任务。

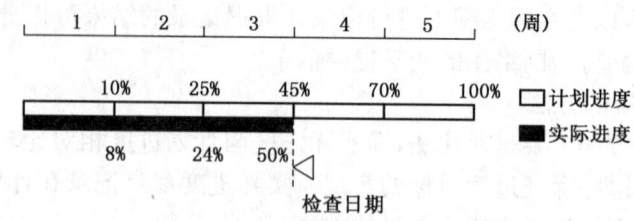

图 3-21 工作非匀速进度的横道图比较法

② 前锋线检查

前锋线比较法主要适用于双代号时标网络图计划。该方法是从检查时刻的时间标点出发，用点画线依次连接各工作任务的实际进度点（前锋），最后到计划检查的时点为止，形成实际进度前锋线，按前锋线判定工程项目进度偏差。当某工作前锋点落在检查日期左侧，表明实际进度拖延；当该前锋点在检查日期右侧，表明实际进度超前。

某工程项目时标网络计划如图3-22所示。该计划执行到第6周末检查实际进度时，发现工作 A 和 B 已经全部完成，工作 D、E 分别完成计划任务量的 20% 和 50%，工作 C 尚需 3 周完成，根据第6周末实际进度的检查结果绘制前锋线。

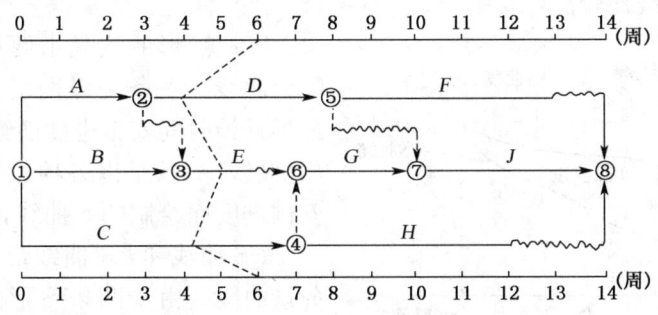

图 3-22 某工程前锋线比较图

通过比较可以看出：

工作 D 实际进度拖后 2 周，将使其后续工作 F 的最早开始时间推迟 2 周，并使总工期延长 1 周；工作 E 实际进度拖后 1 周，既不影响总工期，也不影响其后续工作的正常进行；工作 C 实际进度拖后 2 周，将使其后续工作 G、H、J 的最早开始时间推迟 2 周。

由于工作 G 开始时间的推迟，从而使总工期延长 2 周。如果不采取措施加快进度，该工程项目的总工期将延长 2 周。

③ S 形曲线比较法

S 形曲线比较法是一种费用和时间的综合比较法。它以横坐标为表示时间，纵坐标表示累计完成的工程量（或费用），绘制一条按计划时间累计完成任务量的 S 曲线，然后将工程项目实施过程中各检查时间实际累计完成任务量的 S 曲线也绘制在同一坐标系中，进行实际进度与计划进度比较。由于在工程项目的实施过程中，开始和收尾阶段，单位时间内投入的资源量较小，中间阶段单位时间内投入的资源量较多，所以随时间进展累计完成的工程量在图上呈 S 形变化，如图3-23所示。

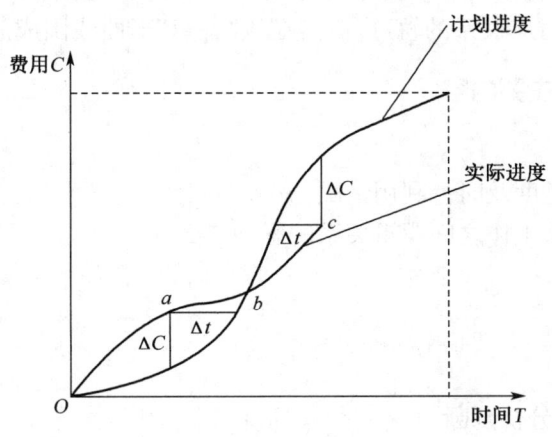

图 3-23 S 形曲线比较法

图 3-23 中,实际进度曲线与计划进度曲线不可能完全重叠,这样形成 3 种情况:一是点 a,在计划曲线的上方,Δt 表示实际进度超前量,ΔC 表示投资增加额;二是点 b,它与计划曲线重合,表示实际进度与计划吻合;三是点 c,在计划曲线的下方,Δt 表示实际进度拖延量,ΔC 表示投资减少的量。如果按照原计划进度进行,有可能导致工期拖延。

④ "香蕉"形曲线比较法

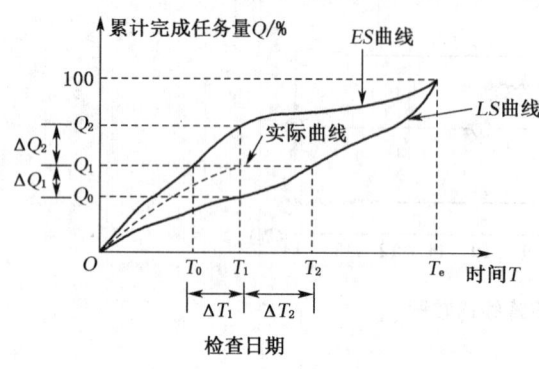

图 3-24 "香蕉"形曲线比较法

"香蕉"形曲线是由两条 S 曲线组合成的闭合曲线。一条是以网络计划中各项工作的最早开始时间安排进度而绘制的 S 曲线,称为 ES 曲线;一条是以各项工作的最迟开始时间安排进度而绘制的 S 曲线,称为 LS 曲线。

ES 曲线和 LS 曲线都是计划累计完成任务量曲线。由于两条 S 形曲线都是同一项目的,其计划开始时间和完成时间都相同,因此,ES 曲线与 LS 曲线是闭合的,如图 3-24 所示。

在项目执行过程中,根据每次检查的各项工作实际完成的任务量,计算出不同时间实际完成任务量的百分比,并在"香蕉"形曲线的平面内绘出实际进度曲线,即可进行实际进度与计划进度的比较。"香蕉"形曲线比较法可以进行如下两个方面的比较:

a. 时间一定,比较完成的任务量。当项目进展到检查日期 T_1 时,实际完成的累计任务量为 Q_1,若按最早时间计划,则应完成 Q_2,可见,实际比计划少完成:$\Delta Q_2 = Q_1 - Q_2$;若按最晚时间计划,则应完成 Q_0,实际比计划多完成:$\Delta Q_1 = Q_1 - Q_0$。由此可以判断,实际进度在计划范围之内,不会影响项目工期。

b. 任务量一定,比较所需时间。当项目进展到 T_1 时,实际完成累计任务量 Q_1,若按最早时间计划,则应在 T_0 时完成同样任务量,可见,实际比计划拖延,其拖延的时间是:$\Delta T_1 = T_1 - T_0$;若按最晚时间计划,则应在 T_2 时完成同样任务量,由此可见,实际比计划提前,其提前量是:$\Delta T_2 = T_1 - T_2$。可以判断:实际进度未超出计划范围,进展正常。

只要工程项目实施情况正常,如没有变更、停工、增加资源投入等,实际进度曲线即累计的实际完成任务量与时间对应关系的轨迹,应落在该"香蕉"形曲线围成的区域范围内。

2) 网络计划检查的主要内容

(1) 关键工作进度。
(2) 非关键工作的进度及时差利用情况。
(3) 实际进度对各项工作之间逻辑关系的影响。
(4) 资源状况。
(5) 成本状况。
(6) 存在的其他问题。

3) 对检查结果进行分析判断

通过对网络计划执行情况检查的结果进行分析判断,可为计划的调整提供依据。一般应进行如下分析判断：

(1) 对时标网络计划宜利用绘制的实际进度前锋线，分析计划的执行情况及其发展趋势，对未来的进度作出预测、判断，找出偏离计划目标的原因及可供挖掘的潜力所在。

(2) 对无时标网络计划宜按表3-6记录的情况对计划中未完成的工作进行分析判断。

表 3-6　网络计划检查结果分析表

工作编号	工作名称	检查时尚需工作天数	按计划最迟完成尚有天数	总时差/d		自由时差/d		情况分析
				原有	目前尚有	原有	目前尚有	

3.3.2　进度计划的调整

1) 分析进度偏差对后续工作及总工期的影响

(1) 关键工作出现偏差：无论偏差多少，均对后续工作和总工期产生影响。

(2) 非关键工作出现的偏差 Δ：

① 当 $\Delta \leqslant FF$ 时，对后续工作和总工期均无影响。

② 当 $FF < \Delta \leqslant TF$ 时，对后续工作的最早开始有影响，但对总工期无影响。

③ 当 $\Delta > TF$ 时，对后续工作和总工期均产生影响。

2) 调整的内容

(1) 调整关键线路的长度。
(2) 调整非关键工作时差。
(3) 增、减工作项目。
(4) 调整逻辑关系。
(5) 重新估计某些工作的持续时间。
(6) 对资源的投入作相应调整。

3) 调整的方法

(1) 调整关键线路的方法

① 当关键线路的实际进度比计划进度拖后时，应在尚未完成的关键工作中，选择资源强度小或费用低的工作缩短其持续时间，并重新计算未完成部分的时间参数，将其作为一个新计划实施。

② 当关键线路的实际进度比计划进度提前时，若不拟提前工期，应选用资源占用量大或者直接费用高的后续关键工作，适当延长其持续时间，以降低其资源强度或费用；当确定要提

前完成计划时,应将计划尚未完成的部分作为一个新计划,重新确定关键工作的持续时间,按新计划实施。

(2) 非关键工作时差的调整方法。非关键工作时差的调整应在其时差的范围内进行,以便更充分地利用资源、降低成本或满足施工的需要。每一次调整后都必须重新计算时间参数,观察该调整对计划全局的影响。可采用以下几种调整方法:①将工作在其最早开始时间与最迟完成时间范围内移动;②延长工作的持续时间;③缩短工作的持续时间。

(3) 增、减工作项目时的调整方法。①不打乱原网络计划总的逻辑关系,只对局部逻辑关系进行调整;②在增减工作后应重新计算时间参数,分析对原网络计划的影响,当对工期有影响时,应采取调整措施,以保证计划工期不变。

(4) 调整逻辑关系。逻辑关系的调整只有当实际情况要求改变施工方法或组织方法时才可进行。调整时应避免影响原定计划工期和其他工作的顺利进行。

(5) 调整工作的持续时间。当发现某些工作的原持续时间估计有误或实现条件不充分时,应重新估算其持续时间,并重新计算时间参数,尽量使原计划工期不受影响。

(6) 调整资源的投入。当资源供应发生异常时,应采用资源优化方法对计划进行调整,或采取应急措施,使其对工期的影响最小。

进度计划的调整,可以定期进行,亦可根据计划检查的结果在必要时进行。

【案例分析 5 解析】 (1) 实际进度前锋线如图 3-25 所示。

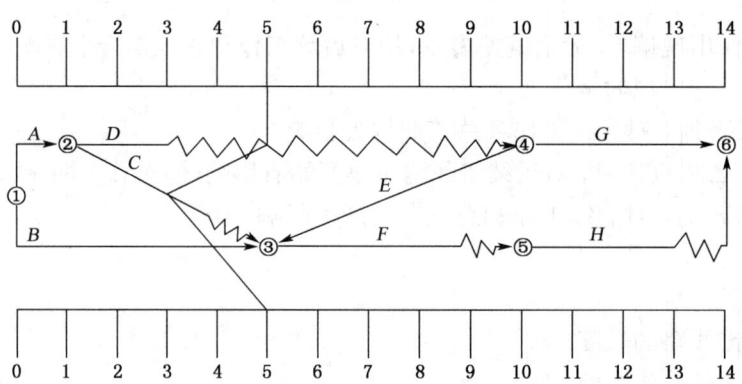

图 3-25 某工程项目实际进度前锋线

(2) 累计完成造价:$A+D+4/5B+2/3C=2+4+10\times 4/5+6\times 2/3=18$ 万元

到第 5 周末应完成的预算造价可从图中分析,应完成 A、B、C、D,故:

$$A+B+C+D=2+10+6+4=22 \text{ 万元}$$

根据净值法计算公式,进度偏差为:$SV=BCWP-BCWS=18-22=-4$ 万元,即进度延误 4 万元。

进度绩效指数为:$SPI=BCWP/BCWS=18\div 22=0.818=81.8\%$,即完成计划的 81.8%。

(3) 工作 A 实际进度正常,不影响工期;工作 B 实际进度拖后 1 周,由于 B 工作是关键工作,故其实际进度使工期延长 1 周;工作 C 实际进度拖后 1 周,由于 C 工作总时差为 1 周,故其实际进度对网络计划工期不造成影响;工作 D 实际进度正常,不影响工期。

(4) 工期不进行调整检查之后的网络计划如图 3-26 所示。

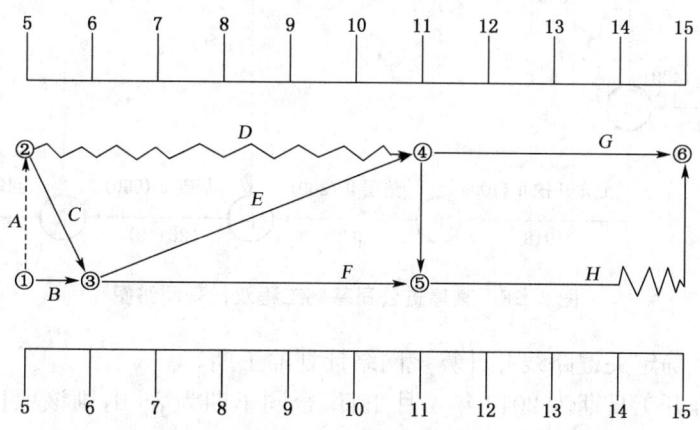

图 3-26　某工程项目工期不进行调整检查之后的网络计划

(5) 如果要使工期保持 14 周不变,在第 5 周检查之后,应组织压缩 G 工作的持续时间 1 周,因为 G 工作是关键工作,且 G 工作压缩 1 周可节约 3 万元,大于压缩 E 工作的节约额。压缩之后的网络计划如图 3-27 所示。

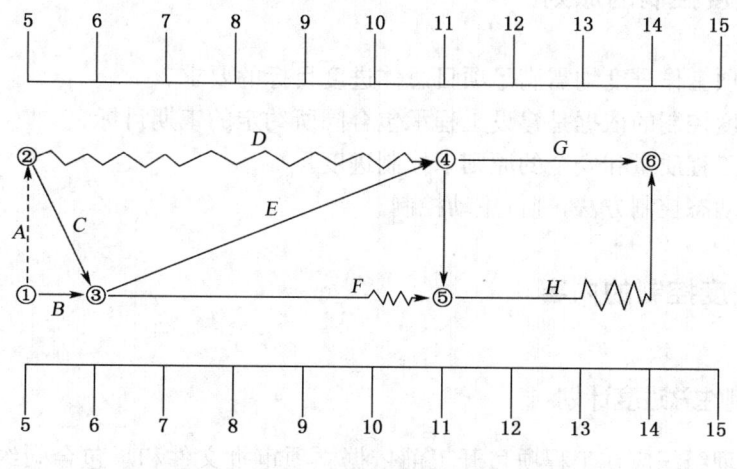

图 3-27　某工程项目压缩之后的网络计划

3.4　建设工程项目进度控制

【案例分析 6】　某建筑公司承接一项基础工程的施工任务,施工过程划分为土方开挖、做混凝土垫层、钢筋混凝土基础、回填土 4 个。该公司拟采用流水施工方式组织施工,根据工程情况,该基础工程在平面上分成两个施工段,施工网络计划如图 3-28 所示,各工作的压缩费率、正常持续时间和最短时间在箭线上下标出。

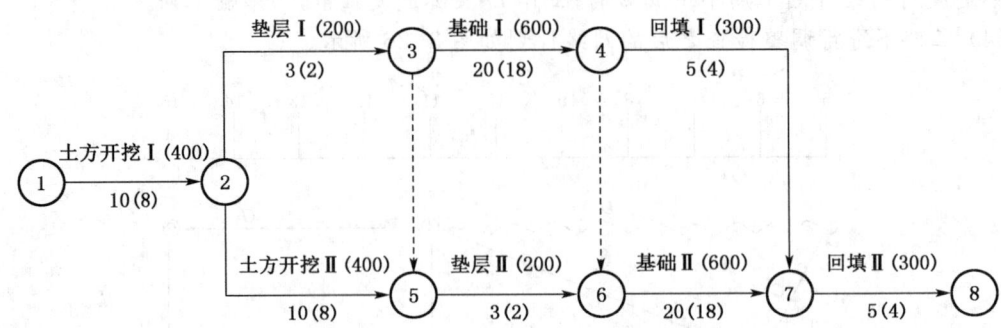

图 3-28 某建筑公司基础工程双代号网络图

【问题】 (1) 确定关键路线并计算该网络计划的工期。

(2) 如果工程开工日期为 2013 年 4 月 1 日,合同工期为 55 d,则该项目施工进度控制的目标应是什么?该目标应如何落实?

(3) 如果合同工期 55 d 不允许拖延,应如何选择赶工对象?该网络计划应如何赶工?

(4) 在施工过程中,项目部可以采取什么样的组织措施来控制进度?

3.4.1 进度控制的原则

(1) 工程各项工作进度均需满足项目总体进度目标的要求。
(2) 工程进度控制的依据是建设工程承包合同所约定的工期目标。
(3) 在确保工程质量和安全的原则下控制进度。
(4) 应采用动态控制方法,进行主动控制。

3.4.2 进度控制的内容

1) 编制控制性总进度计划

(1) 项目管理组织应在工程项目开工前依据立项审批文件和承包合同约定的工期目标、阶段性目标等,协助项目承担单位或其委托的项目实施单位编制项目控制性总进度计划,确定项目里程碑。总进度计划和里程碑是各合同工程进度控制的依据。

(2) 随着工程进展和施工条件的变化,项目管理组织应及时提请项目承担单位或其委托的项目实施单位对控制性总进度计划进行必要的调整。

2) 审批施工进度计划

项目管理组织应在合同工程开工前依据控制性总进度计划审批承包单位提交的施工总进度计划。施工总进度计划应依据承包合同的约定,按工期的实际情况编制。在施工过程中,应编制月进度计划报项目监理机构审批。

施工进度计划审批的主要内容:①在施工进度计划中有无项目内容漏项或重复的情况;

②施工进度计划与合同工期和控制性总进度计划目标的响应性与符合性;③施工进度计划与施工条件、环境因素是否存在冲突;④本施工项目与其他各标段施工项目之间的协调性;⑤施工进度计划中各项工作内容之间逻辑关系的正确性与施工方案的可行性;⑥关键路线安排和施工进度计划实施过程的合理性;⑦人力、材料、施工设备等资源配置计划和施工强度的合理性;⑧材料、构配件、工程设备供应计划与施工进度计划的衔接关系;⑨施工进度计划的详细程度和表达形式的适宜性;⑩对项目承担单位或其委托的项目实施单位提供施工条件要求的合理性;⑪其他应审查的内容。

3.4.3 进度控制的方法

(1) 应督促承包单位做好施工组织管理,确保施工资源的投入,并按批准的施工进度计划实施。

(2) 应对施工进度计划的实施全过程,包括施工准备、施工条件和进度计划的实施情况,进行定期检查,对实际施工进度进行分析和评价,对关键路线的进度实施重点跟踪检查。

(3) 应根据施工进度计划,采用工地例会、专题会议等方式,协调各合同段承包单位之间的关系,及时发现、解决影响工程进度的干扰因素,促进施工项目的顺利进展。

(4) 当实际工程进度与施工进度计划发生了实质性偏离时,应要求承包单位采取必要的措施,并及时调整施工进度计划。

(5) 项目管理机构应公正、公平地处理工程变更所引起的工期变化。必须延长工期时,承包单位应填报《工程延期报审表》报项目监理机构和实施单位审批,并相应调整进度计划。

(6) 施工进度计划的调整使总工期目标、阶段目标、资金使用等发生较大的变化时,项目监理机构应提出处理意见报项目承担单位或其委托的项目实施单位批准。

3.4.4 进度计划控制的措施

1) 组织措施

(1) 组织是目标能否实现的决定性因素,为实现项目的进度目标,应充分重视健全项目管理的组织体系。

(2) 在项目组织结构中应有专门的工作部门和符合进度控制岗位资格的专人负责进度控制工作。

(3) 进度控制的主要工作环节包括进度目标的分析和论证、编制进度计划、定期跟踪进度计划的执行情况、采取纠偏措施以及调整进度计划。这些工作任务和相应的管理职能应在项目管理组织设计的任务分工表和管理职能分工表中标示并落实。

(4) 应编制项目进度控制的工作流程,如:①定义项目进度计划系统的组成;②各类进度计划的编制程序、审批程序和计划调整程序等。

(5) 进度控制工作包含了大量的组织和协调工作,而会议是组织和协调的重要手段,应进行有关进度控制会议的组织设计,以明确:①会议的类型;②各类会议的主持人及参加单位和人员;③各类会议的召开时间;④各类会议文件的整理、分发和确认等。

2）管理措施

建设工程项目进度控制在管理观念方面存在的主要问题是：

（1）缺乏进度计划系统的观念——分别编制各种独立而互不联系的计划，形成不了计划系统。

（2）缺乏动态控制的观念——只重视计划的编制，而不重视及时地进行计划的动态调整。

（3）缺乏进度计划多方案比较和选优的观念——合理的进度计划应体现为资源的合理使用、工作面的合理安排，有利于提高建设质量、有利于文明施工和有利于合理地缩短建设周期。

进度控制的管理措施如下：

（1）建设工程项目进度控制的管理措施涉及管理的思想、管理的方法、管理的手段、承发包模式、合同管理和风险管理等。在理顺组织的前提下，科学和严谨的管理显得十分重要。

（2）用工程网络计划的方法编制进度计划必须很严谨地分析和考虑工作之间的逻辑关系，通过工程网络的计算可发现关键工作和关键路线，也可知道非关键工作可使用的时差，工程网络计划的方法有利于实现进度控制的科学化。

（3）承发包模式的选择直接关系到工程实施的组织和协调。为了实现进度目标，应选择合理的合同结构，以避免过多的合同交界面而影响工程的进展。工程物资的采购模式对进度也有直接的影响，对此应作比较分析。

（4）为实现进度目标，不但应进行进度控制，还应注意分析影响工程进度的风险，并在分析的基础上采取风险管理措施，以减少进度失控的风险量。常见的影响工程进度的风险，如：①组织风险；②管理风险；③合同风险；④资源（人力、物力和财力）风险；⑤技术风险，等等。

（5）重视信息技术（包括相应的软件、局域网、互联网以及数据处理设备）在进度控制中的应用。虽然信息技术对进度控制而言只是一种管理手段，但它的应用有利于提高进度信息处理的效率、有利于提高进度信息的透明度、有利于促进进度信息的交流和项目各参与方的协同工作。

3）经济措施

建设工程项目进度控制的经济措施涉及资金需求计划、资金供应条件和经济激励措施等。

（1）为确保进度目标的实现，应编制与进度计划相适应的资源需求计划（资源进度计划），包括资金需求计划和其他资源（人力和物力资源）需求计划，以反映工程实施各时段所需要的资源。通过资源需求的分析，可发现所编制的进度计划实现的可能性，若资源条件不具备，则应调整进度计划。

（2）资金供应条件包括可能的资金总供应量、资金来源（自有资金和外来资金）以及资金供应的时间。

（3）在编制成本计划时，应考虑加快工程进度所需要的资金，其中包括为实现进度目标将要采取的经济激励措施所需要的费用。

4）技术措施

建设工程项目进度控制的技术措施涉及对实现进度目标有利的设计技术和施工技术的选用。

（1）不同的设计理念、设计技术路线、设计方案会对工程进度产生不同的影响,在设计工作的前期,特别是在设计方案评审和选用时,应对设计技术与工程进度的关系作分析比较。在工程进度受阻时,应分析是否存在设计技术的影响因素,为实现进度目标有无设计变更的可能性。

（2）施工方案对工程进度有直接的影响,在决策其选用时,不仅应分析技术的先进性和经济合理性,还应考虑其对进度的影响。在工程进度受阻时,应分析是否存在施工技术的影响因素,为实现进度目标有无改变施工技术、施工方法和施工机械的可能性。

【案例分析6解析】 （1）该工程网络计划的关键路线是1—2—3—4—6—7—8；

$$工期 = 10 + 3 + 20 + 20 + 5 = 58\ d$$

（2）该项目施工进度控制应以实现2013年5月25日(合同工期55 d)竣工为最终目标。该目标首先由企业管理层承担。企业管理层根据经营方针在"项目管理目标责任书"中确定项目经理部的进度控制目标。项目经理部根据这个目标在"施工项目管理规划"中编制施工进度计划,确定施工进度计划控制目标,并进行进度目标分解。施工进度控制的程序:确定进度控制目标,编制施工进度计划,申请开工并按指令日期开工,实施施工进度计划,进行进度控制总结并编写施工进度控制报告。

（3）确定赶工对象的原则:选择有压缩潜力的、增加赶工费用最少的关键工作。

因此在关键路线选择赶工费率最低的关键工作。

① 首先压缩2—3工作持续时间1 d,增加费用200元。

② 压缩7—8工作持续时间1 d,增加费用300元,费用累计增加了200 + 300 = 500元。

③ 压缩1—2工作持续时间1 d,增加费用400元,费用累计增加了500 + 400 = 900元。至此工期压缩至55 d,满足合同工期的要求。

（4）项目部控制进度的组织措施除建立科学的程序和方法外,关键要建立分工明确、工作有效的进度控制管理组织体系,配备专职部门和符合岗位资格的基础工程进度控制人员。

课后习题

一、单项选择题

1. 对建设工程项目进度目标进行分析和论证,其目的是(　　)。
   A. 论证进度目标是否合理　　　　　B. 制定进度控制措施
   C. 论证进度目标实现的经济性　　　D. 确定调整进度目标的方法

2. 建设工程施工进度控制中,业主方的任务是控制整个项目(　　)的进度。
   A. 实施阶段　　B. 决策阶段　　C. 项目全寿命周期　　D. 使用阶段

3. 建设项目设计方进度控制的任务是依据(　　)对设计工作进度的要求,控制设计工作进度。
   A. 设计任务委托合同　　　　　B. 可行性研究报告
   C. 设计大纲　　　　　　　　　D. 设计总进度纲要

4. 在项目实施过程中,设计方编制的设计工作进度应尽可能与招标、施工和(　　)等工作进度相协调。
   A. 项目选址　　B. 可行性研究　　C. 竣工验收　　D. 物资采购

5. 项目进度控制的主要工作环节中,首先应进行的工作是( )。
   A. 编制进度计划　　　　　　　　　　B. 分析和论证进度目标
   C. 定期跟踪进度计划的执行情况　　　D. 采取纠偏措施
6. 在进行建设工程项目总进度目标控制前,首先应( )。
   A. 制定项目进度控制的措施　　　　　B. 对项目实施进行总体部署
   C. 分析和论证进度目标实现的可能性　D. 编制施工总进度规划
7. 下列关于项目进度控制的说法,正确的是( )。
   A. 进度控制必须要保证工程质量和成本
   B. 进度目标的分析和论证是进度控制的首要工作
   C. 项目进度控制的依据是实施性进度计划
   D. 进度计划软件是基于横道图原理开发的
8. 大型建设工程项目总进度目标论证的核心工作是通过( )。
   A. 编制总进度纲要,论证总进度目标分解的合理性
   B. 分析工程发包组织方式,论证总进度目标分解的合理性
   C. 分析施工技术方面的资料,论证总进度目标的控制措施
   D. 分析施工组织资料,论证总进度目标实现的条件
9. 论证大型建设工程项目总进度目标时,项目结构分析是指( )。
   A. 根据建立进度计划系统的需要,分析进度计划之间的关系
   B. 根据项目合同体系,分析影响总进度目标实现的合同交界面
   C. 根据建立进度计划系统的需要,分析确定进度计划的层次
   D. 根据编制总进度纲要的需要,将整个项目逐层分解并确定相应的工作目录
10. 横道图进度计划的优点是( )。
    A. 便于确定关键工作　　　　　　　　B. 工作之间的逻辑关系表达清楚
    C. 表达方式直观　　　　　　　　　　D. 工作时差易于分析
11. 与工程网络计划方法相比,横道图进度计划方法的缺点是不能( )。
    A. 直观表示计划中工作的持续时间　　B. 确定实施计划所需要的资源数量
    C. 直观表示计划完成所需要的时间　　D. 确定计划中的关键工作和时差
12. 下面关于工程网络计划的表述中,正确的是( )。
    A. 单代号搭接网络计划属于肯定型网络计划
    B. 双代号网络计划属于非肯定型网络计划
    C. 双代号时标网络计划属于非肯定型网络计划
    D. 双代号网络计划属于事件网络计划
13. 在组织流水施工时,用来表达流水施工在施工工艺方面进展状态的参数通常包括( )。
    A. 施工过程和施工段　　　　　　　　B. 流水节拍和流水强度
    C. 施工过程和流水强度　　　　　　　D. 流水步距和流水强度
14. 在建设工程项目管理机构中,应有专门的工作部门和符合进度控制岗位资格的专人负责进度控制工作,这是进度控制中重要的( )。
    A. 组织措施　　　B. 合同措施　　　C. 经济措施　　　D. 技术措施

15. 下列进度控制措施中,属于管理措施的是(　　)。
    A. 建立进度控制的会议制度　　　　　B. 分析影响项目工程进度的风险
    C. 制定项目进度控制的工作流程　　　D. 选用有利的设计和施工技术
16. 为了实现项目的进度目标,应选择合理的合同结构,以避免过多的合同交界面而影响工程的进展。这属于进度控制的(　　)。
    A. 组织措施　　　B. 经济措施　　　C. 技术措施　　　D. 管理措施
17. 建设工程项目进度控制措施中,采用信息技术辅助进度控制属于进度控制的(　　)措施。
    A. 经济　　　　　B. 技术　　　　　C. 组织　　　　　D. 管理
18. 建设工程项目进度控制的经济措施包括(　　)。
    A. 优化项目设计方案　　　　　　　　B. 分析和论证项目进度目标
    C. 编制资源需求计划　　　　　　　　D. 选择项目承发包模式
19. 为实现进度目标而采取的经济激励措施所需要的费用,应在(　　)中考虑。
    A. 工程预算　　　B. 投标报价　　　C. 投资估算　　　D. 工程概算
20. 下列为加快进度而采取的各项措施中,属于技术措施的是(　　)。
    A. 编制进度控制工作流程　　　　　　B. 实行班组内部承包制
    C. 用大模板代替小钢模　　　　　　　D. 重视计算机软件的应用

二、多项选择题
1. 建设工程项目进度控制的主要工作环节包括(　　)等。
    A. 进度目标的分析和论证　　　　　　B. 进度控制工作职能分工
    C. 定期跟踪进度计划的执行情况　　　D. 采取纠偏措施及调整进度计划
    E. 进度控制工作流程的编制
2. 建设工程项目总进度纲要的主要内容包括(　　)。
    A. 项目实施的总体部署　　　　　　　B. 总进度规划
    C. 项目结构分析　　　　　　　　　　D. 确定里程碑时间的计划进度目标
    E. 总进度目标实现的条件
3. 当工程施工的实际进度与计划进度不符时,需要对网络计划作出调整,调整的内容有(　　)。
    A. 调整关键线路的长度　　　　　　　B. 调整非关键工作时差
    C. 调整组织结构　　　　　　　　　　D. 增减工作项目
    E. 调整资源的投入
4. 下列进度控制的措施中,属于组织措施的有(　　)。
    A. 选择承发包模式　　　　　　　　　B. 进行工程进度的风险分析
    C. 落实资金供应的条件　　　　　　　D. 编制项目进度控制的工作流程
    E. 进行有关进度控制会议的组织设计
5. 下列建设工程项目进度控制措施中,属于经济措施的有(　　)。
    A. 编制资源需求计划　　　　　　　　B. 明确资金供应条件
    C. 落实经济激励措施　　　　　　　　D. 审核设计预算
    E. 应用价值工程方法

6. 关于建设工程项目进度控制的说法,正确的有( )。
   A. 进度控制的过程,就是随着项目的进展,进度计划不断调整的过程
   B. 施工方进度控制的目的就是尽量缩短工期
   C. 项目各参与方进度控制的目标和时间范畴是相同的
   D. 施工进度控制直接关系到工程的质量和成本
   E. 进度控制的目的是通过控制以实现工程的进度目标

7. 为了有效地控制工程项目的施工进度,施工方应根据工程项目的特点和施工进度控制的需要,编制( )。
   A. 项目动用前准备阶段的工作计划
   B. 年度、季度、月度和旬施工计划
   C. 采购计划、供货进度计划
   D. 设计准备工作计划、设计进度计划
   E. 控制性、指导性和实施性的施工进度计划

8. 在建设工程项目进度计划系统中,按计划的深度不同划分的进度计划包括( )。
   A. 总进度规划
   B. 设计进度计划
   C. 项目子系统进度计划
   D. 施工进度计划
   E. 业主方项目实施进度计划

9. 建设工程项目总进度目标论证的主要任务有( )。
   A. 总进度规划编制
   B. 工程实施条件分析
   C. 工程实施策划
   D. 项目总进度目标确定
   E. 项目经济评价

10. 在建设工程项目总进度目标论证过程中,项目的工作项编码应考虑对不同的( )进行标识。
    A. 计划形式
    B. 计划层
    C. 计划对象
    D. 计划方法
    E. 资源类别

11. 下列关于双代号工程网络计划的说法,正确的有( )。
    A. 总时差最小的工作为关键工作
    B. 关键线路上允许有虚箭线和波形线的存在
    C. 网络计划中以终点节点为完成节点的工作,其自由时差与总时差相等
    D. 除了以网络计划终点为完成节点的工作,其他工作的最迟完成时间应等于其所有紧后工作最迟开始时间的最小值
    E. 某项工作的自由时差为零时,其总时差必为零

12. 在工程网络计划中,当计划工期等于计算工期时,关键工作的判定条件是( )。
    A. 该工作的总时差为零
    B. 该工作与其紧后工作之间的时间间隔为零
    C. 该工作的最早开始时间与最迟开始时间相等
    D. 该工作的自由时差最小
    E. 该工作的持续时间最长

13. 当计算工期超过计划工期时,可压缩关键工作的持续时间以满足要求。在确定缩短持续时间的关键工作时,宜选择( )。
    A. 缩短持续时间而不影响质量和安全的工作

B. 有多项紧前工作的工作
C. 有充足备用资源的工作
D. 缩短持续时间所增加的费用相对较少的工作
E. 单位时间消耗资源量大的工作

14. 当工程施工的实际进度与计划进度不符时,需要对网络计划作出调整,调整的内容有( )。
A. 调整关键线路的长度　　　　B. 调整非关键工作时差
C. 调整组织结构　　　　　　　D. 增减工作项目
E. 调整资源的投入

15. 下列进度控制的措施中,属于组织措施的有( )。
A. 选择承发包模式　　　　　　B. 进行工程进度的风险分析
C. 落实资金供应的条件　　　　D. 编制项目进度控制的工作流程
E. 进行有关进度控制会议的组织设计

16. 建设工程项目进度控制的主要工作环节包括( )等。
A. 进度目标的分析和论证　　　B. 进度控制工作职能分工
C. 定期跟踪进度计划的执行情况　D. 采取纠偏措施及调整进度计划
E. 进度控制工作流程的编制

17. 项目进度控制时,进度控制会议组织设计的内容有( )。
A. 会议的具体流程　　　　　　B. 会议的类型
C. 会议的主持人　　　　　　　D. 会议的召开时间
E. 会议文件的整理

18. 下列建设工程项目进度控制措施中,属于管理措施的有( )。
A. 选择合同结构　　　　　　　B. 分析工程风险
C. 建立管理组织体系　　　　　D. 确定物资采购模式
E. 明确管理职能

19. 为顺利地实施建设工程项目的进度控制,项目管理者应当强化( )的管理观念。
A. 与供方互利　　　　　　　　B. 系统方法
C. 动态控制　　　　　　　　　D. 以顾客为关注焦点
E. 多方案比选

20. 某单代号网络图如下图所示,存在的错误有( )。

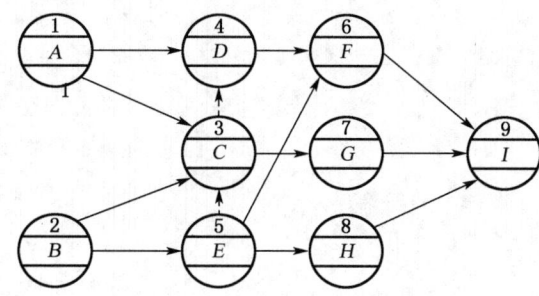

A. 多个起点节点　　　B. 有多余虚箭线　　　C. 出现交叉箭线
D. 没有终点节点　　　E. 出现循环回路

三、简答题

1. 建筑工程项目总进度目标论证的工作步骤。
2. 建筑工程项目进度控制措施有哪些？
3. 某单位承建一工业厂房工程的建设，编制了该工程施工进度计划，并按计划组织施工。施工过程中，由业主提出了工程变更，进度出现偏差。

问题：

(1) 出现进度偏差时，施工进度计划调整的内容有哪些？调整的类型有哪些？

(2) 施工单位进行施工进度计划调整的步骤是什么？

(3) 施工单位进行施工进度计划总结分析的依据和内容是什么？

四、计算题

某项目资料如下：

工作名称	A	B	C	D	E	F	G	H
持续时间	2	4	10	4	6	3	4	2
紧前工作	—	—	A	AB	B	CD	DE	FG

问题：

(1) 绘出其双代号网络图，用工作计算法计算 6 个时间参数标注在网络计划上。

(2) 绘出其双代号时标网络计划。

(3) 计算项目工期，并用双箭线标注关键线路。

(4) 如果本项目工期要求提前 1，且 C 的极限工期为 7，D、G 的极限工期为 3，E 的极限工期为 4，那么工期优化有哪些选择方案，该项目工期如何优化，并说明理由。

(5) 绘出调整后的双代号时标网络图，并注明关键线路。

4 工程项目成本管理

教学目标

本章主要介绍了建筑安装工程费用的组成，施工成本管理的任务、程序和措施，以及在施工成本管理中编制施工成本计划的依据和程序，进而进行成本控制及成本分析的方法。通过本章学习，应达到以下目标：

(1) 熟悉建筑安装工程费用的组成；
(2) 熟悉施工成本管理的任务、程序和措施；
(3) 熟悉成本计划的类型、编制依据及编制程序；
(4) 熟悉我国现行工程项目的投资构成；
(5) 掌握成本控制的方法；
(6) 掌握成本分析、考核的方法。

案例导入

A项目是百祥集团公司武汉施工处所属的一个项目。百祥集团公司具有工程施工总承包一级资质，是大型国有施工企业，其下属各施工处也具备工程总承包一级资质，资金、技术实力雄厚，尤其是在公路工程项目成本管理方面更是在国内外处于领先地位，得到了业内及外界人士的充分认可。

A项目作为新华路段的一个标段，主要承建大桥和与之相接的路基工程，全长 2.5 km，工程量总计 1.2 亿元，期中土方工程 3 580 万元。

在该项目成本管理的实施过程中，自 A 项目立项之后，组建了精简的领导班子，项目领导很注意培养各管理层人员的成本管理意识，让成本管理的观念深入每个职工的脑海里，并将其贯彻到具体的工作中去；同时，培养职工具备先进的成本管理理念，即建立了以项目经理为核心的组织机构，形成了一个高效的组织管理系统。

工程管理部门主要负责项目责任成本预测，提供施工组织设计，安排项目施工生产计划。

合同预算报价部门主要负责审核和签订分包合同，落实分包成本，编制施工图预算和工料机分析；计算、分析、落实和审核项目责任成本和各期项目成本收入。

人财部主要负责人员管理和财务管理。

主管工程师主要负责施工项目组织设计，优化施工设计，协助编制用料计划。

在施工项目成本管理实施过程中，A 项目充分考虑项目成本的各影响因素，制定出相应的对策和办法，将现代成本管理理念融入其中。同时，A 项目还根据项目自身的特点，将目标成本法穿插使用，取得了良好的效果。

在 A 项目中标之后，施工企业根据施工组织设计和中标后预算以及企业的整体情况，下达了一个目标利润，即要求 A 项目实现利润的最低限。但是，A 项目并未根据这个目标利润制定目标成本，而是在考虑了当前市场状况和项目综合实力的基础上，重新确定成本目标。结合项目的实际状况和当前的市场价格，重新作出施工预算，确定施工项目的预算成本。在综合考虑项目整体施工进度和施工质量之后,对施工预算成本中分部分项工程以及重要工序再次进行分析,找出能够降低成本的关键点,进行资源配置和合理的优化,并根据其重新确定目标成本。

施工成本管理应从工程投标报价开始,直至项目竣工结算、保修金返还为止,贯穿于项目实施全过程。施工成本管理要在保证工期和质量要求的情况下,采取相应管理措施,包括组织措施、经济措施、技术措施和合同措施,把成本控制在计划范围内,并进一步寻求最大限度的成本节约。

4.1 建筑安装工程项目费用的组成

4.1.1 按费用构成要素划分的建筑安装工程费用项目组成

建筑安装工程费按费用构成要素划分,由人工费、材料(包含工程设备,下同)费、施工机具使用费、企业管理费、利润、规费和增值税组成。其中人工费、材料费、施工机具使用费、企业管理费和利润包含在分部分项工程费、措施项目费、其他项目费中(如图4-1)。

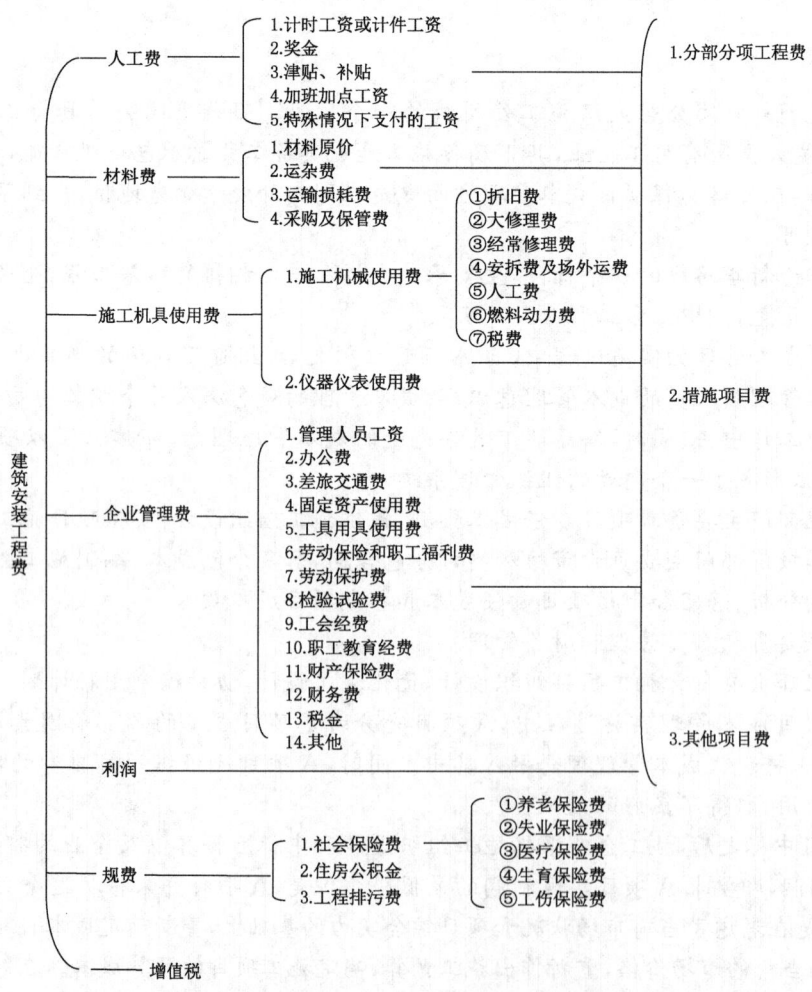

图4-1 按费用构成要素划分的建筑安装工程费用项目组成表

1) 人工费

人工费是指直接从事建筑安装工程施工的生产工人开支的各项费用,内容包括:

(1) 计时工资或计件工资。是指按计时工资标准和工作时间或对已做工作按计件单价支付给个人的劳动报酬。

(2) 奖金。是指对超额劳动和增收节支支付的劳动报酬。如节约奖、劳动竞赛奖等。

(3) 津贴、补贴。是指为了补偿职工特殊或额外的劳动消耗和因其他特殊原因支付给个人的津贴,以及为了保证职工工资水平不受物价影响支付给个人的物价补贴。如流动施工津贴、特殊地区施工津贴、高温(寒)作业临时津贴、高空津贴等。

(4) 加班加点工资。是指按规定支付的在法定节假日工作的加班工资和在法定日工作时间外延时工作的加点工资。

(5) 特殊情况下支付的工资。是指根据国家法律、法规和政策规定,因病、工伤、产假、计划生育假、婚丧假、事假、探亲假、定期休假、停工学习、执行国家或社会义务等原因按计时工资标准或计时工资标准的一定比例支付的工资。

2) 材料费

材料费是指施工过程中耗费的原材料、辅助材料、构配件、零件、半成品或成品、工程设备的费用。内容包括:

(1) 材料原价。是指材料的出厂价或商家供应价格。进口材料的原价按有关规定计算。

(2) 材料运杂费。是指材料自来源地运至工地仓库或指定堆放地点所发生的全部费用。

(3) 运输损耗费。是指材料在运输装卸过程中不可避免的损耗。

(4) 采购及保管费。是指为组织采购、供应和保管材料过程中所需要的各项费用。包括采购费、仓储费、工地保管费、仓储损耗。

3) 施工机具使用费

施工机具使用费是指施工作业所发生的施工机械、仪器仪表使用费或其租赁费。

(1) 施工机械使用费。以施工机械台班耗用量乘以台班单价表示,施工机械台班单价应由下列7项费用组成:

① 折旧费。指施工机械在规定的使用年限内,陆续收回其原值及购置资金的时间价值。

② 大修理费。指施工机械按规定的大修理间隔台班进行必要的大修理,以恢复其正常功能所需的费用。

③ 经常修理费。指施工机械除大修理以外的各级保养和临时故障排除所需的费用。包括为保障机械正常运转所需替换设备与随机配备工具附具的摊销和维护费用,机械运转中日常保养所需润滑与擦拭的材料费用及机械停滞期间的维护和保养费用等。

④ 安拆费及场外运费。安拆费指施工机械(大型机械除外)在现场进行安装与拆卸所需的人工、材料、机械和试运转费用以及机械辅助设施的折旧、搭设、拆除等费用;场外运费指施工机械整体或分体自停放地点运至施工现场或由一施工地点运至另一施工地点的运输、装卸、辅助材料及架线等费用。(运输距离湖北省均按 25 km 计算)

工地间移动较为频繁的小型机械及部分机械的安拆费及场外运费,已包含在机械台班单价中。

⑤ 人工费。指机上司机(司炉)和其他操作人员的人工费。

⑥ 燃料动力费。指施工机械在运转作业中所消耗的各种燃料及水、电等费用。

⑦ 税费。指施工机械按照国家和有关部门的规定应缴纳的车船使用税、保险费及年检费等。

大型机械安拆费及场外运费按本省的相关定额规定计取。

(2) 仪器仪表使用费。是指工程施工所需使用的仪器仪表的摊销及维修费用。

4) 企业管理费

企业管理费是指建筑安装企业组织施工生产和经营管理所需的费用。内容包括：

(1) 管理人员工资。是指支付给管理人员的工资、奖金、津贴补贴、加班加点工资及特殊情况下支付的工资等。

(2) 办公费。是指企业管理办公用的文具、纸张、账表、印刷、邮电、书报、办公软件、现场监控、会议、水电、烧水和集体取暖降温(包括现场临时宿舍取暖降温)等费用。

(3) 差旅交通费。是指职工因公出差、调动工作的差旅费、住勤补助费、市内交通费和误餐补助费，职工探亲路费，劳动力招募费，职工退休、退职一次性路费，工伤人员就医路费，工地转移费以及管理部门使用的交通工具的油料、燃料等费用。

(4) 固定资产使用费。是指管理和试验部门及附属生产单位使用的属于固定资产的房屋、设备仪器等的折旧、大修、维修或租赁费。

(5) 工具用具使用费。是指企业施工生产所需的价值低于2 000元或管理使用的不属于固定资产的工具、器具、家具、交通工具和检验、试验、测绘、消防用具等的购置、维修和摊销费。

(6) 劳动保险费和职工福利费。是指由企业支付的职工退职金，按规定支付给离休干部的经费，集体福利费，夏季防暑降温、冬季取暖补贴、上下班交通补贴等。

(7) 劳动保护费。是指企业按规定发放的劳动保护用品的支出。如工作服、手套、防暑降温饮料以及在有碍身体健康的环境中施工的保健费用等。

(8) 检验试验费。是指企业按照有关标准规定，对建筑以及材料、构件和建筑安装物进行一般鉴定、检查所发生的费用，包括自设试验室进行试验所耗用的材料等费用。

新结构、新材料的试验费，对构件做破坏性试验及其他特殊要求检验试验的费用和按有关规定由发包人委托检测机构进行检测的费用，对此类检测发生的费用，由发包人在工程建设其他费用中列支。

对承包人提供的具有合格证明的材料进行检测，不合格的，检测费用由承包人承担；合格的，检测费用由发包人承担。

(9) 工会经费。是指企业按《工会法》规定的以全部职工工资总额比例计提的工会经费。

(10) 职工教育经费。是指按职工工资总额的规定比例计提，企业为职工进行专业技术和职业技能培训，专业技术人员继续教育、职工职业技能鉴定、职业资格认定以及根据需要对职工进行各类文化教育所发生的费用。企业发生的职工教育经费支出，按企业职工工资薪金总额的1.5%~2.5%计提。

(11) 财产保险费。是指施工管理用财产、车辆等的保险费用。

(12) 财务费。是指企业为施工生产筹集资金或提供预付款担保、履约担保、职工工资支付担保等所发生的各种费用。

(13) 税金。是指企业按规定缴纳的房产税、车船使用税、土地使用税、印花税、城市维护建设税、教育费附加、地方教育附加等。

(14) 其他。包括技术转让费、技术开发费、投标费、业务招待费、绿化费、广告费、公证费、法律顾问费、审计费、咨询费、保险费等。

企业管理费中未考虑塔吊监控设施，发生时另行计算。

5) 利润

利润是指施工企业完成所承包工程获得的盈利。

6) 规费

规费是指按国家法律、法规规定，由省级政府和省级有关权力部门规定必须缴纳或计取的费用。内容包括：

(1) 社会保险费

① 养老保险费。是指企业按照规定标准为职工缴纳的基本养老保险费。

② 失业保险费。是指企业按照规定标准为职工缴纳的失业保险费。

③ 医疗保险费。是指企业按照规定标准为职工缴纳的基本医疗保险费。

④ 生育保险费。是指企业按照规定标准为职工缴纳的生育保险费。

⑤ 工伤保险费。是指企业按照规定标准为职工缴纳的工伤保险费。

(2) 住房公积金。是指企业按规定标准为职工缴纳的住房公积金。

(3) 工程排污费。是指按规定缴纳的施工现场工程排污费。

其他应列而未列入的规费，按实际发生计取。

7) 税金（增值税）

建筑安装工程费用的税金是指国家税法规定应计入建筑安装工程造价内的增值税销项税额。增值税是以商品(含应税劳务)在流转过程中产生的增值额作为计税依据而征收的一种流转税。从计税原理上说，增值税是对商品生产、流通、劳务服务中多个环节的新增价值或商品的附加值征收的一种流转税。根据财政部、国家税务总局《关于全面推开营业税改征增值税试点的通知》(财税〔2016〕36号)要求，建筑业自2016年5月1日起纳入营业税改征增值税试点范围。

若实行营业税改征增值税时，按纳税地点调整的税率另行计算。

4.1.2 按造价形式划分的建筑安装工程费用项目组成

建筑安装工程费用按照工程造价形成由分部分项工程费、措施项目费、其他项目费、规费、增值税组成，分部分项工程费、措施项目费、其他项目费包含人工费、材料费、施工机具使用费、企业管理费和利润(如图4-2所示)。

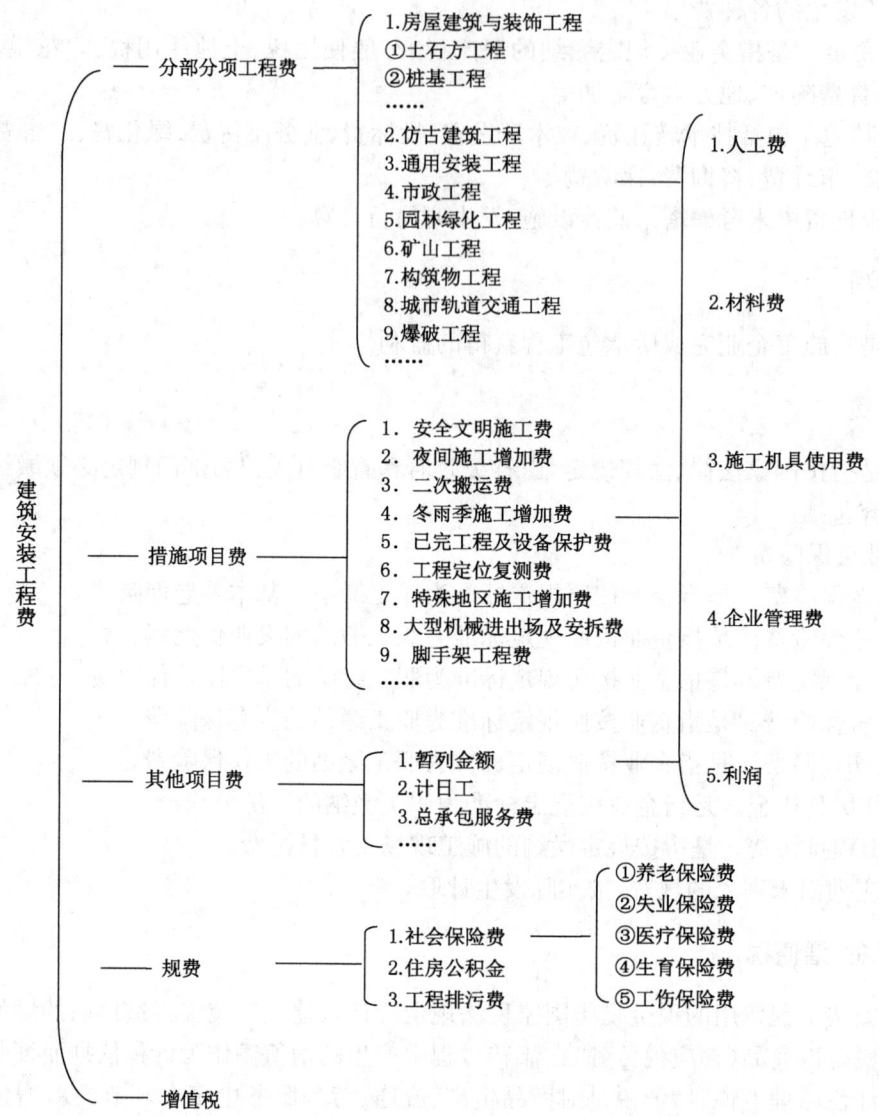

图 4-2 按造价形成划分建筑安装工程费用项目组成表

1）分部分项工程费

分部分项工程费是指各专业工程的分部分项工程应予列支的各项费用。

（1）专业工程。是指按现行国家计量规范划分的房屋建筑与装饰工程、仿古建筑工程、通用安装工程、市政工程、园林绿化工程、矿山工程、构筑物工程、城市轨道交通工程、爆破工程等各类工程。

（2）分部分项工程。是指按现行国家计量规范对各专业工程划分的项目。如房屋建筑与装饰工程划分的土石方工程、地基处理与桩基工程、砌筑工程、钢筋及钢筋混凝土工程等。

各类专业工程的分部分项工程划分见现行国家标准或行业计量规范。

2) 措施项目费

措施项目费是指为完成建设工程项目施工,发生于该工程施工前和施工过程中技术、生活、安全、环境保护等方面的费用。

(1) 安全文明施工费。是指按照国家现行的施工安全、施工现场环境与卫生标准和有关规定,购置、更新和安装施工安全防护用具及设施、改善安全生产条件和作业环境,以及施工企业为进行工程施工所必需搭设的生活和生产用的临时建筑物、构筑物和其他临时设施的搭设、维修、拆除、清理费或摊销的费用等。该费用包括:

① 安全施工费。是指按国家现行的建筑施工安全标准和有关规定,购置和更新施工安全防护用具及设施、改善安全生产条件所需的各项费用。

② 文明施工费。是指施工现场文明施工所需要的各项费用。

③ 环境保护费。是指施工现场为达到国家环保部门要求的环境和卫生标准,改善生产条件和作业环境所需要的各项费用。

【案例分析1】 某住宅工程采用工程量清单招标。按工程所在地武汉市的计价依据规定,经计算该工程分部分项工程费总计为7 200 000元,其中人工费1 500 000元,机具费180 000元。单价措施费合计为650 000元,其中人工费160 000元,机具费70 000元。招标文件中载明,该工程其他项目费:暂列金额300 000元、专业工程暂估价80 000元、计日工费用40 000元,其中人工费为10 000元,机具费5 000元。

【问题】 合同约定采用一般计税法进行报价,试根据2018年湖北省建筑安装费用定额,计算该项目的安全文明施工费、其他总价措施项目费、其他项目费、规费、增值税、招标控制价。

费用采用2018版定额一般计税法费率标准。建筑工程费率:安全文明施工费费率13.64%,其他总价措施费费率0.7%、企业管理费费率28.27%、利润19.73%、规费26.85%。

④ 临时设施费。是指施工企业为进行建设工程所必须搭设的生活和生产用的临时建筑物、构筑物和其他临时设施的搭设、维修、拆除、清理费或摊销费等。

安全文明施工费内容包含:安全警示标志牌、现场围挡、五板一图、企业标志、场容场貌、材料堆放、垃圾清运(运至场内指定地点)、现场防火等;楼板、屋面、阳台等临边防护、通道口防护、预留洞口防护、电梯井口防护、楼梯边防护、垂直方向交叉作业防护、高层作业防护费用;现场办公生活设施、施工现场临时用电的配电线路、配电箱开关箱、接地保护装置。不含《建设工程施工现场消防安全技术规范》(GB 50720—2011)规定的临时消防设施内容。

(2) 夜间施工增加费。是指因夜间施工所发生的夜班补助费、夜间施工降效、夜间施工照明设备摊销及照明用电等费用。

(3) 二次搬运费。是指因施工场地狭小等特殊情况而发生的材料、构配件、半成品等一次运输不能到达堆放地点,必须进行二次或多次搬运所发生的费用。

(4) 冬雨季施工增加费。是指冬季或雨季施工需增加的临时设施、防滑、排除雨雪,人工及施工机械效率降低等费用。

(5) 工程定位复测费。是指工程施工过程中进行全部施工测量放线和复测工作的费用。

(6) 已完工程及设备保护费。是指竣工验收前,对已完工程及设备采取的必要保护措施所发生的费用。

(7) 特殊地区施工增加费。是指工程在沙漠或其边缘地区、高海拔、高寒、原始森林等特殊地区施工增加的费用。

（8）大型机械设备进出场及安拆费。是指机械整体或分体自停放场地运至施工现场或由一个施工地点运至另一个施工地点，所发生的机械进出场运输和转移费用，以及机械在施工现场进行安装、拆卸所需的人工费、材料费、机械费、试运转费和安装所需的辅助设施的费用。

（9）脚手架工程费。是指施工需要的各种脚手架搭、拆、运输费用以及脚手架购置费的摊销（或租赁）费用。

措施项目及其包含的内容详见各类专业工程的现行国家或行业计量规范。

3）其他项目费

（1）暂列金额。是指建设单位在工程量清单中暂定并包括在工程合同价款中的一笔款项。用于施工合同签订时尚未确定或不可预见的所需材料、服务的采购，施工中可能发生的工程变更、合同约定调整因素出现时的工程价款调整以及发生的索赔、现场签证确认等的费用。

（2）暂估价。是指招标人在工程量清单中提供的用于支付必然发生但暂时不能确定价格的材料的单价以及专业工程的金额。

暂估价分为材料暂估价、工程设备暂估单价、专业工程暂估金额。

（3）计日工。是指在施工过程中，承包人完成发包人提供的工程合同范围以外的零星项目或工作，按合同中约定单价计算的费用。

（4）总承包服务费。是指总承包人为配合、协调发包人进行的专业工程发包，对发包人自行采购的材料等进行保管以及施工现场管理、竣工资料汇总整理等服务所需的费用。

4）规费

定义同前。

5）税金（增值税）

定义同前。

【案例分析1解析】
安全文明施工费
$= (1\,500\,000 + 180\,000 + 160\,000 + 70\,000) \times 13.64\% = 260\,524$ 元
其他总价措施项目费
$= (1\,500\,000 + 180\,000 + 160\,000 + 70\,000) \times 0.7\% = 13\,370$ 元
总价措施费
$= 260\,524 + 13\,370 = 273\,894$ 元
其他项目费
$= 300\,000 + 80\,000 + 40\,000 = 420\,000$ 元
规费
$= (1\,500\,000 + 180\,000 + 160\,000 + 70\,000 + 10\,000 + 5\,000) \times 26.85\% = 516\,862.5$ 元
增值税
$= (7\,200\,000 + 650\,000 + 273\,894 + 420\,000 + 516\,862.5) \times 9\% = 815\,468.08$ 元
招标控制价
$= 7\,200\,000 + 650\,000 + 273\,894 + 420\,000 + 516\,862.5 + 815\,468.08 = 9\,876\,224.58$ 元

4.2 施工成本管理的任务、程序和措施

4.2.1 施工成本管理的任务和程序

【案例分析2】 某开发公司投资兴建住宅楼工程,建筑面积12 000 m²,框架结构。经公开招标投标,甲施工单位中标。双方根据《建设工程施工合同(示范文本)》GF—2017—0201签订了施工承包合同,合同工期10个月。在专用条款中双方约定,钢筋、混凝土工程量在±10%以内时按照工程量清单单价结算,超出或减少幅度大于5%时,按照工程量清单单价的1.1倍结算。分包单位为开发公司指定。

在合同履行过程中,发生了如下事件:

甲施工单位将内部测算的部分费用发至项目经理部,其中人工费320万元,材料费1 200万元,机械使用费170万元,施工措施费110万元,企业管理费82万元,规费94万元,税金69万元。

【问题】 事件中项目的直接成本是多少万元?

施工成本是指在建设工程项目的施工过程中所发生的全部生产费用的总和,包括:所消耗的原材料、辅助材料、构配件等费用,周转材料的摊销费或租赁费,施工机械的使用费或租赁费,支付给生产工人的工资、奖金、工资性质的津贴,以及进行施工组织与管理所发生的全部费用支出等。建设工程项目施工成本由直接成本和间接成本组成。

直接成本是指施工过程中耗费的构成工程实体或有助于工程实体形成的各项费用支出,是可以直接计入工程对象的费用,包括人工费、材料费和施工机械使用费等。

间接成本是指准备施工、组织和管理施工产生的全部费用支出,是非直接用于也无法直接计入工程对象,但为进行工程施工所必须发生的费用,包括管理人员工资、办公费、差旅交通费等。

成本管理就是要在保证工期和质量满足要求的情况下,采取相应管理措施,包括组织措施、经济措施、技术措施、合同措施,把成本控制在计划范围内,并进一步寻求最大限度的成本节约。

成本管理首先要做好基础工作,成本管理的基础工作是多方面的,成本管理责任体系的建立是其中最根本、最重要的基础工作,涉及成本管理一系列组织制度、工作程序、业务标准和责任制度的建立。此外,应从以下各方面为成本管理创造良好的基础条件。

(1) 统一组织内部工程项目成本计划的内容和格式。其内容应能反映成本的划分、各成本项目的编码和名称、计量单位、单位工程量计划成本及合计金额等。这些成本计划的内容和格式应由各个企业按照自己的管理习惯和需要进行设计。

(2) 建立企业内部施工定额并保持其适应性、有效性和相对的先进性,为成本计划的编制提供支持。

(3) 建立生产资料市场价格信息的收集网络和必要的派出询价网点,做好市场行情预测,

保证采购价格信息的及时性和准确性。同时,监理企业的分包商、供应商评审注册名录,发展稳定、良好的供方关系,为编制成本计划与采购工作提供支持。

(4) 建立已完项目的成本资料、报告报表等的归集、整理、保管和使用管理制度。

(5) 科学设计成本核算账册体系、义务台账、成本报告报表,为成本管理的业务操作提供统一的范式。

【案例分析 2 解析】 因为直接成本由人工费、材料费、机械使用费和措施费构成,所以计算该项目的直接成本为:

$$320+1\,200+170+110=1\,800\,万元$$

1) 成本管理的任务

成本管理的任务包括:成本计划、成本控制、成本核算、成本分析、成本考核。

(1) 成本计划。成本计划是以货币形式编制施工项目在计划期内的生产费用、成本水平、成本降低率以及为降低成本所采取的主要措施和规划的书面方案。它是建立施工项目成本管理责任制、开展成本控制和核算的基础。此外,它还是项目降低成本的指导文件,是设立目标成本的依据,即成本计划是目标成本的一种形式。项目成本计划一般由施工单位编制。施工单位应围绕施工组织设计或根据相关文件进行编制,以确保对施工项目成本控制的适宜性和有效性。具体可按成本组成(如直接费、间接费、其他费用等)、项目结构(如各单位工程或单项工程)和工程实施阶段(如基础、主体、安装、装修等或月、季、年等)进行编制,也可以将几种方法结合使用。

(2) 成本控制。成本控制是在施工过程中,对影响成本的各种因素加强管理,并采取有效措施,将实际发生的各种消耗和支出严格控制在成本计划范围内;通过动态监控并及时反馈,严格审查各项费用是否符合标准,计算实际成本和计划成本之间的差异并进行分析,进而采取多种措施,减少或消除损失浪费。建设工程项目施工成本控制应贯穿于项目从投标阶段开始直至保证金返还的全过程,它是企业全面成本管理的重要环节。成本控制可分为事先控制、事中控制(过程控制)和事后控制。

(3) 成本核算。项目管理机构应根据项目成本管理制度明确项目成本核算的原则、范围、程序、方法、内容、责任及要求,健全项目核算台账。

施工成本核算包括两个基本环节:一是按照规定的成本开支范围对施工成本进行归集和分配,计算出施工成本的实际发生额;二是根据成本核算对象,采用适当的方法,计算出该施工项目的总成本和单位成本。

施工成本核算一般以单位工程为对象,但也可以按照承包工程项目的规模、工期、结构类型、施工组织和施工现场等情况,结合成本管理要求,灵活划分成本核算对象。

项目管理机构应按规定的会计周期进行项目成本核算。

项目管理机构应编制项目成本报告。

对竣工工程的成本核算,应区分为竣工工程现场成本和竣工工程完全成本,分别由项目管理机构和企业财务部门进行核算分析,其目的在于分别考核项目管理绩效和企业经营效益。

(4) 成本分析。成本分析是在成本核算的基础上,对成本的形成过程和影响成本升降的因素进行分析,以寻求进一步降低成本的途径,包括有利偏差的挖掘和不利偏差的纠正。成本分析贯穿于成本管理的全过程,它是在成本的形成过程中,主要利用项目的成本核算资料(成本信息),与目标成本、预算成本以及类似项目的实际成本等进行比较,了解成本的变动情况;同时,也要分析主要技术经济指标对成本的影响,系统地研究成本变动的因素,检查成本计划的合理性,并通过成本分析,深入研究成本变动的规律,寻找降低项目成本的途径,以便有效地进行成本控制。成本偏差的控制,分析是关键,纠偏是核心,因此要针对分析得出的偏差发生原因,采取切实有效的措施加以纠正。

(5) 成本考核。成本考核是指项目完成后,对项目成本形成中的各责任者,按项目成本目标责任制的有关规定,将成本的实际指标与计划、定额、预算进行对比和考核,评定施工项目成本计划的完成情况和各责任者的业绩,并以此给予相应的奖励和处罚。通过成本考核,做到有奖有罚、赏罚分明,才能有效地调动每一位员工在各自施工岗位上努力完成目标成本的积极性,从而降低施工项目成本,提高企业的效益。

成本管理的每一个环节都是相互联系和相互作用的。成本计划是成本决策所确定目标的具体化。成本计划控制则是对成本计划的实施进行控制和监督,保证决策的成本目标的实现,而成本核算又是对成本计划是否实现的最后检验,它所提供的成本信息又将为下一个施工项目成本预测和决策提供基础资料。成本考核是实现成本目标责任制的保证和实现决策目标的重要手段。

2) 成本管理的程序

项目成本管理应遵循下列程序:
(1) 掌握生产要素的价格信息。
(2) 确定项目合同价。
(3) 编制成本计划,确定成本实施目标。
(4) 进行成本控制。
(5) 进行项目过程成本分析。
(6) 进行项目过程成本考核。
(7) 编制项目成本报告。
(8) 项目成本管理资料归档。

4.2.2 施工成本管理的措施

【案例分析3】 武汉市某图书馆工程项目,结构主体已施工完成,目前进行装饰装修工程的施工,其中门窗子分部工程中塑料门窗安装、特种门安装、木门安装3个分项工程,在上个月的施工中,主要技术经济参数如表4-1所示。

表4-1 装饰装修工程技术经济参数表

序号	项目名称	塑料门窗安装	特种门安装	木门安装
1	计划单位成本(元)	78	120	50
2	拟完成的工程量	250	36	100

续表 4-1

序号	项目名称	塑料门窗安装	特种门安装	木门安装
3	拟完成工程计划施工成本(元)			
4	已完工程量	230	36	115
5	已完工程计划施工成本(元)			
6	实际单位成本(元)	66	138	62
7	已完工程实际成本(元)			
8	成本偏差(元)			
9	成本偏差局部程度			
10	进度偏差(元)			
11	进度偏差局部程度			

【问题】 (1) 简述项目成本控制过程。

(2) 项目经理部如何进行成本控制？

(3) 施工项目成本控制内容。

(4) 判定工程中塑料门窗安装、特种门安装、木门安装的施工成本偏差、进度偏差。

为了取得成本管理的理想成效，应当从多方面采取措施实施管理，通常可以将这些措施归纳为组织措施、技术措施、经济措施和合同措施。

1) 组织措施

组织措施是从成本管理的组织方面采取的措施。成本控制是全员的活动，如实行项目经理责任制，落实成本管理的组织机构和人员，明确各级成本管理人员的任务和职能分工、权利和责任。成本管理不仅是专业成本管理人员的工作，各级项目管理人员都负有成本控制责任。

组织措施的另一方面是编制成本控制工作计划、确定合理详细的工作流程。要做好施工采购计划，通过生产要素的优化配置、合理使用、动态管理，有效控制实际成本；加强施工定额管理和施工任务单管理，控制活劳动和物化劳动的消耗；加强施工调度，避免因施工计划不周和盲目调度造成窝工损失、机械利用率降低、物料积压等问题。成本控制工作只有建立在科学管理的基础之上，具备合理的管理体制，完善的规章制度，稳定的作业秩序，完整准确的信息传递，才能取得成效。组织措施是其他各类措施的前提和保障，而且一般不需要增加额外的费用，运用得当可以取得良好的效果。

2) 技术措施

施工过程中降低成本的技术措施，包括：进行技术经济分析，确定最佳的施工方案；结合施工方法，进行材料使用的比选，在满足功能要求的前提下，通过代用、改变配合比、使用外加剂等方法降低消耗的费用；确定最合适的施工机械、设备使用方案；结合项目的施工组织设计及自然地理条件，降低材料的库存成本和运输成本；应用先进的施工技术、运用新材料、使用先进的机械设备等。在实践中，也要避免仅从技术角度选定方案而忽视对其经济效果的分析论证。

技术措施不仅在解决施工成本管理过程中的技术问题时不可缺少,而且对纠正施工成本管理目标偏差也有相当重要的作用。因此,运用技术纠偏措施的关键,一是要能提出多个不同的技术方案;二是要对不同的技术方案进行技术经济分析比较,以选择最佳方案。

3) 经济措施

经济措施是最易为人们所接受和采用的措施。管理人员应编制资金使用计划,确定、分解施工成本管理目标。对施工成本管理目标进行风险分析,并制定防范性对策。对各种支出,应认真做好资金的使用计划,并在施工中严格控制各项开支。及时准确地记录、收集、整理、核算实际支出的费用。对各种变更,应及时做好增减账、落实业主签证并结算工程款。通过偏差分析和未完工工程检测,可发现一些潜在的可能引起未完工施工成本增加的问题,对这些问题应以主动控制为出发点,及时采取预防措施。因此,经济措施的运用绝不仅仅是财务人员的事情。

4) 合同措施

采用合同措施控制施工成本,应贯穿整个合同周期,包括从合同谈判开始到合同终结的全过程。对于分包项目,首先是选用合适的合同结构,对各种合同结构模式进行分析、比较,在合同谈判时,要争取选用适合于工程规模、性质和特点的合同结构模式。其次,在合同的条款中应仔细考虑一切影响成本和效益的因素,特别是潜在的风险因素。通过对引起成本变动的风险因素的识别和分析,采取必要的风险对策,如通过合理的方式增加承担风险的个体数量以降低损失发生的比例,并最终将这些策略体现在合同的具体条款中。在合同执行期间,合同管理的措施既要密切关注对方合同执行的情况,以寻求合同索赔的机会,同时也要密切关注自己履行合同的情况,以防被对方索赔。

【**案例分析3解析1**】 (1) 工程项目建设中,成本控制是工程管理中的核心内容之一,也是保障工程项目建设是否顺利进行的重要措施。在项目成本控制中,应包括成本预测、成本计划、施工成本的形成、施工成本核算、施工成本分析、施工成本考核和编制成本报告等内容。如何科学有效地进行施工项目的成本控制,成本控制的方法尤为重要。

(2) 项目经理部应建立以项目经理部为中心的成本控制体系,按照岗位和作业层进行成本目标分解,明确成本责任,建立严格的奖罚制度,充分调动大家的主动性和能动性,积极进行成本控制工作,完成成本控制目标。

(3) 施工项目成本控制主要包括材料费的控制、人工费的控制、机械费使用的控制、管理费的控制等内容,并采取全面控制的管理原则进行控制。

4.3 施工成本计划

4.3.1 施工成本计划的类型

对施工项目而言,其成本计划的编制是一个不断深化的过程。在这一过程的不同阶段形成深化和作用不同的成本计划,若按照其发挥的作用可以分为竞争性成本计划、指导性成本计划和实施性成本计划。也可以按成本组成、项目结构和工程实施阶段分别编制项目成本计划。成本计划的编制以成本预测为基础,关键是确定目标成本。计划的制订需结合施工组织设计的编制过程,通过不断地优化施工技术方案和合理配置生产要素,进行工、料、机消耗的分析,制定一系列节约成本的措施,确定成本计划。一般情况下,成本计划总额应控制在目标成本范围内,并建立在切实可行的基础上。施工总成本目标确定之后,还需通过编制详细的实施性成本计划把目标成本层层分解,落实到施工过程的每个环节,有效地进行成本控制。

(1) 竞争性成本计划。竞争性成本计划是施工项目投标及签订合同阶段的估算成本计划。这类成本计划以招标文件中的合同条件、投标者须知、技术规范、设计图纸和工程量清单为依据,以有关价格条件说明为基础,结合调研、现场踏勘、答疑等情况,根据施工企业自身的工料消耗标准、水平、价格资料和费用指标等,对本企业完成投标工作所需要支出的全部费用进行估算。在投标报价过程中,虽也着重考虑降低成本的途径和措施,但总体上比较粗略。

(2) 指导性成本计划。指导性成本计划是选派项目经理阶段的预算成本计划,是项目经理的责任成本目标。它是以合同价为依据,按照企业的预算定额标准制订的设计预算成本计划,且一般情况下确定责任总成本目标。

(3) 实施性成本计划。实施性成本计划是项目施工准备阶段的施工预算成本计划,它是以项目实施方案为依据,以落实项目经理责任为出发点,采用企业的施工定额,通过施工预算的编制而形成的实施性施工成本计划。

以上 3 类成本计划相互衔接、不断深化,构成了整个工程项目施工成本的计划过程。其中,竞争性成本计划带有成本战略的性质,是施工项目投标阶段商务标书的基础,而有竞争力的商务标书又是以其先进合理的技术标书为支撑的,因此,它奠定了施工成本的基本框架和水平。指导性成本计划和实施性成本计划,都是战略性成本计划的进一步开展和深化,是对战略性成本计划的战术安排。

4.3.2 施工预算

施工预算是编制实施性成本计划的主要依据,是施工企业为了加强企业内容的经济核算,在施工图预算的控制下,依据企业内部的施工定额,以建筑安装的单位工程为对象,根据施工图纸、施工定额、施工及验收规范、标准图集、施工组织设计(或施工方案)编制的单位工程(或分部分项工程)施工所需的人工、材料和施工机械台班用量的技术经济文件。它是施工企业的内部文件,同时也是施工企业进行劳动调配、物资技术供应、控制成本开支、进行成本分析和班组经济核算的依据。施工预算不仅规定了单位工程(或分部分项工程)所需人工、材料和施工机械台班用量,还规定了工种的类型,工程材料的规格、品种,所需各种机械的规格,以便有计划、有步骤地合理组织施工,从而达到节约人力、物力和财力的目的。

1) 施工预算编制要求、依据和方法

(1) 施工预算编制要求
① 编制深度的要求
a. 施工预算的项目要能满足签发施工任务单和限额领料单的要求,以便加强管理、实行

班组经济核算。

b. 施工预算要能反映出经济效果,以便为经济活动分析提供可靠的依据。

② 编制要紧密结合现场实际。按照所承担的任务范围、现场实际情况来采取施工技术措施,结合企业管理水平进行编制。

(2) 施工预算编制依据

① 会审后的施工图纸、设计说明书和有关的标准图。

② 施工组织设计或施工方案。

③ 施工图预算书。

④ 现行的施工定额、材料预算价格,人工工资标准,机械台班费用定额及有关文件。

⑤ 工程现场实际勘察与测量资料,如工程地质报告、地下水位标高等。

⑥ 建筑材料手册等常用工具性资料。

(3) 施工预算编制方法

① 熟悉施工图纸、施工组织设计及现场资料。

② 熟悉施工定额及有关文件规定。

③ 列出工程项目,计算工程量。

④ 套用定额,计算人料机费并进行工料分析。

⑤ 单位工程人料机费及人工、材料、机械台班消耗量汇总。

⑥ 进行"两算"对比分析。

⑦ 编写编制说明并填写封面,装订成册。

2) 施工预算内容

施工预算的内容是以单位工程为对象,进行人工、材料、机械台班数量及其费用总和的计算,它由编制说明和预算表格两部分组成。

(1) 编制说明部分

施工预算的编制说明应简明扼要地叙述以下几个方面的内容:

① 工程概况及建设地点。

② 编制的依据(如采用的定额、图纸、图集、施工组织设计等)。

③ 对设计图纸和说明书的审查意见及编制中的处理方法。

④ 所编工程的范围。

⑤ 编制时所考虑的新技术、新材料、新工艺、冬雨期施工措施、安全措施等。

⑥ 工程还存在需要进一步解决的其他问题。

(2) 预算表格部分

① 工程量计算汇总表。工程量计算汇总表是按照施工定额的工程量计算规则做出的重要基础数据。为了便于生产、调度、计划、统计及分期材料供应,根据工程情况,可将工程量按分层、分段、分部位进行汇总,然后进行单位工程汇总。

② 施工预算工料分析表。施工预算工料分析表与施工图预算的工料分析编制方法基本相同,要注意按照工程量计算汇总表的划分,做出分层、分段、分部位的工料分析结构,为施工分期生产计划提供便利条件。

③ 人工汇总表。人工汇总表是将工料分析表中的人工按工种分层、分段、分部位进行汇

总的表格,是编制劳动力计划、合理调配劳动力的依据。

④ 材料消耗量汇总表。材料消耗量汇总表将工料分析表中不同品种、规格的材料按层、段、部位进行汇总,它是编制材料供应计划的依据。一般工程常见的汇总表有:a. 钢筋混凝土预制构件委托加工表;b. 金属构件委托加工表;c. 钢木门窗委托加工表;d. 门窗五金明细表;e. 周转性材料需用量表;f. 现场分规格、品种的钢材、木材、水泥需用量表;g. 现场分规格、品种的地方性材料需用量表;h. 各种其他成品、半成品需用量表。

⑤ 机械台班使用量汇总表。将工料分析表中各种施工机具及消耗台班数量按层、段、部位进行汇总。

⑥ 施工预算表。将已汇总的人工、材料、机械台班消耗数量分别乘以所在地区的人工工资标准、材料预算价格、机械台班单位,计算出人料机费(有定额单价时可直接使用定额单价)。

⑦ "两算"对比表。指同一工程内容的施工预算与施工图预算的对比分析表。将计算出的人工、材料、机械台班消耗数量,以及人工费、材料费、机械费等与施工图预算进行对比,找出节约或超支的原因,作为开工之前的预测分析依据。

(3) 编制时应注意的问题

① 当定额中仅给出砌筑砂浆、混凝土标号(强度等级),而没有给出砂、石子水泥用量时,必须根据砂浆或混凝土的标号(强度等级),按《砂浆配合比表》及《混凝土配合比表》的使用说明进行二次分析,计算出各原料的用量。

② 凡确定外加工的成品、半成品,如预制混凝土构件、钢木门窗制作等,不需进行工料分析,应与现场施工的项目区别开,便于基层施工班组的经济核算。

③ 人工分析中的其他用工是指各工种搭接和单位工程之间转移操作地点,临时停水停电,个别材料超运距以及其他细小、难以计算工程量的直接用工。下达班组施工任务单时不应包括这些用工。

3) 施工图预算与施工预算的对比

(1) 施工图预算与施工预算的区别

施工预算不同于施工图预算,虽然有一定联系,但区别较大。

① 编制的依据不同。施工预算的编制以施工定额为主要依据,施工图预算的编制以预算定额为主要依据,而施工定额比预算定额划分得更详细、更具体,并对其中所包括的内容,如质量要求、施工方法以及所需劳动工日、材料品种、规格型号等均有较详细的规定或要求。

② 适用的范围不同。施工预算是施工企业内部管理用的一种文件,与发包人无直接关系;而施工图预算既适用于发包人,又适用于承包人。

③ 发挥的作用不同。施工预算是承包人组织生产、编制施工计划、准备现场材料、签发任务书、考核工效、进行经济核算的依据,也是承包人改善经营管理、降低生产成本和推行内部经营承包责任制的重要手段;而施工图预算则是投标报价的主要依据。

(2) "两算"对比的方法

在编制实施性成本计划时要进行施工预算和施工图预算的对比分析,通过"两算"对比,分析节约和超支的原因,以便制定解决问题的措施,防止工程亏损,为降低工程成本提供依据。"两算"对比的方法有实物对比法和金额对比法。

① 实物对比法。将施工预算和施工图预算计算出的人工、材料、机械消耗量,分别填入

"两算"对比表进行对比分析,算出节约或超支的数量及百分比,并分析其原因。

② 金额对比法。将施工预算和施工图预算计算出的人工费、材料费、机械费分别填入"两算"对比表进行对比分析,算出节约或超支的金额及百分比,并分析其原因。

(3) "两算"对比的内容

① 人工量及人工费的对比分析。施工预算的人工数量及人工费比施工图预算一般要低6%左右,这是由于两者使用不同定额造成的。例如,砌砖墙项目中,沙子、标准砖和砂浆的场内水平运输距离,施工定额按50 m考虑,而计价定额则包括了材料、半成品的超运距用工。同时,计价定额的人工消耗指标还考虑了在施工定额中未包括,而在一般正常施工条件下不可避免发生的一些零星用工因素,如土建施工各工种之间的工序搭接所需停歇的时间、因工程质量检查和隐蔽工程验收而影响工人操作的时间、施工中不可避免的其他少数零星用工等。所以,施工定额的用工量一般比预算定额低。

② 材料消耗量及材料费的对比分析。施工定额的材料损耗率一般低于计价定额,同时,编制施工预算时还要考虑扣除技术措施的材料节约量。所以,施工预算的材料消耗量及材料费一般低于施工图预算。

有时,由于两种定额之间的水平不一致,个别项目也会出现施工预算的材料消耗量大于施工图预算的情况。不过,总的水平应该是施工预算低于施工图预算。如果出现反常情况,则应进行分析研究,找出原因,制定相应的措施。

③ 施工机具费的对比分析。施工预算机具费指施工作业所发生的施工机械、仪器仪表使用费或其租赁费。而施工图预算的施工机具费是计价定额综合确定的,与实际情况可能不一致。因此,施工机具部分只能采用两种预算的机具费进行对比分析。

4.3.3 施工成本计划的编制依据和程序

1) 施工成本计划编制依据

编制成本计划,需要广泛收集相关资料并进行整理,作为成本计划编制的依据。在此基础上,根据有关设计文件、工程承包合同、施工组织设计、成本预测资料等,按照项目应投入的生产要素,结合各种因素变化的预测和拟采取的各种措施,估算项目生产费用支出的总水平,进而提出项目的成本计划控制指标,确定目标总成本。目标总成本确定后,应将总目标分解落实到各级部门,以便有效地进行控制。最后,通过综合平衡,编制完成成本计划。

成本计划编制依据应包括以下内容:

(1) 投标报价文件。

(2) 企业定额、施工预算。

(3) 施工组织设计或施工方案。

(4) 人工、材料、机械台班的市场价。

(5) 企业颁布的材料指导价、企业内部机械台班价格、劳动力内部挂牌价格。

(6) 周转设备内部租赁价格、摊销损耗标准。

(7) 已签订的工程合同、分包合同(或估价书)。

(8) 结构件外加工计划和合同。

(9) 有关财务成本核算制度和财务历史资料。
(10) 施工成本预测资料。
(11) 拟采取的降低施工成本的措施。
(12) 其他相关资料。

2）施工成本计划编制程序

项目管理机构通过系统的成本策划，按成本组成、项目结构和工程实施阶段（进度）分包编制施工成本计划。

成本计划编制应符合下列规定：
(1) 由项目管理机构负责组织编制。
(2) 项目成本计划对项目成本控制具有指导性。
(3) 各成本项目指标和降低成本指标明确。

成本计划编制应符合下列程序：
(1) 预测项目成本。
(2) 确定项目总体成本目标。
(3) 编制项目总体成本计划。
(4) 项目管理机构与组织的职能部门根据其责任成本范围，分别确定自己的成本目标，并编制相应的成本计划。
(5) 针对成本计划制定相应的控制措施。
(6) 由项目管理机构与组织的职能部门负责人分包审批相应的成本计划。

4.3.4 施工成本计划的编制方法

【案例分析4】 已知某施工项目的数据资料见表4-2，绘制该项目的时间—成本累计曲线。

表4-2 某施工项目的数据表

编码	项目名称	最早开始时间/月份	工期/月	成本强度/(万元/月)
11	场地平整	1	1	20
12	基础施工	2	3	15
13	主体工程施工	4	5	30
14	砌筑工程施工	8	3	20
15	屋面工程施工	10	2	30
16	楼地面施工	11	2	20
17	室内设施安装	11	1	30
18	室内装饰	12	1	20
19	室外装饰	12	1	10
20	其他工程	1	1	10

1) 按成本组成编制成本计划的方法

施工成本可以按成本构成分解为人工费、材料费、施工机具使用费和企业管理费等，如图 4-3 所示。在此基础上，编制按成本构成分解的成本计划。

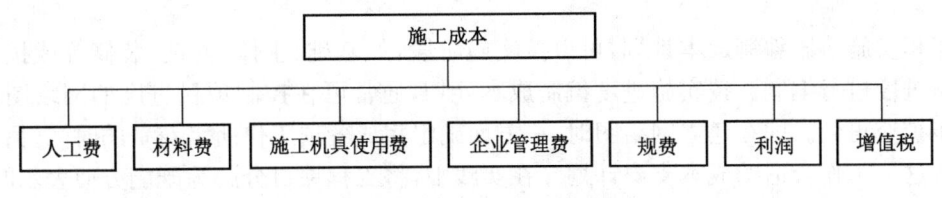

图 4-3 按成本构成要素

2) 按项目结构编制成本计划的方法

大中型工程项目通常是由若干单项工程构成的，而每个单项工程包括了多个单位工程，每个单位工程又由若干个分部分项工程所构成。因此，首先要把项目总成本分解到单项工程和单位工程中，再进一步分解到分部工程和分项工程中，例如××汽车制造公司的项目分解示意图如图 4-4 所示。

在完成项目成本目标分解之后，接下来就要具体地分配成本，编制分项工程的成本支出计划，从而形成详细的成本计划表，如挖土方分项工程见表 4-3。

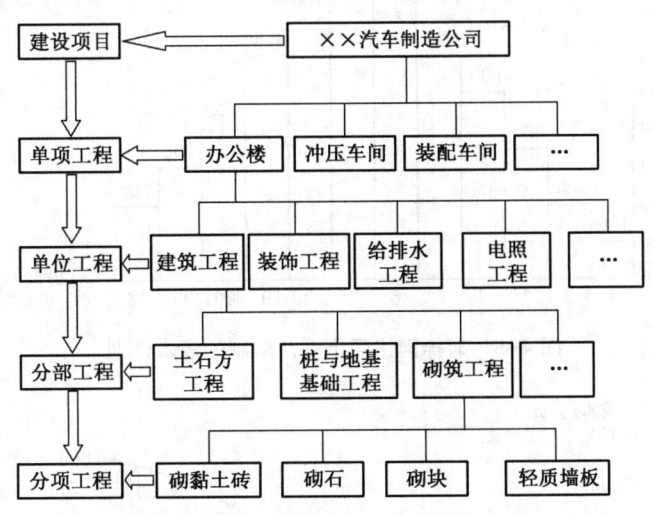

图 4-4 建设工程项目逐级分解示意图

表 4-3 分项工程成本计划表

分项工程编码	工程内容	计量单位	工程数量	计划成本	本分项总计
(1)	(2)	(3)	(4)	(5)	(6)
010101002	挖土方	m^3	2 000	400 元/10 m^3	800 000 元

在编制成本支出计划时，要在项目总体层面上考虑总的预备费，也要在主要的分项工程中

安排适当的不可预见费,避免在具体编制成本计划时,可能发现个别单位工程或工程量表中某项内容的工程量有较大出入,偏离原来的成本预算。因此,应在项目实施过程中对其尽可能地采取一些措施。

3) 按工程实施阶段编制成本计划的方法

按工程实施阶段编制成本计划,可以按实施阶段,如基础、主体、安装、装修等或按月、季、年等实施进度进行编制。按实施进度编制成本计划,通常可在控制项目进度的网络图的基础上进一步扩充得到。即在建立网络图时,一方面确定完成各项工作所需花费的时间,另一方面确定完成这一工作合适的成本支出计划。在实践中,将工程项目分解为既能方便表示时间,又能方便表示成本计划的工作是不容易的,通常如果项目分解程度对时间控制合适的话,则对成本支出计划可能分解过细,以至于不可确定每项工作的成本支出计划,反之亦然。因此在编制网络计划时,在充分考虑进度控制对项目划分要求的同时,还要考虑确定成本支出计划对项目划分的要求,做到两兼顾。

通过对成本目标按时间进行分解,在网络计划基础上,可获得项目进度计划的横道图,并在此基础上编制成本计划。其表示方式有两种:一种是在时标网络图上按月编制的成本计划直方图,如图 4-5 所示;另一种是用时间—成本累计曲线(S 形曲线)表示,如图 4-6 所示。

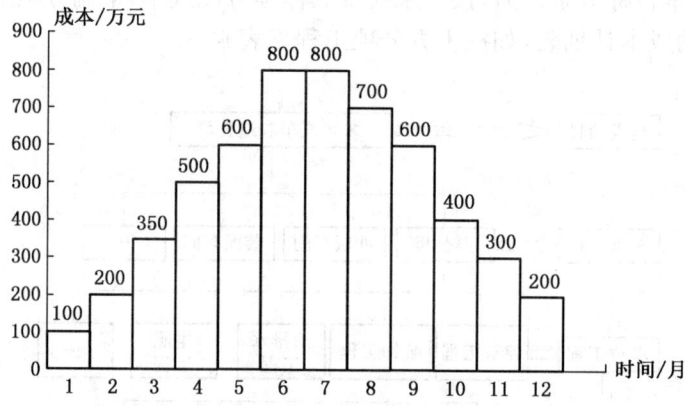

图 4-5 时标网络图上按月编制的成本计划

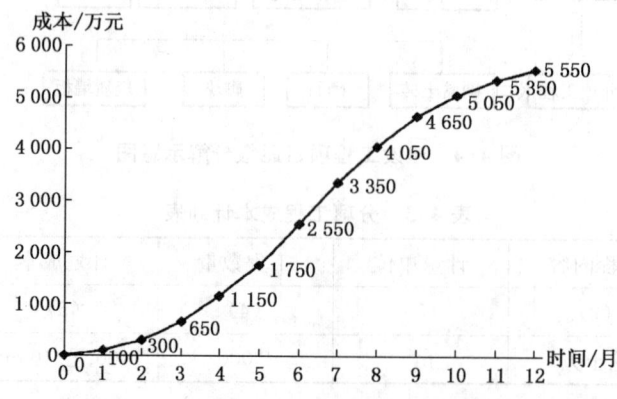

图 4-6 时间—成本累计曲线(S 形曲线)

每一条 S 形曲线都对应某一特定的工程进度计划。因为在进度计划的非关键路线中存在许多有时差的工序或工作,因而 S 形曲线必然包络在由全部工作都按最早开始时间开始和全部工作都按最迟必须开始时间开始的曲线所组成的"香蕉图"内。项目经理可根据编制的成本支出计划来合理安排资金,也可以根据筹措的资金来调整 S 形曲线,即通过调整非关键路线上工序项目的最早或最迟开工时间,力争将实际的成本支出控制在计划范围内。

一般而言,所有工作都按最迟开始时间开始,对节约资金贷款利息是有利的。但同时也降低了项目按期竣工的保证率,因此项目经理必须合理地确定成本支出计划,达到既节约成本又能控制项目工期的目的。

以上 3 种编制施工成本计划的方式并不是互相独立的,实践中,往往是将这几种方式结合起来使用,从而可以取得扬长避短的效果。例如:将按项目分解总成本与按成本构成分解总成本两种方式相结合,横向按施工成本构成分解,纵向按子项目分解,或相反。这种分解方式有助于检查各分部分项施工成本构成是否完成,有无重复计算或漏算;同时,还有助于检查各项具体的施工成本支出的对象是否明确或落实,并且可以从数字上校核分解的结果有无错误。或者还可以将按子项目分解项目施工成本计划与按时间分解项目总施工成本计划结合起来,一般纵向按子项目分解,横向按时间分解。

【案例分析 4 解析】 (1)确定施工项目进度计划,编制进度计划的横道图,如图 4-7 所示。

(2)在横道图上按时间编制成本计划,如图 4-8 所示。

(3)计算规定时间 t 计划累计支出的成本额。

编码	项目名称	时间/月	费用强度/ (万元/月)	工程进度											
				01	02	03	04	05	06	07	08	09	10	11	12
11	场地平整	1	20	▬											
12	基础施工	3	15		▬▬▬										
13	主体工程施工	5	30				▬▬▬▬▬								
14	砌筑工程施工	3	20								▬▬▬				
15	屋面工程施工	2	30										▬▬		
16	楼地面施工	2	20										▬▬		
17	室内设施安装	1	30										▬		
18	室内装饰	1	20											▬	
19	室外装饰	1	10											▬	
20	其他工程	1	10												...

图 4-7 计划进度横道图

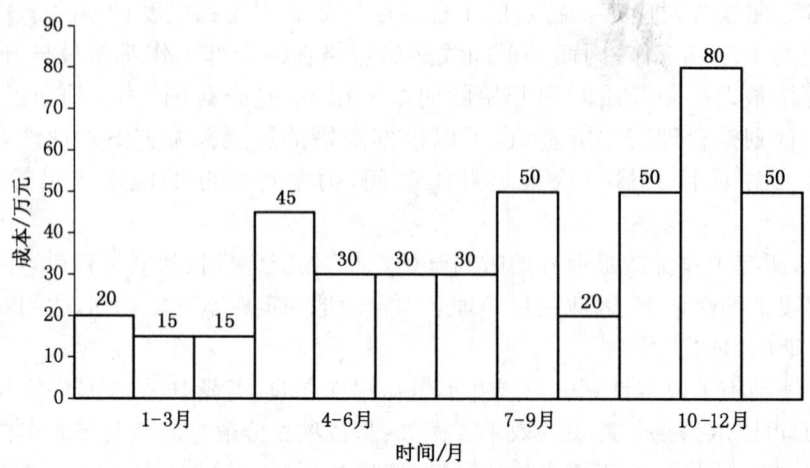

图 4-8 横道图上按时间编制的成本计划

根据公式：$Q_t = \sum_{n=1}^{t} q_n$，可得如下结果：

$$Q_1 = 20, Q_2 = 35, Q_3 = 50, \cdots, Q_{10} = 305, Q_{11} = 385, Q_{12} = 435$$

绘制成本 S 形曲线，如图 4-9 所示。

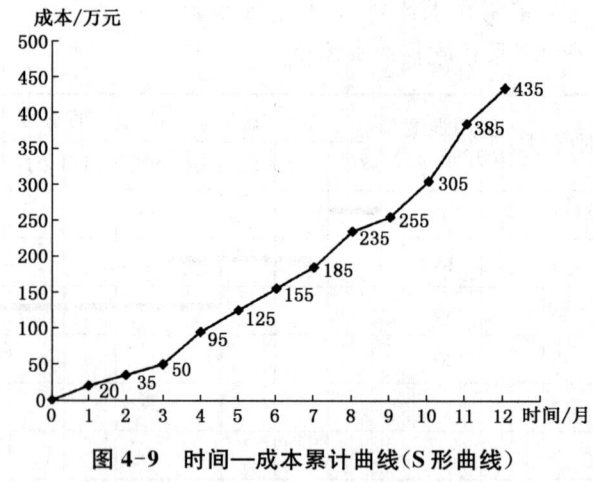

图 4-9 时间—成本累计曲线（S 形曲线）

生产费用控制在计划成本的范围之内，以保证成本目标的实现。

4.3.5 施工成本控制的依据和程序

1）施工成本控制的依据

（1）工程承包合同。施工成本控制要以工程承包合同为依据，围绕降低工程成本这个目标，从预算收入和实际成本两方面，研究节约成本、增加收益的有效途径，以求获得最大的经济效益。

(2) 施工成本计划。施工成本计划是根据施工项目的具体情况制定的施工成本控制方案,既包括预定的具体成本控制目标,又包括实现控制目标的措施和规划,是施工成本控制的指导文件。

(3) 进度报告。进度报告提供了对应时间节点的工程实际完成量、工程施工成本实际支出情况等重要信息。施工成本控制工作正是通过实际情况与工程成本计划相比较,找出二者之间的差别,分析偏差产生的原因,从而采取措施改进以后的工作。此外,进度报告还有助于管理者及时发现工程实践中存在的隐患,并在可能造成重大损失之前采取有效措施,尽量避免损失。

(4) 工程变更。在项目的实施过程中,由于各方面的原因,工程变更是很难避免的。工程变更一般包括设计变更、进度计划变更、施工条件变更、技术规范与标准变更、施工次序变更、工程量变更等。一旦出现变更,工程量、工期、成本都有可能发生变化,从而使得施工成本控制工作变得更加复杂和困难。因此,施工成本管理人员应当通过对变更要求中各类数据的计划、分析,及时掌握变更情况,包括已发生工程量、将要发生工程量、工期是否拖延、支付情况等重要信息,判断变更以及变更可能带来的索赔额度等。

(5) 各种资源的市场信息。根据各种资源的市场价格信息和项目的实施情况,计算项目的成本偏差,估计成本的发展趋势。

除了上述几种施工成本控制工作的主要依据以外,施工组织设计、分包合同等有关文件资料也都是施工成本控制的依据。

2) 施工成本控制的程序

要做好成本的过程控制,必须制定规范化的过程控制程序。成本的过程控制中,有两类控制程序,一是管理行为控制程序,二是指标控制程序。管理行为控制程序是对成本全过程控制的基础,指标控制程序则是成本进行过程控制的重点。两个程序既相对独立又相互联系,既相互补充又相互制约。

(1) 管理行为控制程序

管理行为控制的目的是确保每个岗位人员在成本管理过程中的管理行为符合事先确定的程序和方法的要求。从这个意义上讲,首先要清楚企业建立的成本管理体系是否能对成本形成的过程进行有效控制,其次要考察体系是否处在有效的运行状态。管理行为控制程序就是为规范项目成本的管理行为而制定的约束和激励体系,内容如下:

① 建立成本管理体系的评审组织和评审程序。成本管理体系的建立不同于质量管理体系,质量管理体系反映的是企业的质量保证能力,由社会有关组织进行评审和认证。成本管理体系的建立是企业自身生存发展的需要,没有社会组织来评审和认证。因此,企业必须建立成本管理体系的评审组织和评审程序,定期进行评审和总结,持续改进。

② 建立成本管理体系运行的评审组织和评审程序。成本管理体系的运行有一个逐步推行的渐进过程。一个企业的各分公司、项目管理机构的运行质量往往是不平衡的。因此,必须建立专门的常设组织,依照程序定期进行检查和评审。发现问题,总结经验,以保证成本管理体系的稳定和持续改进。

③ 目标考核,定期检查。管理程序文件应明确每个岗位人员在成本管理中的职责,确定

每个岗位人员的管理行为,如应提供的报表、提供的时间和原始数据的质量要求等。要把每个岗位人员是否按要求去履行职责作为一个目标来考核。为了方便检查,应将考核指标具体化,并设专人定期或不定期地检查。

应根据检查的内容编制相应的检查表,由项目经理或委托人检查后填写检查表。检查表要由专人负责整理归档。

④ 制定对策,纠正偏差。对管理工作进行检查的目的是为了保证管理工作按预定的程序和标准进行,从而保证项目成本管理能够达到预期的目的。因此,对检查中发现的问题要及时进行分析,然后根据不同的情况及时采取对策。

(2) 指标控制程序

能否达到成本目标,是成本控制成功的关键。对各岗位人员的成本管理行为进行控制,就是为了保证成本目标的实现。项目成本控制程序如下:

① 确定成本管理分层次目标。在工程开工之初,项目管理机构应根据公司与项目签订的《项目承包合同》确定项目的成本管理目标,并根据工程进度计划确定月度成本计划目标。

② 采集成本数据,检测成本形成过程。在施工过程中定期收集反映成本支出情况的数据,并将实际发生情况与目标计划进行对比,从而保证有效控制成本的整个形成过程。

③ 找出偏差,分析原因。施工过程是一个多工种、多方位立体交叉作业的复杂活动,成本的发生和形成是很难按预定目标进行的,因此,需要及时分析偏差产生的原因,分清是客观因素(如市场调价)还是人为因素(如管理行为失控)。

④ 制定对策,纠正偏差。过程控制的目的就在于不断纠正成本形成过程中的偏差,保证成本项目的发生在预定范围之内,针对产生偏差的原因及时制定对策并予以纠正。

⑤ 调整改进成本管理方法。用成本指标考核管理行为,用管理行为来保证成本指标。管理行为的控制程序和成本指标的控制程序是对项目成本进行过程控制的主要内容,这两个程序在实施过程中是相互交叉、相互制约又相互联系的。只有把成本指标的控制程序和管理行为的控制程序相结合,才能保证成本管理工作有序、富有成效地进行。图4-10为成本指标控制程序图。

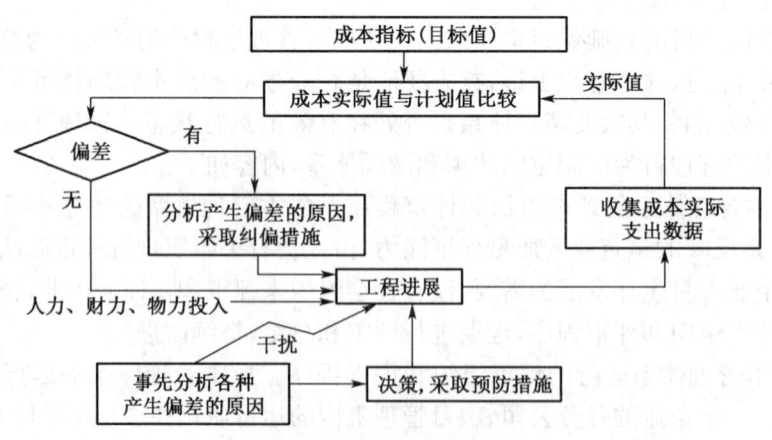

图4-10 成本指标控制程序图

4.3.6 施工成本控制的方法

1) 赢得值法

施工成本控制适宜运用赢得值法。赢得值法(Earned Value Management，EVM)作为一项先进的项目管理技术,最初是美国国防部于1967年首次确立的。目前,国际上先进的工程公司已普遍采用赢得值进行工程项目的费用、进度综合分析控制。用赢得值法进行费用、进度综合分析控制,基本参数有3项,即已完工作预算费用、计划工作预算费用和已完工作实际费用。

(1) 赢得值法的3个基本参数

① 已完工作预算费用。已完工作预算费用,简称BCWP(Budgeted Cost for Work Performed),是指在某一时间已经完成的工作(或部分工作),以批准认可的预算为标准所需要的资金总额,由于发包人正是根据这个值为承包人完成的工作量支付相应的费用,也就是承包人获得(挣得)的金额,故称赢得值或挣值。

$$已完工程预算费用(BCWP) = 已完成工作量 \times 预算单价 \tag{4-1}$$

② 计划工作预算费用。

计划工作预算费用,简称BCWS(Budgeted Cost for Work Scheduled),即根据进度计划,在某一时刻应当完成的工作(或部分工作),以预算为标准所需要的资金总额。一般来说,除非合同有变更,BCWS在工程实施过程中应保持不变。

$$计划工作预算费用(BCWS) = 计划工作量 \times 预算单价 \tag{4-2}$$

③ 已完工作实际费用。

已完工作实际费用,简称ACWP(Actual Cost for Work Performed),即到某一时刻为止,已完成的工作(或部分工作)所实际花费的总金额。

$$已完工作实际费用(ACWP) = 已完成工作量 \times 实际单价 \tag{4-3}$$

(2) 赢得值法的4个评价指标

在以上3个基本参数的基础上,可以确定赢得值法的4个评价指标,它们都是时间的函数。

① 费用偏差CV(Cost Variance)

$$\begin{aligned}费用偏差(CV) &= 已完工作预算费用(BCWP) - 已完工作实际费用(ACWP)\\ &= 已完成工作量 \times 预算单价 - 已完成工作量 \times 实际单价\end{aligned} \tag{4-4}$$

当费用偏差CV为负值时,即表示项目运行超出预算费用;当费用偏差CV为正值时,表示项目运行节支,实际费用没有超出预算费用。

② 进度偏差SV(Schedule Variance)

$$\begin{aligned}进度偏差(SV) &= 已完工作预算费用(BCWP) - 计划工作预算费用(BCWS)\\ &= 已完成工作量 \times 预算单价 - 计划工作量 \times 预算单价\end{aligned} \tag{4-5}$$

当进度偏差SV为负值时,表示进度延误,即实际进度落后于计划进度;当进度偏差SV为正值时,表示进度提前,即实际进度快于计划进度。

③ 费用绩效指数（CPI）

费用绩效指数（CPI）＝已完工作预算费用（BCWP）/已完工作实际费用（ACWP）

＝（已完成工作量×预算单价）/（已完成工作量×实际单价） (4-6)

当费用绩效指数（CPI）＜1，表示超支，即实际费用高于预算费用；
当费用绩效指数（CPI）＞1，表示节支，即实际费用低于预算费用。

④ 进度绩效指数（SPI）

进度绩效指数（SPI）＝已完工作预算费用（BCWP）/计划工作预算费用（BCWS）

＝（已完成工作量×预算单价）/（计划工作量×预算单价） (4-7)

进度绩效指数（SPI）＜1，表示进度延误，即实际进度比计划进度慢；
进度绩效指数（SPI）＞1，表示进度提前，即实际进度比计划进度快。

费用（进度）偏差反映的是绝对偏差，结果很直观，有助于费用管理人员了解项目费用出现偏差的绝对数额，并依此采取一定措施，制定或调整费用支出计划和资金筹措计划。但是，绝对偏差有其不容忽视的局限性。如同样是 10 万元的费用偏差，对于总费用 1 000 万元的项目和总费用 1 亿元的项目而言，其严重性显然是不同的。因此，费用（进度）偏差仅适合于对同一项目作偏差分析。费用（进度）绩效指数反映的是相对偏差，它不受项目层次的限制，也不受项目实施时间的限制，因而在同一项目和不同项目比较中均可采用。

在项目的费用、进度综合控制中引入赢得值法，可以克服过去进度、费用分开控制的缺点，即当发现费用超支时，很难立即知道是由于费用超出预算，还是由于进度提前。相反，当发现费用低于预算时，也很难立即知道是由于费用节省，还是由于进度拖延。而引入赢得值法即可定量地判断进度、费用的执行效果。

【案例分析3解析2】 （4）进行成本控制的确定：

① 完成表格（表 4-4）的各项数据。

表 4-4 装饰装修工程技术经济参数计算表

序号	项目名称	计算式	塑料门窗安装	特种门安装	木门安装
1	计划单位成本（元）		78	120	50
2	拟完成的工程量		250	36	100
3	拟完成工程计划施工成本（元）	(1)×(2)	19 500	4 320	5 000
4	已完工程量		230	36	115
5	已完工程计划施工成本（元）	(1)×(4)	17 940	4 320	5 750
6	实际单位成本（元）		66	138	62
7	已完工程实际成本（元）	(4)×(6)	15 180	4 968	7 130
8	成本偏差（元）	(5)−(7)	2 760	−648	−1 380
9	成本偏差局部程度	(7)/(5)	0.846	1.15	1.24
10	进度偏差（元）	(5)−(3)	−1 560	0	750
11	进度偏差局部程度	(3)/(5)	1.087	1.00	0.870

② 判定工程中塑料门窗安装、特种门安装、木门安装的施工成本偏差。
塑料门窗安装施工成本偏差：17 940－15 180＝2 760 元，成本节支 2 760 元
特种门安装施工成本偏差：4 320－4 968＝－648 元，成本超支 648 元
木门安装施工成本偏差：5 750－7 130＝－1 380 元，成本超支 1 380 元
③ 判定工程中塑料门窗安装、特种门安装、木门安装的进度偏差：
塑料门窗安装施工进度偏差：17 940－19 500＝－1 560 元，工程进度拖延
特种门安装施工进度偏差：4 320－4 320＝0 元，工程进度与计划一致
木门安装施工进度偏差：5 750－5 000＝750 元，工程进度提前

2）偏差分析的表达方法

【案例分析 5】 某工程项目有 2 000 m² 缸砖面层地面施工任务，交由某分包商承担，计划于 6 个月内完成，计划的各工作项目单价和计划完成的工作量如表 4-5 所示，该工程进行了 3 个月以后，发现某些工作项目实际已完成的工作量及实际单价与原计划有偏差，其数值见表 4-5。

表 4-5 工作量表

工作项目名称	平整场地	室内夯填土	垫层	缸砖面砂浆结合	踢脚
单位	100 m²	100 m²	10 m²	100 m²	100 m²
计划工作量（3 个月）	150	20	60	100	13.55
计划单价（元/单位）	16	46	450	1 520	1 620
已完成工作量（3 个月）	150	18	48	70	9.5
实际单价（元/单位）	16	46	450	1 800	1 650

【问题】 （1）试计算并用表格法列出至第三个月末时各工作的计划工作预算费用（BCWS）、已完工作预算费用（BCWP）、已完工作实际费用（ACWP），并分析费用局部偏差值、费用绩效指数（CPI）、进度局部偏差值、进度绩效指数（SPI），以及费用累计偏差和进度累计偏差。

（2）用横道图法表明各项工作的进展以及偏差情况，分析并在图上标明其偏差情况。

（3）用曲线法表明该项施工任务总的计划和实际进展情况，标明其费用及进度偏差情况（说明：各工作项目在 3 个月内均是以均速、等值进行的）。

偏差分析可以采用不同的表达方法，常用的有横道图法、表格法和曲线法。

（1）横道图法。用横道图进行费用偏差分析，是用不同的横道标识已完工作预算费用（BCWP）、计划工作预算费用（BCWS）和已完工作实际费用（ACWP），横道的长度与其金额成正比例。如图 4-11 所示。横道图法具有形象、直观、一目了然等优点，它能准确表达出费用的绝对偏差，而且能直观地表明偏差的严重性。但这种方法反映的信息量少，一般在项目的较高管理层应用。

（2）表格法。表格法是进行偏差分析最常用的一种方法。它将项目编号、名称、各费用参数以及费用偏差综合归纳入一张表格中，并且直接在表格中进行比较。由于各偏差参数都在表中列出，使得费用管理者能够综合地了解并处理这些数据。

用表格法进行偏差分析具有如下优点：

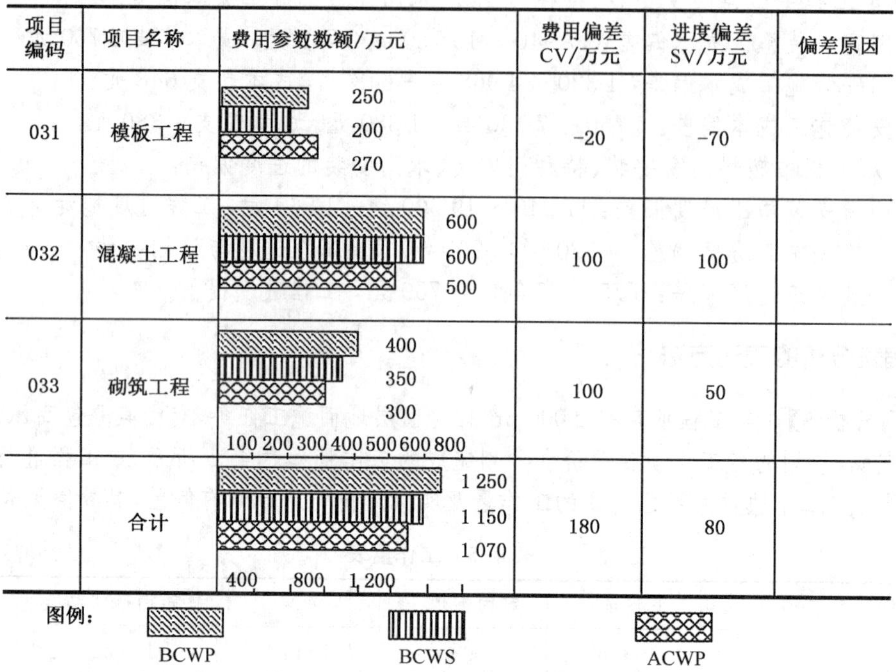

项目编码	项目名称	费用参数数额/万元	费用偏差 CV/万元	进度偏差 SV/万元	偏差原因
031	模板工程	250 / 200 / 270	−20	−70	
032	混凝土工程	600 / 600 / 500	100	100	
033	砌筑工程	400 / 350 / 300	100	50	
合计		1 250 / 1 150 / 1 070	180	80	

图例: BCWP　BCWS　ACWP

图 4-11　费用偏差分析的横道图法

① 灵活,适用性强。可根据实际需要设计表格,进行增减项。

② 信息量大。可以反映偏差分析所需的资料,从而有利于费用控制人员及时采取针对性措施,加强控制。

③ 表格处理可借助于计算机,从而节约大量数据处理所需的人力,并大大提高速度。

表 4-6 是用表格法进行偏差分析的例子。

表 4-6　费用偏差分析表

项目编码	(1)	031	032	033
项目名称	(2)	模板工程	混凝土工程	砌筑工程
单位	(3)			
计划单价	(4)			
计划工程量	(5)			
BCWS	(6) = (4) × (5)	200	600	350
已完工程量	(7)			
BCWP	(8) = (4) × (7)	250	600	400
实际单价	(9)			
其他款项	(10)			
ACWP	(11) = (7) × (9) + (10)	270	500	300
CV	(12) = (8) − (11)	−20	100	100

续表 4-6

项目编码	(1)	031	032	033
项目名称	(2)	模板工程	混凝土工程	砌筑工程
CPI	$(13) = (8) \div (11)$	0.926	1.2	1.333
费用累计偏差	$(14) = \sum (12)$			
费用累计偏差程度	$(15) = \sum (8) \div \sum (11)$			
SV	$(16) = (8) - (6)$	50	0	50
SPI	$(17) = (8) \div (6)$	1.25	1	1.143
进度累计偏差	$(18) = \sum (16)$			
进度累计偏差程度	$(19) = \sum (8) \div \sum (6)$			

（3）曲线法。在项目实施过程中，以上3个参数可以形成3条曲线，即计划工作预算费用（BCWS）、已完工作预算费用（BCWP）、已完工作实际费用（ACWP）曲线，如图4-12所示。

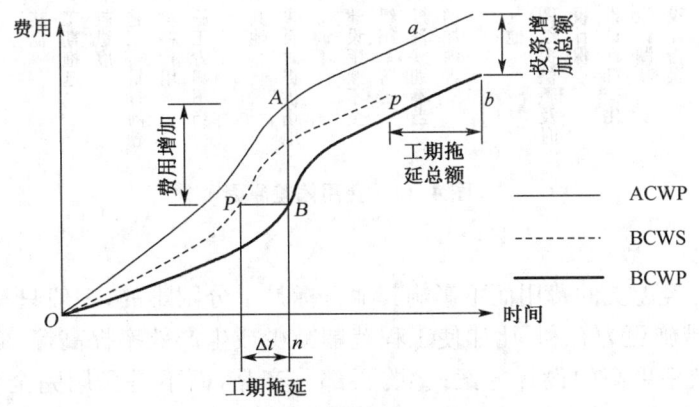

图 4-12 赢得值法评价曲线

图 4-12 中：CV = BCWP - ACWP，由于两项参数均以已完工作为计算基准，所以两项参数之差，反映项目进展的费用偏差。

SV = BCWP - BCWS，由于两项参数均以预算值（计划值）作为计算基准，所以两者之差，反映项目进展的进度偏差。

采用赢得值法进行费用、进度综合控制，还可以根据当前的进度、费用偏差情况，通过原因分析，对趋势进行预测，预测项目结束时的进度、费用情况。

BAC（Budget at Completion）——项目完工预算，指编计划时预计的项目完工费用。

EAC（Estimate at Completion）——预测的项目完工估算，指计划执行过程中根据当前的进度、费用偏差情况预测的项目完工总费用。

VAC（Variance at Completion）——预测项目完工时的费用偏差。

$$ACV = BAC - EAC \tag{4-8}$$

3) 偏差原因分析与纠偏措施

(1) 偏差原因分析

在实际执行过程中,最理想的状态是已完工作实际费用(ACWP)、计划工作预算费用(BCWS)、已完工作预算费用(BCWP)3条曲线靠得很近、平稳上升,表示项目按预定计划目标进行。如果3条曲线离散度不断增加,则可能出现较大的投资偏差。

偏差分析的一个重要目的就是要找出引起偏差的原因,从而采取有针对性的措施,减少或避免相同问题的再次发生。在进行偏差原因分析时,首先应当将已经导致和可能导致偏差的各种原因逐一列举出来。导致不同工程项目产生费用偏差的原因具有一定共性,因而可以通过对已建项目的费用偏差原因进行归纳、总结,为该项目采取预防措施提供依据。

一般来说,产生费用偏差的原因如图4-13所示。

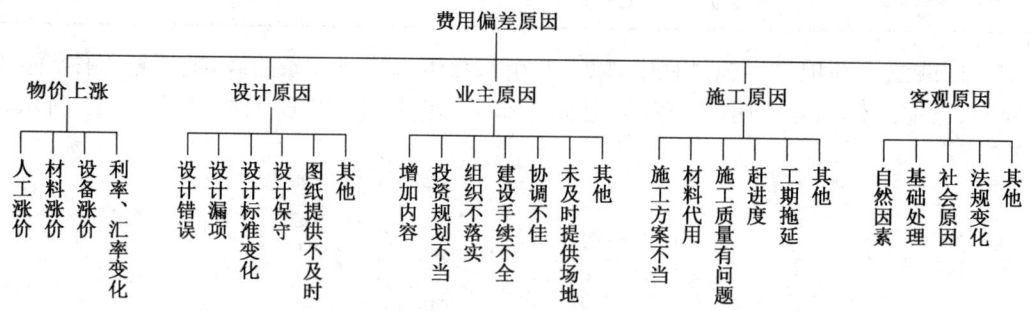

图 4-13 费用偏差原因

(2) 纠偏措施

通常要压缩已经超支的费用而不影响其他目标是十分困难的,一般只有当给出的措施比原计划已选定的措施更为有利,比如使工程范围减少或生产效率提高等,成本才能降低。例如:①寻找新的、效率更高的设计方案;②购买部分产品,而不是采用完全自己生产的产品;③重新选择供应商,但会产生供应风险,选择需要时间;④改变实施过程;⑤变更工程范围;⑥索赔,例如向业主、承(分)包商、供应商索赔以弥补费用超支。

【案例分析5解析】(1) 用表格法分析费用偏差,见表4-7。

表 4-7 缸砖面层地面施工费用分析表

(1) 项目编码		001	002	003	004	005	总计
(2) 项目名称	计算方法	平整场地	室内夯填土	垫层	缸砖面砂浆结合	踢脚	
(3) 单位		100 m²	100 m²	10 m²	100 m²	100 m²	
(4) 计划工作量(3个月)	(4)	150	20	60	100	13.55	
(5) 计划单价(元/单位)	(5)	16	46	450	1 520	1 620	
(6) 计划工作预算费用(BCWS)	(6)=(4)×(5)	2 400	920	27 000	152 000	21 951	204 271

续表 4-7

(7) 已完工作量(3个月)	(7)	150	18	48	70	9.5	
(8) 已完工作预算费用(BCWP)	(8) = (7)×(5)	2 400	828	21 600	106 400	15 390	146 618
(9) 实际单价(元/单价)	(9)	16	46	450	1 800	1 650	
(10) 已完工作实际费用(ACWP)	(10) = (7)×(9)	2 400	828	21 600	126 000	15 675	166 503
(11) 费用局部偏差	(11) = (8)−(10)	0	0	0	−19 600	−285	
(12) 费用绩效指数(CPI)	(12) = (8)÷(10)	1.0	1.0	1.0	0.847	0.98	
(13) 费用累计偏差	(13) = ∑(11)	−19 885					
(14) 进度局部偏差	(14) = (8)−(6)	0	−92	−5 400	−45 600	−6 561	
(15) 进度绩效指数(SPI)	(15) = (8)÷(6)	1	0.9	0.8	0.7	0.7	
(16) 进度累计偏差	(16) = ∑(14)	−57 653					

(2) 横道图费用偏差分析见表 4-6,其中各横道图形式表达为:

计划工作预算费用(BCWS):■

已完工作预算费用(BCWP):□

已完工作实际费用(ACWP):▨

表 4-8 费用偏差分析表

项目编号	项目名称	费用数额/千元	费用偏差/千元	进度偏差/千元
001	平整场地	2.40 / 2.40 / 2.40	0	0
002	夯填土	0.92 / 0.83 / 0.83	0	−0.09
003	垫层	27.00 / 21.60 / 21.60	0	−5.40
004	缸砖面结合	152.00 / 106.40 / 126.00	−19.6	−45.60
005	踢脚	21.95 / 15.39 / 15.68	−0.29	−6.56
	合计	204.27 / 146.62 / 166.50	−19.89	−57.65

(3)用曲线法表明该项施工任务在第 3 个月末时,其费用及进度偏差情况如图 4-14 所示。用曲线法分析时,由于假定各项工作均是匀速进行,故所绘曲线呈直线形,如图 4-14 所示。

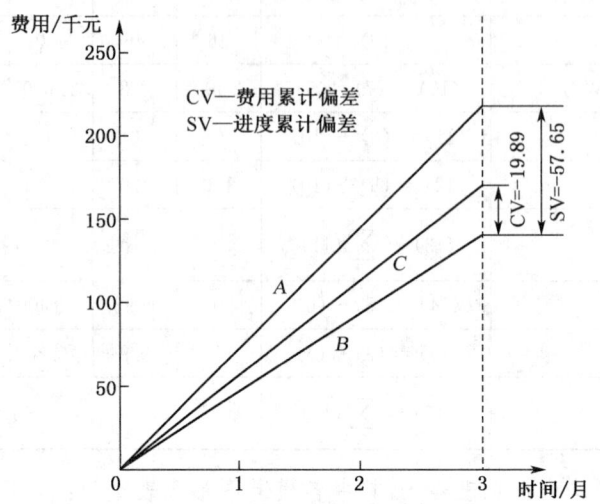

图 4-14　费用及进度偏差情况

【案例分析 6】　某工程项目施工合同于 2018 年 12 月签订,约定的合同工期为 20 个月,2019 年 1 月开始正式施工,承包人按合同工期要求编制了混凝土结构工程施工进度时标网络计划(图 4-15),并经专业监理工程师审核批准。

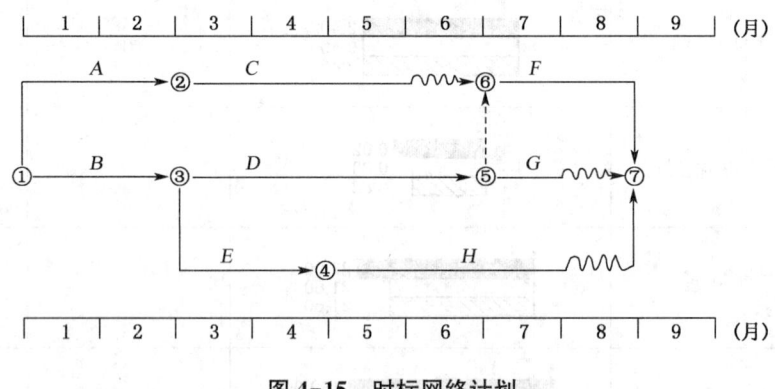

图 4-15　时标网络计划

该项目的各项工作均按最早开始时间安排,且各工作每月所完成的工程量相等。各工作的计划工程量和实际工程量见表 4-9。工作 D、E、F 的实际工作持续时间与计划工作持续时间相等。

表 4-9　计划工程量和实际工程量表

工作	A	B	C	D	E	F	G	H
计划工程量/m	8 600	9 000	5 400	10 000	5 200	6 200	1 000	3 600
实际工程量/m	8 600	9 000	5 400	9 200	5 000	5 800	1 000	5 000

合同约定,混凝土结构工程综合单价为 1 000 元/m³,按月结算。结算价按项目所在地混凝土结构工程价格指数进行调整,项目实施期间各月的混凝土结构工程价格指数见表 4-10。

表 4-10　工程价格指数表

年月	2018.12	2019.01	2019.02	2019.03	2019.04	2019.05	2019.06	2019.07	2019.08	2019.09
混凝土结构工程价格指数/%	100	115	105	110	115	110	110	120	110	110

施工期间,由于发包人原因使工作 H 的开始时间比计划的开始时间推迟 1 个月,并由于工作 H 工程量的增加使该工作的工作持续时间延长了 1 个月。

【问题】(1)请按施工进度计划编制资金使用计划(即计算每月和累计计划工作预算费用),并简要写出步骤。计算结果填入表 4-11 中。

(2)计算工作 H 各月已完工作的预算费用和已完工作实际费用。

(3)计算混凝土结构工程已完工作预算费用和已完工作实际费用,计算结果填入表 4-11 中。

(4)列式计算 8 月末的费用偏差 CV 和进度偏差 SV。

【案例分析 6 解析】(1)将各工作计划工作量和单价相乘后,除以该工作持续时间,得到各工作每月计划工作预算费用;再将时标网络计划中各工作分别按每月纵向汇总得到每月计划工作预算费用;然后逐月累加得到累计计划工作预算费用。

(2)H 工作 6~9 月份每月完成工程量为:5 000÷4=1 250 m³/月

H 工作 6~9 月份已完工作预算费用均为:1 250×1 000=125 万元

H 工作已完工作实际费用:

6 月份:125×110%=137.5 万元

7 月份:125×120%=150.0 万元

8 月份:125×110%=137.5 万元

9 月份:125×110%=137.5 万元

(3)计算结果见表 4-11。

表 4-11　计算结果表

项目	数据								
	1	2	3	4	5	6	7	8	9
每月计划工作预算费用	880	880	690	690	550	370	530	310	
累计计划工作预算费用	880	1 760	2 450	3 140	3 690	4 060	4 590	4 900	
每月已完工作预算费用	880	880	660	660	410	355	515	415	125
累计已完工作预算费用	880	1 760	2 420	3 080	3 490	3 845	4 360	4 775	4 900
每月已完工作实际费用	1 012	924	726	759	451	390.5	618	456.5	137.5
累计已完工作实际费用	1 012	1 936	2 662	3 421	3 872	4 262.5	4 880.5	5 337	5 474.5

(4)费用偏差(CV)=已完工作预算费用－已完工作实际费用

= 4 775 − 5 337 = − 562 万元,超支 562 万元

进度偏差(SV) = 已完工作预算费用 − 计划工作预算费用

= 4 775 − 4 900 = − 125 万元,进度拖后 125 万元

4.4 施工成本分析和成本考核

4.4.1 施工成本分析的依据

通过施工成本分析,可从账簿、报表反映的成本现象中看清成本的实质,从而增强项目成本的透明度和可控性,为加强成本控制、实现项目成本目标创造条件。施工成本分析的主要依据是会计核算、业务核算和统计核算等提供的资料。

1) 会计核算

会计核算主要是价值核算。会计是对一定单位的经济业务进行计量、记录分析和检查,作出预测、参与决策、实行监督,旨在实现最优经济效益的一种管理活动。它通过设置账户、复式记账、填制和审核凭证、登记账簿、成本计算、财产清查和编制会计报表等一系列有组织有系统的方法,来记录企业的一切生产经营活动,然后据此提出一些用货币来反映的有关各种综合性经济指标的数据,如资产、负债、所有权益、收入、费用和利润等。由于会计记录具有连续性、系统性、综合性等特点,所以它是施工成本分析的重要依据。

2) 业务核算

业务核算是各业务部门根据业务工作的需要建立的核算制度,它包括原始记录和计算登记表,如单位工程及分部分项工程进行登记,质量登记,工效、定额计算登记,物资消耗定额记录,测试记录等。业务核算的范围比会计核算、统计核算要广。会计核算和统计核算一般是对已经发生的经济活动进行核算,而且可以对尚未发生或正在发生的经济活动进行核算,以确定该项经济活动是否有经济效果,是否有执行的必要。它的特点是对个别的经济业务进行单项核算,例如各种技术措施、新工艺等项目。业务核算的目的在于迅速取得资料,以便在经济活动中及时采取措施进行调整。

3) 统计核算

统计核算是利用会计核算资料和业务核算资料,把企业生产经营活动客观现状的大量数据,按统计方法加以系统整理,以发现其规律性。它的计量尺度比会计宽,可以用货币计算,也可以用实物或劳动量计量。它通过全面调查和抽样调查等特有的方法,不仅能提供绝对数指标,还能提供相对数和平均数指标,可以计算当前的实际水平,还可以确定变动速度以预测发展的趋势。

4.4.2 施工成本分析的方法

由于施工项目成本涉及的范围很广,需要分析的内容较多,因此应该在不同的情况下采取不同的分析方法,除了基本的分析方法外,还有综合成本的分析方法、成本项目的分析方法和专项成本的分析方法等。

1) 施工成本分析的基本方法

施工成本分析的基本方法包括比较法、因素分析法、差额计算法、比率法等。

(1) 比较法

比较法又称"指标对比分析法",是指对比技术经济指标,检查目标的完成情况,分析产生差异的原因,进而挖掘降低成本的方法。这种方法通俗易懂、简单易行、便于掌握,因而得到了广泛的应用,但在应用时必须注意各技术经济指标的可比性。比较法的应用通常有以下形式:

① 将实际指标与目标指标对比。以此检查目标完成情况,分析影响目标完成的积极因素和消极因素,以便及时采取措施,保证成本目标的实现。在进行实际指标与目标指标对比时,还应注意目标本身有无问题,如果目标本身出现问题则应调整目标,重新评价实际工作。

② 本期实际指标与上期实际指标对比。通过本期实际指标与上期实际指标对比,可以看出各项技术经济指标的变动情况,反映施工管理水平的提高程度。

③ 与本行业平均水平、先进水平对比。通过这种对比,可以反映本项目的技术和经济管理水平与行业的平均及先进水平的差距,进而采取措施提高本项目管理水平。

以上3种对比,可以在一张表中同时反映。例如,某项目成本计划节约"三材"100 000元,实际节约120 000元,上年节约95 000元,本企业先进水平节约130 000元。根据上述数据编制分析表4-12。

表 4-12 实际指标与上期指标、先进水平对比表(单位:元)

指标	本年计划数	上年实际数	企业先进水平	本年实际数	差异数		
					与计划比	与上年比	与先进比
"三材"节约额	100 000	95 000	130 000	120 000	20 000	25 000	−10 000

(2) 因素分析法

因素分析法又称连环置换法,可用来分析各种因素对成本的影响程度。在进行分析时,假定众多因素中的一个因素发生了变化,而其他因素则不变,然后逐个替换,分别比较其计算结果,以确定各个因素的变化对成本的影响程度。因素分析法的计算步骤如下:

① 确定分析对象,计算实际与目标数的差异。

② 确定该指标是由哪几个因素组成的,并按其相互关系进行排序(排序规则是:先实物量,后价值量;先绝对值,后相对值)。

③ 以目标数为基础,将各因素的目标数相乘,作为分析替代的基数。

④ 将各个因素的实际数按照已确定的排列顺序进行替换计算,并将替换后的实际数保留下来。

⑤ 将每次替换计算所得的结果,与前一次的计算结果相比较,两者的差异即为该因素对

成本的影响程度。

⑥ 各个因素的影响程度之和，应与分析对象的总差异相等。

【案例分析 7】 商品混凝土目标成本为 443 040 元，实际成本为 473 697 元，比目标成本增加 30 657 元，资料见表 4-13。

表 4-13 商品混凝土目标成本与实际成本对比表

项目	单位	目标	实际	差额
产量	m³	600	630	+30
单价	元	710	730	+20
损耗率	%	4	3	-1
成本	元	443 040	473 697	+30 657

【问题】 分析成本增加的原因。

【案例分析 7 解析】（1）分析对象是商品混凝土的成本，实际成本与目标成本的差额为 30 657 元，该指标是由产量、单价、损耗率 3 个因素组成的，其排序见表 4-13。

（2）以目标数 443 040 元（= 600 × 710 × 1.04）为分析替代的基础。

第一次替代产量因素，以 630 替代 600：

630 × 710 × 1.04 = 465 192 元；

第二次替代单价因素，以 730 替代 710，并保留上次替代后的值：

630 × 730 × 1.04 = 478 296 元；

第三次替代损耗率因素，以 1.03 替代 1.04，并保留上次替代后的值：

630 × 730 × 1.03 = 473 697 元。

（3）计算差额

第一次替代与目标数的差额 = 465 192 - 443 040 = 22 152 元；

第二次替代与第一次替代的差额 = 478 296 - 465 192 = 13 104 元；

第三次替代与第二次替代的差额 = 473 697 - 478 296 = -4 599 元。

（4）产量增加使成本增加了 22 152 元，单价提高使成本增加了 13 104 元，而损耗率下降使成本减少了 4 599 元。

（5）各因素的影响程度之和 = 22 152 + 13 104 - 4 599 = 30 657 元，与实际成本与目标成本的总差额相等。

为了使用方便，企业也可以通过运用因素分析表来求出各因素变动对实际成本的影响程度，其具体形式见表 4-14。

表 4-14 商品混凝土成本变动因素分析表

顺序	连环替换计算	差异/元	因素分析
目标数	600 × 710 × 1.04		
第一次替换	630 × 710 × 1.04	22 152	由于产量增加 30 m³，成本增加 22 152 元
第二次替换	630 × 730 × 1.04	13 104	由于单价提高 20 元，成本增加 13 104 元

续表 4-14

顺序	连环替换计算	差异/元	因素分析
第三次替换	630×730×1.03	−4 599	由于损耗率下降1%,成本减少4 599元
合计	22 152＋13 104−4 599＝30 657	30 657	

(3) 差额计算法

差额计算法是因素分析法的一种简化形式,它利用各个因素的目标值与实际值的差额来计算其对成本的影响程度。

【案例分析 8】 某施工项目某月的实际成本降低额比计划提高了 2.4 万元,见表 4-15。

表 4-15 降低成本计划与实际对比表

项目	单位	计划	实际	差额
预算成本	万元	300	320	＋20
成本降低率	%	4	4.5	＋0.5
成本降低额	万元	12	14.4	＋2.4

【问题】 根据表 4-15 资料,应用"差额计算法"分析预算成本和成本降低率对成本降低额的影响程度。

【案例分析 8 解析】 (1) 预算成本增加对成本降低额的影响程度

$(320－300)×4\% ＝0.8$ 万元

(2) 成本降低率提高对成本降低额的影响程度

$(4.5\%－4\%)×320＝1.60$ 万元

以上两项合计:$0.8＋1.6＝2.40$ 万元

(4) 比率法

比率法是指用两个以上指标的比例进行分析的方法。它的基本特点是:先把对比分析的数值变成相对数,再观察其相互之间的关系。常用的比率法有以下几种:

① 相关比率法。由于项目经济活动的各个方面是相互联系、相互依存、相互影响的,因而可以将两个性质不同且相关的指标加以对比,求出比率,并以此来考察经营成果的好坏。例如:产值和工资是两个不同的概念,但它们是投入与产出的关系。在一般情况下,都希望以最好的工资支出完成最大的产值。因此,用产值工资率指标来考核人工费的支出水平,可以很好地分析人工成本。

② 构成比率法。构成比率法又称比重分析法或结构对比分析法。通过构成比率,可以考虑成本总量的构成情况及各成本项目占总成本的比重,同时也可看出预算成本、实际成本和降低成本的比例关系,从而寻求降低成本的途径,见表 4-16。

表 4-16 成本构成比例分析表

成本项目	预算成本		实际成本		降低成本		
	金额/万元	比重/%	金额/万元	比重/%	金额/万元	占本项/%	占比重/%
一、直接成本	1 263.79	93.2	1 200.31	92.38	63.48	5.02	4.68

续表 4-16

成本项目	预算成本		实际成本		降低成本		
	金额/万元	比重/%	金额/万元	比重/%	金额/万元	占本项/%	占比重/%
1. 人工费	113.36	8.36	119.28	9.18	−5.92	−5.22	−0.44
2. 材料费	1 006.56	74.23	939.67	72.32	66.89	6.65	4.93
3. 机具使用费	87.6	6.46	89.65	6.9	−2.05	−2.34	−0.15
4. 措施费	56.27	4.15	51.71	3.98	4.56	8.1	0.34
二、间接成本	92.21	6.8	99.01	7.62	−6.8	−7.37	0.5
总成本	1 356	100	1 299.32	100	56.68	4.18	4.18
比例(%)	100	—	95.82	—	4.18	—	—

③ 动态比率法。动态比率法是将同类指标不同时期的数值进行对比，求出比率，以分析该项指标的发展方向和发展速度。动态比率的计算，通常采用基期指数和环比指数两种方法，见表 4-17。

表 4-17 指标动态比较表

指　　标	第一季度	第二季度	第三季度	第四季度
降低成本/万元	45.60	47.80	52.50	64.30
基期指数/%(第一季度 = 100)		104.82	115.13	141.01
环比指数/%(上一季度 = 100)		104.82	109.83	122.48

2) 综合成本的分析方法

综合成本是指涉及多种生产要素，并受多种因素影响的成本费用，如分部分项工程成本，月(季)度成本、年度成本等。由于这些成本都是随着项目施工的进展而逐步形成的，与生产经营有着密切的关系，因此，做好上述成本的分析工作，无疑将会促进项目的生产经营管理，提高项目的经济效益。

(1) 分部分项工程成本分析

分部分项工程成本分析是施工项目成本分析的基础。分部分项工程成本分析的对象为已完成分部分项工程，分析的方法是：进行预算成本、目标成本和实际成本的"三算"对比，分别计算实际偏差和目标偏差，分析偏差产生的原因，为今后的分部分项工程成本寻求节约途径。

分部分项工程成本分析的资料来源：预算成本来自投标报价成本，目标成本来自施工预算，实际成本来自施工任务单的实际工程量、实耗人工和限额领料单的实耗材料。

由于施工项目包括很多分部分项工程，无法也没有必要对每一个分部分项工程都进行成本分析，特别是一些工程量小、成本费用少的零星工程。但是，对于那些主要分部分项工程必须进行成本分析，而且要做到从开工到竣工进行系统的成本分析。因为通过主要分部分项工程成本的系统分析，可以基本了解项目成本形成的全过程，为竣工成本分析和今后的项目成本管理提供参考资料。

分部分项工程成本分析表的格式见表 4-18。

表 4-18 分部分项工程成本分析

单位工程：
分部分项工程名称： 　　工程量： 　　施工班组： 　　施工日期：

工料名称	规格	单位	单价	预算成本		目标成本		实际成本		实际与预算比较		实际与目标比较	
				数量	金额	数量	金额	数量	金额	数量	金额	数量	金额
合计													
实际与预算比较/%(预算=100)													
实际与计划比较/%(预算=100)													
节超原因说明													

编制单位： 　　　　　　成本员： 　　　　　　填表日期：

(2) 月(季)度成本分析

月(季)度成本分析，是施工项目定期的、经常性的中间成本分析，对于施工项目来说具有特别重要的意义。通过月(季)度成本分析，可以及时发现问题，以便按照成本目标制定的方向进行监督和控制，保证项目成本目标的实现。

月(季)度成本分析的依据是当月(季)的成本报表，分析通常包括以下方面：

① 通过实际成本与预算成本的对比，分析当月(季)的成本降低水平；通过累计实际成本与累计预算成本的对比，分析累计的成本降低水平，预测实现项目成本目标的前景。

② 通过实际成本与目标成本的对比，分析目标成本的落实情况以及目标管理中的问题和不足，进而采取措施，加强成本管理，保证成本目标的实现。

③ 通过对各成本项目的成本分析，可以了解成本总量的构成比例和成本管理的薄弱环节。例如：在成本分析中，若发现人工费、机械费等项目大幅度超支，则应该对这些费用的收支配比关系进行研究，并采取应对措施，防止今后超支。如果是属于规定的"政策性"亏损，则应从控制支出着手，把超支额压缩到最低限度。

④ 通过主要技术经济指标的实际与目标对比，分析产量、工期、质量、"三材"节约率、机械利用率等对成本的影响。

⑤ 通过对技术组织措施执行效果的分析，寻求更加有效的节约途径。

⑥ 分析其他有利条件和不利条件对成本的影响。

(3) 年度成本分析

企业成本要求一年结算一次，不得将本年成本转入下一年度。而项目成本则以项目的寿命周期为结算期，要求从开工到竣工直至保修期结束连续计算，最后结算出总成本以及盈亏。由于项目的施工周期一般较长，除进行月(季)度成本核算和分析外，还要进行年度成本的核算和分析，这不仅是企业汇编年度成本报表的需要，同时也是项目成本管理的需要，通过年度成本的综合分析，可以总结一年来成本管理的成绩和不足，为今后的成本管理提供经验和教训，从而可对项目成本进行更有效的管理。

年度成本分析的依据是年度成本报表。年度成本分析的内容,除了月(季)度成本分析的6个方面以外,重点是针对下一年度的施工进展情况制定切实可行的成本管理措施,以保证施工项目成本目标的实现。

(4) 竣工成本的综合分析

凡是有几个单位工程且单独进行成本核算(即成本核算对象)的施工项目,其竣工成本分析应以各单位工程竣工成本分析资料为基础,再加上项目管理层的经营效益(如资金调度、对外分包等所产生的效益)进行综合分析。如果施工项目只有一个成本核算对象(单位工程),就以该成本核算对象的竣工成本资料作为成本分析的依据。

单位工程竣工成本分析,应包括三方面内容:①竣工成本分析;②主要资源节超对比分析;③主要技术节约措施及经济效果分析。

通过以上分析,可以全面了解单位工程的成本构成和降低成本的来源,对今后同类工程的成本管理提供参考。

3) 成本项目的分析方法

(1) 人工费分析。项目施工需要的人工和人工费,由项目经济部与作业队签订劳务分包合同,明确承包范围、承包金额和双方的权利、义务。除了按合同规定支付劳务费以外,还可能发生一些其他人工费支出,主要有:①因实物工程量增减而调整的人工和人工费;②定额人工以外的计日工工资(如果已按定额人工的一定比例由作业队包干,并已列入承包合同的,不再另行支付);③对在进度、质量、节约、文明施工等方面做出贡献的班组和个人进行奖励的费用。项目管理层应根据上述人工费的增减,结合劳务分包合同的管理进行分析。

(2) 材料费分析。材料费分析包括主要材料、结构件和周转材料使用费的分析,采购保管费分析,以及材料储备的分析。

① 主要材料和结构件费用的分析。主要材料和结构件费用的高低,主要受价格和消耗数量的影响。而材料价格的变动,受采购价格、运输费用、途中损耗、供应不足等因素的影响;材料消耗数量的变动,则受操作损耗、管理损耗和返工损失等因素的影响。因此,可在价格变动较大和数量超用异常的时候再作深入分析。为了分析材料价格和消耗数量的变化对材料和结构件费用的影响程度,可按下列公式计算:

$$因材料价格变动对材料费的影响 = (计划单价 - 实际单位) \times 实际数量 \qquad (4-9)$$

$$因消耗数量变动对材料费的影响 = (计划用量 - 实际用量) \times 实际价格 \qquad (4-10)$$

② 周转材料使用费分析。在实行周转材料内部租赁制的情况下,项目周转材料费的节约或超支,取决于材料周转率和损耗率,周转减慢,则材料周转的时间增长,租赁费支出就增加;而超过规定的损耗,则要照价赔偿。

③ 采购保管费分析。材料采购保管费属于材料的采购成本,包括:材料采购保管人员的工资、工资附加费、劳动保护费、办公费、差旅费,以及材料采购保管过程中发生的固定资产使用费、工具用具使用费、检验试验费、材料整理及零星运费和材料物资的盘亏及损毁等。材料采购保管费一般应与材料采购数量同步,即材料采购多,采购保管费也会相应增加。因此,应根据每月实际采购的材料数量(金额)和实际发生的材料采购保管费,分析保管费率的变化。

④ 材料储备资金分析。材料的储备资金是根据日平均用量、材料单价和储备天数(即从

采购到进场所需要的时间)计算的,上述任何一个因素变动,都会影响储备资金的占用量。材料储备资金的分析,可以应用"因素分析法"。

【案例分析9】 某项目水泥的储备资金变动情况见表4-19。

表4-19 储备资金计划与实际对比表

项目	单位	计划	实际	差异
日平均用量	t	50	60	10
单价	元	400	420	20
储备天数	d	7	6	-1
储备金额	万元	14	15.12	1.12

【问题】 根据表4-19数据,分析日平均用量,单价和储备天数等因素的变动对水泥储备资金的影响程度。

【案例分析9解析】 日平均用量,单价和储备天数等因素的变动对水泥储备资金的影响程度见表4-20。

表4-20 储备资金因素分析表

顺序	连环替代计算	差异	因素分析
计划数	50×400×7=14 万元		
第一次替代	60×400×7=16.8 万元	+2.8 万元	因为日平均用量增加10 t,增加储备资金2.8万元
第二次替代	60×420×7=17.64 万元	+0.84 万元	由于水泥单价提高20元/t,增加储备资金0.84万元
第三次替代	60×420×6=15.12 万元	-2.52 万元	由于储备天数缩短1天,减少储备资金2.52万元
合计	2.8+0.84-2.52=1.12 万元	+1.12 万元	

从以上分析可以发现,储备天数是影响储备资金的关键因素。因此,材料采购人员应该选择运距短的供应单位,尽可能减少材料采购的中转环节,缩短储备天数。

(3)机械使用费分析。由于项目施工具有一定的一次性,项目经理部不可能拥有自己的机械设备,而是随着施工的需要,向企业动力部门或外单位租用。在机械设备的租用过程中,存在两种情况:一是按产量进行承包,并按完成产量计算费用,如土方工程,项目经理部只要按实际挖掘的土方工程量结算挖土费用,而不必考虑挖土机械的完好程度和利用程度;另一种是按使用时间(台班)计算机械费用,如塔吊、搅拌机、砂浆机等,如果机械完好率低或在使用中调度不当,必然会影响机械的利用率,从而延长使用时间,增加使用费。因此,项目经理都应该给予一定的重视。

由于建筑施工的特点,在流水作业和工序搭接上往往会出现某些必然或偶然的施工间隙,影响机械的连续作业;有时,又因为加快施工进度和工种配合,需要机械日夜不停地运转。这样便造成机械综合利用效率不高,比如机械停工,则需要支付停班费。因此,在机械设备的使用过程中,应以满足施工需要为前提,加强机械设备的平衡调度,充分发挥机械的效用;同时,还要加强平时的机械设备的维修保养工作,提高机械的完好率,保证机械的正常运转。

(4) 管理费分析。管理费分析,也应通过预算(或计划)数与实际数的比较来进行。预算与实际比较的表格形式见表 4-21。

表 4-21　管理费预算(计划)与实际比较

序号	项　　目	预算	实际	比较	备　　注
1	管理人员工资				包括职工福利费和劳动保护费
2	办公费				包括水电费、取暖费
3	差旅交通费				
4	固定资产使用费				包括折旧及修理费
5	工具用具使用费				
6	劳动保险费				
…					
合计					

4) 专项成本分析方法

针对与成本有关的特定事项的分析,包括成本盈亏异常分析、工期成本分析和资金成本分析等内容。

(1) 成本盈亏异常分析。施工项目出现成本盈亏异常情况,必须引起高度重视,必须彻底查明原因并及时纠正。

检查成本盈亏异常的原因,应从经济核算的"三同步"入手。因为项目经济核算的基本规律是:在完成多少产值、消耗多少资源、发生多少成本之间,有着必然的同步关系。如果违背这个规律,就会发生成本的盈亏异常。

"三同步"检查是提高项目经济核算水平的有效手段,不仅适用于成本盈亏异常的检查,也可用于月度成本的检查。"三同步"检查可以通过以下 5 个方面的对比分析来实现。

① 产值与施工任务单的实际工程量和形象进度是否同步。
② 资源消耗与施工任务单的实耗材料、当期租用的周转材料和施工机械是否同步。
③ 其他费用(如材料价、超高费和台班费等)的产值统计与实际支付是否同步。
④ 预算成本与产值统计是否同步。
⑤ 实际成本与资源消耗是否同步。

通过以上 5 个方面的分析,可以探明成本盈亏的原因。

(2) 工期成本分析。工期成本分析是计划工期与实际工期成本的比较分析。计划工期成本是指在假定完成预期利润的前提下计划工期内所耗用的计划成本;而实际成本是实际工期中耗用的实际成本。

工期成本分析一般采用比较法,即将计划工期成本与实际工期成本进行比较,然后应用"因素分析法"分析各种因素的变动对工期成本差异的影响程度。

(3) 资金成本分析。资金与成本的关系是指工程收入与成本支出的关系。根据工程成本核算的特点，工程收入与成本支出有很强的相关性。进行资金成本分析通常应用"成本支出率"指标，即成本支出占工程款收入的比例，计算公式如下：

$$成本支出率 = \frac{计算期实际成本支出}{计算期实际工程款收入} \times 100\% \tag{4-11}$$

通过对"成本支出率"的分析，可以看出资金收入中用于成本支出的比重。结合储备金和结存资金的比重，分析资金使用的合理性。

4.4.3 施工成本考核的依据和方法

成本考核是衡量成本降低的实际成果，也是对成本指标完成情况的总结和评价。组织应根据项目成本管理制度，确定项目成本考核目标、时间、范围、对象、方式、依据、指标、组织领导、评价与奖罚原则。

1）成本考核的依据

成本考核的依据包括成本计划、成本控制、成本核算和成本分析的资料。成本考核的主要依据是成本计划确定的各类指标。

成本计划一般包括以下3类指标：

(1) 成本计划的数量指标，如：
① 按子项汇总的工程项目计划总成本指标。
② 按分部汇总的各单位工程(或子项目)计划成本指标。
③ 按人工、材料、机具等各主要生产要素划分的计划成本指标。
(2) 成本计划的质量指标，如项目总成本降低率：
① 设计预算成本计划降低率＝设计预算总成本计划降低额÷设计预算总成本
② 责任目标成本计划降低率＝责任目标总成本计划降低额÷责任目标总成本
(3) 成本计划的效益指标，如项目成本降低额：
① 设计预算总成本计划降低额＝设计预算总成本－预算总成本
② 责任目标总成本计划降低额＝责任目标总成本－计划总成本

2）成本考核的方法

公司应以项目成本降低额、项目成本降低率作为项目管理机构成本考核的主要指标。

要加强公司层对项目管理机构的指导，并充分依靠管理人员、技术人员和作业人员的经验和智慧，防止项目管理在企业内部异化为靠少数人承担风险的以包代管模式。成本考核也可分别考核公司层和项目管理机构。

公司应对项目管理机构的成本和效益进行全面评价、考核与奖罚。公司层对项目管理机构进行考核与奖罚时，既要防止虚盈实亏，也要避免实际成本归集差错等的影响，使成本考核真正做到公平、公正、公开，在此基础上落实成本管理责任制的奖罚措施。项目管理机构应根据成本考核结果对相关人员进行奖罚。

课后习题

一、单项选择题

1. 成本核算的方法除了"制造成本法"外,还有( )。
   A. 实际成本法　　B. 综合成本法　　C. 期间成本法　　D. 完全成本法

2. 按"制造成本法"进行核算项目成本,作为期间费用的有( )。
   A. 项目管理人员工资　　　　　　B. 项目财务费用
   C. 企业总部的管理费　　　　　　D. 项目人员的培训费

3. 通常情况下,BCWS在整个工作实施过程中应保持不变,但当( )时则会发生变化。
   A. 市场材料价格发生变化　　　　B. 市场人工费发生变化
   C. 项目措施费发生变化　　　　　D. 合同有变更

4. 关于成本偏差CV的说法,正确的是( )。
   A. 当CV为负值时,表示项目运行超出计划成本
   B. 当CV为负值时,表示项目运行超出预算成本
   C. 当CV为正值时,表示项目运行超出计划成本
   D. 当CV为正值时,表示项目运行超出预算成本

5. 关于进度绩效指数SPI的说法,正确的是( )。
   A. 当SPI<1时表示进度提前
   B. 当SPI>1时表示进度延误
   C. 当SPI<1时表示实际进度比计划进度快
   D. 当SPI<1时表示实际进度比计划进度滞后

6. 下列成本分析方法中,最常用的是( )。
   A. 因素分析法　　B. 比较法　　C. 比率法　　D. 差额分析法

7. 因素分析法的本质是分析各种因素对成本的影响,采用( )。
   A. 差额分析法　　B. 比较法　　C. 比率法　　D. 连环替换法

8. 关于因素分析法排序,说法正确的是( )。
   A. 先价值量,后工程量;先绝对数,后相对数
   B. 先工程量,后价值量;先绝对数,后相对数
   C. 先价值量,后工程量;先相对数,后绝对数
   D. 先工程量,后价值量;先相对数,后绝对数

9. 挣值法主要是通过分析项目成本实施与( )之间的差异,从而判断项目实施费用、进度绩效的一种方法。
   A. 项目进度目标期望　　　　　　B. 项目成本目标计划
   C. 项目成本目标期望　　　　　　D. 项目成本节约

10. 按价值工程的原理,下列各种途径不可能提高产品价值的是( )。
    A. 功能不变,成本降低　　　　　B. 功能率有下降,成本大幅度降低
    C. 成本不变,功能提高　　　　　D. 功能率有提高,成本大幅度提高

11. 价值工程的核心是对产品进行( )。
    A. 功能评价　　B. 功能分析　　C. 成本分析　　D. 成本控制

12. 在选择价值分析对象时,不能作为重点分析对象的是(   )。
   A. 成本低的工程和构配件   B. 使用费用较高的工程和构配件
   C. 体积与重量大的工程和构配件   D. 结构复杂的工程和构配件
13. 以下关于选择价值工程分析对象的说明,其中正确的是(   )。
   A. 选择在施工中最不容易保证施工质量的工程
   B. 选择施工难度大,但较少花材料和工时的工程
   C. 选择结构简单的工程
   D. 选择数量大和提价大的工程
14. 挣值法的3个成本值不包括(   )。
   A. 已完成工程的预算成本   B. 已完成工作的实际成本
   C. 计划完成工作的预算成本   D. 计划完成工作的实际成本
15. 挣值法成本控制方法中,成本偏差的表达方法正确的是(   )。
   A. 已完成工作预算成本－计划完成工作预算成本
   B. 计划完成工作预算成本－已完成工作实际成本
   C. 已完成工作预算成本－计划完成工作实际成本
   D. 已完成工作实际成本－计划完成工作预算成本
16. 施工成本计划通常有3类指标,即(   )。
   A. 拟完工作预算成本指标、已完工作预算成本指标和成本降低率指标
   B. 成本计划的数量指标、质量指标和效益指标
   C. 预算成本指标、计划成本指标和实际成本指标
   D. 人、财、物成本指标
17. 作为施工企业全面成本管理的重要环节,施工项目成本控制应贯穿于(   )的全过程。
   A. 从项目策划开始到项目开始运营   B. 从项目设计开始到项目开始运营
   C. 从项目投标开始到项目竣工验收   D. 从项目施工开始到项目竣工验收
18. 施工成本核算要求的归集"三同步"是指(   )的取值范围应当一致。
   A. 形象进度、产值统计、实际成本   B. 成本预测、成本计划、成本分析
   C. 目标成本、预算成本、实际成本   D. 人工成本、材料成本、机械成本
19. 项目经理部对竣工工程成本核算的目的是(   )。
   A. 考核项目管理绩效   B. 寻求进一步降低成本的途径
   C. 考核企业经营效益   D. 分析成本偏差的原因
20. 下列关于施工成本分析的说法,正确的是(   )。
   A. 施工成本分析的实质是在施工之前对成本进行估算
   B. 施工成本分析是科学地预测成本水平及其发展趋势
   C. 施工成本分析贯穿于施工成本管理的全过程
   D. 施工成本分析是预算成本控制的薄弱环节

二、多项选择题
1. 成本核算的方法有(   )。

A. 制造成本法 B. 综合成本法 C. 期间成本法
D. 完全成本法 E. 直接成本法

2. 用挣值法控制项目成本时,要运用到（　　）项的成本值进行分析。
A. 已完成工作的计划成本 B. 已完成工作的预算成本
C. 计划完成工作的预算成本 D. 计划完成工作的实际成本
E. 已完成工作的实际成本

3. 下列属于工程成本分析方法中基本分析方法的有（　　）。
A. 比较法 B. 差额分析法 C. Delphi 法
D. 比率法 E. 因素分析法

4. 采用连环替代法排序原则的说法,正确的有（　　）。
A. 先价值量,后工程量 B. 先工程量,后价值量 C. 先绝对数,后相对量
D. 先相对量,后绝对量 E. 先相对量,后实际数

5. 下列评估结果中,表述进度延误的有（　　）。
A. 进度绩效指数 SPI＞1 B. 进度绩效指数 SPI＜1
C. 成本绩效指数 CPI＜1 D. 进度偏差 SV 为正值
E. 进度偏差 SV 为负值

6. 工程项目成本管理的基础工作包括（　　）。
A. 建立成本管理责任体系 B. 建立企业内部施工定额 C. 及时进行成本核算
D. 编制项目成本计划 E. 科学设计成本核算账册

7. 下列施工成本管理的措施中,属于组织措施的有（　　）。
A. 编制施工成本控制工作计划
B. 进行技术经济分析,确定最佳施工方案
C. 对成本目标进行风险分析,并制定防范性对策
D. 做好资金使用计划,严格控制各项开支
E. 确定合理详细的工作流程

8. 下列施工成本管理的措施中,属于经济措施的有（　　）。
A. 明确成本管理人员的工作任务和责、权、利
B. 对不同的技术方案进行技术经济分析
C. 编制资金使用计划,确定施工成本管理目标
D. 通过偏差原因分析,预测未完工程施工成本
E. 防止分包商的索赔

9. 下列关于施工成本计划编制的说法,正确的有（　　）。
A. 在编制施工成本支出计划时,无需考虑不可预见费
B. 施工成本可分解为人工费、材料费、机械费、间接费和税金
C. 编制施工成本计划可利用控制项目进度的网络进度计划
D. 编制施工成本计划的关键是确立目标成本
E. 按进度编制的施工成本计划可以用"时间－成本累积曲线"来表示

10. 下列关于项目费用偏差分析方法的说法,正确的有（　　）。
A. 横道图法形象、直观 B. 表格法反映的信息量大

C. 横道图法是最常用的一种方法　　　D. 曲线法能够直接用于定量分析

E. 表格法具有灵活、适用性强的优点

11. 施工成本分析常用的方法包括（　　）。

A. 比较法　　　　　　B. 比率法　　　　　　C. 差额计算法

D. 连环置换法　　　　E. 实际费用法

12. 下列关于分部分项工程施工成本分析的说法，正确的有（　　）。

A. 分部分项工程成本分析是施工项目成本分析的基础

B. 成本分析的对象为已完成分部分项工程

C. 须对施工项目中的所有分部分项工程进行成本分析

D. 要进行估算成本与目标成本的比较

E. 要进行预算成本、目标成本和实际成本的"三算"对比，分别计算实际偏差和目标偏差

13. 某施工项目为实施成本管理收集以下资料，其中可以作为编制施工成本计划依据的有（　　）。

A. 施工预算　　　　　B. 签订的工程合同　　　C. 分包合同

D. 施工图预算　　　　E. 资源市场价格

14. 建设工程项目施工成本计划的编制依据有（　　）。

A. 建设投资估算书　　　　　　　B. 投标报价文件

C. 施工组织设计或施工方案　　　D. 施工成本预测资料

E. 施工招标公告

15. 建设工程项目施工成本控制的主要依据有（　　）。

A. 工程承包合同　　　B. 进度报告　　　　　　C. 施工成本计划

D. 施工成本预测资料　E. 工程变更

三、案例分析题

1. 某施工项目进展到第15周后，对前14周的工作进行统计检查，有关检查如下表所示。

工作代号	计划完成工作预算费用/万元	已完成工作量/%	实际发生费用/万元	挣值/万元
A	300	100	278	
B	280	100	268	
C	260	100	254	
D	500	100	500	
E	710	50	326	
F	450	100	425	
G	620	40	248	
H	360	0	0	
I	330	80	268	
J	290	100	260	
K	150	0	0	

续表

工作代号	计划完成工作预算费用/万元	已完成工作量/%	实际发生费用/万元	挣值/万元
L	180	100	180	
M	0	40	60	60
N	0	100	120	120

注：工作 M、N 原没有计划，统计时已经进行了施工；工作 I、J 虽有计划，但是没有施工。

问题：

(1) 求出前 14 周每项工作的 BCWP 及 14 周末的 BCWP。

(2) 计算 14 周末的合计 BCWS、ACWP。

(3) 计算 14 周的 CV 与 SV，并分析成本和进度情况。

(4) 计算 14 周的 CPI、SPI，并分析成本和进度情况。

2. 某公司承接一座钢筋混凝土框架结构的办公楼，内外墙及框架间墙采用 GZL 保温砌体砌筑。目标成本为 305 210.50 元，实际成本为 333 560.40 元，比目标成本超支了 28 349.90 元，用因素分析法分析砌筑量、单价、损耗率等因素的变动对实际成本的影响程度，有关对比数据见下表。

砌筑工程目标成本与实际成本对比表

项目	单位	目标	实际	差额
砌筑量	千块	970	985	+15
单价	元/千块	310	332	+22
损耗率	%	1.5	2	+0.5
成本	元	305 210.50	333 560.40	28 349.90

问题：

(1) 请简单陈述因素分析法的基本理论。

(2) 用因素分析法分析成本增加的原因。

5 工程项目质量和安全管理

教学目标

本章主要介绍了工程项目质量和安全管理的基本内容,包括工程项目质量的形成过程及控制要点、建设工程项目参与各方的质量责任、施工项目质量控制的全过程以及建设工程项目施工现场的安全管理知识。通过本章学习,应达到以下目标:

(1) 了解工程项目质量管理的概念及质量管理体系标准;
(2) 熟悉工程质量管理的影响因素;
(3) 掌握建设工程项目参与各方的质量责任和义务;
(4) 掌握建设工程项目的质量控制;
(5) 熟悉项目职业健康安全管理特点和要求;
(6) 掌握施工项目安全管理的特点、基本要求和程序;
(7) 熟悉施工现场安全管理的内容及要点。

案例导入

某大学投资兴建一综合实验楼,结构采用现浇框架——剪力墙结构体系,地上建筑为15层,地下为2层,通过公开招标,确定了某施工单位为中标单位,双方签订了施工承包合同。

该工程采用筏形基础,按流水施工方案组织施工,在第一段施工过程中,材料已送检,为了在雨期来临之前完成基础工程施工,施工单位负责人未经监理许可,在材料送检时,擅自施工,待筏基浇筑完毕后,发现水泥实验报告中某些检验项目质量不合格,如果返工重做,工期将拖延15天,经济损失达1.32万元。

2018年10月12日凌晨两点左右,该综合实验楼发生一起6层悬臂式雨篷根部突然断裂的恶性质量事故,雨篷悬挂在墙面上。幸好未造成人员伤亡。经事故调查、原因分析,发现造成该质量事故的主要原因是施工队伍素质差,在施工时将受力钢筋位置放错,使悬臂结构受拉区无钢筋而产生脆性破坏。

【问题】(1) 施工单位未经监理单位许可即进行混凝土浇筑,该做法是否正确?如果不正确,施工单位应如何做?

(2) 为了保证该综合实验楼的工程质量达到设计和规范要求,施工单位对进场材料应如何进行质量控制?

(3) 如果该工程施工过程中实施了工程监理,监理单位对该起质量事故是否应承担责任?原因是什么?

【分析】(1) 施工单位未经监理单位许可即进行筏基混凝土浇筑的做法是错误的。正确做法:施工单位运进水泥前,应向项目监理机构提交《工程材料报审表》,同时附有水泥出厂合格证、技术说明书、按规定要求进行送检的检验报告,经监理工程师审查并确认其质量合格后方准进场。

（2）材料质量控制方法主要是严格检查验收，正确合理使用，建立管理台账，进行收、发、储、运等环节的技术管理，避免混料和将不合格的原材料使用到工程上。

（3）如果该工程施工过程中实施了工程监理，监理单位应对该起质量事故承担责任。原因是：监理单位接受了建设单位委托，并收取了监理费用，具备了承担责任的条件，而施工过程中，监理未能发现钢筋位置放错的质量问题，因此必须承担相应责任。

5.1 建设工程项目质量管理概述

5.1.1 工程项目质量管理的基本概念

1）质量

根据国家标准《质量管理体系—基础和术语》(GB/T 19000—2016/ISO 9000:2015)的定义：质量是指一组固有特性满足要求的程度。该定义可以从以下几个方面去理解：

（1）质量不仅是指产品质量，也可以是某项活动或过程的工作质量，还可以是质量管理体系运行的质量。

（2）质量特性是固有的特性。赋予的特性（如产品价格）并非是产品、过程或体系的固有特性，当然也就不是它们的质量特性。

（3）满足要求就是应满足明示的（如合同、规范、标准、技术、文件、图纸中明确规定的）、通常隐含的（如组织的惯例、一般习惯）或必须履行的（如法律、法规、行业规则）需要和期望。与要求相比较，满足要求的程度才反应为质量的好坏。

（4）顾客和其他相关方对产品、过程或体系的质量要求是动态的、发展的和相对的，因此应定期评定质量要求，修订规范标准，不断开发新产品并改进老产品，以满足已变化的质量要求。

2）工程项目质量

【案例分析 1】 某地下商业街位于城市干道广场之下，面积 5 000 m^2，柱网 7.2 m × 7.8 m，无梁顶板厚 500 mm，覆土层厚 15 m，上表为沥青路面。采用逆作法施工，先浇顶板和柱帽，然后在地下棋盘状开挖土方，逐一修建柱下基础，后浇柱、分隔墙及底板。

主体工程完成 2/3 时，顶板发生大面积坍塌，顶板下陷呈锅底状，最大下陷 1.49 m，波及范围 1 600 m^2 已浇灌的 11 根独立钢筋混凝土柱全部被压坏。其中 8 根柱在齐肩部位破坏；2 根柱中下部被压溃，纵向柱钢筋呈灯笼状；另一根柱下段折断，柱身歪斜。

【问题】 该质量事故是由何原因引起的？体现了质量的什么特点？

所谓工程项目质量是指项目的一组固有特性满足工程项目相关方要求的程度，这里的要求包括隐含的和明确的需要。狭义的工程项目质量，是指产品质量；广义的工程项目质量，则除了产品质量之外，还包括工程项目建设全过程的工序质量和工作质量。

(1) 工程项目产品质量

工程项目作为一种特殊的产品,其质量具有特殊的内涵,主要指工程项目具有的满足相应设计和规范要求的属性,体现在以下 6 个方面:

① 适用性。工程项目的适用性是指工程项目满足使用目的的各种性能。包括理化性能,如耐磨、耐高温、保温、隔热、隔音等物理性能和防腐蚀、耐火等化学性能;使用性能,如对于道路、桥梁、铁路要能通达便捷,住宅楼采阳通风、供水供电能使居住者安全居住,工业厂房满足生产活动的要求;结构性能,如地基基础牢固,梁、板、柱等满足设计要求。

② 可靠性。可靠性是指工程项目在规定时间和规定条件下实现规定功能的能力。即工程项目具有的坚实稳固,以承担它负载的人和物的质量,以及满足抗风和抗震要求的属性等。

③ 安全性。安全性是指工程项目在建成后使用过程中保证结构安全、人身和财产安全免受危害的程度,主要包括保证防火性、稳定性、抗震性和强度等要求。

④ 耐久性。耐久性即寿命,是指工程项目在规定的条件下,满足规定功能要求适用的年限,就是工程竣工后的合理使用寿命,如民用建筑要求 4 种等级主体结构耐久年限分别为 100 年以上、50~100 年、30~50 年、15~30 年。

⑤ 经济性。工程项目的经济性主要是指综合考虑质量成本和质量效益,即计算设计成本、施工成本和使用成本之和以及项目所达到的质量要求来判断工程是否符合经济性要求。

⑥ 与环境的协调性。工程项目与环境的协调性是指工程项目与周围生态环境协调,与所在地区经济环境协调以及与周围已建工程相协调,以适应可持续发展的要求。如青藏铁路在建设过程中为了不阻挡藏羚羊迁徙至可可西里产崽的道路,设计了 33 条走廊,并取得了不错的成果。

基于以上特性,对于不同门类不同专业的工程,如工业工程、商业工程、住宅工程、道路桥梁,可根据其所处的地域环境条件、技术经济条件的差异,有不同侧重面。

(2) 工程项目工序质量

工序就是人、机器、材料、方法和环境对工程项目质量综合起作用的过程,这个过程所体现的产品质量叫工序质量。在"项目法"施工中,每一分部、分项工程都有其形成的步骤,称为施工工序。不同工种的作业程序尽管不同,但都要由一道一道工序加工制造出来,每一道工序的质量,就是它所具有的满足下一道工序相应要求的属性。

(3) 工程项目工作质量

工程项目工作质量,是指工程项目建设中所必须进行的组织管理、技术运行、思想政治工作、后勤服务等对提高工程项目质量需要的属性,它虽然不像工序质量和产品质量那样直观,但却体现在整个工程项目建设过程中。一般来说,工作质量决定工序质量,而工序质量又决定产品质量;也可以说,产品质量是工序质量的目的,而工序质量又是工作质量的目的。因此,必须通过保证和提高工作质量来保证和提高工序质量,再在此基础上达到工程项目质量的最终目标,即保证达到设计所要求的产品质量。

3) 工程项目质量的特点及其形成过程

(1) 工程项目质量的特点

工程项目质量的特点是由其自身的特点所决定的,这就决定了工程项目的质量有如下特点:

① 涉及面广，影响因素多。工程项目建设周期长、项目投资大，因此，有很多人为因素与自然因素影响工程项目的质量。诸如论证决策阶段的不缜密，造成工程项目与地质条件不符；设计阶段的粗心大意，导致结构受力不合理；施工阶段盲目追求经济利益、偷工减料，以及施工工艺、施工方案、施工环境、施工人员素质、管理制度、技术措施、操作方法、工艺流程等都会影响工程项目的质量。

② 工程质量离散，变异性大。由于工程项目的建设具有不可重复性，即使某一处或某一部位质量好，另一处也可能质量不好。如果某一关键部位质量不好，就可能造成整个单项工程质量不好，或引起整个工程项目的质量变异。

③ 工程质量隐蔽性强。工程项目建设过程中，大部分工序是隐蔽过程，完工后很难看出质量问题，而其内部可能有质量问题。另外，工序之间的交接也容易造成隐蔽性质量事故。

④ 工程质量终检局限性大。工程项目完全建成后，再全面检查工程质量，此时的检查结论有很大的局限性。所以在施工过程中，必须实施现场监督管理，以及时发现隐蔽工程的质量问题。因此，工程项目质量的管理应重视事前管理、事中监理，以消灭工程质量事故。

（2）工程项目质量的形成过程

工程项目的质量是在工程建设过程中逐渐形成的，工程项目建设的各个阶段，即可行性研究、决策、设计、施工、竣工验收和运营阶段，每一阶段对工程项目的质量都会产生一定的影响，各阶段对项目质量的影响主要如图5-1所示。

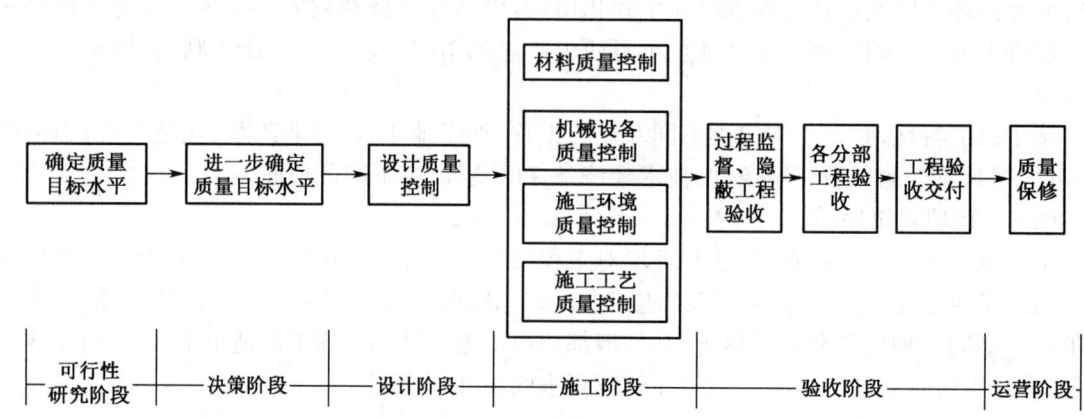

图 5-1　工程项目质量形成过程

① 项目的可行性研究阶段质量。项目的可行性研究是在勘察、调查的基础上，对项目在技术上的可行性、经济上的合理性、生产布局上的必要性进行分析论证，通过多方案的比较，从中选择出最优方案，作为项目决策和设计的依据。因此，项目的可行性研究对项目质量的影响是确定项目质量目标和水平的依据。

② 项目的决策阶段质量。项目决策阶段是在项目建议书的基础上，通过审核可行性研究报告是否符合相关的技术经济方面的规范、标准和定额等指标，审核可行性研究报告的内容、深度和计算指标是否达到标准要求等，对项目的建设规模、建设布局、建设投资和进度等做出决策，所以项目决策阶段对项目质量的影响是进一步确定项目的质量目标和水平。

③ 项目的设计阶段质量。工程项目的质量目标与水平，是通过设计使其具体化，据此作为施工的依据。因此设计质量的概念，就是在严格遵守技术标准、法规的基础上，正确处理和

协调资金、资源、技术、环境条件的制约,使设计项目能更好地满足业主所需要的功能和使用价值,确保工程设计的安全性、可靠性,自然及社会环境的适应性,工程概(预)算的经济性,设计进度的时间性,使投资项目的经济效益能得到充分发挥。

④ 项目的施工阶段质量。项目的施工阶段是根据设计图纸的要求,通过施工手段形成工程实体,其中心任务是通过建立健全有效的质量监督工作体系来确保工程质量达到合同规定的标准和等级要求。即其质量内涵体现在功能、使用价值的实现程度,工程的安全、可靠性,自然及社会环境的适应性,工程造价的控制状况,施工进度的时间性等。

⑤ 项目的竣工验收和保修阶段质量。项目的竣工验收是对项目的施工质量通过检查评定、试车运行,考核项目的质量是否达到设计要求,是否符合决策阶段所确定的质量目标和水平,并通过竣工验收确保工程项目的质量。项目的保修阶段是通过质量回访,定期和不定期的检查,以及日常的维修管理,使工程项目既能充分发挥其功能和效益,又能确保安全运行。

综上所述,工程项目的质量由项目可行性研究阶段质量、项目决策阶段质量、项目设计阶段质量、项目施工阶段质量以及项目竣工验收和保修阶段质量组成。

4)工程项目质量管理

工程项目的质量管理是围绕工程项目质量所进行的指挥和控制组织的协调活动,它是工程项目管理的重要内容之一。我们可以从以下两个方面来理解其含义:

(1)质量管理的基本活动。质量管理的基本活动,通常包括质量方针和质量目标的制定,以及质量策划、质量控制、质量保证和质量改进等一系列工作。质量管理的范畴如图 5-2 所示。

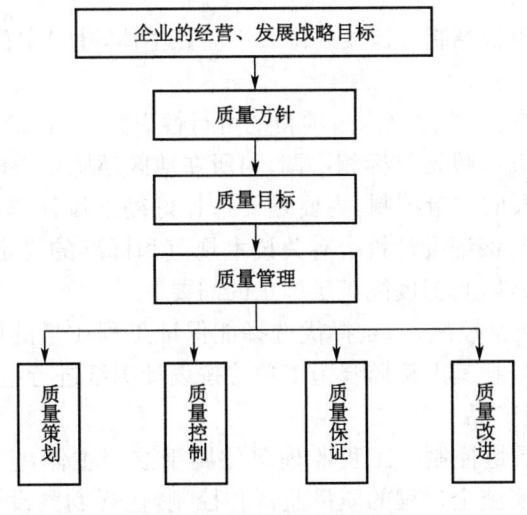

图 5-2 质量管理的范畴

(2)质量管理的核心。质量管理的核心,是建立健全质量管理体系。组织的最高管理者应正式发布本组织的质量方针,根据质量方针确立质量目标,并在此基础上按照质量管理的基本原则和标准运用管理的系统方法建立健全质量管理体系,配备必要的人力和物质资源充分调动全体员工的积极性,开展各项质量活动,不断提高顾客的满意度。

5）工程项目质量控制

（1）质量控制

根据国家标准《质量管理体系—基础和术语》GB/T 19000—2008/ISO9000：2005 的定义，质量控制是质量管理的一部分，是致力于满足质量要求的一系列相关活动。这些活动主要包括：

① 设定目标：即设定要求，确定需要控制的标准、区间、范围、区域。

② 测量结果：测量满足所设定目标的程度。

③ 评价：即评价控制的能力和效果。

④ 纠偏：对不满足设定目标的偏差，及时纠偏，保持控制能力的稳定性。

也就是说，质量控制是在明确的质量目标和具体的条件下，通过行动方案和资源配置的计划、实施、检查和监督，进行质量目标的事前预控、事中控制和事后纠偏控制，实现预期质量目标的系统过程。

（2）工程项目质量控制

工程项目质量控制是指为达到工程项目质量要求所采取的作业技术和活动。工程质量要求主要表现为工程合同、设计文件、技术规范标准规定的质量标准。

工程质量控制按其实施主体不同，分为自控主体和监控主体。前者是指直接从事质量职能的活动者；后者是指对他人质量能力和效果的监控者，主要包括以下5个方面：

① 政府的工程质量控制。政府属于监控主体，它主要是以法律法规为依据，通过抓工程报建、施工图设计文件审查、施工许可、材料和设备准用、工程质量监督、工程竣工验收备案等主要环节实施监控。

② 建设单位的工程质量控制。建设单位属于监控主体，建设单位的质量控制包括建设全过程各阶段：

a. 决策阶段的质量控制，主要是通过项目的可行性研究，选择最佳建设方案，使项目的质量要求符合业主的要求，并与投资目标相协调，与所在地区环境相协调。

b. 工程勘察设计阶段的质量控制，主要是要选择好勘察设计单位，要保证工程设计符合决策阶段确定的质量要求，保证设计符合有关技术规范和标准的规定，要保证设计文件、图纸符合现场和施工的实际条件，其深度能满足施工的需要。

c. 工程施工阶段的质量控制，一是择优选择能保证工程质量的施工单位；二是择优选择服务质量好的监理单位，委托其严格监督施工单位按设计图纸进行施工，并形成符合合同文件规定质量要求的最终建设产品。

③ 工程监理单位的质量控制。工程监理单位属于监控主体，它主要是受建设单位的委托，代表建设单位对工程实施全过程的质量监督和控制，包括勘察设计阶段质量控制、施工阶段质量控制，以满足建设单位对工程质量的要求。

④ 勘察设计单位的质量控制。勘察设计单位属于自控主体，它是以法律、法规及合同为依据，对勘察设计的整个过程进行控制，包括工作质量和成果文件质量的控制，确保提交的勘察设计文件所包含的功能和使用价值，满足建设单位工程建造的要求。

⑤ 施工单位的质量控制。施工单位属于自控主体，它是以工程合同、设计图纸和技术规范为依据，对施工准备阶段、施工阶段、竣工验收交付阶段等施工全过程的工作质量和工程质

量进行控制,以达到施工合同文件规定的质量要求。

工程质量监控主体可以说基本囊括了与工程项目有关的主体,比如政府的相关部门、建设单位、监理单位、勘察设计单位、施工单位等,这些主体对工程的质量监控都有着非常重要的作用,缺一不可。所以,这些主体各司其职,才能保证工程质量达到要求。

5.1.2 工程项目质量的影响因素

建设工程项目质量的影响因素,主要是指在项目质量目标策划、决策和实现过程中影响质量形成的各种客观因素和主观因素,包括人的因素(Man)、材料因素(Material)、机械因素(Machine)、方法因素(Method)和环境因素(Environment),简称"4M1E"因素。在施工过程中,事前对这五方面因素严加控制,是施工管理中的核心工作,是保证施工项目质量的关键。

1) 人的因素

这里的"人",是指直接参与工程项目建设的组织者、管理者和操作者。在工程项目质量管理中,人的因素起决定性的作用,项目质量控制应以控制人的因素为基本出发点。

影响项目质量的人的因素,包括两个方面:一是指直接履行项目质量职能的决策者、管理者和作业者个人的质量意识及质量活动能力;二是指承担项目策划、决策或实施的建设单位、勘察设计单位、咨询服务机构、工程承包企业等实体组织的质量管理体系及其管理能力。前者是个体的人,后者是群体的人。我国实行建筑业企业经营资质管理制度、市场准入制度、执业资格注册制度、作业及管理人员持证上岗制度等,从本质上说,都是对从事建设工程活动的人的素质和能力进行必要的控制。人,作为控制对象,人的工作应避免失误;作为控制动力,应充分调动人的积极性,发挥人的主导作用。因此,必须有效控制项目参与各方的人员素质,不断提高人的质量活动能力,才能保证项目质量。

2) 材料因素

材料是指在工程项目建设中所使用的原材料、半成品、成品、构配件和生产用的机电设备等,属于工程项目实体的组成部分。材料质量是形成工程实体质量的基础,使用的材料质量不合格,工程质量也肯定不会符合标准要求。在工程项目建设过程中,主要需要从材料采购、材料进场、材料的存放和材料使用环节进行控制。

(1) 材料的采购。材料供应商提供材料的好坏决定了工程项目基本单元的优劣,材料价格高低对工程项目投资产生影响,并影响到工程质量。采购材料之前应当充分调查市场信息,优选供货商。

(2) 材料的进场。材料的及时进场可以确保工程项目建设顺利进行,如大体积混凝土施工采用分层浇筑时,如果下一层混凝土已经初凝,但是上一层混凝土还未进场,势必会影响大体积混凝土浇筑质量。另一方面,材料在进场之前,必须确保具备合格证、技术说明书和产品检验报告等质量证明文件。对某些质量波动大的材料还要进行平行检和抽检,对于重要部位大型材料需进行全检,使得所有进场材料的质量处于可控状态。

(3) 材料的存放。材料进场后的存放,要满足存放要求,并定期检查存放的材料是否正常,以保证材料质量的稳定。

(4) 材料的使用。材料在使用过程中要杜绝错用、少用的情况。如,在绑扎梁的钢筋时应当用 φ20 的钢筋却错用了 φ16,这对梁的抗弯能力产生极大的影响,很有可能会出现混凝土开裂、钢筋断裂等质量问题。

3) 机械因素

施工机械设备是所有施工方案和工法得以实施的重要物质基础,合理选择和正确使用施工机械设备是保证项目施工质量和安全的重要条件。在工程项目全寿命周期中主要涉及的设备可以分为直接设备和间接设备,直接设备是指工程项目在设计、实施和验收等过程中直接用到的机械、仪器、电子设备等;间接设备是指项目行政人员办公设备等。对项目质量起决定性作用的是直接设备。设备的选择、使用、操作是否合理会影响工程项目质量和进度,因此要对设备进行定时保养、维修,对操作人员进行岗前培训,以保证和控制施工设备与机具达到高效率和高质量水平。

4) 方法因素

方法因素也可以称为技术因素,包括勘察、设计、施工所采用的技术和方法,以及工程检测、试验的技术和方法等。从某种程度上说,技术方案和工艺水平的高低,决定了项目质量的优劣。依据科学的理论,采用先进合理的技术方案和措施,按照规范进行勘察、设计、施工,必将对保证项目的结构安全和满足使用功能,对组成质量因素的产品精度、强度、平整度、清洁度、耐久性等物理、化学特性等方面起到良好的推进作用。比如建设主管部门近年在建筑业中推广应用的 10 项新的应用技术,包括地基基础和地下空间工程技术、高性能混凝土技术、高效钢筋和预应力技术、新型模板及脚手架应用技术、钢结构技术、建筑防水技术等,对消除质量通病、保证建设工程质量起到了积极作用,收到了明显的效果。

5) 环境因素

影响项目质量的环境因素,包括项目的自然环境因素、社会环境因素、管理环境因素和作业环境因素。

自然环境因素主要指工程地质、水文、气象条件和地下障碍物以及其他不可抗力等影响项目质量的因素。例如,复杂的地质条件必然对地基处理和房屋基础设计提出更高的要求,处理不当就会对结构安全造成不利影响;在地下水位高的地区,若在雨期进行基坑开挖,遇到连续降雨或排水困难,就会引起基坑塌方或地基受水浸泡影响承载力等;在寒冷地区冬期施工措施不当,工程会因受到冻融而影响质量;在基层未干燥或大风天进行卷材屋面防水层的施工,就会导致粘贴不牢及空鼓等质量问题等。

社会环境因素主要是指会对项目质量造成影响的各种社会环境因素,包括国家建设法律法规的健全程度及其执法力度;建设工程项目法人决策的理性化程度以及建筑业经营者的经营管理理念;建筑市场包括建设工程交易市场和建筑生产要素市场的发育程度及交易行为的规范程度;政府的工程质量监督及行业管理成熟程度;建设咨询服务业的发展程度及其服务水准的高低;廉政管理及行风建设的状况等。

管理环境因素主要是指项目参建单位的质量管理体系、质量管理制度和各参建单位之间的协调等因素。比如,参建单位的质量管理体系是否健全,运行是否有效,决定了该单位的质量管理能力;在项目施工中根据承发包的合同结构,理顺管理关系,建立统一的现场施工组织系统和质量管理的综合运行机制,确保工程项目质量保证体系处于良好状态,创造良好的质量管理环境和氛围,则是施工顺利进行、提高施工质量的保证。

作业环境因素主要指项目实施现场平面和空间环境条件,各种能源介质供应,施工照明、通风、安全防护设施,施工场地给排水,以及交通运输和道路条件等因素。这些条件是否良好,都直接影响到施工能否顺利进行,以及施工质量能否得到保证。

上述因素对项目质量的影响,具有复杂多变和不确定性的特点,对这些因素进行控制,是项目质量控制的主要内容。

【案例分析1解析】 经检查分析,事故原因是后浇钢筋混凝土柱顶与柱帽连接处,由于施工管理不严,工人随意掺水,改变水灰比,混凝土强度和密实性下降,设计要求C30强度等级,实际仅达C15。而在同一根柱上下段强度也不一样,当顶板临时支柱拆除后,薄弱区产生变形下沉,引起顶板内力重分布,使相邻柱轴力增大,进而产生连锁反应,多根柱被压溃,造成大面积坍塌。

5.1.3 工程项目质量控制的基本原理

1) PDCA 循环原理

工程项目质量控制是一个持续改进的过程,即首先制订质量控制计划(Plan),然后加以实施(Do),将质量计划落实,在实施过程中离不开经常检查实施情况(Check),评价结果是否与计划一致,最后改进通过检查发现的问题,对于暂时不能解决的问题需进一步分析再提出解决措施(Action)。这一过程的原理是PDCA循环,PDCA循环又称戴明环,是美国质量管理专家戴明博士首先提出的。PDCA循环是工程项目质量管理应遵循的科学程序,它是一个持续的过程,是周而复始运转的,如图5-3。

在实施以上PDCA循环时主要有以下步骤(见图5-4):

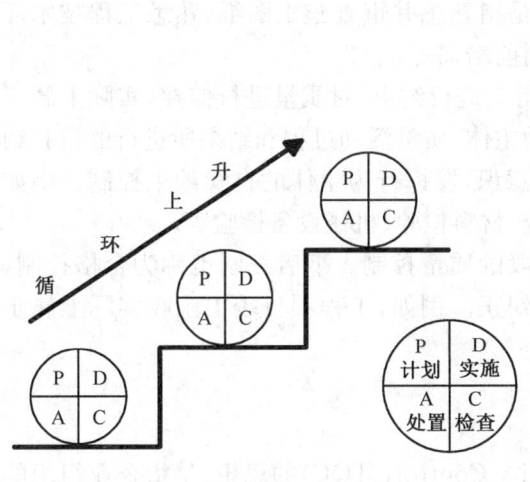

图 5-3 PDCA 循环示意图

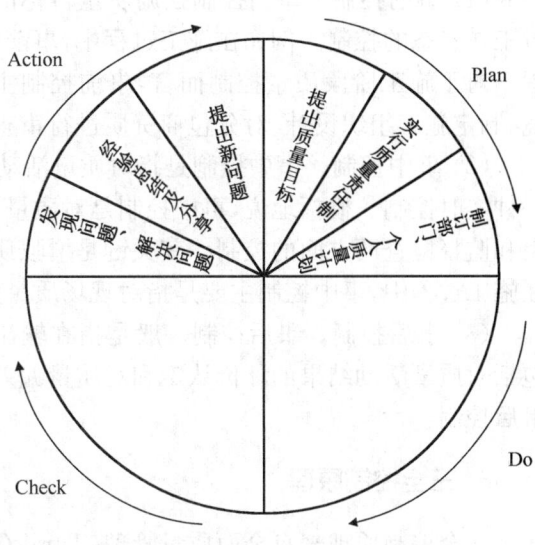

图 5-4 PDCA 循环的 8 个步骤

(1) 提出质量目标。质量目标在项目准备阶段已经提出,但是不够细致,在施工阶段,该目标越来越清晰化。

(2) 实行质量责任制。将质量目标逐层分解到每一个部门、每一名职工,做到事事有人管,人人有专责,办事有标准,考核有依据。把同质量有关的各项工作与广大职工的积极性和责任心结合起来,形成一个严密的质量管理工作系统,一旦发现产品质量问题,可以迅速进行质量跟踪,查清质量责任,总结经验教训,更好地保证和提高工程项目质量,在企业内部形成一个严密有效的全面质量管理工作体系。

(3) 制订部门、个人质量计划。根据质量责任制度,制订每个部门、员工的质量计划,做到人人有专责。

(4) 执行。

(5) 检查。检查分为施工单位自检,监理单位、质检部门检查。检查的形式可以是质量分析会议的形式,通过数据说话,也可以是现场检查,及时发现问题并要求整改。检查结果是质量控制考核的依据,奖惩分明。

(6) 质量经验总结及分享。这主要是通过会议进行分享,通过例会(一般是一周一次)将上一阶段总结的质量控制经验传播给其他员工,进行企业知识共享。

(7) 提出新问题。对于一时不能解决的问题,需要再次提出控制计划并执行、检查,直到问题解决为止。

2) 三阶段控制原理

工程项目的质量控制是一个持续管理的过程。从工程项目的立项开始到竣工验收属于工程项目建设阶段的质量控制,项目投产后到项目生命期结束属于项目生产(或经营)阶段的质量控制。两者在质量控制内容上有较大的不同,但不管是建设阶段的质量控制,还是经营阶段的质量控制,从控制工作的开展与控制对象实施的时间关系来看,可分为事前控制、事中控制和事后控制3种。

(1) 事前控制。事前控制强调质量目标的计划预控,并按质量计划进行质量活动前的准备工作状态的控制。例如在施工过程中,事前控制重点在于施工准备工作,且贯穿于施工全过程。对于施工阶段质量控制而言,事前控制主要是指熟悉并审查施工图纸、熟悉工程技术环境、制定施工组织设计、对分包商资质进行审查、岗前培训等。

(2) 事中控制。事中控制是指对质量活动的行为进行约束,对质量进行监控,实际上属于一种实时控制。概括地说,事中控制是对质量活动主体、质量活动过程和结果所进行的自我约束和监督检查两方面的控制。其关键是增强质量意识,发挥行为主体的自我约束控制。例如在施工过程中,事中控制主要是指对现场质量监督、材料检验、机械设备检验等。

(3) 事后控制。事后控制一般是指在输出阶段的质量控制。事后控制也称为合格控制,包括对质量活动结果的评价认定和对质量偏差的纠正。例如,工程项目竣工验收实际上属于事后控制。

3) 三全控制原理

三全控制原理来自全面质量管理(Total Quality Control,TQC)的思想,是指企业组织的质量管理应做到全面、全过程和全员参与。在工程项目质量控制中运用这一原理,对工程项目的质量控制具有重要的理论和实践指导意义。

（1）全面质量控制。建筑企业推行全面质量管理，不仅涉及产品的质量，也囊括工作质量、服务质量的管理，不仅针对产品性能进行管理，也必须关注产品的可靠性、安全性、适应性等因素，综合建筑企业的行政管理、生产管理、成本管理、技术管理以及建筑统计方法，建立起一套完整、完善的质量控制体系，管理控制项目建设的整个过程，达到建成经济适用、安全可靠工程的目的。

（2）全过程质量控制。全过程质量控制是指质量管理贯彻项目全寿命周期，质量产生的各阶段是相互关联、相互影响的，上一阶段质量控制的好坏影响着下一阶段质量控制的难易，因此为了保证工程项目质量，需要将影响质量的所有环节控制起来。工程项目的全过程质量控制主要包括项目前期准备阶段、勘察设计阶段、实施阶段、竣工验收阶段和维护保修阶段，每一阶段又包含很多子阶段，如施工阶段包括施工单位招投标、材料采购、场地平整、基础施工、搭设模板、主体结构施工、装饰装修等各阶段。

（3）全员参与控制。工程项目质量是企业活动的各个环节、各个部门全部工作的综合反映，任何一个环节、任何一个人的工作质量都会不同程度地、直接或间接地影响工程项目质量，因此必须把企业所有人员的积极性和创造性充分调动起来，不断提高人员的素质，从项目经理到工人，人人关心质量问题，人人做好本职工作，才能保证工程项目的质量。

5.1.4 质量管理体系标准

1）GB/T 19000—ISO 9000 标准简介

为了更好地推动企业建立更加完善的质量管理体系，实施充分的质量保证，建立国际贸易所需要的关于质量的共同语言和规则，国际标准化组织（ISO）于 1976 年成立了 TC 176（质量管理和质量保证技术委员会），着手研究制定国际间遵循的质量管理和质量保证标准。1987年，ISO/TC176 发布了举世瞩目的 ISO 9000 系列标准，我国于 1988 年发布了与之相应的 GB/T 10300 系列标准，并"等效采用"。为了更好地与国际接轨，又于 1992 年 10 月发布了 GB/T 19000 系列标准，并"等同采用 ISO 9000 族标准"。1994 年国际标准化组织发布了修订后的 ISO 9000 族标准后，我国及时将其等同转化为国家标准。

为了更好地发挥 ISO 9000 族标准的作用，使其具有更好的适用性和可操作性，2015 年 9月 15 日 ISO 正式发布新的 ISO 9000、ISO 9001 和 ISO 9004 国际标准。2016 年 12 月 30 日，国家质量监督检验检疫总局和中国国家标准化管理委员会正式发布 GB/T 19000—2016（idt ISO 9000:2015），GB/T 19001—2016（idt ISO 9001:2015），GB/T 19004—2016（idt ISO 9004:2015）3 个国家标准。

(1) GB/T 19000—2016 族标准的构成

① GB/T 19000—2016《质量管理体系—基础和术语》 GB/T 19000—2016 表述质量管理体系并规定质量管理体系术语。

② GB/T 19001—2016《质量管理体系—要求》 GB/T 19001—2016 规定质量管理体系要求，用于组织证实其具有提供满足顾客需求和适用的法规要求的产品的能力。

③ GB/T 19004—2016《质量管理体系—业绩改进指南》 GB/T 19004—2016 提供质量

管理体系指南,包括持续改进的过程,有助于组织和顾客及其他相关方满意。

④ ISO 19011 质量和环境审核指南 ISO 19011 提供管理与实施环境和质量审核的指南。该标准由国际标准化组织质量管理和质量保证技术分委员会(ISO/TC176/SC3)与环境管理体系、环境审核与有关的环境调查分委员会(ISO/TC207/SC2)联合制定。

(2) GB/T 19000—2016 族标准特点

① 面向所有组织,通用性更高。标准的结构与内容更好地适应于所有产品类别,以及不同规模和各种类型的组织。

② 采用"过程方法"的结构,同时体现了组织管理的一般原理,有助于组织结合自身的生产和经营活动采用标准来建立质量管理体系,并重视有效性的改进与效率的提高。

为使组织有效运行,必须识别和管理许多相互关联和相互作用的过程。通常,一个过程的输出将直接成为下一个过程的输入。系统识别和管理组织内使用的过程,特别是这些过程之间的相互作用,称为过程方法。

③ 提出了质量管理 8 项原则并在标准中得到了充分体现。8 项质量管理原则是在总结质量管理实践经验的基础上用高度概括的语言所表述的最基本、最通用的一般规律,可以指导组织在一定时期内通过关注顾客的需求预期而达到改进其总体业绩的目的,它可以作为组织文化的一个重要组成部分。

④ GB/T 19000—2016 族标准具有较高的通用性、适应性、灵活性和一致性。对标准要求的适应性进行了更加科学与明确的规定,在满足标准要求的途径与方法方面,提倡组织在确保有效性的前提下,可以根据自身经营管理的特点做出不同的选择,给予组织更多的灵活度。

⑤ 更加强调管理者的作用。最高管理者通过确定质量目标,制定质量方针,进行质量评审以及确保资源的获得和加强内部沟通等活动,对其建立、实施质量管理体系并持续改进其有效性的承诺提供证据,并确保顾客的要求得到满足,旨在增强顾客满意。

⑥ 突出了"持续改进"是提高质量管理体系有效性和效率的重要手段,引导组织持续改进和追求卓越。

⑦ 鲜明地引导组织依赖客户。引导组织以顾客为中心并关注相关方的利益,关注产品与过程,并将顾客和其他相关方满意或不满意的信息作为评价质量管理体系运行状况的一种重要手段。

⑧ 增强了与环境管理体系标准等其他管理体系标准的相容性,从而为建立一体化的管理体系创造了有利条件。

2) 质量管理的 8 项原则

质量管理 8 项原则是 ISO 9000 族标准的编制基础,是世界各国质量管理成功经验的科学总结,其中不少内容与我国全面质量管理的经验吻合。它的贯彻执行能促进企业管理水平的提高,提高顾客对其产品或服务的满意程度,帮助企业达到持续成功的目的。质量管理 8 项原则的具体内容如下:

(1) 以顾客为关注焦点。组织依存于其顾客,组织应理解顾客当前的和未来的需求,满足顾客要求并争取超越顾客的期望。顾客是组织存在的基础,顾客的要求应放在组织的第一位。而市场是变化的,顾客是动态的,顾客的需求和期望也是不断发展的。因此,组织要及时调整自己的经营策略,采取必要的措施,以适应市场的变化,满足顾客不断发展的需求和期望,争取超越顾客的需求和期望,使自己的产品或服务处于领先地位。

(2) 领导作用。领导者确立本组织统一的宗旨和方向,并营造和保持使员工充分参与实现组织目标的内部环境,因此领导在企业的质量管理中起着决定性的作用,只有领导重视,各项质量活动才能有效开展。

领导的作用,即最高管理者具有决策和领导一个组织的关键作用。为了营造一个良好的环境,最高管理者应建立质量方针和质量目标,确保关注顾客要求,确保建立和实施一个有效的质量管理体系,确保应得资源,并随时将组织运行的结果与目标比较,根据情况决定实现质量方针、目标的措施,决定持续改进的措施。在领导方式上,领导者还要做到透明、务实和以身作则。

(3) 全员参与。各级人员都是组织之本,只有全员充分参加,才能使他们的才干为组织带来收益。产品质量是产品形成过程中全体人员共同努力的结果,其中也包含着为他们提供支持的管理和检查、行政人员的贡献。企业领导应对员工进行质量意识等各方面的教育,激发他们的积极性和责任感,为其能力、知识、经验的提高提供机会,发挥创造精神,鼓励持续改进,给予必要的物质和精神奖励,使全员积极参与,为达到让顾客满意的目标而奋斗。

(4) 过程方法。将相关的资源和活动作为过程进行管理,可以更高效地得到期望的结果。工程项目的实施可以作为一个过程来实施管理,过程是指将输入转化为输出所使用资源的各项活动的系统。过程的目的是提高价值,因此在开展质量管理各项活动中应采用过程的方法实施控制,确保每个过程的质量,并按确定的工作步骤和活动顺序建立工作流程,人员培训,所需的设备、材料、测量和控制实施过程的方法,以及所需的信息和其他资源等。

(5) 管理的系统方法。将相互关联的过程作为系统加以识别、理解和管理,有助于组织提高实现其目标的有效性和效率。管理的系统方法包括了从确定顾客的需求和期望、建立组织的质量方针和目标、确定过程及过程的相互关系和作用,并明确职责和资源需求、建立过程有效性的测量方法并用以测量现行过程的有效性、防止不合格、寻找改进机会、确立改进方向、实施改进、监控改进效果、评价结果、评审改进措施和确定后续措施。这种建立和实施质量管理体系的方法,既可建立新体系,也可用于改进现行体系。这种方法不仅可提高过程能力及项目质量,还可为持续改进打好基础,最终导致顾客满意和使组织获得成功。

(6) 持续改进。持续改进总体业绩是组织的一个永恒目标。进行质量管理的目的就是保持和提高产品质量,没有改进就不可能提高。持续改进是增强满足要求能力的循环活动,通过不断寻求改进机会,采取适当的改进方式,重点改进产品的特性和管理体系的有效性。改进的途径可以是日常渐进的改进活动,也可以是突破性的改进项目。

(7) 基于事实的决策方法。有效的决策应建立在数据和信息分析的基础上。决策是通过调查和分析,确定项目质量目标并提出实现目标的方案,对可供选择的若干方案进行优选后做出抉择的过程,项目组织在工程实施的各项管理活动过程中都需要做出决策。能否对各个过程做出正确的决策,将会影响到组织的有效性和效率,甚至关系到项目的成败。所以,有效的决策必须以充分的数据和真实的信息为基础。

(8) 与供方互利的关系。组织与供方是相互依存的,建立双方的互利关系可以增强双方创造价值的能力。供方提供的产品是企业提供产品的一个组成部分。处理好与供方的关系,涉及企业能否持续稳定提供顾客满意产品的重要问题。因此,对供方不能只讲控制,不讲合作互利，特别是关键供方，更要建立互利关系，这对企业与供方双方都有利。

3）质量管理体系的建立与运行

（1）质量管理体系建立的基本程序

项目组织建立质量管理体系一般是与项目部所在企业一起，建立建筑企业的质量管理体系。建立的程序可按下列步骤进行：

① 领导决策。建立质量管理体系首先要领导作出决策，为此，领导应充分了解 GB/T 19000—ISO 9000 标准，认识到建立质量管理体系的必要性和重要性，能一如既往地领导和支持企业为建立质量管理体系而开展的各项工作。管理团队要统一思想、提高认识，在此基础上作出贯标的决策。

② 组织落实。成立贯标领导小组，由企业总经理担任领导小组组长，主管企业质量工作的副总经理任副组长，具体负责贯标的实施工作。领导小组成员由各职能管理部门、计量监督部门、各项目部经理以及部分员工代表组成。一般在质量管理体系涉及的每个部门和不同专业施工的班组应有代表参加。

③ 制订工作计划。制订贯标工作计划是建立质量管理体系的保证。工作计划一般分为 5 个阶段，每个阶段持续时间的长短视企业规模而定。5 个阶段是建立质量管理体系的准备工作，如组织准备、动员宣传、骨干培训等；质量管理体系总体设计，包括质量方针和目标的制定、确定实施过程、确定质量管理体系要素、组织结构、资源及配备方案等；质量管理体系文件编制，主要有质量手册、程序文件、质量记录以及内部与外部制度等；质量管理体系的运行和质量管理体系的认证。在质量管理体系建立后，经过试运行，要首先进行内部审核和评审，提出改进措施，验证合格后可提出认证申请，请第三方进行质量管理体系认证。

④ 组织宣传和培训。首先由企业总经理宣讲质量管理体系标准的重要意义，宣读贯标领导小组名单，以表明组织领导者的高度重视。培训工作在 3 个层次展开，一是建立质量管理体系之前，企业要选派部分骨干进行内审员资格培训；二是中层以上干部和领导小组成员学习质量管理标准文件 GB/T 19000 — ISO 9000、技术规范、法规及其他非正式发布的标准；三是在全体员工中学习各种管理文件、项目质量计划、质量目标以及有关的质量标准，一般聘请专业咨询师进行讲解，使全体员工能统一、正确地加以理解。

⑤ 质量管理体系设计。质量管理体系设计的内容较多，应结合企业自身的特点，在现有的质量管理工作基础上，按照 GB/T 19001—ISO 9001 标准中对建立质量管理体系要求，进行企业的质量管理体系设计。主要内容包括确定企业生产活动过程、制定质量方针目标、确定企业质量管理体系要素、确定组织机构与相应职责、资源配置、质量管理体系的内审和第三方审核等。

（2）形成质量管理体系文件

① 质量管理体系文件结构。企业编制质量管理体系文件包括 3 个层次（如图 5-5 所示）：层次 A 为质量手册，称为第一级文件，主要描述企业组织结构、质量方针和目标、质量管理体系要素和过程描述等质量管理体系的整体描述；层次 B 为质量管理体系程序，称为第二级文件，主要是描述实施质量管理体系要素所涉及的各个过程以及各职能部门文件；层次 C 为质量文件，称为第三级文件，主要是部门工作手册，作为各部门运行质量管理体系的常用实施细则，包括管理标准（各种管理制度等）、工作标准（岗位责任制和任职要求等）、技术标准（国家标

准、行业标准、企业标准及作业指导书、检验规范等)和部门质量记录文件等。

② 质量手册。质量手册是组织建立质量管理体系的纲领性文件,也是指导企业进行质量管理活动的核心文件。质量手册描述了组织的结构、质量方针,确定了组织的质量管理体系要素,规定了应建立程序文件的环节和过程。此外,还对质量手册的控制、修改、发放和评审等管理方式作出了规定。

③ 程序文件。质量管理体系程序是对实施质量管理体系要素所涉及的各职能部门的各项活动所采取方法的具体描述,应具有可操作性和可检查性,程序文件通常包括活动的目的和范围以及具体实施的步骤。通常按

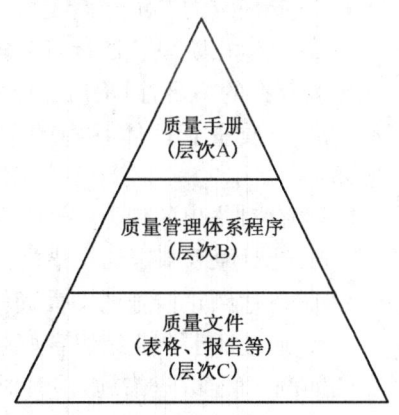

图 5-5 质量管理体系文件结构

5W1H 原则来描述,即 Why(为什么做)、What(做什么)、Who(谁来做和评审)、Where(在哪里做)、When(什么时候做)、How(怎么做,依据什么和用什么方法)。按照 GB/T 19001—ISO 9001 标准,企业实施质量管理体系至少应包括 6 个程序,即文件控制程序、质量记录控制程序、内部质量审核程序、不合格控制程序、纠正措施程序和预防措施程序。

④ 质量计划。质量计划是针对某项产品、工程项目或合同规定的专门质量措施、资源配备和活动顺序的文件,一般按照质量手册的有关内容和要求来编制。对工程项目而言,质量计划主要是针对特定的工程项目编制质量目标,规定专门的质量措施、各过程的实施步骤、职责和职权的分配,达到质量目标所采取的质量保证措施、作业指导书和程序文件等。质量计划对外可作为特定工程项目的质量保证,对内可作为针对工程项目质量管理的依据。

⑤ 质量记录。质量记录是指阐明所取得的结果或提供所完成活动的证据的文件。质量记录的作用是证实和追溯,表明质量管理体系要素和程序已满足质量要求,是证明质量管理体系有效性的文件。GB/T 19001—ISO 9001 标准规定了为证明产品符合要求,质量管理体系有效运行所需的记录,主要有管理评审记录、培训记录、产品要求的评审记录、设计和开发评审记录、供方评审记录、产品标示记录、产品测量和监控记录以及校准结果记录等。

⑥ 作业指导书。作业指导书是程序文件的细化,是作业指导者对作业者进行标准作业的正确指导的基准。作业指导书基于零件能力表、作业组合单而制成。它随着作业的顺序,对符合每个生产线生产数量的每个人的作业内容及安全、品质的要点进行明示。作业指导书遵循 5W1H 原则。

(3) 质量管理体系的运行

质量管理体系的运行一般可分为 3 个阶段:准备阶段、试运行阶段和正式运行阶段。

① 准备阶段。在完成质量管理体系的有关组织结构、骨干培训、文件编制等工作之后,企业组织可进入质量管理体系运行的准备阶段。这个阶段包括的工作有:

a. 选择试点项目,制订项目试运行计划。

b. 全员培训。对全体员工按照制定的质量管理体系标准进行系统培训,特别注重实践操作的培训。内审员及咨询师应给予积极的指导和帮助,使企业组织的全体人员从思想和行动上进入质量管理体系的运行状态。

c. 各种资料发放到位。

d. 有一定的专项经费支持。

② 试运行阶段。试运行阶段是正式运行前的试验阶段,主要是通过执行质量管理体系并找出其存在的不足,讨论后加以修正。该阶段的主要任务包括:

a. 对质量管理体系中的重点要素进行监控,观察程序执行情况,并与标准对比,找出偏差。

b. 针对找出的偏差,分析、验证产生偏差的原因。

c. 针对原因制定纠正措施。

d. 下达纠正措施的文件通知单,并在规定的期限内进行现场验证。

e. 通过征求企业组织各职能部门、各层次人员对质量管理体系运行的意见,仔细分析存在的问题,确定改进措施,同时对质量管理体系文件按照文件修改程序进行及时修改。

③ 正式运行阶段。试运行阶段结束后就可以进入正式运行阶段,正式运行阶段的主要工作有对过程、产品(工程项目)进行测量和监督,质量管理体系的组织协调、审核和持续改进。

a. 对过程、产品进行测量和监督。质量管理体系运行阶段需要对项目实现的各阶段进行监督,找出与标准存在的偏差并予以纠正。

b. 质量管理体系的组织协调。质量管理体系是企业上下一起参与运行的,不可避免的存在内部和外部质量管理体系组织协调问题。内部协调主要是提高全体员工质量管理体系的素质,从而增强集体观念和合作精神,各部门的职责也应当合理划清界限;外部协调主要是严格执行有关的法律法规和合同。

c. 审核。审核主要是确定质量管理体系是否符合规定的要求,主要是指是否满足 ISO 9000 族标准各项要求,通过审核给予改进意见。审核包括内审和外审,内审主要是企业内部审核小组对相关部门进行审核,审核小组成员不得与被审核部门有利益关系,确保审核的公正性;外审包括第二方审核和第三方审核,内审和外审除了审核方的区别外还有以下一些不同:

• 审核依据不同。内审主要依据质量管理体系文件,适用的法律法规、技术标准、合同以及其他有关的质量文件;外审主要依据委托方商定的质量管理体系标准,适用的法律、法规和其他文件。

• 审核目的不同。内部审核的目的主要是使得组织保持质量管理体系的高效性、有效性和适宜性,是作为外审的基础;外审的第三方对质量管理体系的认证评审、监督审核。

d. 持续改进。随着顾客要求的改变,企业对产品质量的要求也会不断变化,因此质量管理体系也应当是与时俱进的,不断更新;同时,质量管理体系在运行过程中可能会发生偏差,企业应总结问题根源并对质量管理体系予以纠正。

4) 质量管理体系的认证与监督

ISO 9000 族标准认证,也可以理解为质量管理体系注册,就是由国家批准的、公正的第三方机构——认证机构,依据 ISO 9000 族标准,对组织的质量管理体系实施评价,向公众证明该组织的质量管理体系符合 ISO 9000 族标准,提供合格产品,公众可以相信该组织的服务承诺和组织的产品质量的一致性。

(1) 质量管理体系认证的意义

① 完善组织内部管理,使质量管理制度化、体系化和法治化,提高产品质量,并确保产品质量的稳定性。

② 提高企业的质量信誉。表明尊重消费者权益和对社会负责，增强消费者的信赖，使消费者放心，从而放心地采用其生产的产品，提高产品的市场竞争力，并可借此机会树立组织的形象，提高组织的知名度，形成名牌企业。

③ 增强国际市场竞争力。ISO 9000 质量管理体系认证有利于发展外向型经济，扩大市场占有率，是政府采购等招投标项目的入场券，是组织向海外市场进军的准入证，是消除贸易壁垒的强有力的武器。

④ 通过 ISO 9000 质量管理体系的建立，可以举一反三地建立健全其他管理制度。

⑤ 通过 ISO 9000 认证可以一举数得，非一般广告投资、策划投资、管理投资或培训可比，具有综合效益；还可享受国家的优惠政策及对获证单位的重点扶持。

⑥ 有利于法律法规的实施。

(2) 质量管理体系认证的程序

① 申请。企业在确定需要实施质量管理体系后，可以提交申请材料至第三方认证机构，提交的材料有申请文件，还包括质量手册和程序文件等，第三方机构接收申请材料后决定是否受理申请，并通知企业。

② 认证审核。认证机构首先对企业提交的材料进行书面审核，将有误或者不完善的地方传达给企业，企业修改后的文件审核通过后便可进入下一阶段即现场审核。现场审核的内容主要包括举行会议并宣布审核程序；听取企业负责人管理者代表等对质量管理体系实施的认识和汇报；抽检各部门对质量管理体系实施的质量记录并对部门进行质量活动过程的审核；深入现场对企业操作层面的工序、质量数据等审核，看是否与标准匹配；总结审核发现的问题并提出改进建议，要求企业进行整改；整改后再次评审，并提交审核报告。

③ 审批与注册发证。体系认证机构根据审核报告，经审批决定是否批准认证。审批通过，则对企业颁发质量管理体系认证证书，并将企业有关情况公示。证书有效期为 3 年。

(3) 质量管理体系维持与监督管理

在证书的有效期内(3 年)，企业需要定期进行内审，内审的目的是使得质量管理体系根据实施的情况进行改进，不断完善。除内审外，认证机构一般每年会对企业进行至少一次的监督审核，查证组织有关质量管理体系的保持情况。监督的主要内容有：

① 企业通报。通过认证的企业在质量管理体系出现重大变化时，应及时通报认证机构，认证机构接到通报后应采取必要的监督检查。

② 监督检查。监督检查是指认证机构对获得认证的企业进行定期和不定期的检查。

③ 认证注销。认证注销是企业的自愿行为，可以在认证有效期内注销，也可以在有效期满后不提出申请而注销。

④ 认证暂停。认证暂停是警告性措施。当企业发生不符合认证要求的情况时，认证机构有权对企业认证暂停，暂停期间企业不得用证书进行宣传。企业在规定时间内改正错误并满足认证要求时，认证机构撤销暂停；如果仍然不能满足要求，则将撤销企业认证注册，收回认证证书。

⑤ 认证撤销。当获得认证的机构质量管理体系严重不符合认证标准，或在认证暂停时未对偏差进行纠正，认证机构可做撤销认证证书的决定。撤销认证的企业一年后可重新提出认证申请。

⑥ 复评。认证合格有效期满前，如企业愿继续延长，可向认证机构提出复评申请。

⑦ 重新换证。在认证证书有效期内,出现体系认证标准变更、体系认证范围变更、体系认证证书持有者变更,可按规定重新换证。

5.2 建设工程项目参与各方的质量责任和义务

建筑工程项目的建设单位、勘察单位、设计单位、施工单位、工程监理单位都要依法对建设工程质量负责。

【案例分析 2】 某承包单位在自购钢筋进场之前按要求向专业监理工程师提交了合格证,在监理员的见证下取样,送样进行复检,结果合格,专业监理工程师经审查同意该批钢筋进场使用;但在隐蔽验收时,发现承包单位未做钢筋焊接试验,故专业监理工程师责令承包单位在监理人员见证下取样送检,试验结果发现钢筋母材不合格;经过对钢筋的重新检验,最终确认该批钢筋不合格。监理工程师随即发出不合格项目通知,要求承包单位拆除不合格钢筋,同时报告了业主代表。承包单位以本批钢筋已经监理人员验收为由,不同意拆除,并提出若拆除,应延长工期 8 天、补偿直接损失 10 万元人民币。业主认为监理有责任,要求监理单位按委托监理合同约定的比例赔偿业主损失 3 000 元。

【问题】 该事件中应由哪一方承担质量责任?业主对监理单位提出赔偿要求是否合理,为什么?监理工程师对承包单位的索赔要求应如何处理,为什么?

5.2.1 建设单位的质量责任和义务

建设单位应当将工程发包给具有相应资质等级的单位。建设单位不得将建设工程肢解发包。

建设单位应当依法对工程建设项目的勘察、设计、施工、监理以及与工程建设有关的重要设备、材料等的采购进行招标。

建设单位必须向有关的勘察、设计、施工、工程监理等单位提供与建设工程有关的原始资料。原始资料必须真实、准确、齐全。

建设工程发包单位,不得迫使承包方以低于成本的价格竞标,不得任意压缩合理工期。建设单位不得明示或者暗示设计单位或者施工单位违反工程建设强制性标准,降低建设工程质量。

施工图设计文件审查的具体办法,由国务院建设行政主管部门、国务院其他有关部门制定。施工图设计文件未经审查批准的,不得使用。

实行监理的建设工程,建设单位应当委托具有相应资质等级的工程监理单位进行监理,也可以委托具有工程监理相应资质等级并与被监理工程的施工承包单位没有隶属关系或者其他利害关系的该工程的设计单位进行监理。下列建设工程必须实行监理:

(1) 国家重点建设工程。
(2) 大中型公用事业工程。
(3) 成片开发建设的住宅小区工程。

(4) 利用外国政府或者国际组织贷款、援助资金的工程。

(5) 国家规定必须实行监理的其他工程。

建设单位在开工前,应当按照国家有关规定办理工程质量监督手续,工程质量监督手续可以与施工许可证或者开工报告合并办理。

按照合同约定,由建设单位采购建筑材料、建筑构配件和设备的,建设单位应当保证建筑材料、建筑构配件和设备符合设计文件和合同要求。建设单位不得明示或者暗示施工单位使用不合格的建筑材料、建筑构配件和设备。

涉及建筑主体和承重结构变动的装修工程,建设单位应当在施工前委托原设计单位或者具有相应资质等级的设计单位提出设计方案;没有设计方案的,不得施工。房屋建筑使用者在装修过程中,不得擅自变动房屋建筑主体和承重结构。

建设单位收到建设工程竣工报告后,应当组织设计、施工、工程监理等有关单位进行竣工验收。建设工程竣工验收应当具备下列条件:

(1) 完成建设工程设计和合同约定的各项内容。

(2) 有完整的技术档案和施工管理资料。

(3) 有工程使用的主要建筑材料、建筑构配件和设备的进场试验报告。

(4) 有勘察、设计、施工、工程监理等单位分别签署的质量合格文件。

(5) 有施工单位签署的工程保修书。建设工程经验收合格的,方可交付使用。

建设单位应当严格按照国家有关档案管理的规定,及时收集、整理建设项目各环节的文件资料,建立、健全建设项目档案,并在建设工程竣工验收后,及时向建设行政主管部门或者其他有关部门移交建设项目档案。

5.2.2 勘察、设计单位的质量责任和义务

从事建设工程勘察、设计的单位应当依法取得相应等级的资质证书,并在其资质等级许可的范围内承揽工程。禁止勘察、设计单位超越其资质等级许可的范围或者以其他勘察、设计单位的名义承揽工程。禁止勘察、设计单位允许其他单位或者个人以本单位的名义承揽工程。勘察、设计单位不得转包或者违法分包所承揽的工程。

勘察、设计单位必须按照工程建设强制性标准进行勘察、设计,并对其勘察、设计的质量负责。注册建筑师、注册结构工程师等注册执业人员应当在设计文件上签字,对设计文件负责。

勘察单位提供的地质、测量、水文等勘察成果必须真实、准确。

设计单位应当根据勘察结果文件进行建设工程设计。设计文件应当符合国家规定的设计深度要求,注明工程合理使用年限。

设计单位在设计文件中选用的建筑材料、建筑构配件和设备,应当注明规格、型号、性能等技术指标,其质量要求必须符合国家规定的标准。除有特殊要求的建筑材料、专用设备、工艺生产线等外,设计单位不得指定生产厂、供应商。

设计单位应当就审查合格的施工图设计文件向施工单位作出详细说明。

设计单位应当参与建设工程质量事故分析,并对因设计造成的质量事故,提出相应的技术处理方案。

5.2.3 施工单位的质量责任和义务

施工单位应当依法取得相应等级的资质证书,并在其资质等级许可的范围内承揽工程。禁止施工单位超越本单位资质等级许可的业务范围或者以其他施工单位的名义承揽工程。禁止施工单位允许其他单位或者个人以本单位的名义承揽工程。施工单位不得转包或者违法分包工程。

施工单位对建设工程的施工质量负责。施工单位应当建立质量责任制,确定工程项目的项目经理、技术负责人和施工管理负责人。建设工程实行总承包的,总承包单位应当对全部建设工程质量负责;建设工程勘察、设计、施工、设备采购的一项或者多项实行总承包的,总承包单位应当对其承包的建设工程或者采购的设备的质量负责。

总承包单位依法将建设工程分包给其他单位的,分包单位应当按照分包合同的约定对其分包工程的质量向总承包单位负责,总承包单位与分包单位对分包工程的质量承担连带责任。

施工单位必须按照工程设计图纸和施工技术标准施工,不得擅自修改工程设计,不得偷工减料。施工单位在施工过程中发现设计文件和图纸有差错的,应当及时提出意见和建议。

施工单位必须按照工程设计要求、施工技术标准和合同约定,对建筑材料、建筑构配件、设备和商品混凝土进行检验,检验应当有书面记录和专人签字;未经检验或者检验不合格的,不得使用。

施工单位必须建立、健全施工质量的检验制度,严格工序管理,做好隐蔽工程的质量检查工作并做记录。隐蔽工程在隐蔽前,施工单位应当通知建设单位和建设工程质量监督机构。

施工人员对涉及结构安全的试块、试件以及有关材料,应当在建设单位或者工程监理单位监督下现场取样,并送具有相应资质等级的质量检测单位进行检测。

施工单位对施工中出现质量问题的建设工程或者竣工验收不合格的建设工程,应当负责返修。

施工单位应当建立、健全教育培训制度,加强对职工的教育培训。未经教育培训或者考核不合格的人员,不得上岗作业。

5.2.4 工程监理单位的质量责任和义务

工程监理单位应当依法取得相应等级的资质证书,并在其资质等级许可的范围内承担工程监理业务。禁止工程监理单位超越本单位资质等级许可的范围或者以其他工程监理单位的名义承担工程监理业务。禁止工程监理单位允许其他单位或者个人以本单位的名义承担工程监理业务。工程监理单位不得转让工程监理业务。

工程监理单位与被监理工程的施工承包单位以及建筑材料、建筑构配件和设备供应单位有隶属关系或者其他利害关系的,不得承担该项建设工程的监理业务。

工程监理单位应当依照法律、法规以及有关技术标准、设计文件和建设工程承包合同,代表建设单位对施工质量实施监理,并对施工质量承担监理责任。

工程监理单位应当选派具备相应资格的总监理工程师和监理工程师进驻施工现场。未经监理工程师签字,建筑材料、建筑构配件和设备不得在工程上使用或者安装,施工单位不得进行下一道工序的施工。未经总监理工程师签字,建设单位不拨付工程款,不进行竣工验收。

监理工程师应当按照工程监理规范的要求,采取旁站、巡视和平行检验等形式,对建设工程实施监理。

【案例分析2解析】 (1)承包单位应承担质量责任,因为承包单位购进了不合格材料;监理单位不承担质量责任,因为监理机构没有违背《建筑法》和《建设工程质量管理条例》有关监理单位质量责任的规定。

(2)业主对监理单位提出赔偿要求不合理,因为其质量责任不在监理单位,且也没有给业主造成直接损失。

(3)监理工程师不同意承包单位的索赔要求,因为承包单位采购了不合格材料,尽管此批钢筋已经监理工程师检验,但根据建设工程施工合同的约定,不论工程师是否参加了验收,当其对某部分的工程质量有怀疑时,有权要求承包人重新检验。如检验合格,发包人承担由此发生的全部合同价款,赔偿承包人损失,并相应顺延工期;如检验不合格,承包人承担发生的全部费用,工期不予顺延。

5.3 建设工程项目质量控制

建设工程项目的施工质量控制,有两个方面的含义:一是指建设工程项目施工单位的施工质量控制,包括总承包、分包单位,综合的和专业的施工质量控制;二是指广义的施工阶段建设工程项目质量控制,即除了施工单位的施工质量控制外,还包括业主、设计单位、监理单位以及政府质量监督机构,在施工阶段对建设工程项目施工质量所实施的监督管理和控制职能。因此,从建设工程项目管理的角度,应全面理解施工质量控制的内涵,掌握建设工程项目施工阶段质量控制的目标、依据与基本环节,以及施工质量计划的编制,施工生产要素、施工准备工作和施工作业过程的质量控制方法。

5.3.1 项目施工质量控制概述

【案例分析3】 某监理单位与业主签订了某工程材料质量的监理合同,在监理过程中发现一些问题:(1)该工程的主要材料进场后直接运输到使用地;(2)工程中所用的钢筋混凝土构件没有厂家的批号和出厂合格证;(3)高压电缆、电压绝缘材料没有进行耐压试验;(4)过期受潮的水泥、锈蚀的钢筋用于重要部位;(5)水泥搅拌后,由于某些原因,未使用完,第二天继续使用。

【问题】 以上各项材料的质量问题,监理工程师应如何处理?

1) 项目施工质量控制内容划分

工程项目施工阶段的质量控制从不同的角度来描述,可以有不同的划分,企业可根据自己的侧重点不同采用适合自己的划分方法。主要有以下4种:

(1) 按工程项目施工质量管理主体划分：建设方的质量控制、施工方的质量控制和监理方的质量控制。

(2) 按工程项目施工各个阶段划分：施工准备阶段质量控制、施工阶段质量控制和竣工验收阶段质量控制。

(3) 按工程项目各工程划分：地基与基础工程的质量控制、主体结构工程的质量控制、屋面工程的质量控制、安装工程的质量控制和装饰装修工程的质量控制。

(4) 按工程项目施工因素划分：材料因素的质量控制、人员因素的质量控制、设备因素的质量控制、方案因素的质量控制和环境因素的质量控制。

2）项目施工质量控制的目标

工程施工是实现工程设计意图形成工程实体的阶段，是最终形成工程产品质量和项目使用价值的重要阶段。建设工程项目施工阶段的质量控制是整个工程项目质量控制的关键环节，是从对投入原材料的质量控制开始，直到完成工程竣工验收和交工后服务的系统过程，分施工准备、施工、竣工验收和回访服务4个阶段。

建设工程项目施工质量控制的总目标，是实现由建设工程项目决策、设计文件和施工合同所决定的预期使用功能和质量标准。建设单位、设计单位、施工单位、供货单位和监理单位等单位虽然在施工阶段质量控制的地位、任务和目标不同，但从建设工程项目管理的角度来看，都是致力于实现建设工程项目的质量总目标。

施工阶段质量控制目标可具体表述如下：

(1) 建设单位的控制目标。建设单位在施工阶段，通过对施工全过程、全面的质量监督管理，保证整个施工过程及其成果达到项目决策所规定的质量标准。

(2) 设计单位的控制目标。设计单位在施工阶段，通过对关键部位和重要分部分项工程施工质量验收签证、设计变更控制及纠正施工中所发现的设计问题，采纳变更设计的合理化建议等，保证竣工项目的各项施工成果与设计文件（包括变更文件）所规定的质量标准相一致。

(3) 施工单位的控制目标。施工单位包括施工总承包和分包单位，作为建设工程产品的生产者，应根据施工合同的任务范围和质量要求，通过全过程、全面的施工质量自控，保证最终交付满足施工合同及设计文件所规定质量标准（含建设工程质量创优要求）的建设工程产品。我国建设工程质量管理条例规定，施工单位对建设工程的施工质量负责；分包单位应当按照分包合同的约定对其分包工程的质量向总承包单位负责，总承包单位与分包单位对分包工程的质量承担连带责任。

(4) 供货单位的控制目标。建筑材料、设备、构配件等供应厂商，应按照采购供货合同约定的质量标准提供货物及其合格证明，包括检验试验单据、产品规格和使用说明书，以及其他必要的数据和资料，并对其产品质量负责。

(5) 监理单位的控制目标。建设工程监理单位在施工阶段，通过审核施工单位的施工质量文件、报告报表，采取现场旁站、巡视、平行检验等形式进行施工过程质量监理，并应用施工指令和结算支付控制等手段，监控施工承包单位的质量活动行为，协调施工关系，正确履行对工程施工质量的监督责任，以保证工程质量达到施工合同和设计文件所规定的质量标准。我国《建筑法》规定，建设工程监理人员认为工程施工不符合工程设计要求、施工技术标准和合同约定的，有权要求建筑施工企业改正。

施工质量的自控和监控是相辅相成的系统过程。自控主体的质量意识和能力是关键,是施工质量的决定因素;各监控主体所进行的施工质量监控是对自控行为的推动和约束。

因此,自控主体必须正确处理自控和监控的关系,在致力于施工质量自控的同时,还必须接受来自业主、监理等方面对其质量行为和结果所进行的监督管理,包括质量检查、评价和验收。自控主体不能因为监控主体的存在和监控职能的实施而减轻或免除其质量责任。

【案例分析3解析】(1)对用于工程的主要材料,进场时必须具有正式的出厂合格证和材质化验单,经验证后方可使用。

(2)工程中所有各种构件必须具有厂家批号和出厂合格证。钢筋混凝土构件均应按规定的方法进行抽样检验。

(3)高压电缆、电压绝缘材料要进行耐压试验。

(4)过期受潮的水泥、锈蚀的钢筋要降级使用,绝不允许用于重要工程或重要部位。

(5)不能使用非当天的水泥拌和物。

3)施工质量控制的基本环节

施工质量控制应贯彻全面、全过程质量管理的思想,运用动态控制原理,进行质量的事前控制、事中控制和事后控制。

(1)事前质量控制。事前质量控制指在正式施工前进行的事前主动质量控制。其通过编制施工质量计划,明确质量目标,制定施工方案,设置质量管理点,落实质量责任,分析可能导致质量目标偏离的各种影响因素,并针对这些影响因素制定有效的预防措施,防患于未然。

事前质量预控必须充分发挥组织的技术和管理方面的整体优势,把长期形成的先进技术、管理方法和经验智慧,创造性地应用于工程项目。

事前质量预控要求针对质量控制对象的控制目标、活动条件、影响因素进行周密分析,找出薄弱环节,制定有效的控制措施和对策。

(2)事中质量控制。事中质量控制指在施工质量形成过程中,对影响施工质量的各种因素进行全面的动态控制。事中质量控制也称作业活动过程质量控制,包括质量活动主体的自我控制和他人监控的控制方式。自我控制是第一位的,即作业者在作业过程中对自己质量活动行为的约束和技术能力的发挥,以完成符合预定质量目标的作业任务;他人监控是指作业者的质量活动过程和结果,接受来自企业内部管理者和企业外部有关方面的检查检验,如工程监理机构、政府质量监督部门等的监控。

事中质量控制的目标是确保工序质量合格,杜绝质量事故发生;控制的关键是坚持质量标准;控制的重点是工序质量、工作质量和质量控制点的控制。

(3)事后质量控制。事后质量控制也称为事后质量把关,以使不合格的工序或最终产品(包括单位工程或整个工程项目)不流入下道工序、不进入市场。事后控制包括对质量活动结果的评价、认定,对工序质量偏差的纠正,对不合格产品进行整改和处理。控制的重点是发现施工质量方面的缺陷,并通过分析提出施工质量改进的措施,保持质量处于受控状态。

以上三大环节不是互相孤立和截然分开的,它们共同构成有机的系统过程,实质上也就是质量管理PDCA循环的具体化,在每一次滚动循环中不断提高,达到质量管理和质量控制的持续改进。

4）项目施工质量控制的依据

（1）工程合同文件。工程施工承包合同文件中分别规定了参与建设各方在质量控制方面的权利和义务，有关各方必须履行在合同中的承诺。

（2）工程项目设计文件。经过集体会审的设计图纸和设计文件，是指导施工的直接依据。"按图施工"是施工阶段质量控制的一项重要原则，因此，经过批准的设计图纸和技术说明书等设计文件，无疑是质量控制的重要依据。

（3）国家及政府有关部门颁布的有关质量方面的法律、法规。有关工程质量方面的法律、法规性文件很多，以建筑工程为例，有：《中华人民共和国建筑法》(1997年中华人民共和国主席令第91号公布)；《建设工程质量管理条例》(2000年中华人民共和国国务院令第279号公布)；2001年4月建设部发布的《建筑业企业资质管理规定》等。

（4）有关质量检验和控制的专门技术法规性文件。这类文件一般是针对不同行业、不同的质量控制对象而制定的技术法规性的文件，包括各种有关的标准、规范、规程或规定。技术标准有国际标准、国家标准、行业标准、地方标准和企业标准之分，它们是建立和维护正常的生产和工作秩序应遵守的准则，也是衡量工程、设备和材料质量的尺度。概括说来，属于这类专门的技术法规性的依据主要有以下4类：

① 工程项目施工质量验收标准，这类标准主要是由国家或部委统一制定的，用以作为检验和验收工程项目质量水平所依据的技术法规性文件。例如，评定建筑工程质量验收的《建筑工程施工质量验收统一标准》(GB 50300—2001)、《混凝土结构工程施工质量验收规范》(GB 50204—2002)等。对于其他行业，如铁路、公路、水利、电力、交通等工程项目的质量验收，也有与之类似的相应的质量验收标准。

② 有关工程材料、半成品和构配件质量控制方面的专门技术法规性依据：a.有关材料及其制品质量的技术标准，如水泥、木材及其制品、钢材、砖瓦、砌块、石材、石灰、砂、玻璃陶瓷及其制品、涂料、保温及吸声材料、防水材料、塑料制品、建筑五金、电缆电线、绝缘材料以及其他材料或制品的质量标准；b.有关材料或半成品等的取样、试验等方面的技术标准或规程，如木材的热处理力学试验方法总则、钢材的机械及工艺试验取样法、水泥安定性检验方法等；c.有关材料验收、包装、标志方面的技术标准和规定，如型钢的验收、包装、标志及质量证明书的一般规定，钢管验收、包装、标志及质量证明书的一般规定等。

③ 控制施工作业活动质量的技术规程，例如电焊操作规程、砌砖操作规程、混凝土施工操作规程等。

④ 凡采用新工艺、新技术、新材料的工程，事先应进行试验，并应有权威性技术部门的技术鉴定书及有关的质量数据、指标，在此基础上制定有关的质量标准和施工工艺规程，以此作为判断与控制质量的依据。

5.3.2 施工质量计划的编制

【案例分析4】 某建筑施工总承包特级企业A公司中标一大型商务写字楼工程，该工程地上86层，地下5层，结构为钢-混凝土混合结构。精装修工程为建设单位指定分包施工，由B装修公司完成。

施工过程中发生如下事件:

事件一:监理单位要求 A 中标单位上报施工项目质量计划,施工单位项目总工程师依据项目设计图纸以及业主对于工程质量创优的要求,召集项目全体技术、质量等有关管理人员,编制了该项目的质量计划。

事件二:该工程质量计划包含以下内容:(1)编制依据;(2)项目概况;(3)项目质量管理体系;(4)产品实现。监理工程师认为质量计划内容严重缺项,要求整改。

事件三:总承包单位在质量计划书中对自行施工的工作内容作了详细的规划,并建立了项目质量责任制和考核办法。监理工程师认为内容不完整,要求整改。

事件四:竣工验收时发现装修存在质量问题,业主要求 A 公司整改,A 公司认为部分为 B 公司施工,且 B 公司为业主指定分包,与 A 公司无关。

【问题】 (1)指出事件一中不妥之处,并分别说明正确做法。
(2)事件二中,项目质量计划还应补充哪些内容?
(3)指出事件三中不妥之处,并说明理由。
(4)指出事件四中不妥之处,并说明理由。

1) 施工质量计划的形式和内容

质量计划是质量管理体系标准中的一个质量术语和职能,在建筑施工企业的质量管理体系中,以施工项目为对象的质量计划称为施工质量计划。

(1)施工质量计划的形式。目前,我国除了已经建立质量管理体系的施工企业直接采用施工质量计划的形式外,通常还采用在工程项目施工组织设计或施工项目管理实施规划中包含质量计划内容的形式,因此,现行的施工质量计划有 3 种形式:①工程项目施工质量计划;②工程项目施工组织设计(含施工质量计划);③施工项目管理实施规划(含施工质量计划)。

施工组织设计或施工项目管理实施规划之所以能发挥施工质量计划的作用,是因为根据建筑生产的技术经济特点,每个工程项目都需要进行施工生产过程的组织与计划,包括施工质量、进度、成本、安全等目标的设定,实现目标的计划和控制措施的安排等。因此,施工质量计划所要求的内容,理所当然地被包含于施工组织设计或项目管理实施规划中,而且能够充分体现施工项目管理目标(质量、工期、成本、安全)的关联性、制约性和整体性,这也和全面质量管理的思想方法相一致。

(2)施工质量计划的基本内容。在已经建立质量管理体系的情况下,质量计划的内容必须全面体现和落实企业质量管理体系文件的要求(也可引用质量体系文件中的相关条文),编制程序、内容和编制依据符合有关规定,同时结合本工程的特点,在质量计划中编写专项管理要求。

施工质量计划的基本内容一般应包括:①工程特点及施工条件(合同条件、法规条件和现场条件等)分析;②质量总目标及其分解目标;③质量管理组织机构和职责,人员及资源配置计划;④确定施工工艺与操作方法的技术方案和施工组织方案;⑤施工材料、设备等物资的质量管理及控制措施;⑥施工质量检验、检测、试验工作的计划安排及其实施方法与接收准则;⑦施工质量控制点及其跟踪控制的方式与要求;⑧质量记录的要求等。

2）施工质量计划的编制与审批

建设工程项目施工任务的组织，无论业主方采用平行发包还是总分包方式，都将涉及多方参与主体的质量责任。也就是说，建筑产品的直接生产过程，是在协同方式下进行的。因此，在工程项目质量控制系统中，要按照谁实施、谁负责的原则，明确施工质量控制的主体构成及其各自的控制范围。

（1）施工质量计划的编制主体。施工质量计划应由自控主体即施工承包企业进行编制。在平行发包方式下，各承包单位应分别编制施工质量计划；在总分包模式下，施工总承包单位应编制总承包工程范围的施工质量计划；各分包单位编制相应分包范围的施工质量计划，作为施工总承包方质量计划的深化和组成部分。施工总承包方有责任对各分包方施工质量计划的编制进行指导和审核，并承担相应施工质量的连带责任。

（2）施工质量计划涵盖的范围。施工质量计划涵盖的范围，按整个工程项目质量控制的要求，应与建筑安装工程施工任务的实施范围相一致，以此保证整个项目建筑安装工程的施工质量总体受控；对具体施工任务承包单位而言，施工质量计划涵盖的范围，应能满足其履行工程承包合同质量责任的要求。建设工程项目的施工质量计划，应在施工程序、控制组织、控制措施、控制方式等方面，形成一个有机的质量计划系统，确保实现项目质量总目标和各分解目标的控制能力。

（3）施工质量计划的审批。施工单位的项目施工质量计划或施工组织设计文件编成后，应按照工程施工管理程序进行审批，包括施工企业内部的审批和项目监理机构的审查。

① 企业内部的审批。施工单位的项目施工质量计划或施工组织设计的编制与内部审批，应根据企业质量管理程序性文件规定的权限和流程进行。通常是由项目经理部主持编制，报企业组织管理层批准。

施工质量计划或施工组织设计文件的内部审批过程，是施工企业自主技术决策和管理决策的过程，也是发挥企业职能部门与施工项目管理团队智慧和经验的过程。

② 监理工程师的审查。实施工程监理的施工项目，按照我国建设工程监理规范的规定，施工承包单位必须填写《施工组织设计（方案）报审表》并附施工组织设计（方案），报送项目监理机构审查。规范规定项目监理机构"在工程开工前，总监理工程师应组织专业监理工程师审查承包单位报送的施工组织设计（方案）报审表，提出意见，并经总监理工程师审核、签认后报建设单位"。

（4）审批关系的处理原则。正确执行施工质量计划的审批程序，是正确理解工程质量目标和要求，保证施工部署、技术工艺方案和组织管理措施的合理性、先进性和经济性的重要环节，也是进行施工质量事前预控的重要方法。因此，在执行审批程序时，必须正确处理施工企业内部审批和监理工程师审批的关系，其基本原则如下：

① 充分发挥质量自控主体和监控主体的共同作用，在坚持项目质量标准和质量控制能力的前提下，正确处理承包人利益和项目利益的关系；施工企业内部的审批首先应从履行工程承包合同的角度，审查实现合同质量目标的合理性和可行性，以项目质量计划向发包方提供可信任的依据。

② 施工质量计划在审批过程中，对监理工程师审查所提出的建议、希望、要求等意见是否采纳以及采纳的程度，应由负责质量计划编制的施工单位自主决策。在满足合同和相关法规

要求的情况下,确定质量计划的调整、修改和优化,并对相应执行结果承担责任。

③ 经过按规定程序审查批准的施工质量计划,在实施过程中如因条件变化需要对某些重要决定进行修改时,其修改内容仍应按照相应程序经过审批后才可执行。

【案例分析 4 解析】 (1) 不妥之处:

① 施工单位项目总工程师主持编制了该项目的质量计划。

② 仅依据项目设计图纸以及业主对于工程质量创优的要求来编写。

正确做法:

① 应由施工单位项目经理主持编制该项目的质量计划。

② 应依据工程承包合同、设计图纸及相关文件;企业和项目经理部的质量管理体系文件及其要求;国家和地方相关的法律、法规、技术标准、规范,有关施工操作规程;施工组织设计、专项施工方案及项目计划来编写。

(2) 还应补充:质量目标,项目资源管理,测量、分析和改进,文件和记录的控制,创优措施,项目质量计划的管理。

(3) 不妥之处:质量计划书中仅对自行施工的工作内容做了详细的规划。

理由:建设单位指定分包的质量管理与总承包单位有连带责任,过程质量管理应纳入总承包管理范围。

(4) 不妥之处:A 公司认为此部分为 B 公司施工,且 B 公司为业主指定分包,与 A 公司无关。

理由:承包人应对分包人的工程质量向发包人承担连带责任,所以 A 公司应对装修质量承担连带责任。

5.3.3 生产要素的质量控制

施工生产要素是施工质量形成的物质基础,其质量的含义包括:作为劳动主体的施工人员,即直接参与施工的管理者、作业者的素质及其组织效果;作为劳动对象的建筑材料、半成品、工程用品、设备等的质量;作为劳动方法的施工工艺及技术措施的水平;作为劳动手段的施工机械、设备、工具、模具等的技术性能;施工环境——现场水文、地质、气象等自然环境,通风、照明、安全等作业环境以及协调配合的管理环境。

【案例分析 5】 高新区某 8 层框架结构办公楼工程,采用公开招标的方式选定 A 公司作为施工总承包。施工合同中双方约定钢筋、水泥等主材由业主供应,其他结构材料及装饰装修材料均由总承包负责采购。施工过程中,发生了如下事件:

事件一:钢筋第一批进场时,供货商只提供了出厂合格证,业主指令总承包对该批钢筋进行进场验证,总承包单位对钢材的品种、型号、见证取样进行了质量验证,对钢筋的屈服强度、抗拉强度进行了复试。监理单位提出了意见。

事件二:袋装水泥第一批进场了 300 t,水泥为同一生产厂家、同一等级、同一品种、同一批号。业主指令总承包进行进场复试,总承包单位对水泥的抗折强度、抗压强度进行了一组复试。复试合格后,总承包方直接安排投入使用。使用过程中,水泥出现了质量问题。建设单位认为是总承包单位做的复试,质量责任应由总承包单位负责。监理单位下达了停工令。

事件三:总承包单位按《建设工程质量管理条例》(国务院令第 279 条)规定,对商品混凝土、砂石、砌墙材料、石材、胶合板实行备案证明管理。

事件四：总承包单位依据质量稳定、履约能力强的原则选择了建筑外墙金属窗、塑料窗生产厂家，并进行了抗风压性能复试。

【问题】（1）指出事件一中不妥之处，并分别说明正确做法。

（2）指出事件二中不妥之处，并分别说明正确做法。

（3）事件三中，实行备案证明管理的材料还应有哪些？

（4）指出事件四中不妥之处，并分别说明正确做法。

1）施工人员的质量控制

施工人员的质量包括参与工程施工各类人员的施工技能、文化素养、生理体能、心理行为等方面的个体素质及经过合理组织和激励发挥个体潜能综合形成的群体素质。因此，企业应通过择优录用、加强思想教育及技能方面的教育培训，合理组织、严格考核，并辅以必要的激励机制，使企业员工的潜在能力得到充分的发挥和最好的组合，使施工人员在质量控制系统中发挥主体自控作用。

施工企业必须坚持执业资格注册制度和作业人员持证上岗制度；对所选派的施工项目领导者、组织者进行教育和培训，使其质量意识和组织管理能力能满足施工质量控制的要求；对所属施工队伍进行全员培训，加强质量意识的教育和技术训练，提高每个作业者的质量活动能力和自控能力；对分包单位进行严格的资质考核和施工人员的资格考核，其资质、资格必须符合相关法规的规定，与其分包的工程相适应。

2）材料设备的质量控制

原材料、半成品及工程设备是工程实体的构成部分，其质量是工程项目实体质量的基础，加强原材料、半成品及工程设备的质量控制，不仅是提高工程质量的必要条件，也是实现工程项目投资目标和进度目标的前提。

对原材料、半成品及工程设备进行质量控制的主要内容：控制材料设备的性能、标准、技术参数与设计文件的相符性；控制材料、设备各项技术性能指标、检验测试指标与标准规范要求的相符性；控制材料、设备进场验收程序的正确性及质量文件资料的完备性；控制优先采用节能低碳的新型建筑材料和设备，禁止使用国家明令禁用或淘汰的建筑材料和设备等。

施工单位应在施工过程中贯彻执行企业质量程序文件中关于材料和设备封样、采购、进场检验、抽样检测及质保资料提交等方面明确规定的一系列控制标准。

3）施工机械的质量控制

施工机械是指施工过程中使用的各类机械设备，包括起重运输设备、人货两用电梯、加工机械、操作工具、测量仪器、计量器具以及专用工具和施工安全设施等。施工机械设备是所有施工方案和工法得以实施的重要物质基础，合理选择和正确使用施工机械设备是保证施工质量的重要措施。

（1）对施工所用的机械设备，应根据工程需要从设备选型、主要性能参数及使用操作要求等方面加以控制，符合安全、适用、经济、可靠和节能、环保等方面的要求。

（2）对施工中使用的模具、脚手架等施工设备，自主按适用的标准定型选用外，一般需按设计及施工要求进行专项设计,对其设计方案、制作质量的控制及验收应作为重点进行控制。

(3) 按现行施工管理制度要求,工程所用的施工机械、模板、脚手架,特别是危险性较大的现场安装的起重机械设备,不仅要对其设计安装方案进行审批,而且安装完毕交付使用前必须经专业管理部门验收,合格后方可使用。同时,在使用过程中尚需落实相应的管理制度,以确保其安全正常使用。

4) 工艺方案的质量控制

施工工艺的先进合理是直接影响工程质量、工程进度及工程造价的关键因素,施工工艺的合理可靠也直接影响到工程施工安全。因此,在工程项目质量控制系统中,制定和采用技术先进、经济合理、安全可靠的施工技术工艺方案,是工程质量控制的重要环节。对施工工艺方案的质量控制主要包括以下内容:

(1) 深入分析工程特征、技术关键及环境条件等资料,明确质量目标、验收标准、控制的重点和难点。

(2) 制定合理有效的有针对性的施工技术方案和组织方案,前者包括施工工艺、施工方法,后者包括施工区段划分、施工流向及劳动组织等。

(3) 合理选用施工机械设备和施工临时设施,合理布置施工总平面图和各阶段施工平面图。

(4) 选用和设计保证质量、安全的模具、脚手架等施工设备。

(5) 编制工程所采用的新材料、新技术、新工艺的专项技术方案和质量管理方案。

(6) 针对工程具体情况,分析气象、地质等环境因素对施工的影响,制定应对措施。

5) 施工环境因素的控制

环境的因素主要包括施工现场自然环境因素、施工质量管理环境因素和施工作业环境因素。环境因素对工程质量的影响,具有复杂多变和不确定性的特点。要消除其对施工质量的不利影响,主要是采取预测预防的控制方法。

(1) 对施工现场自然环境因素的控制。对地质、水文等方面影响因素,应根据设计要求,分析工程岩土地质资料,预测不利因素,并会同设计等方面制定相应的措施,采取如基坑降水、排水、加固围护等技术控制方案;对天气气象方面的影响因素,应在施工方案中制定专项预案,明确在不利条件下的施工措施,落实人员、器材等方面的准备以应对紧急情况,从而控制其对施工质量的不利影响。

(2) 对施工质量管理环境因素的控制。施工质量管理环境因素主要指施工单位质量保证体系、质量管理制度和各参建施工单位之间的协调等因素。要根据工程承发包的合同结构,理顺管理关系,建立统一的现场施工组织系统和质量管理的综合运行机制,确保质量保证体系处于良好状态,创造良好的质量管理环境和氛围,使施工顺利进行,保证施工质量。

(3) 对施工作业环境因素的控制。施工作业环境因素主要是指施工现场的给水排水条件,各种能源介质供应,施工照明、通风、安全防护设施,施工场地空间条件和通道,以及交通运输和道路条件等因素。

要认真实施经过审批的施工组织设计和施工方案,落实保证措施,严格执行相关管理制度和施工纪律,保证上述环境条件良好,使施工顺利进行并保证施工质量。

【案例分析 5 解析】 （1）不妥之处：①供货商只提供了出厂合格证；②总承包单位仅对钢材的品种、型号、见证取样进行了质量验证；③施工单位仅对钢筋的屈服强度、抗拉强度进行了复试。

正确做法：①供货商应提供出厂合格证、材质报告单；②应对钢材的品种、型号、规格、数量、外观检查和见证取样进行质量验证；③应对钢筋的屈服强度、抗拉强度、伸长率和冷弯性能进行复试。

（2）不妥之处：①总承包单位仅对水泥的抗折强度、抗压强度进行了复试；②进行了一组复试；③建设单位认为是总承包单位做的复试，质量责任应由总承包单位负责。

正确做法：①总承包单位应对水泥的抗折强度、抗压强度、安定性、凝结时间进行复试；②应进行两组复试（袋装水泥复试不超过 200 t 为一批）；③项目的验证不能取代业主对其采购物资的质量责任。

（3）还应有钢材、水泥。

（4）不妥之处：①总承包单位仅依据质量稳定、履约能力强的原则选择了建筑外墙金属窗、塑料窗生产厂家；②仅进行了抗风压性能复试。

正确做法：①总承包单位应依据质量稳定、履约能力强、信誉高、价格有竞争力的原则选择建筑外墙金属窗、塑料窗生产厂家；②应进行气密性、水密性、抗风压性能复试。

5.3.4 施工全过程的质量控制

1）施工准备阶段的质量控制

施工准备阶段的质量控制是指在正式施工前进行的质量控制活动，其重点是做好施工准备工作的同时，做好施工质量预控和对策方案。施工质量预控是指在施工阶段，预先分析施工中可能发生的质量问题和隐患及其产生的原因，采取相应的对策措施进行预先控制，以防止在施工中发生质量问题。这一阶段的控制措施包括以下几个方面：

（1）文件资料的质量控制。施工项目所在地的自然条件和技术经济条件调查资料应保证客观、真实、详尽、周密，以保证能为施工质量控制提供可靠的依据。施工组织设计文件的质量控制，应要求提出的施工顺序、施工方法和技术措施等能保证质量，同时应进行技术经济分析，尽量做到技术可行、经济合理和质量符合要求；通过设计交底、图纸会审等环节，发现、纠正和减少设计差错，从施工图纸上消除质量隐患，保证工程质量。

（2）采购和分包的质量控制。材料设备采购的质量控制包括严格按有关产品提供的程序要求操作；对供方人员资格、供方质量管理体系的要求；建立合格材料、成品和设备供应商的档案库，定期进行考核，从中选择质量、信誉最好的供应商；采购品必须具有厂家批号、出厂合格证和材质化验单，验收入库后还要根据规定进行抽样检验，对进口材料设备和重大工程、关键施工部位所用材料应全部进行检验。要在资质合格的基础上择优选择分包商；分包商合同需从生产、技术、质量、安全、物质和文明施工等方面最大限度地对分包商提出要求，条款必须清楚、内容详尽；还应对分包队伍进行技术培训和质量教育，帮助分包商提高质量管理水平；从主观和客观两方面把分包商纳入总包的系统质量管理与质量控制体系中，接受总包的组织和协调。

(3)现场准备的质量控制。建立现场项目组织机构,集结施工队伍并进行入场教育;对现场控制网、水准点、标桩的测量;拟定有关试验、试制和技术进步的项目计划;制定施工现场管理制度等。

2)施工过程的质量控制

【案例分析6】 东北某市新建一建筑面积 39 600 m² 的文化体育中心工程,地上6层,地下2层,局部埋深9 m。工程选址位于某山坡,一半基础须回填,混凝土灌注桩局部桩承台加整体筏板基础,地上钢筋混凝土框架结构。3层会议厅主梁采用预制钢筋混凝土,1 000人餐厅采用预应力混凝土梁,现场张拉。体育场中心屋盖局部为焊接钢网架上覆玻璃幕墙,其他部位局部为混凝土屋面。维护结构填充墙为小型空心砌块砌筑。地下室底板及外墙均采用P8的防水混凝土,并附加两层3 mm的SBS卷材防水,室内防水为水泥基涂抹防水,屋面防水为两层3 mm的SBS卷材防水层。某施工总承包单位中标并成立了项目部组织施工。施工过程中发生了如下事件:

事件一:项目编制了"质量计划",其中规定:土方开挖过程中,检查平面位置、水平标高,并随时观测周围的环境变化;混凝土灌注桩检查查验桩位偏差、桩顶标高、桩底沉渣厚度等是否符合设计要求和规范规定。监理工程师要求重新编制。

事件二:项目编制了"质量计划",其中规定:防水混凝土工程检查防水混凝土原材料(包括掺合料、外加剂)的出厂合格证、质量检验报告;屋面防水工程检查基层状况(包括干燥、坡度、平整度、分隔缝、转角圆弧等)、卷材铺贴(胎体增强材料铺设)的方向及顺序、附加层、搭接长度及搭接缝位置等是否符合设计和规范要求。监理工程师要求重新编制。

事件三:装饰装修工程完工后,总监理工程师组织了分部工程验收,项目部提供了工程的隐蔽工程验收记录、施工记录等质量控制资料。总监理工程师要求补充。

【问题】 (1)事件一中,土方开挖工程过程质量检查的内容还有哪些?
(2)事件一中,混凝土灌注桩检查查验的内容还有哪些?
(3)事件二中,防水混凝土工程检查的内容还有哪些?
(4)事件二中,屋面防水工程砌体工程检查的内容还有哪些?
(5)事件三中,质量控制资料检查的内容还有哪些?

工程项目的施工过程是由若干道工序组成的,因此,施工过程的控制重点就是施工工序的控制,主要包括三方面的内容:施工工序控制的要求、施工工序控制的程序和施工工序质量控制点的设置。

(1)施工工序控制的要求。工序质量是施工质量的基础,工序质量也是施工顺利进行的关键。为满足对工序质量控制的要求,在工序管理方面应做到:

① 贯彻预防为主的基本要求,设置工序质量检查点,将材料质量状况、工具设备状况、施工程序、关键操作、安全条件、新材料新工艺的应用、常见质量通病,甚至包括操作者的行为等影响因素列为控制点作为重点检查项目进行预控。

② 落实工序操作质量巡查、抽查及重要部位跟踪检查等方法,及时掌握施工质量总体状况。

③ 对工序产品、分项工程的检查应按标准要求进行目测、实测及抽样试验的程序,做好原

始记录，经数据分析后，及时做出合格或不合格的判断。

④ 对合格工序产品应及时提交监理进行隐蔽工程验收。

⑤ 完善管理过程的各项检查记录、检测资料及验收资料，作为工程验收的依据，并为工程质量分析提供可追溯的依据。

(2) 施工工序控制的程序

① 进行作业技术交底，包括作业技术要领、质量标准、施工依据、与前后工序的关系等。

② 检查施工工序、程序的合理性、科学性，防止工程流程错误而导致工序质量失控。检查内容包括：施工总体流程和具体施工作业的先后顺序，在正常情况下，要坚持先准备后施工、先深后浅、先土建后安装、先验收后交工等。

③ 检查工序施工条件，即每道工序投入的材料，使用的工具、设备及操作工艺及环境条件是否符合施工组织设计的要求。

④ 检查工序施工中人员操作程序、操作质量是否符合质量规程要求。

⑤ 检查工序施工中间产品的质量，即工序质量和分项工程质量。

⑥ 对工序质量符合要求的中间产品(分项工程)及时进行工序验收或隐蔽工程验收。

⑦ 质量合格的工序验收后可进入下道工序施工。未经验收合格的工序，不得进入下道工序施工。

(3) 施工工序质量控制点的设置。在施工过程中，为了对施工质量进行有效控制，需要找出对工序的关键或重要质量特性起支配作用的全部活动，对这些支配性要素加以重点控制。工序质量控制点就是根据支配性要素进行重点控制的要求而选择的质量控制重点部位、重点工序和重点因素。一般来讲，质量控制点是随着不同的工程项目类型和特点而不完全相同的，基本原则是选择施工过程中的关键工序、隐蔽工程、薄弱环节，对后续工序有重大影响、施工条件困难、技术难度大等的环节。表 5-1 列出了建设工程质量控制点设置的一般位置。

表 5-1 质量控制点设置的一般位置

分项工程	质量控制点
工程测量定位	标准轴线桩、水平桩、龙门定位轴线、标高
地基、基础（含设备基础）	基坑(槽)尺寸、标高、土质、地基承载力，基础垫层标高，基础位置、尺寸、标高，预埋件、预留孔洞、标高、规格、数量，基础杯口弹线
砌体	砌体轴线、皮数杆、砂浆配合比、预留洞孔、预埋件的位置、数量，砌块排列
模板	位置、标高、尺寸，预留洞孔位置、尺寸，预埋件的位置，模板的承载力、刚度和稳定性，模板内部清理及润湿情况
钢筋混凝土	水泥品种、强度等级、砂石质量，混凝土配合比，外加剂比例，混凝土振捣，钢筋品种、规格、尺寸、搭接长度，钢筋焊接、机械连接，预留洞、孔及预埋件规格、位置、尺寸、数量，预制构件吊装出厂(脱模)强度，吊装位置、标高、支承长度、焊缝长度
吊装	吊装设备的起重能力、吊具、索具、地锚
钢结构	翻样图、放大样
焊接	焊接条件、焊接工艺
装修	视具体情况而定

(4) 施工工序控制的检验

施工过程中对施工工序的质量控制效果如何,应在施工单位自检的基础上,在现场对工序施工质量进行检验,以判断工序活动的质量效果是否符合质量标准的要求。

① 抽样。对工序抽取规定数量的样品,或者确定规定数量符合的检测点。

② 实测。采用必要的检测设备和手段,对抽取的样品或确定的检测点进行检测,测定其质量性能指标或质量性能状况。现场检测的方法有目测法、量测法、试验法。

③ 分析。对检验所得繁冗数据用统计方法进行分析、整理,发现其遵循的变化规律。

④ 判断。根据对数据分析的结果,经与质量标准或规定对比,判断该工序施工的质量是否达到规定的质量标准要求。

⑤ 处理。根据对抽样检测的结论,如果符合规定的质量标准要求,可对该工序的质量予以确认;如果通过判断,发现该工序的质量不符合规定的质量标准要求,则应进一步分析产生偏差的原因,并采取相应的措施进行纠正。

3) 施工竣工阶段的质量控制

竣工验收阶段的质量控制包括最终质量检验和试验、技术资料的整理、施工质量缺陷的处理、工程竣工验收文件的编制和移交准备、产品防护和撤场计划等。

这个阶段主要的质量控制有以下要求:

(1) 最终质量检验施工项目。最终检验和试验是指对单位工程质量进行的验证,是对水利工程产品质量的最后把关,是全面考核产品质量是否满足质量控制计划预期要求的重要手段。最终检验和试验提供的结果是证明产品符合性的证据,如各种质量合格证书、材料试验检验单、隐蔽工程记录、施工记录和验收记录等。

(2) 缺陷纠正与处理。施工阶段出现的所有质量缺陷应及时予以纠正,并在纠正后要再次验证,以证明纠正的有效性。处理方案包括修补处理、返工处理、限制使用和不做处理。

(3) 资料移交。组织有关专业人员按合同要求,编制工程竣工文件,整理竣工资料及档案,并做好工程移交准备。

(4) 产品防护。在最终检验和试验合格后,对产品采取防护措施,防止部件丢失和损坏。

(5) 撤场计划。工程验收通过后,项目部应编制符合文明施工和环境保护要求的撤场计划。及时拆除、运走多余物资,按照项目规划要求恢复或平整场地,做到符合质量要求的项目整体移交。

【案例分析6解析】 (1) 土方开挖工程过程质量检查的内容还应有:①边坡坡度;②压实度;③排水和地下水控制系统。

(2) 混凝土灌注桩检查查验的内容还应有:①桩身完整性;②承载力;③垂直度;④桩径;⑤原材料;⑥混凝土配合比及强度;⑦砂浆配合比及性能指标;⑧钢筋笼制作及安装;⑨混凝土浇筑。

(3) 防水混凝土工程检查的内容还应有:①现场抽样试验报告;②配合比;③计量;④坍落度。

(4) 屋面防水工程砌体工程检查的内容还应有:①泛水的高度;②女儿墙压顶的坡向及坡度;③玛蹄脂试验报告单;④细部构造处理;⑤排气孔设置;⑥防水保护层;⑦缺陷情况;⑧隐蔽工程验收记录。

(5) 质量控制资料检查的内容还应有:①施工图;②设计说明及其他设计文件;③材料的产品合格证书;④性能检测报告;⑤进场验收记录和复验报告。

5.3.5 施工成品的质量维护

在施工过程中,交叉流水作业较多,如果对已完成的成品不采取妥善措施加以保护就会造成损伤,这样不仅会增加修补工作量、浪费工料、拖延工期,更严重的是有的损伤难以恢复到原样,成为永久性缺陷。因此,做好成品保护是关系到确保工程质量、降低工程成本、按期竣工的重要环节。

1) 施工顺序与成品保护

合理地安排施工顺序,按正确的施工流程组织施工,是进行成品保护的有效途径之一。举例如下:

(1) 坚持"先地下后地上""先深后浅"的施工顺序,就不至于破坏地下管网和道路路面。

(2) 地下管道与基础工程相配合进行施工,可避免基础完工后再打洞挖槽安装管道,影响质量和进度。

(3) 先在房心回填土后再做基础防潮层,则可保护防潮层不致受填土夯实损伤。

(4) 装饰工程采取自下而上的流水顺序,可以使房屋主体工程完成后有一定沉降期;已做好的屋面防水层,可防止雨水渗漏。这些都有利于保护装饰工程质量。

(5) 先做地面,后做顶棚、墙面抹灰,可以保护下层顶棚、墙面抹灰不致受渗水污染;但在已做好的地面上施工,需对地面加以保护。若先做顶棚、墙面抹灰,后做地面时,则要求楼板灌缝密实,以免漏水而污染墙面。

(6) 楼梯间和踏步饰面,宜在整个饰面工程完成后再自上而下进行;门窗扇的安装通常在抹灰后进行;一般先油漆,后安装玻璃。这些施工顺序,均有利于成品保护。

(7) 当采用单排外脚手砌墙时,由于砖墙上面有脚手眼,故一般情况下内墙抹灰需待同一层外粉刷完成、脚手架拆除、洞眼填补后才能进行,以免影响内墙抹灰质量。

(8) 先喷浆而后安装灯具,可避免安装灯具后又修理浆活,从而污染灯具。

(9) 当铺贴连续多跨的卷材屋面时,应按先高跨后低跨,先远(离交通进出口)后近,先天窗油漆、玻璃,后铺贴卷材屋面的顺序进行,这样可避免在铺好的卷材屋面上行走和堆放材料、工具等物,有利于保护屋面质量。

2) 成品保护措施

根据建筑产品的特点不同,可以分别对成品采取"护""包""盖""封"等保护措施,具体如下所述:

(1) 防护。即针对被保护对象的特点采取各种防护的措施。例如:对清水楼梯踏步,可以采取护棱角铁上下连接固定;对于进出口台阶可垫脚石砖或方木搭脚手板供人通过的方法来保护台阶;对于门口易碰部位,可以钉上防护条或槽型盖铁加以保护;门扇安装后可加楔固定等。

(2) 包裹。即将被保护物包裹起来,以防损伤或污染。例如:对镶面大理石柱可用立板包裹捆扎保护、铝合金门窗可用塑料布包扎保护等。

(3) 覆盖。即用表面覆盖的办法防止堵塞或损伤。例如：对地漏、落水口排水管等安装后可加以覆盖，以防异物落入而被堵塞；预制水磨石或大理石楼梯可用木板覆盖加以保护；地面可用锯末、苫布等覆盖以防喷浆等污染；其他需要防晒、防冻、保温养护等项目也相应采取适当的防护措施。

(4) 封闭。即采取局部封闭的办法进行保护。例如：垃圾道完成后可将其进口封闭起来，防止建筑垃圾堵塞通道；房间水泥地面或地面砖完成后，可将该房间局部封闭，防止人们随意进入而损害地面；房内装修完成后应加锁封闭，防止人们随意进入而受到损伤等。

总之，在工程项目施工中，必须充分重视成品保护工作。施工作业时，除合理安排施工顺序、采取有效的对策和措施外，还必须加强对成品保护工作的检查。

5.4 建设工程项目职业健康安全管理概述

【案例分析7】 某工程位于北三环和北二环之间，于2017年10月开始施工。建筑面积35 000 m^2，地下3层，地上13层，基础埋深约为12.8 m。土方和护坡由某专业基施公司组织施工。边坡支护采用桩锚体系，护坡直径600 mm，间距1 200 mm，嵌固深度约为4.5 m。锚杆按3桩2锚进行布设，锚杆长度约为18 m。基坑降水采用管井井点的方法，分3步开挖土方。施工时本应为跳打，但却采用了两孔挨着钻孔，结果造成窜孔，2根成孔灌注桩发生了塌孔事件，当场造成3人死亡，2人重伤。

【问题】 (1) 本工程这起事故可定为哪种等级的事故？
(2) 基础施工阶段，施工安全控制要点有哪些？

5.4.1 职业健康安全管理体系简介

1)《职业健康安全管理体系》GB/T 28000 标准体系

2011年12月30日，我国颁布了新的《职业健康安全管理体系》GB/T 28000 系列国家标准体系，代替了2001版的《职业健康安全管理体系》GB/T 28000，并于2012年2月1日正式实施，其结构如下：

GB/T 28001—2011《职业健康安全管理体系—要求》；

GB/T 28002—2011《职业健康安全管理体系—实施指南》。

GB/T 28000 系列标准的制定是为了满足职业健康安全管理体系评价和认证的需要。为满足组织整合质量、环境和职业健康安全管理体系的需要，GB/T 28000 系列标准考虑了与《质量管理体系—要求》GB/T 19001—2008、《环境管理体系—要求及使用指南》GB/T 24001—2004 标准的兼容性。此外，GB/T 28000 系列标准还考虑了与国际劳工组织(ILO)的《职业健康安全管理体系指南》ILO-OSH：2001 标准间的兼容性。

根据《职业健康安全管理体系—要求》(GB/T 28001—2011)的定义，职业健康安全是指影响或可能影响工作场所内的员工、临时工作人员、合同方人员、访问者或其他人员健康安全的条件和因素。

2）职业健康安全管理体系的基本结构

《职业健康安全管理体系—要求》GB/T 28001—2011 有关职业健康安全管理体系的结构图如表5-2所示。从中可以看出，该标准由"范围""规范性引用文件""术语和定义"和"职业健康安全管理体系要求"四部分组成。

表5-2 《职业健康安全管理体系—要求》的总体结构及内容

项次	体系的总体结构	基本要求和内容
1	范围	本标准提出了对职业健康安全管理体系的要求，适用于任何有愿望建立职业健康安全管理体系的组织
2	规范性引用文件	《职业健康安全管理体系—基础和术语》
		《环境管理体系—要求及使用指南》
		《职业健康安全管理体系—实施指南》
3	术语和定义	共有23项术语和定义
4	职业健康安全管理体系要求	
4.1	总要求	组织根据本标准的要求建立、实施、保持和持续改进职业健康安全管理体系
4.2	职业健康安全方针	最高管理者应确定和批准本组织的职业健康安全方针，并确保职业健康安全方针在界定的职业健康安全管理体系范围内
4.3	策划	4.3.1 危险源识别，风险评价和控制措施的确定 4.3.2 法律法规和其他要求 4.3.3 目标和方案
4.4	实施和运行	4.4.1 资源、作用、职责、责任和权限 4.4.2 能力、培训和意识 4.4.3 沟通、参与和协商 4.4.4 文件 4.4.5 文件控制 4.4.6 运行控制 4.4.7 应急准备和响应
4.5	检查	4.5.1 绩效测量和监视 4.5.2 合规性评价 4.5.3 事件调查、不符合、纠正措施和预防措施 4.5.4 记录控制 4.5.5 内部审核
4.6	管理评审	最高管理者应按计划的时间间隔，对组织的职业健康安全管理体系进行评审，以确保其持续适宜性、充分性和有效性。评审应包括评价改进的可能性和对职业健康安全管理体系进行修改的需求，包括对职业健康安全方针和职业健康安全目标的修改需求

"范围"中指出了管理体系标准中的一般要求，旨在纳入任何一个职业健康安全管理体系。其应用程度取决于组织的职业健康安全方针、活动性质、运行的风险与复杂性等因素。本标准

针对的是职业健康安全,而非产品和服务安全。

"职业健康安全管理体系中的职业健康安全方针"体现了企业实现风险控制的总体职业健康安全目标。

"危险源识别、风险评价和控制措施的确定",是企业通过职业健康安全管理体系的运行,实行事故控制的开端。

3)职业健康安全管理体系标准实施的特点

(1) 标准的结构系统采用 PDCA 循环管理模式,即标准由"职业健康安全方针策划—计划(规划)实施与运行—检查和纠正措施—管理评审"五大要素构成,采用了 PDCA 动态循环、不断上升的螺旋式运行模式,体现了持续改进的动态管理思想。职业健康安全管理体系的运行模式如图5-6 所示。

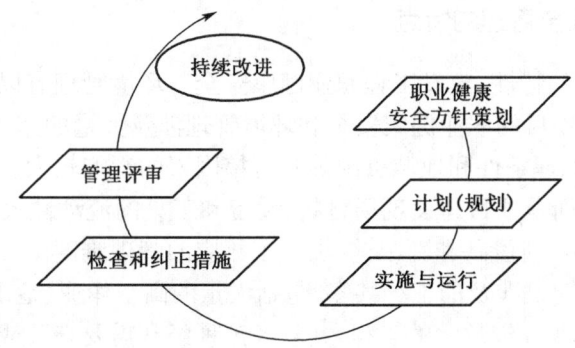

图 5-6 职业健康安全管理体系的运行模式

(2) 标准强调了职业健康安全法规和制度的贯彻执行,要求组织必须对遵守法律、法规做出承诺,并定期进行评审以判断其遵守的实效。

(3) 标准重点强调以人为本,使组织的职业健康安全管理由被动强制行为转变为主动自愿行为,从而要求组织不断提升职业健康安全的管理水平。

(4) 标准的内容全面、充实、可操作性强,为组织提供了一套科学、有效的职业健康安全管理手段,不仅要求组织强化安全管理,完善组织安全生产的自我约束机制,而且要求组织提升社会责任感和对社会的关注度,形成组织良好的社会形象。

(5) 实施职业健康安全管理体系标准,组织必须对全体员工进行系统的安全培训,强化组织内全体成员的安全意识,可以增强劳动者身心健康,提高职工的劳动效率,从而为组织创造更大的经济效益。

(6) 我国《职业健康安全管理体系—要求》GB/T 28001—2011 等同于国际上通行的《职业健康安全管理体系—要求》BS—OHSAS18001:2007 标准,很多国家和国际组织把职业健康安全与贸易挂钩,形成贸易壁垒,贯彻执行职业健康安全管理标准将有助于消除贸易壁垒,从而为参与国际市场竞争创造必备的条件。

【案例分析7解析】 (1) 按照规定,本工程这起事故可定为较大事故。

(2) 基础施工阶段,施工安全控制要点有:①挖土机械作业安全;②边坡防护安全;③降水设备与临时用电安全;④防水施工时的防火、防毒;⑤人工挖扩孔桩安全。

5.4.2 项目职业健康安全管理特点和要求

1) 项目职业健康安全管理的目的

职业健康安全管理的目的是在生产活动中,通过职业健康安全生产的管理活动,进行对影响生产的具体因素的状态控制,减少或消除生产因素中的不安全行为和状态,且不引发事故,以保证生产活动中人员的健康和安全。对于建设工程项目,职业健康安全管理的目的是防止和减少生产安全事故、保护产品生产者的健康与安全、保障人民群众的生命和财产免受损失;控制影响工作场所内员工、临时工作人员、合同方人员、访问者和其他有关部门人员健康和安全的条件和因素;考虑和避免因管理不当对员工健康和安全造成的危害。

2) 项目职业健康安全管理的特点

依据建设工程产品的特性,建设工程职业健康安全与环境管理有以下特点:
(1) 复杂性。建设项目的职业健康安全和环境管理涉及大量的露天作业,受到气候条件、工程地质和水文地质、地理条件和地域资源等不可控因素的影响较大。
(2) 多变性。一方面是项目建设现场材料、设备和工具的流动性大;另一方面由于技术进步,项目不断引入新材料、新设备和新工艺,加大了相应的管理难度。
(3) 协调性。项目建设涉及的工种甚多,包括大量的高空作业、地下作业、用电作业、爆破作业、施工机械、起重作业等较危险的工程,并且各工种经常需要交叉或平行作业。
(4) 持续性。项目建设一般具有建设周期长的特点,从设计、实施直至投产阶段,诸多工序环环相扣。前一道工序的隐患,可能在后续的工序中暴露,酿成安全事故。
(5) 经济性。产品的时代性、社会性与多样性决定环境管理的经济性。

3) 项目职业健康安全管理的要求

根据《建设工程安全生产管理条例》和《职业健康安全管理体系标准》,建设工程对施工职业健康安全管理的基本要求如下:
(1) 坚持安全第一、预防为主和防治结合的方针,建立职业健康安全管理体系并持续改进职业健康安全管理工作。
(2) 企业的法定代表人是安全生产的第一负责人,项目经理是施工项目生产的主要负责人。
(3) 在工程设计阶段,设计单位应按照有关建设工程法律法规的规定和强制性标准的要求,进行安全保护设施的设计。
(4) 在工程施工阶段,施工企业应根据风险预防要求和项目的特点,制订职业健康安全生产技术措施计划;在进行施工平面图设计和安排施工计划时,应充分考虑安全、防火、防爆和职业健康等因素;施工企业应制定安全生产应急救援预案,建立相关组织,完善应急准备措施;发生事故时,应按国家有关规定向有关部门报告;处理事故时,应防止二次伤害。
(5) 应明确和落实工程安全环保设施费用、安全施工和环境保护措施费等各项费用。
(6) 工程施工职业健康安全管理应遵循下列程序:①识别并评价危险源及风险;②确定职

业健康安全目标；③编制并实施项目职业健康安全技术措施计划；④职业健康安全技术措施计划实施结果验证；⑤持续改进相关措施和绩效。

5.4.3 项目职业健康安全管理程序和内容

项目职业健康安全管理程序与企业的程序不尽相同，如图5-7所示。

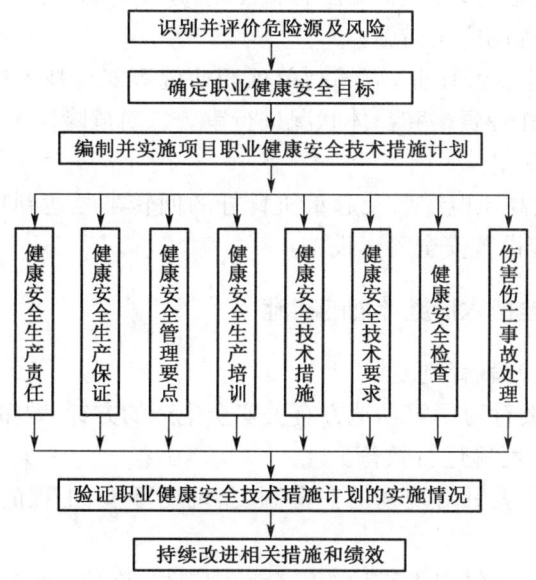

图5-7 项目职业健康安全管理程序

1）项目职业健康安全技术措施计划的编制

（1）编制步骤

项目职业健康安全技术措施计划一般由项目经理主持编制，反映在项目管理实施规划中。编制计划的步骤如下：

① 工作分类。为了确定职业健康安全管理体系的实施范围，首先必须进行工作分类。组织应尽量避免遗漏总体运行所需要的或可能影响员工和其他相关方的职业健康安全运行活动。

② 识别危险源。危险源是安全控制的主要对象，危险源一般分为两类：一类是可能发生意外释放的能量的载体或危险物质，如炸药、压力容器等；另一类是造成约束、限制能量和危险物质措施失控的各种不安全因素，如电缆绝缘层、脚手架、起重机钢索等。

③ 确定风险。确定风险的方法有多种，常见的有专家调查法、头脑风暴法、德尔菲法、安全检查表法等定性分析方法。

④ 评价风险。评价风险即评估风险源所带来的风险的程度大小，以及风险发生的概率的大小。评价方法也有很多，如事故树、决策树等。

⑤ 制定风险对策。根据已确定的各风险的程度大小，针对不同的危险源制定对应措施。

⑥ 评审风险对策的充分性。策划过程应充分考虑有关措施是否符合项目人员能力的要

求(包括人体功效学的要求),以及这些对策是否有效,有否漏项。

(2) 项目计划内容

项目职业健康安全技术措施计划的内容包括:工程概况、控制目标、控制程序、组织结构、职责权限、规章制度、资源配置、安全措施、检查评价和奖惩制度、对分包的职业健康安全管理等。在计划编制完成后,向有关部门申报,经批准后由专职安全管理人员现场实施监督。

(3) 注意事项

① 对结构复杂、实施难度大、专业性强的项目,应分级编制项目的安全措施,即项目总体、单位工程或分部、分项工程的安全措施。

② 对高空作业等非常规性作业,应编制单项职业健康安全技术措施和预防措施,并对管理人员、操作人员的安全作业资格和身体状况进行审查。对危险性大的工程作业,应编制专项施工方案,并进行安全验证。

③ 临街脚手架、临近高压电缆以及起重机臂杆的回转半径达到项目现场范围以外的,在计划中均应写明要按规定设置安全隔离设施。

2) 项目职业健康安全技术措施计划的实施

(1) 建立三级安全生产教育制度

① 企业管理层。主要针对国家和地方有关安全生产的方针、政策、法规、标准、规范、规程和企业本身的安全规章制度等进行教育。

② 项目经理部层。主要针对现场的安全制度、现场环境、工程的施工特点及可能存在的不安全因素等进行教育。

③ 施工作业队层。主要针对本工种的安全操作规程、岗位工作特点、事故案例分析、劳动纪律和岗位讲评等进行教育。

(2) 安全技术交底。在工程开工前,项目经理部的技术负责人应进行安全技术交底。安全技术交底内容包括:项目的施工特点和危险点、针对性预防措施、应注意的安全事项、相应的操作规程和作业标准,以及发生事故采取的避难和应急措施等。

(3) 安全检查。安检内容包括:安全生产责任制、安全组织机构、安全保证措施、安全技术交底、安全教育、持证上岗、安全设施、安全标识、操作行为、应急准备与响应、违章管理和安全记录等。安检一般采取随机抽样、现场观察和实地检测相结合的方法,记录检测结果,及时纠正发现的违章指挥和作业行为,在检查后应及时提交安检报告。

3) 项目职业健康安全隐患和事故的处理

【案例分析8】 某市大学城园区新建音乐学院教学楼,其中中庭主演播大厅层高5.4 m,双向跨度19.8 m,设计采用现浇混凝土井字梁。在演播大厅屋盖混凝土施工过程中,因西侧模板支撑系统失稳,发生局部坍塌,使东侧刚浇筑的混凝土顺斜面向西侧流淌,致使整个楼层模架全部失稳而相继倒塌。整个事故未造成人员死亡,重伤9人,轻伤14人,直接经济损失1 290万余元。事故发生后,有关单位立即成立事故调查处理小组,对事故的情况展开全面调查,并向相关部门上报质量事故调查报告。

【问题】 (1) 事件中,按造成损失严重程度划分为什么类型事故?给出此类事故的判定标准。

(2) 工程质量事故报告的主要内容有哪些?

(1) 职业健康安全隐患的处理

当在安检中发现有不同类型和程度的安全隐患时,首先确定其类型和程度,制定相应整改措施,并进行风险评价;同时发整改通知,责令限期整改,之后跟踪检查整改效果,保存检验记录。

(2) 职业健康安全事故的处理

2007年6月1日起施行的《生产安全事故报告和调查处理条例》中,将事故原因未查明不放过、责任人未处理不放过、整改措施未落实不放过、有关人员未受到教育不放过的"四不放过"原则贯穿始终,为事故报告和事故调查处理工作提供了明确的操作规程。

处理职业健康安全事故的程序是:

① 报告安全事故。安全事故划分为4个等级,即特别重大事故、重大事故、较大事故和一般事故。事故发生后,单位负责人应当于1h内向事故发生地县级以上安监部门和负有安监职责的有关部门报告。随后,安监部门及相关部门应当按照事故的级别逐级上报事故情况,并且每级上报的时间不得超过2h。

② 事故处理。在事故现场应及时抢救伤员,详细排查险情,防止事故蔓延扩大,防止二次事故,做好现场的标志和保护工作。

③ 事故调查。特别重大事故由国务院或者国务院授权有关部门组织事故调查组进行调查;重大事故、较大事故、一般事故分别由事故发生地省级人民政府、设区的市级人民政府、县级人民政府负责调查。省级人民政府、设区的市级人民政府、县级人民政府可以直接组织事故调查组进行调查,也可以授权或者委托有关部门组织事故调查组进行调查。未造成人员伤亡的一般事故,县级人民政府也可以委托事故发生单位组织事故调查组进行调查。

在调查事故时,应充分分析各种原因及影响,了解员工代表及其他相关方的意见,根据调查结果制定相应措施,使其与问题的严重性和风险相一致。

④ 提交调查报告。将调查内容和处理建议等记录成详细的事故调查报告,及时向上级主管部门提交,同时将该调查报告归档。

⑤ 处理事故责任者。事故发生地的人民政府根据调查报告及时作出相应的批复,相关处理单位以此作相应的处理,包括罚款、处分、行政处罚和刑罚4种情况。该处罚条例加大了处罚力度,例如对事故发生单位最高可处200万元以上500万元以下的罚款;对其主要负责人、直接负责的主管人员和其他直接责任人员,最高可处上一年营业收入60%至100%的罚款;对负有责任的事故发生单位依法暂扣或吊销其有关执照;对负有责任事故的有关人员,依法暂停或者撤销其与安全生产有关的执业资格、岗位证书。

【案例分析8解析】 (1) 本案例中所发生事故,按造成损失严重程度划分应为较大质量事故。

依据住房和城乡建设部《关于做好房屋建筑和市政基础设施工程质量事故报告和调查处理工作的通知》(建质〔2010〕111号),凡具备下列条件之一的为较大质量事故:①由于质量事故,造成3人以上10人以下死亡;②或者10人以上50人以下重伤;③直接经济损失1 000万元以上5 000万元以下。

(2) 工程质量事故调查报告的主要内容有:①事故项目及各参建单位概况;②事故发生经过和事故救援情况;③事故造成的人员伤亡和直接经济损失;④事故项目有关质量检测报告的

技术分析报告;⑤事故发生的原因和事故性质;⑥事故责任的认定和事故责任者的处理建议;⑦事故防范和整改措施。

4）项目消防保安

建立消防保安管理体系是现场的重要工作,消防保安制度应根据国家和当地的法律法规及项目的实际情况制定。例如:

（1）项目现场应设有消防车出入口和行驶通道,消防设施应保持完好的备用状态。存储、使用易燃、易爆和保安器材时,应采取特殊的消防保安措施。

（2）现场的通道、消防出入口、紧急疏散通道等应符合消防要求,设置明显标志。有通行高度限制的地点应设限高标志。

（3）现场应有用火管理制度,使用明火时应配备监管人员和相应的安全设施,并制定安全防火措施。

（4）需要进行爆破作业的,应向所在地有关部门办理批准手续,由具备爆破资质的专业机构实施。

（5）现场应设门卫,根据需要设置警卫,负责项目现场的保安工作。项目经理部的管理人员应佩戴证明其身份的标识。严格管理现场人员的进出,如进行磁卡管理。

5.5 建设工程项目施工现场安全管理

【案例分析9】 某大厦建筑面积为 20 000 m^2,框架剪力墙结构,箱形基础,地上10层,地下2层。甲与乙2名电焊工在6层进行钢筋对焊埋弧作业时未按规定穿戴绝缘鞋和手套。当甲右手拿起焊把钳正要往钢筋对接处连接电焊机的二次电源时,不慎触及焊钳的裸露部分,致使触电倒地身亡。

【问题】 施工现场这起事故发生的主要原因是什么?

1）工程项目施工安全管理概念

安全生产是指使生产过程出于避免人身伤害、设备损坏及其他不可接受的损害风险的状态。

安全管理是通过对施工过程中涉及的计划、组织、监控、调节和改进等一系列致力于满足生产安全所进行的管理活动。

2）施工项目安全管理的特点

（1）施工项目安全管理的难点多。由于施工受自然环境的影响大,高处作业、地下作业、大型机械、用电作业和易燃物多,因此安全事故引发点多,安全管理的难点必然大量存在。

（2）安全管理的劳保责任重。建筑施工属于劳动密集型,手工作业多,人员数量大,交叉作业频繁,作业危险性强,因此要通过加强劳动保护创造安全施工条件。

(3) 施工项目安全管理处在企业安全管理的大环境中。施工项目安全管理是企业安全管理的一个子系统,企业安全系统还包括以下分系统:安全组织系统、安全法规系统和安全技术系统,都与施工安全系统密切相关。安全组织系统是指企业内部安全部门和安全管理人员;安全法规系统是指企业必须执行国家、行业、地方政府制定的安全法规,也必须有企业自身的安全管理制度;安全技术系统指按操作对象、工种、机械特点进行专业分类,如施工电气安全技术、脚手架安全技术、起重吊装安全技术、工业卫生安全技术、防火安全技术等。

(4) 施工现场是安全管理的重点。由于施工现场人员、物资集中,是作业场所,因此事故一般都发生在现场。

3) 施工安全管理的基本要求

(1) 必须取得安全行政主管部门颁发的"安全施工许可证"后方可动工。
(2) 总承包单位和每一个分包单位都应该持有"施工企业安全资格审查认可证"。
(3) 各类人员必须具备相应的执业资格才能上岗。
(4) 所有新员工必须经过三级安全教育,即进场、进车间和进班组的安全教育。
(5) 特殊工种作业人员必须持有特种作业操作证,并严格按照规定定期进行复查。
(6) 对查出的安全隐患要做到"五定",即定整改责任人、定整改措施、定整改完成时间、定整改完成人、定整改验收人。
(7) 必须把好安全生产"六关",即措施关、交底关、教育关、防护关、检查关和改进关。
(8) 施工现场安全设施齐全,并符合国家及地方有关规定。
(9) 施工机械(尤其是现场安设的其中设备等)必须经过安全检查合格后方可使用。

4) 施工项目安全管理程序

施工项目安全管理程序包括:

确定项目安全目标→编制项目安全技术措施计划→项目安全技术措施计划实施→项目安全技术措施计划验证→持续改进→直至完成工程项目

其中项目安全技术措施计划实施部分又包括8个方面:安全生产责任制、安全生产保证体系、安全管理要点、安全生产培训、安全技术措施、安全技术要求、安全检查和伤亡事故处理。

【**案例分析9解析**】 这起事故发生的主要原因有:
(1) 电焊工甲安全防护意识差,自我保护能力不强,没有穿戴绝缘鞋和手套。
(2) 埋弧焊班长对作业工具的安全状况检查不认真,对电焊工甲的违章行为和使用漏电的电焊把钳没有采取措施。
(3) 项目经理部主管生产的负责人对埋弧焊作业中存在的安全问题检查不及时,整改不彻底,制度落实不力。

5) 施工现场安全管理的内容及要点

【**案例分析10**】 天津某工程由A建筑集团公司总承包,土方由B基础公司分包,现场正在进行深基坑土方开挖。某日18时15分,B基础公司项目经理将11名普工交给现场工长;19时左右,工长向11名工人交代了生产任务,11名工人全部下基坑,在⑦轴至⑧轴间平台上施工(领班未到现场,电工未到现场)。当晚20点左右,⑧轴处土方突然发生滑坡,局部迅速坍塌,当即有 2 人被土方掩埋,另有 2 人被埋至腰部以上,其他 7 人迅速逃离至基坑上。现场项目部接到报告后,立即组织抢险营救。20 点 10 分,⑦轴至⑧轴处第二次发生大面积土方滑坡。滑坡土方由⑦轴开始冲至④轴,将另外 2 人也掩埋,并冲断了基坑内 2 道水平钢支撑。事故发生后,虽项目部极力抢救,但被土方掩埋的 4 人终因窒息时间过长而死亡。

【问题】 (1) 本工程的安全事故可定为哪个等级?该等级事故的评定标准是什么?

(2) 此事故发生后,与 A 建筑集团公司是否有关系?如果你是 A 公司项目经理,你会如何处理?

(3) 什么是危险源?危险源的控制方法有哪些?

施工过程安全管理的内容有六大类:

(1) 项目经理部对施工现场安全的管理

项目经理部对可能影响安全生产的因素进行管理,以确保施工项目能够按照安全生产的规章制度、操作规程和程序要求进行施工。具体要求如下:

① 进行安全策划,编制安全计划。

② 根据业主提供的资料对施工现场及其受影响的区域内地下障碍物进行清除或采取相应的措施对周围道路管线采取保护。

③ 按安全、文明、卫生、健康的宗旨布置宿舍、食堂、饮用水及卫生设施。

④ 制定现场安全、劳动保护、文明施工以及环境保护措施,编制临时用电施工组织设计。

⑤ 制定各类劳动保护技术措施。

⑥ 制定现场安全专业管理、特种作业和施工人员安全生产责任制。

⑦ 对从事危险作业的员工,依法办理意外伤害保险。

⑧ 检查各类人员的上岗资格证。

⑨ 验证所需的安全设施、设备及防护用品。

⑩ 检查、验收临时用电设施。

⑪ 对施工机械设备按规定进行检查、验收,并对进场设备进行维护,保持设备的完好状态。

⑫ 按施工组织设计规定对脚手架工程的搭设进行验收。

⑬ 对专项编制的安全技术措施落实进行检查。

⑭ 施工作业人员操作前,应由项目施工负责人以作业指导书、安全技术交底等,对施工人员进行安全技术交底,双方签字确认并保存交底记录。

⑮ 对施工过程中的洞口、临边、高处作业所采取的安全防护措施,应规定专人负责搭设与检查。

⑯ 对施工现场的环境进行有效控制,防止职业危害,建立良好的作业环境。

⑰ 对施工中动用明火采取审批措施。对现场的消防器材配置以及危害物品的运输、使用进行有效管理。

⑱ 督促工作人员做好下班后清理工作,以及对作业区域的安全防护设施进行检查。

⑲ 对于搭设或拆除的安全防护措施、脚手架、起重机械设备,如当天未完成时,应做好局部收尾,并设置临时安全措施。

(2) 施工现场常见危险因素及可能导致的事故

① 洞口防护不到位、人员违章操作及其他安全防护缺陷,可导致高处坠落、物体打击等。

② 电危害(物理性危险因素)、人员违章操作,可导致触电、火灾等。

③ 大模板不按规范正确存放、现场加料不规范等违章作业,可导致物体打击。
④ 化学危险品未按规定正确存放等违章操作,可导致火灾、爆炸等。
⑤ 架子搭设作业不规范,可导致高处坠落、物体打击等。

(3) 安全生产的六大纪律
① 进出现场必须戴好安全帽,扣好帽带,并正确使用个人劳动防护用品。
② 2m以上的高处、悬空作业,无安全设施的,必须戴好安全帽,扣好保险扣。
③ 高处作业时,不许往下或向上乱抛材料和工具等物件。
④ 各种电动机械设备必须有可靠有效的安全接地和防雷装置,方能开动使用。
⑤ 不懂电气和机械的人员,严禁使用和玩弄机电设备。
⑥ 吊装区域非操作人员严禁入内,吊装机械设备必须完好,爬杆垂直下方不准站人。

(4) 施工安全技术措施实施要求
① 工程开工前,应将工程概况、施工方法和安全技术措施,向参加施工的工地负责人、工长、班组长进行安全技术措施交底,每个单项工程开工前,应重复进行单项工程的安全技术交底工作,使执行者了解其要求,为落实安全技术措施打下基础。安全技术交底应有书面材料,双方签字并保存记录。
② 安全技术措施中各种安全设施的实施应列入施工任务计划单,责任落实到班组或个人,并实行验收制度。
③ 加强安全技术措施实施情况和检查,技术负责人、安全技术人员应经常深入工地检查安全技术措施的实施情况,及时纠正违反安全技术措施的行为,各级安全管理部门应以施工安全技术措施为依据,以安全法规和各项安全规章制度为准则,经常性地对工地实施情况进行检查,并监督各项安全措施的落实。
④ 对安全技术措施的执行情况,除认真监督检查外,还应建立起与经济挂钩的奖罚制度。

(5) 施工阶段控制要点
施工阶段控制要点见表5-3所示。

表5-3 施工阶段控制要点

施工阶段	控 制 要 点
基础施工阶段	① 挖土机械作业安全; ② 边坡防护安全; ③ 降水设备与临时用电安全; ④ 防水施工时的防火、防毒; ⑤ 人工挖扩孔桩安全
主体结构施工阶段	① 临时用电安全; ② 内外架子及洞口防护; ③ 作业面交叉施工及临时防护; ④ 大模板及现场堆料防倒塌; ⑤ 机械设备使用安全
装修阶段	① 室内多工种、多工序的立体交叉施工安全防护; ② 外墙面装饰防坠落; ③ 做防水油漆的防火、防毒; ④ 临电、照明及电动工具的使用安全

续表 5-3

施工阶段	控制要点
脚手架工程交底与验收	① 脚手架搭设前,要按照施工方案要求,结合施工现场作业条件和队伍情况,做详细的交底; ② 脚手架搭设完毕,应由施工负责人组织有关人员参加,按照施工方案和规范规定分段进行逐项检查验收,确认合格后方可投入使用; ③ 对脚手架检查验收应按照相应规范要求进行,凡不符合规定的应立即进行整改,对检查结果及整改情况应按实测数据进行记录,并由检测人签字
季节性施工	① 雨期防触电、防雷击、防沉陷坍塌、防台风; ② 高温季节防中暑、防中毒、防疲劳作业; ③ 冬期施工防冻、防滑、防火、防煤气中毒、防大雾、防大风雪

（6）事故隐患控制与处理

① 项目经理部应对存在隐患的安全设施、过程和行为进行控制,确保不合格设施不使用、不合格物资不放行、不合格过程不通过,组装完毕后应进行检查验收。

② 项目经理部应明确对事故隐患进行处理的人员,规定其职责和权限。

③ 事故隐患的处理方式有:停止使用、封存;指定专人进行整改以达到规定要求;进行返工,以达到规定要求;对有不安全行为的人员进行教育或处罚;对不安全生产的过程重新组织。

④ 项目经理部安监部门必要时对存在隐患的安全设施、安全防护用品整改效果进行验证;对上级部门提出的重大事故隐患,应由项目经理部组织实施整改,由企业主管部门进行验收,并报上级检查部门备案。

【案例分析 10 解析】 （1）本起工程事故按《生产安全事故报告和调查处理条例》（国务院令第 493 号）中对事故的分类,应为较大事故。

根据《生产安全事故报告和调查处理条例》,事故造成的人员伤亡或者直接经济损失达到以下条件之一者判定为较大事故：

① 死亡 3 人以上,10 人以下;

② 重伤 10 人以上,50 人以下;

③ 直接经济损失 1 000 万元以上,5 000 万元以下。

（2）虽然基坑土方开挖为 B 基础公司承包范围,但 A 公司作为总承包单位,应和 B 公司一起对分包工程的安全生产承担连带责任。

作为 A 公司的项目经理,事故发生后应迅速组织人员保护好事故现场,做好危险地段人员的撤离,在确保安全的前提下积极排除险情、抢救伤员,并立即向企业上级主管领导、主管部门、地方安全生产监督管理部门、地方建设行政主管部门等进行报告。事故调查处理过程中,项目经理要积极配合事故调查组的调查,认真吸取事故教训,落实现场各项整改和防范措施,妥善处理善后事宜。

（3）危险源及其控制方法

① 危险源是可能导致人身伤害或疾病、财产损失、工作环境破坏的情况或这些情况组合的危险因素和有害因素。危险因素强调突发性和瞬间作用的因素,有害因素强调在一定时期内的慢性损害和累积作用。

② 危险源的控制方法主要有以下几项：

a. 防止事故发生的方法：消除危险源，限制危险源。
b. 避免和减少事故损失的方法：隔离、个体防护、设立障碍。
c. 减少故障：增加安全系数，提高可靠性，设置安全生产设施。
d. 故障—安全设计：包括故障—积极方案、故障—正常方案。

课后习题

一、单项选择题

1. 在工程勘察设计、招标采购、施工安装、竣工验收等各个阶段，建设工程项目参与各方的质量控制，均应围绕致力于满足（　　）的质量总目标而展开。
   A. 法律法规　　　　B. 业主要求　　　　C. 工程建设标准　　　　D. 设计文件
2. 根据全面质量管理的思想，工程项目的全面质量管理是指对（　　）的全面管理。
   A. 工程质量形成过程　　　　　　　B. 工程建设各参与方
   C. 工程质量和工作质量　　　　　　D. 工程建设所需的材料、设备
3. 建设工程项目质量控制系统的管理文件或手册，是承担该项目实施任务各方应共同遵循的管理依据，它在（　　）过程中形成。
   A. 分析系统质量控制界面　　　　　B. 编制系统质量控制计划
   C. 制定系统质量控制制度　　　　　D. 明确系统质量控制网络
4. 建设工程项目质量管理的 PDCA 循环中，质量计划阶段的主要任务是（　　）。
   A. 明确质量目标并制定实现目标的行动方案
   B. 展开工程项目的施工作业技术活动
   C. 对计划实施过程进行科学管理
   D. 对质量问题进行原因分析，采取措施予以纠正
5. 质量管理的 PDCA 循环中，"D"的职能是（　　）。
   A. 将质量目标值通过投入产出活动转化为实际值
   B. 对质量检查中的问题或不合格及时采取措施纠正
   C. 确定质量目标和制定实现质量目标的行动方案
   D. 对计划执行情况和结果进行检查
6. 施工阶段质量事中控制的途径之一是（　　）。
   A. 工程测量基准点的建立　　　　　B. 工程质量监督机构
   C. 投料与检测计量　　　　　　　　D. 已完工程成品保护
7. 建设工程项目质量控制系统运行的核心机制是（　　）。
   A. 反馈机制　　　B. 持续改进机制　　　C. 动力机制　　　D. 约束机制
8. 某企业通过质量管理体系认证后，由于管理不善，经认证机构调查做出了撤销认证的决定，则该企业（　　）。
   A. 可以提出申诉，并在 1 年后可重新提出认证申请
   B. 不能提出申诉，不能再重新提出认证申请
   C. 不能提出申诉，但在 1 年后可以重新提出认证申请
   D. 可以提出申诉，并在半年后可重新提出认证申请
9. 在建设工程项目质量控制的系统过程中，事中控制是指（　　）。

A. 对质量活动的行为约束及对质量活动过程和结果的检查与监控
B. 对质量计划的调整和对质量偏差的纠正
C. 对质量活动的行为约束和对质量活动结果的评价认定
D. 对质量活动前准备工作和质量活动过程的监督控制

10. 建设工程施工前,施工单位负责项目管理的(　　)应当对有关安全施工措施的技术要求向施工作业班组、作业人员做出详细说明,并由双方签字确认。
    A. 项目经理　　　　B. 技术人员　　　　C. 值班人员　　　　D. 考核人员

11. 建设工程项目的施工质量计划应经施工企业(　　)审核批准后,才能提交工程监理单位或建设单位。
    A. 项目经理　　　　　　　　　　　B. 法定代表人
    C. 项目经理部技术负责人　　　　　D. 技术负责人

12. 在质量管理体系的8项原则中,体现组织进行质量管理的基本出发点与归宿点的原则是(　　)。
    A. 以顾客为关注焦点　　　　　　　B. 领导作用
    C. 基于事实的决策方法　　　　　　D. 持续改进

13. 施工承包企业按经监理工程师依据合同和相关法规审批的施工质量计划组织施工,如导致工程质量问题,则责任由(　　)承担。
    A. 建设单位　　　　　　　　　　　B. 监理单位
    C. 施工承包企业　　　　　　　　　D. 监理单位和施工承包企业共同

14. 施工质量控制点应选择技术要求高、对工程质量影响大或是发生质量问题时危害大或(　　)的对象进行设置。
    A. 劳动强度大　　　　　　　　　　B. 施工难度大
    C. 施工技术先进　　　　　　　　　D. 施工管理要求高

15. 在建设工程项目施工作业实施过程中,监理机构应根据(　　)对施工作业质量进行监督控制。
    A. 项目管理实施规划　　　　　　　B. 施工质量计划
    C. 监理规划与实施细则　　　　　　D. 施工组织设计

16. 下列现场质量检查方法中,属于无损检测方法的是(　　)。
    A. 拖线板挂锤吊线检查　　　　　　B. 铁锤敲击检查
    C. 留置试块试验检查　　　　　　　D. 超声波探伤检查

17. 对装饰工程中的水磨石、面砖、石材饰面等现场检查时,均应进行敲击检查其铺贴质量。该方法属于现场质量检查方法中的(　　)。
    A. 目测法　　　　B. 实测法　　　　C. 记录法　　　　D. 试验法

18. 某工程进行检验批验收时,发现某框架梁截面尺寸与原设计图纸尺寸不符,但经原设计单位核算,仍能满足结构安全性及使用性要求,则该检验批(　　)。
    A. 应重新施工
    B. 应经施工单位和业主协商确定是否予以验收,其经济责任由业主承担
    C. 可直接予以验收
    D. 必须进行加固处理后重新组织验收

19. 我国《建筑法》和《建设工程质量管理条例》规定,政府行政主管部门应设立专门机构,对建设工程质量行使（　　）职能。
   A. 验收　　　　　　B. 保证　　　　　　C. 监督　　　　　　D. 规范

20. 工程质量监督申报手续应在工程项目（　　）到工程质量监督机构办理。
   A. 开工前,由施工单位　　　　　　　B. 竣工验收前,由建设单位
   C. 开工前,由建设单位　　　　　　　D. 竣工验收前,由施工单位

21. 根据《建设工程安全生产管理条例》规定,在城市市区内的建设工程,施工单位应当对施工现场（　　）。
   A. 划分明显界限　　B. 实行封闭围挡　　C. 设置围栏　　　　D. 加强人员巡视

22. 在施工现场,（　　）是施工项目安全生产的第一责任者。
   A. 项目经理　　　　　　　　　　　　B. 施工员
   C. 专职安全生产管理人员　　　　　　D. 企业法定代表人

23. 在市区主要路段和市容景观道路的工地应设置高度不低于（　　）m 的围挡。
   A. 1.8　　　　　　　B. 1.5　　　　　　　C. 2.5　　　　　　　D. 2.8

24. 三级安全教育是指（　　）这三级。
   A. 企业法定代表人、项目负责人、班组长　　B. 公司、项目、班组
   C. 公司、总包单位、分包单位　　　　　　　D. 建设单位、施工单位、监理单位

25. 工程中涉及超过一定规模的危险性较大的分部分项工程,如深基坑、地下暗挖工程、高大模板工程的专项施工方案,施工单位还应当组织（　　）进行论证、审查。
   A. 企业负责人　　　B. 项目负责人　　　C. 安全负责人　　　D. 专家

26. 某钢筋混凝土结构工程的框架柱表面出现局部蜂窝麻面,经调查分析,其承载力满足设计要求,则对该框架柱表面质量问题一般的处理方式是（　　）。
   A. 加固处理　　　　B. 返修处理　　　　C. 返工处理　　　　D. 不做处理

27. 下列质量管理的内容中,属于施工质量计划的基本内容的是（　　）。
   A. 项目部的组织机构设置　　　　　　B. 质量控制点的控制要求
   C. 质量手册的编制　　　　　　　　　D. 施工质量体系的认证

28. 下列关于施工质量计划的说法,正确的是（　　）。
   A. 施工质量计划是以施工项目为对象由建设单位编制的计划
   B. 施工质量计划应包括施工组织方案
   C. 施工质量计划一经审核批准不得修改
   D. 施工总承包单位不对分包单位的施工质量计划进行审核

29. 下列施工企业作业质量控制点中,属于"待检点"的是（　　）。
   A. 隐蔽工程　　　　B. 重要部位　　　　C. 特种作业　　　　D. 专门工艺

30. 下列影响施工质量的生产要素中,只能通过采取预测预防的控制方法以消除其对施工质量不利影响的是（　　）。
   A. 施工人员　　　　B. 环境因素　　　　C. 材料设备　　　　D. 施工机械

二、多项选择题
1. 建设工程项目质量的影响因素主要是指在建设工程项目质量目标策划、决策和实现过程中的各种客观因素和主观因素,包括人的因素、（　　）等。

A. 技术因素 B. 组织因素 C. 管理因素
D. 环境因素 E. 社会因素

2. 关于质量管理体系 8 项原则的说法，正确的有（　　）。
A. 将相关资源和活动作为过程进行管理　　B. 领导者确立本组织统一的质量宗旨和方向
C. 全员参与　　D. 以事实为依据作出决策
E. 以产品为关注焦点

3. 建设工程项目施工质量控制的监控主体包括（　　）。
A. 施工各参与方 B. 设计方 C. 业主方
D. 监理方 E. 供货方

4. 下列施工现场质量检查的内容中，属于"三检"制度范围的有（　　）。
A. 自检自查 B. 巡视检查 C. 互检互查
D. 平行检查 E. 专职管理人员的质量检查

5. 根据《关于做好房屋建筑和市政基础设施施工质量事故报告和调查处理工作的通知》，按事故造成的损失程度，工程质量事故分为（　　）。
A. 特别重大事故 B. 重大事故 C. 较大事故
D. 微小事故 E. 一般事故

6. 《建设工程安全生产管理条例》规定，施工单位应当在安全生产方面做好（　　）工作。
A. 建立健全安全生产责任制度和安全生产教育培训制度
B. 制定安全生产规章制度和操作规程
C. 保证本单位安全生产条件所需资金的投入
D. 对所承担的建设工程进行定期和专项安全检查，并做好安全检查记录
E. 提高管理者素质

7. 事故的分析处理要遵守"四不放过原则"，它们是（　　）。
A. 事故原因没有查清不放过　　B. 事故责任者没有严肃处理不放过
C. 生命和财产损失不公示不放过　　D. 广大职工没有受到教育不放过
E. 防范措施没有落实不放过

8. 在大型群体工程项目中，第一层次质量控制体系可由（　　）的项目管理机构负责建立。
A. 建设单位 B. 设计总责任单位 C. 代建单位
D. 施工总承包单位 E. 工程总承包企业

9. 建设工程项目质量控制系统运行的约束机制，取决于（　　）。
A. 各质量责任主体对利益的追求　　B. 质量信息反馈的及时性和准确性
C. 各主体内部的自我约束能力　　D. 外部的监控效力
E. 工程项目管理文化建设的程度

10. 下列施工质量控制点的管理工作中，属于事前质量控制的有（　　）。
A. 明确质量控制目标　　B. 确定质量抽样数量
C. 质量控制人员在现场进行指导　　D. 向施工作业班组认真交底
E. 动态跟踪管理质量控制点

11. 施工工艺方案质量控制的内容有（　　）。

A. 合理划分施工区段 B. 制定材料进场验收程序
C. 编制新材料专项技术方案 D. 明确工序质量验收标准
E. 合理选用施工机械设备

12. 某建设工程项目施工采用了施工总承包方式,其中的幕墙工程、设备安装工程分别进行了专业分包。对幕墙工程施工质量实施监督控制的主体是(　　)等。
    A. 幕墙玻璃供应商 B. 建设行政主管部门
    C. 幕墙设计单位 D. 设备安装单位
    E. 监理单位

13. 下列施工现场质量检查,属于实测法检查的有(　　)。
    A. 肉眼观察墙面喷涂的密实度 B. 用敲击工具检查地面砖铺贴的密实度
    C. 用直尺检查地面的平整度 D. 用锤吊线检查墙面的垂直度
    E. 现场检测混凝土试件的抗压强度

14. 下列施工现场质量检查的内容中,属于"三检"制度范围的有(　　)。
    A. 自检自查 B. 巡视检查 C. 互检互查
    D. 平行检查 E. 专职管理人员的质量检查

15. 建设单位和监理单位组织设计单位向所有施工单位进行详细的设计交底,设计交底的主要目的是(　　)。
    A. 深入发现和解决各专业设计之间可能存在的矛盾
    B. 充分理解设计意图
    C. 了解设计内容和技术要求
    D. 明确质量控制的重点与难点
    E. 消除施工图的差错,解决施工的可行性问题

16. 下列施工过程质量验收环节中,应由专业监理工程师组织相关人员进行验收的有(　　)。
    A. 分部工程 B. 分项工程 C. 单项工程
    D. 检验批 E. 单位工程

17. 根据《建筑工程施工质量验收统一标准》,检验批质量验收合格应满足的条件有(　　)。
    A. 主控项目经抽样检验均应合格 B. 一般项目的质量经抽样检验合格
    C. 具有完整的施工操作依据 D. 具有总监理工程师的现场验收证明
    E. 具有完整的质量检查记录

18. 工程项目分部工程质量验收合格的基本条件有(　　)。
    A. 所含分项工程的质量均应验收合格
    B. 主控项目质量检验合格
    C. 质量控制资料应完整
    D. 观感质量应符合要求
    E. 有关安全、节能、环境保护和使用功能的抽样检验结果应符合相应规定

19. 建设工程施工质量不符合要求时,正确的处理方法有(　　)。
    A. 经返工重做或更换器具、设备的检验批,应重新进行验收

B. 经有资质的检测单位检测鉴定达到设计要求的检验批,应予以验收
C. 经有资质的检测单位检测鉴定达不到设计要求,但经原设计单位核算认可能满足结构安全和使用功能的检验批,可予以验收
D. 经返修或加固的分项、分部工程,虽然改变外形尺寸但仍能满足安全使用要求,可按技术处理方案和协商文件进行验收
E. 经返修或加固处理仍不能满足安全使用要求的分部工程,经鉴定后降低安全等级使用

20. 建设工程满足了竣工验收的条件,即应组织竣工验收,竣工验收的依据有(　　)等。
A. 工程质量体系文件　　　　　　　B. 工程施工组织设计或施工质量计划
C. 工程施工承包合同　　　　　　　D. 工程施工图纸
E. 质量检测功能性试验资料

三、简答题

1. 工程项目质量影响因素有哪些?
2. 工程项目质量形成过程是什么?
3. 工程项目质量控制基本原理有哪些?
4. 在影响工程项目质量的 5 个因素中,哪个是最核心的影响因素?
5. 质量管理体系文件分为哪几个层次?
6. 设计阶段质量控制要点有哪些?
7. 施工阶段质量控制的关键是什么?
8. 简述施工安全管理的特点。
9. 简述施工安全管理的程序。
10. 施工现场常见危险因素及可能导致的事故有哪些?

四、案例分析题

1. 某公司承接了该市一商业中心工程,该工程地处闹市区,紧邻城市主要干道,施工场地狭窄,主体地上 22 层,地下 3 层,建筑面积 47 800 m^2,基础开挖深度 11.5 m,低于地下水。为了达到"以预防为主"的目的,施工单位加强了施工工序的质量控制。

问题:
(1) 该市商业中心项目工序质量控制的内容有哪些?
(2) 针对该工程的工序质量检验包括哪些内容?
(3) 如何确定该工程的质量控制点?
(4) 简述施工工序质量控制的步骤。

2. 某工程业主与监理单位签订了施工阶段监理合同,与承包方签订了工程施工合同。施工合同规定:设备由业主供应,其他建筑材料由承包方自行采购。

施工过程中,发生如下事件:

事件一:施工过程中,承包方未与监理工程师沟通订购了一批钢材,钢材运抵施工现场后,施工单位通知监理工程师进行进场检验。检验中监理工程师发现承包方不能提交该批材料的产品合格证、质量保证书和材质化验单,且这批材料外观质量不好。监理工程师要求清退出场。

事件二:业主经与设计单位商定,对主要装饰石材指定了材质、颜色和样品,并向承商推荐厂家,承包方与生产厂家签订了购货合同。厂家将石材按合同采购量送达现场,进场时经检

查,该批材料颜色不符合要求,承包方要求厂家将不符合要求的石材退换,厂家要求承包方支付退货费用,承包方不同意支付,厂家要求业主在应付给承包方的工程款中扣除上述费用。

问题:

(1)事件一中,施工单位、监理单位的做法是否正确?分别说明理由。

(2)事件二中,业主指定石材材质、颜色和样品是否合理?承包方要求退换不符合要求的石材是否合理?说明理由。

(3)简述材料质量控制的要点,材料质量控制的内容。

(4)事件二中,厂家要求业主在应付给承包方的工程款中扣除退货费用是否合理?说明理由。

6 工程合同与合同管理

教学目标

本章主要介绍了工程项目合同管理的基本内容,包括从合同的策划、签订到合同实施过程中问题的处理。介绍了业主和承包商对工程项目合同的总体策划,工程合同签订前审查的要点、招投标的过程以及合同谈判准备、谈判程序和技巧;重点讲解了工程合同实施管理要点,工程变更和索赔的概念、处理程序。通过本章学习,应达到以下目标:

(1) 了解工程项目合同策划的基本概念及其重要性;
(2) 掌握工程项目施工招标与投标的程序及内容;
(3) 熟悉合同签订的程序及合同谈判的内容;
(4) 了解合同的实施管理要点;
(5) 掌握合同的变更及索赔的概念、处理程序。

案例导入

某建筑工程采用邀请招标方式。业主在招标文件中要求:(1)项目在 21 个月内完成;(2)采用固定总价合同;(3)无调价条款。

承包商投标报价 3 640 000 元,工期 24 个月。在投标书中承包商使用保留条款,要求取消固定价格条款,采用浮动价格。

但业主在未同承包商谈判的情况下发出中标函,同时指出:(1)经审核发现投标书中有计算错误,共多算了 77 300 元。业主要求在合同总价中减去这个差额,将报价改为 3 562 700(即 3 640 000 − 77 300)元。(2)同意 24 个月工期。(3)坚持采用固定价格。

承包商答复为:(1)如业主坚持固定价格条款,则承包商在原报价的基础上再增加 750 000 元。(2)既然为固定总价合同,则总价优先,计算错误 77 300 元不应从总价中减去。则合同总价应为 4 390 000(即 3 640 000 + 750 000)元。

在工程中由于工程变更,使合同工程量又增加了 708 630 元。工程最终在 24 个月内完成。最终结算,业主坚持按照改正后的总价 3 562 700 元并加上工程量增加的部分结算,即最终合同总价为 4 271 330 元。而承包商坚持总结算价款为 5 098 630(即 3 640 000 + 750 000 + 708 630)元。

最终经中间人调解,业主接受承包商的要求。

【问题】 该合同签订与实施过程中出现的争端如何解决?

【案例分析】 (1)对承包商保留条款,业主可以在招标文件或合同条件中规定不接受任何保留条款,则承包商保留说明无效。否则业主应在定标前与承包商就投标书中的保留条款进行具体商谈,作出确认或否认,不然会引起合同执行过程中的争执。

(2)对单价合同,业主是可以对报价单中数字计算错误进行修正的,而且在招标文件中应规定业主的修正权,并要求承包商对修正后价格的认可。但对固定总价合同,一般不能修正,因为总价优先,业主是确认总价。

(3) 当双方对合同的范围和条款的理解明显存在不一致时,业主应在中标函发出前进行澄清,而不能留在中标后商谈。如果先发出中标函,再谈修改方案或合同条件,承包商要价就会较高,业主十分被动。而在中标函发出前进行商谈,一般承包商为了中标比较容易接受业主的要求。可能本工程比较紧急,业主急于签订合同,实施项目,所以没来得及与承包商在签订合同前进行认真的澄清和合同谈判。

6.1 建设工程合同总体策划

【案例分析 1】 在一单价合同的报价单中,承包商报价出现笔误如表 6-1。

表 6-1 某工程项目单价合同报价单

序号	工程分项	单位	数量	单价/(元/单位)	合价/元
1					
2					
……					
i	钢筋混凝土	m³	1 000	300	30 000
……					
	总报价				8 100 000

由于单价优先,实际上承包商钢筋混凝土的合价(业主以后实际支付)应为 300 000 元,所以评标时应将总报价修正。

【问题】 修正后的总价为多少?

6.1.1 概述

1) 合同总体策划的基本概念

在建筑工程项目的开始阶段,必须对与工程相关的合同进行总体策划。首先应确定带根本性和方向性的,对整个工程、整个合同的签订和实施有重大影响的问题。合同总体策划的目标是通过合同保证项目总目标的实现,它必须反映建筑工程项目战略和企业战略,反映企业的经营指导方针和根本利益,它主要确定以下一些重大问题:

(1) 如何将项目分解成几个独立的合同?每个合同有多大的工程范围?
(2) 采用什么样的委托方式和承包方式?
(3) 采用什么样的合同种类、形式及条件?
(4) 合同中一些重要条款的确定。
(5) 合同签订和实施过程中一些重大问题的决策。

（6）工程项目相关各个合同在内容、时间、组织、技术上的协调等。

2) 合同总体策划的重要性

合同总体策划确定的是工程项目的一些重大问题,它对整个项目的顺利实施有根本性的影响:

（1）合同总体策划决定着项目的组织结构及管理体制,决定合同各方面责任、权力和工作的划分,所以对整个项目管理产生根本性的影响。业主通过合同委托项目任务,并通过合同实现对项目的目标控制。

（2）通过合同总体策划摆正工程过程中各方面的重大关系,防止由于这些重大问题的不协调或矛盾造成工作上的障碍,造成重大损失。

（3）合同是实施项目的手段。无论对于业主或承包商来说,正确的合同总体策划能够保证圆满地履行各个合同,促使各个合同达到完善的协调,减少矛盾和争执,并顺利地实现工程项目的整体目标。

3) 合同总体策划的依据

合同双方有不同的立场和角度,但它们有相同或相似的合同策划的内容。合同策划的依据主要有:

（1）业主方面:业主的资信、资金供应能力、管理水平和具有的管理力量,业主的目标以及目标的确定性,期望对工程管理的介入程度,业主对工程师和承包商的信任程度,业主的管理风格,业主对工程的质量和工期要求等。

（2）承包商方面:承包商的能力、资信、企业规模、管理风格和水平、在本项目中的目标与动机、目前经营状况、过去同类工程经验、企业经营战略、长期动机,承包商承受和抗御风险的能力等。

（3）工程方面:工程的类型、规模、特点,技术复杂程度,工程技术设计准确程度,工程质量要求和工程范围的确定性、计划程度,招标时间和工期的限制,项目的营利性,工程风险程度,工程资源(如资金、材料、设备等)供应及限制条件等。

（4）环境方面:工程所处的法律环境,建筑市场竞争激烈程度,物价的稳定性,地质、气候、自然、现场条件的确定性等,资源供应的保证程度,获得额外资源的可能性。

4) 合同总体策划过程

通过合同总体策划,确定工程合同的一些重大问题,它对工程项目的顺利实施、对项目总目标的实现有决定性作用,上层管理者对它应有足够的重视。合同总体策划过程如下:

（1）研究企业战略和项目战略,确定企业和项目对合同的要求。由于合同是实现项目目标和企业目标的手段,所以它必须体现和服从企业及项目战略。

项目总的管理模式对合同策划有很大的影响,例如业主全权委托监理工程师,或业主任命业主代表全权管理,或业主代表与监理工程师共同管理。一个项目不同的组织形式、不同的项目管理体制,则有不同的项目任务的分解方式,需要不同的合同类型。

（2）确定合同的总体原则和目标。

（3）分层次、分对象对合同的一些重大问题进行研究,列出可能的各种选择,按照上述策划的依据,综合分析各种选择的利弊得失。

(4) 对合同的各个重大问题作出决策和安排,提出合同措施。在合同策划中有时要采用各种预测、决策方法,风险分析方法,技术经济分析方法,如专家咨询法、头脑风暴法、因素分析法、决策树、价值工程等。

(5) 在项目过程中,开始准备每一个合同招标、准备签订每一份合同时都应对合同策划再做一次评价。

6.1.2 业主的合同总体策划

在工程中,业主是通过合同分解项目目标,落实承包人,并实施对项目的控制权力。由于业主处于主导地位,其合同总体策划对整个工程有很大的影响,同时直接影响承包商的合同策划。业主在招标前,必须就如下合同问题作出决策:

1) 与业主签约的承包商的数量

业主在招标前首先必须决定,将一个完整的工程项目分为几个包。业主可以采用分散平行(分阶段或分专业工程)承包的形式,也可以采用全包的形式。

(1) 分散平行承包。分散平行承包即业主将设计、设备供应、土建、电器安装、机械安装、装饰等工程施工分别委托给不同的承包商。各承包商分别与业主签订合同,向业主负责。各承包商之间没有合同关系。这种方式的特点是:

① 业主有大量的管理工作,有许多次招标,做比较精细的计划及控制,因此项目前期需要比较充裕的时间。

② 在工程中,业主必须负责各承包商之间的协调,对各承包商之间互相干扰造成的问题承担责任,在整个项目的责任体系中会存在着责任的"盲区"。例如由于设计承包商拖延造成施工现场图纸延误,土建和设备安装承包商向业主提出工期和费用索赔,而设计承包商又不承担,或承担很少的赔偿责任。所以这类工程合同争执较多,工程进行过程中的索赔较多,工期比较长。

③ 对这样的项目,业主管理和控制比较细,需要对出现的各种工程问题作中间决策,必须具备较强的项目管理能力。当然,业主可以委托监理工程师进行工程管理。

④ 在大型工程项目中,采用这种方式,业主将面对很多承包商(包括设计单位、供应单位、施工单位),直接管理承包商的数量太多,管理跨度太大,容易造成项目协调的困难,造成工程中的混乱和项目失控现象。业主管理费用增加,最终导致总投资增加和工期延长。

⑤ 通过分散平行承包,业主可以分阶段进行招标,可以通过协调和项目管理加强对工程的干预。同时,承包商之间存在着一定的制衡,如各专业设计、设备供应、专业工程施工之间存在制约关系。

⑥ 使用这种承包方式,项目的计划和设计必须周全、准确、细致,这样各承包商的工程范围容易确定,责任界限比较清楚,否则极容易造成项目实施中的混乱状态。

如果业主不是项目管理专家,或没有聘请得力的咨询(监理)工程师进行全过程的项目管理,则不能将项目分解得太细。

(2) 全包(统包,一揽子承包,设计—建造及交钥匙工程)。全包即由一个承包商承包建筑工程项目的全部工作,包括设计、供应、各专业工程的施工,甚至包括项目前期筹划、方案选择、可行性研究和项目建设后的运营管理。承包商向业主承担全部工程责任。当然,总承包商可以将全部工程范围内的部分工程或工作分包出去。这种承包方式的特点是:

① 通过全包可以减少业主面对的承包商的数量,这给业主带来很大的方便。业主事务性管理工作较少,例如仅需要一次招标。在工程中业主责任较小,主要提出工程的总体要求(如工程的功能要求、设计标准、材料标准的说明),做宏观控制,验收结果,一般不干涉承包商的工程实施过程和项目管理工作,所以合同争执和索赔很少。

② 这使得承包商能将整个项目管理形成一个统一的系统,避免多头领导,降低管理费用;方便协调和控制,减少大量的重复的管理工作,减少花费,使得信息沟通方便、快捷、不失真;有利于施工现场的管理,减少中间检查和交接环节手续,避免由此引起的工程拖延,从而大大缩短工期(招标投标和建设期)。

③ 对业主来说,项目的责任体系是完备的。无论是设计与施工,与供应之间的互相干扰,还是不同专业之间的干扰,都由总承包商负责,业主不承担任何责任。

所以全包工程对双方都有利,工程整体效益高。目前这种承包方式在国际上受到普遍欢迎。国际上有人建议,对大型工业建设项目,业主应尽量减少所面对的现场承包商的数目(当然,最少是一个,即采用全包方式)。

④ 在全包工程中业主必须加强对承包商的宏观控制,选择资信好、实力强、适应全方位工作的承包商。承包商不仅需要具备各专业工程施工力量,而且需要具备很强的设计能力、管理能力、供应能力,甚至需要很强的项目策划能力和融资能力。据统计,在国际工程中,国际上最大的承包商所承接的工程项目大多数都是采用全包形式。

由于全包对承包商的要求很高,对业主来说,承包商资信风险很大。业主可以让几个承包商联营投标,通过法律规定联营成员之间的连带责任"抓住"联营各方,这在国际上一些大型和特大型的工程中是常见的。

(3) 介于上述两者之间的中间形式。业主可以采用介于上述两者之间的中间形式,即将工程委托给几个主要的承包商,如设计承包商、施工(包括土建、安装、装饰)承包商、供应承包商等。这种方式在工程中是极为常见的。

2) 招标方式的确定

招标方式有公开招标、邀请招标(选择性竞争招标)、议标等,各种招标方式有其特点及适用范围,一般要根据承包形式、合同类型、业主所拥有的招标时间(工程紧迫程度)、业主的项目管理能力和期望控制工程建设的程度等决定。

(1) 公开招标。业主选择范围大,承包商之间充分地平等竞争,有利于降低报价,提高工程质量,缩短工期。但招标期较长,业主有大量的管理工作,如准备许多资格预审文件和招标文件。资格预审、评标、澄清会议工作量大,且必须严格认真,以防止不合格承包商混入。不限对象的公开招标会导致许多无效投标,造成大量时间、精力和金钱的浪费。在这个过程中,严格的资格预审是十分重要的。

必须看到,公开招标在很大程度上会导致社会资源的浪费。许多承包商竞争一个标,每家都要花许多费用和精力分析招标文件,做环境调查,做施工方案,做报价,起草投标文件。除中标的一家外,其他各家的花费都是徒劳的,这会导致承包商经营费用提高,最终导致整个市场工程成本的提高。

（2）邀请招标（选择性竞争招标）。业主根据工程的特点，有目标、有条件地选择几个承包商，邀请他们参加工程的投标竞争，这是国内外经常采用的招标方式。采用这种招标方式，业主的事务性管理工作较少，招标所用的时间较短，费用低，同时业主可以获得一个比较合理的价格。

国际工程经验证明，如果技术设计比较完备，信息齐全，签订工程承包合同最可靠的方法是采用选择性竞争招标。即业主直接与一个承包商进行合同谈判，由于没有竞争，承包商报价较高，工程合同价格自然很高。一般在以下一些特殊情况下采用：

① 业主对承包商十分信任，可能是老主顾，承包商资信很好。

② 由于工程的特殊性，如军事工程、保密工程、特殊专业工程和仅由一家承包商控制的专利技术工程等。

③ 有些采用成本加酬金合同的情况。

④ 在一些国际工程中，承包商帮助业主进行项目前期策划，做可行性研究，甚至做项目的初步设计。当业主决定上马这个项目后，一般都采用全包的形式委托工程，采用议标形式签订合同。

在此类合同谈判中，业主比较省事，仅一对一谈判，无须准备大量的招标文件，无须复杂的管理工作，时间又很短，能够大大地缩短项目周期，甚至许多项目一边议标，一边开工。

3）合同种类的选择

【案例分析2】 某宾馆大堂改造装修工程，考虑到施工范围和施工内容较为明确，工期较短，业主与承包商根据《建设工程施工合同（示范文本）》GF—2017—0201签订了固定总价合同。消防系统工程改造内容工程量目前无法确定，合同中约定此部分暂估价为120万元，同时合同约定消防工程由业主指定的某安装公司完成。工程施工过程中发生如下事件：

事件一：最终消防工程根据实际完成工程量计算价款为146万元，承包商提出追加结算差额，但业主认为既然是固定总价合同，不应追加合同价款。

事件二：设计采用地热辐射地暖，在施工过程中，所有施工过程均由现场监理旁站验收。地采暖工程接近完工前，业主工程师要求对某区域房间地采暖重新剥离检查防潮层和绝热层。承包商认为施工过程经监理工程师旁站监理并验收合格，需业主承诺补偿重新检验发生的一切费用并延长由此影响的工期，才能配合业主再次剥离检验的要求，但业主认为可以随时提出重新检验的要求。

【问题】 （1）本案例中项目采用固定总价合同方式是否妥当？说明理由。

（2）事件一中，承包单位要求消防工程按照146万元结算是否妥当？说明理由。

（3）事件二中，业主提出重新检验的要求是否合理？说明理由。

（4）事件二中，承包商关于补偿费用和工期的说法是否正确？给出理由。

在实际工程中，合同计价方式丰富多彩，有近20种，以后还会有新的计价方式出现。不同种类的合同，有不同的应用条件，有不同的权利和责任的分配，有不同的付款方式，对合同双方有不同的风险，应按具体情况选择合同类型。有时在一个工程承包合同中，不同的工程分项采用不同的计价方式。现代工程中最典型的合同类型有：

（1）单价合同。这是最常见的合同种类，适用范围广，如FIDIC土木工程施工合同。我国的建设工程施工合同也主要是这类合同。在这种合同中,承包商仅按合同规定承担报价的风险,即对报价(主要为单价)的正确性和适宜性承担责任,而工程量变化的风险由业主承担。由于风险分配比较合理,能够适应大多数工程,能调动承包商和业主双方的管理积极性。单价合同又分为固定单价和可调单价等形式。

单价合同的特点是单价优先,例如 FIDIC 施工合同,业主给出的工程量表中的工程量是参考数字,而实际合同价款按实际完成的工程量和承包商所报的单价计算。虽然在投标报价、评标、签订合同中,人们常常注重合同总价格,但在工程款结算中单价优先,所以单价是不能错的。对于投标书中明显的数字计算的错误,业主有权先做修改后再评标。

(2) 固定总价合同

① 这种合同以一次包死的总价格委托,价格不因环境的变化和工程量增减而变化,所以在这类合同中承包商承担了全部的工作量和价格风险。除了设计有重大变更,一般不允许调整合同价格。在现代工程中,特别在合资项目中,业主喜欢采用这种合同形式,因为:

　　a. 工程中双方结算方式较为简单,比较省事。

　　b. 在固定总价合同的执行中,承包商的索赔机会较少(但不可能根除索赔)。在正常情况下,可以免除业主由于要追加合同价款、追加投资带来的需上级(如董事会,甚至股东大会)审批的麻烦。

但由于承包商承担了全部风险,报价中不可预见风险费用较高。承包商报价的确定必须考虑施工期间物价变化以及工程量变化带来的影响。在这种合同的实施中,由于业主没有风险,所以其干预工程的权力较小,只管总的目标和要求。

② 固定总价合同的应用前提。在以前很长时间里,固定总价合同的应用范围很小:

　　a. 工程范围必须清楚明确,报价的工程量应准确而不是估计数字,对此承包商必须认真复核。

　　b. 工程设计较细,图纸完整、详细、清楚。

　　c. 工程量小、工期短,估计在工程过程中环境因素(特别是物价)变化小,工程条件稳定并合理。

　　d. 工程结构、技术简单,风险小,报价估算方便。

　　e. 工程投标期相对宽裕,承包商可以详细进行现场调查、复核工作,分析招标文件,拟定计划。

　　f. 合同条件完备,双方的权利和义务十分清楚。

但现在在国内外工程中,固定总价合同的使用范围有扩大的趋势,用得比较多。甚至一些大型的全包工程,工业项目也使用总价合同。有些工程中业主只用初步设计资料招标,却要求承包商以固定总价合同承包,这个风险非常大。

③ 固定总价合同的计价有如下形式:

　　a. 招标文件中有工作量表。业主为了方便承包商投标,给出工程量表,但业主对工程量表中的数量不承担责任,承包商必须复核。承包商报出每一个分项工程的固定总价,它们之和即为整个工程的价格。

　　b. 招标文件中没有给出工程量清单,而由承包商制定。工程量表仅仅作为付款文件,而不属于合同规定的工程资料,不作为承包商完成工程或设计的全部内容。合同价款总额由每一分项工程的包干价款(固定总价)构成,承包商必须自己根据工程信息计算工程量。如果承包商分项工程量有漏项或计算不正确,则被认为已包括在整个合同总价中。

由于国际通用的工程量计算规则适用于业主提供全部设计文件的单价合同(我国的工程量计算规则也有这个问题),采用这种合同类型时要注意应对工程量计算规则作出详细说明、修改或用专门的计量方法:

a. 承包商的工程责任范围扩大,通用规则的划分难以包容。例如由承包商承担大量的设计,在投标时承包商无法计算工程量。工程量清单的编制应考虑到这些情况。

b. 通常合同采用阶段付款。如果工程分项在工程量表中已经被定义,只有在该工程分项完成后承包商才能得到相应付款,则工程量表的划分应与工程的施工阶段相对应,必须与施工进度一致,否则会带来付款的困难。同时,工程量划分应注意承包商的现金流量,如设立搭设临时工程、材料采购、设计等分项,这样可以及早付款。

④ 固定总价合同和单价合同有时在形式上很相似。例如,在有的总价合同的招标文件中也有工作量表,也要求承包商提出各分项的报价,但它们性质上是完全不同的合同类型。

固定总价合同是总价优先,承包商报总价,双方商讨并确定合同总价,最终按总价结算。通常只有设计变更,或合同中规定的调价条件,例如法律变化,才允许调整合同价格。

⑤ 对于固定总价合同,承包商要承担两个方面的风险:

a. 价格风险

ⅰ. 报价计算错误。

ⅱ. 漏报项目。例如在某国际工程中,工程范围为一政府的办公楼建筑群,采用固定总价合同。承包商算标时遗漏了其中的一座做景观用的亭阁,这一项使承包商损失了上百万美元。

ⅲ. 工程过程中由于物价和人工费涨价所带来的风险。

b. 工作量风险

ⅰ. 工作量计算错误。对固定总价合同,业主有时也给工作量清单,有时仅给图纸、规范让承包商算标。承包商必须对工作量认真复核和计算。如果工作量有错误,由承包商负责。

ⅱ. 由于工程范围不确定或预算时工程项目未列全造成的损失。例如在某固定总价合同中,工程范围条款为:"合同价款所定义的工程范围包括工作量表中列出的,以及工作量表中未列出的但为本工程安全、稳定、高效率运行所必需的工程和供应。"在该工程中,业主指令增加了许多新的分项工程,但设计并未变更,所以承包商得不到相应的付款。

ⅲ. 由于投标报价时设计深度不够所造成的工程量计算误差。对固定总价合同,如果业主用初步设计文件招标,让承包商计算工作量报价,或尽管施工图设计已经完成,但做标期太短,承包商无法详细核算,通常只有按经验或统计资料估算工作量。这时承包商处于两难境地:工作量算高了,报价没有竞争力,不易中标;算低了,自己要承担风险和亏损。在实际工程中,这是一个由固定总价合同带来的普遍性的问题,在这方面承包商的损失常常是很大的。

【案例分析2解析】 (1)本案工程采用固定总价合同形式恰当。因为本案工程工程量不大,工期短,施工范围和承包内容明确,所以采用固定总价合同形式相对来说双方风险都比较小。

(2)消防分包工程应按照146万元结算。因为在固定价格的承包范围内由于消防工程工程量不确定,所以暂以120万元计算,最终工程量按照实际工程量予以调整,此为固定总价合同的价款风险调整因素。

(3)事件二中,业主重新检验的要求合理。理由:根据《建设工程施工合同(示范文本)》

GF—2017—0201，无论监理工程师是否进行验收，当发包人或监理人要求对已经隐蔽的工程重新检验时，承包人应按要求进行剥离或开孔，并在检验后重新覆盖或修复。

(4) 事件二中，承包商关于补偿费用和工期的说法不合理。理由：如再次检验合格，则由发包人承担由此发生的全部追加合同价款，赔偿承包人损失，并相应顺延工期。如再次检验结果不合格，则由承包人承担发生的全部费用，工期不予顺延。

(3) 成本加酬金合同。这是与固定总价合同截然相反的合同类型。工程最终合同价格按承包商的实际成本加一定比率的酬金（间接费）计算。在合同签订时不能确定一个具体的合同价格，只能确定酬金的比率。由于合同价格按承包商的实际成本结算，所以在这类合同中，承包商不承担任何风险，而业主承担了全部工作量和价格风险，所以承包商在工程中没有成本控制的积极性，常常不仅不愿意压缩成本，相反期望提高成本以提高自己的工程经济效益，这样会损害工程的整体效益。所以这类合同的使用应受到严格限制，通常应用于如下情况：

① 投标阶段依据不准，工程范围无法界定，无法准确估价，缺少工程的详细说明。

② 工程特别复杂，工程技术、结构方案不能预先确定，它们可能按工程中出现的新的情况确定。例如在国外，这类合同经常被用于一些带研究、开发性质的工程中。

③ 时间特别紧急，要求尽快开工。如抢救、抢险工程，人们无法详细计划和商谈。

为了克服成本加酬金合同的缺点，扩大它的使用范围，人们对该种合同又做了许多改进，以调动承包商成本控制的积极性。例如：事先确定目标成本，实际成本在目标成本范围内按比例支付酬金，如果超过目标成本，酬金不再增加；如果实际成本低于目标成本，除支付合同规定的酬金外，另给承包商一定比例的奖励；成本加固定额度的酬金，即酬金是定值，不随实际成本数量的变化而变化等。

在这种合同中，合同条款应十分严格。由于业主承担全部风险，所以业主应加强对工程的控制，参与工程方案（如施工方案、采购、分包等）的选择和决策，否则容易造成不应有的损失。同时，合同中应明确规定成本的开支和间接费范围，规定业主有权对成本开支进行决策、监督和审查。

使用本合同的招标文件应说明中标的依据。一般授标的标准为间接费率和作为成本组成的各项费率。本合同也应规定开工日和竣工日，以假设的合同工程量为基础，否则工期罚款的条款就不适用。

(4) 目标合同。在一些发达国家，目标合同广泛使用于工业项目、研究和开发项目、军事工程项目中，它是固定总价合同和成本加酬金合同的结合和改进形式。在这些项目中，承包商在项目可行性研究阶段，甚至在目标设计阶段就介入工程，并以全包的形式承包工程。

目标合同也有许多种形式。通常合同规定承包商对工程建成后的生产能力（或使用功能）、工程总成本（或总价格）、工期目标承担责任。如果工程投产后一定时间内达不到预定的生产能力，则按一定比例扣减合同价格；如果工期拖延，则承包商承担工期拖延违约金。如果实际总成本低于预定总成本，则节约的部分按预定的比例给承包商奖励；反之，超支的部分由承包商按比例承担。

目标合同能够最大限度地发挥承包商工程管理的积极性，适用于工程范围没有完全定界或预测风险较大的情况。

目标合同工程计价方法：

① 承包商以合同价款总额的形式报出目标价格，包括估算的直接成本、其他成本、间接费

(现场管理费、企业管理费和利润),确定间接费率。由于业主原因导致工程变更、工期拖延或业主要求赶工等造成承包商实际成本增加,应修改目标价格。

② 通常目标合同也用分项工程表(或工程量表)决定目标价格(合同价款总额),合同价款为每一分项工程的包干价款总和。而该分项工程表的制定并非以付款为目的,它仅用于索赔事件发生时,调整合同价款总额和承包商应分担的份额。合同实施中给承包商的付款为:

已完工程总价(即承包商应得到的)＝承包商实际成本(一拒付费用)＋间接费

③ 合同结束时,业主对合同价款总额和已完工程总价进行审核。如果已完工程总价高于合同价款总额,按高出的百分比数,承包商承担相应的部分。

6.1.3 承包商的合同总体策划

在建筑工程中,业主处于主导地位。对于业主的合同决策,承包商常常必须执行或服从。如招标文件、合同条件常常规定,承包商必须按照招标文件的要求做标,不允许修改合同条件,甚至不允许使用保留条款。但承包商也有自己的合同策划问题,它服从于承包商的基本目标和企业经营战略。

1) 投标方向的选择

承包商通过市场调查获得许多工程招标信息,他必须就投标方向作出战略决策,其战略依据是:

(1) 承包市场情况,竞争的形势,如市场处于发展阶段或处于不景气阶段。

(2) 该工程竞争者的数量以及竞争对手状况,以确定自己投标的竞争力和中标的可能性。

(3) 工程及业主状况。

① 工程的特点:技术难度,时间紧迫程度,是否为重大的有影响的工程,例如一个地区的形象工程,该工程施工所需要的工艺、技术和设备。

② 业主的规定和要求,如承包方式、合同种类、招标方式、合同的主要条款。

③ 业主的资信,如业主是否为资信好的企业家或政府,业主过去有没有不守信用、不付款的历史,业主的建设资金准备情况和企业运行状况。如果工程需要承包商垫资,则更应该小心。

(4) 承包商自身的情况,包括本公司的优势和劣势、技术水平、施工力量、资金状况、同类工程经验、现有的在手工程数量等。

投标方向的确定要能最大限度地发挥自己的优势,符合承包商的经营总战略,如正准备发展,力图打开局面,则应积极投标。承包商不要企图承包超过自己施工技术水平、管理水平和财务能力的工程,以及自己没有竞争力的工程。

2) 合同风险的总评价

承包商在合同策划时必须对本工程的合同风险有一个总体的评价,一般来说,如果工程存在以下问题,则工程风险很大:

(1) 工程规模大,工期长,而业主要求采用固定总价合同形式。

(2) 业主仅给出初步设计文件让承包商做标,图纸不详细、不完备,工程量不准确、范围不清楚,或合同中的工程变更赔偿条款对承包商很不利,但业主要求采用固定总价合同。

(3) 业主将做标期压缩得很短,承包商没有时间详细分析招标文件,而且招标文件为外文,采用承包商不熟悉的合同条件。有许多业主为了加快项目进度,采用缩短做标期的方法,这不仅使承包商风险太大,而且会造成对整个工程总目标的损害,常常欲速则不达。

(4) 工程环境不确定性大。如物价和汇率大幅度波动、水文地质条件不清楚,而业主要求采用固定价格合同。

大量的工程实践证明,如果存在上述问题,特别是当一个工程中同时出现上述问题,则这个工程可能彻底失败,甚至有可能将整个承包企业拖垮。这些风险造成的损失的规模,在签订合同时常常是难以想象的。承包商若参加投标,应要有足够的思想准备和措施准备。

在国际工程中,人们分析大量的工程案例,发现一个工程合同争执、索赔的数量和工期的拖延量与如下因素有直接的关系:采用的合同条件,合同形式,做标期的长短,合同条款的公正性,合同价格的合理性,承包商的数量,评标的充分性和澄清性,设计的深度及准确性等。

3) 合作方式的选择

在总承包合同投标前,承包商必须就如何完成合同范围的工程作出决定。因为任何承包商都不可能自己独立完成全部工程(即使是最大的公司),一方面没有这个能力,另一方面也不经济,他必须与其他承包商合作,就合作方式作出选择。其目的是为了充分发挥各自的技术、管理、财力的优势,以共同承担风险。

(1) 分包。分包在工程中最为常见,分包常常出于以下原因:

① 技术上需要。总承包商不可能,也不必具备总承包合同工程范围内所有专业工程的施工能力,通过分包的形式可以弥补总承包商技术、人力、设备、资金等方面的不足。同时,总承包商又可通过这种形式扩大经营范围,承接自己不能独立承担的工程。

② 经济上的目的。有些分项工程,如果总承包商自己承担会亏本,而将它分包出去,让报价低同时又有能力的分包商承担,总承包商不仅可以避免损失,而且可以取得一定的经济效益。

③ 转嫁或减少风险。通过分包,可以将总包合同的风险部分地转嫁给分包商,这样,大家共同承担总承包合同风险,提高工程经济效益。

④ 业主的要求。业主指令总承包商将一些分项工程分包出去。通常有如下两种情况:

a. 对于某些特殊专业或需要特殊技能的分项工程,业主仅对某专业承包商信任和放心,可要求或建议总承包商将这些工程分包给该专业承包商,即业主指定分包商。

b. 在国际工程中,一些国家规定,外国总承包商承接工程后必须将一定量的工程分包给本国承包商,或工程只能由本国承包商承接,外国承包商只能分包。这是对本国企业的一种保护措施。

业主对分包商有较高的要求,也要对分包商作资格审查。没有工程师(业主代表)的同意,承包商不得随便分包工程。由于承包商向业主承担全部工程责任,分包商出现任何问题都由总包负责,所以分包商的选择要十分慎重。一般在总承包合同报价前就要确定分包商的报价,商谈分包合同的主要条件,甚至签订分包意向书。国际上许多大承包商都有一些分包商作为自己长期的合作伙伴,形成自己外围力量,以增强自己的经营实力。

当然,过多的分包,如专业分包过细、多级分包,会造成管理层次增加和协调的困难,业主会怀疑承包商自己的承包能力,这对合同双方来说都是极为不利的。

(2) 联营承包。联营承包也称联合体投标,是指两家或两家以上的承包商(最常见的为设计承包商、设备供应商、工程施工承包商)联合投标,共同承接工程。

① 联营的优点

a. 承包商可通过联营进行联合,以承接工程量大、技术复杂、风险大、难以独家承揽的工程,使经营范围扩大。

b. 在投标中发挥联营各方技术和经济的优势,珠联璧合,使报价有竞争力。而且联营通常都以全包的形式承接工程,各联营成员具有法律上的连带责任,业主比较欢迎和放心,容易中标。

c. 在国际工程中,国外的承包商如果与当地的承包商联营投标,可以获得价格上的优惠,这样更能增加报价的竞争力。

d. 在合同实施中,联营各方互相支持,取长补短,进行技术和经济的总合作,这样可以减少工程风险,增强承包商的应变能力,能取得较好的工程经济效果。

e. 通常,联营仅在某一工程中进行,该工程结束,联营体解散,无其他牵挂。如果愿意,各方还可以继续寻求新的合作机会,所以它比合营、合资有更大的灵活性。合资成立一个具有法人地位的新公司通常费用较高,运行形式复杂,母公司仅承担有限责任,业主不信任。

联营承包已成为许多承包商的经营策略之一,在国内外工程中较为常见。

② 联营的两种形式

a. 外部联营。几个承包商签订联营合同,组成联营体。每个承包商在联营关系上被称为联营成员。联营体与业主签订总承包合同,所以对外只有一个承包合同。外部联营合同关系见图 6-1。

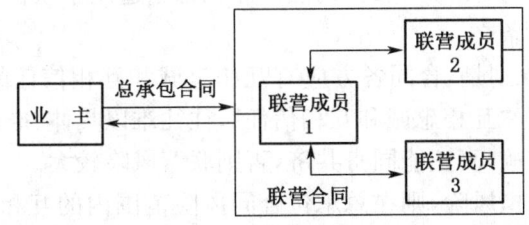

图 6-1 外部联营合同关系

在这里,联营体作为一个总体,有责任全面完成总承包合同确定的工程责任。每个联营成员作为业主的合同伙伴,不仅对联营合同规定的自己工程范围负有责任,而且与业主有合同法律关系,对其他联营成员有连带责任。所以,对联营成员有双重合同关系,即总承包合同和联营合同关系。

联营成员之间的关系是平等的,按各自完成的工程量进行工程款结算,按各自投入资金的比例分割利润。

在该合同的实施过程中,联营成员之间的沟通和工程管理组织,通常有两种形式:

ⅰ. 在联营成员中产生一牵头的承包商为代言人,具体负责联营成员之间以及联营体与业主之间的沟通和工程中的协调。

ⅱ. 各联营成员派出代表组成一管理委员会,负责工程项目的管理工作,处理与业主及其他方面的各种合同关系。

b. 内部联营。内部联营实质上与分包相似，仅一联营成员作为联营领袖与业主签订总承包合同，向业主承担全部工程责任，同时负责工程的组织和协调工作，他实质上处于总包地位。而其他联营成员仅承担自己工程范围内的合同责任，并直接向联营领袖收取相应的工程价款，与业主无直接的合同关系，他们实质上处于分包地位。

内部联营合同确定的是承包商之间在工程实施过程中的内部合作关系，对外没有影响。内部联营合同关系见图 6-2 所示。

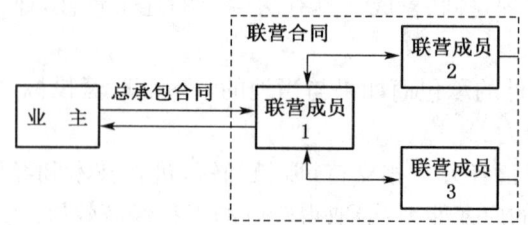

图 6-2　内部联营合同关系

③ 联营合同的特点

联营合同在实施和争执的解决等方面与承包合同有很大的区别，这往往被人们忽略，而容易带来不必要的损失和合同争执。联营合同有如下特点：

a. 联营合同在性质上区别于承包合同。承包合同的目的是工程成果和报酬的交换；而联营合同的目的是合同双方（或各方）为了共同的经济目的和利益而联合，所以它属于一种社会契约。联营具有团体性，但它在性质上又区别于合资公司，它不是经济实体，没有法人资格。所以，工程承包合同的法律原则和一般公司法律原则都不适用于联营合同关系，它的法律基础是民法中关于联营的法律条文。

b. 联营合同的基本原则是，合同各方应有互相忠诚和互相信任的责任，在工程过程中共同承担风险，共享权益。但"互相忠诚和互相信任"，往往难以具体、准确地定义和责难，联营成员之间必须非常了解和信赖，真正能同舟共济，否则联营风险较大。

由于在工程中共同承担风险，则在总承包合同风险范围内的互相干扰和影响造成的损失是不能提出索赔的，所以联营成员之间索赔范围很小，这往往特别容易被人们忽略而引起合同争执。

c. 联营各方在工程过程中，为了共同的利益，有责任互相帮助，进行技术和经济的总合作，可以互相提供劳务、机械、技术甚至资金，或为其他联营成员完成部分工程责任，但这些都应为有偿提供。在联营合同中应明确区分各自的责任界限和利益界限，不能有"联营即为一家人"的思想。

d. 联营合同受总承包合同关系的制约，属于它的一个从合同。通常联营合同先签订，但只有总承包合同签订，联营合同才有效；只有总承包合同结束，联营体才能解散。联营体必须完成它的总承包合同责任。

对于与业主的总承包合同，联营体各方具有连带责任，即任何一个联营成员因某一原因不能完成其合同责任，或退出联营体，那么其他联营成员必须共同完成整个总承包合同。

e. 由于联营合同风险较大，承包商应争取平等的地位。如果自身有条件，应积极地争取领导权,这样在工程中更为主动。

4) 在投标报价和合同谈判中一些重要问题的确定

(1) 承包商所属各分包(包括劳务、租赁、运输等)合同之间的协调。

(2) 分包合同的策划,如分包的范围、委托方式、定价方式和主要合同条款的确定。在这里要加强对分包商和供应商的选择和控制工作,防止由于他们的能力不足,或对本工程没有足够重视而造成工程和供应的拖延,进而影响总承包合同的实施。

(3) 承包合同投标报价策略的制定。

(4) 合同谈判策略的制定等。

5) 合同执行战略

合同执行战略是承包商按企业和工程具体情况确定的执行合同的基本方针。例如:

(1) 企业必须考虑该工程在企业同期许多工程中的地位、重要性,确定优先等级。对重要的有重大影响的工程,如对企业信誉有重大影响的创牌子工程,大型、特大型工程,对企业准备发展业务的地区的工程,必须全力保证,在人力、物力、财力上给予优先考虑。

(2) 承包商必须以积极合作的态度和热情圆满地履行合同。在工程中,特别在遇到重大问题时积极与业主合作,以赢得业主的信赖,赢得信誉。例如在中东,有些合同在签订后或在执行中遇到不可抗力(如战争、动乱),按规定可以撕毁合同,但有些承包商理解业主的困难,暂停施工,同时采取措施保护现场,降低业主损失,待干扰事件结束后,继续履行合同。这样不仅保住了合同,取得了利润,而且赢得了信誉。

(3) 对明显导致亏损的工程,特别是企业难以承受的亏损,或业主资信不好,难以继续合作,有时不惜以撕毁合同来解决问题。有时承包商主动中止合同,比继续执行一份合同的损失要小。特别是当承包商已跌入"陷阱"中,合同不利,而且风险已经发生时。

(4) 在工程施工中,由于非承包商责任引起承包商费用增加和工期拖延,承包商提出合理的索赔要求,但业主不予解决。承包商在合同执行过程中可以通过控制进度,通过直接或间接地表达履约热情和积极性,向业主施加压力和影响以求得合理解决。通常工程结束,交付给业主,承包商的索赔主动权就没有了。

6.1.4 建筑工程合同体系的协调

从上述分析可见,业主为了实现工程总目标,必须签订许多主合同;承包商为了完成他的承包合同责任也必须订立许多分合同。这些合同从宏观上构成项目的合同体系,从微观上每个合同都定义并安排了一些工程活动,共同构成项目的实施过程。在这个合同体系中,相关的同级合同之间以及主合同和分合同之间存在着复杂的关系,在国外人们又把这个合同体系称为合同网络。在工程项目中这个合同网络的建立和协调是十分重要的,要保证项目顺利实施,就必须对此作出周密的计划和安排。在实际工作中,由于这些方面的不协调而造成的工程失误是很多的。合同之间关系的安排及协调是合同策划的重要内容。

1) 工程和工作内容的完整性

业主的所有合同确定的工程或工作范围应能涵盖项目的所有工作,即只要完成各个合同,就可实现项目总目标;承包商的各个分包合同与拟由自己完成的工程(或工作)一起应能涵盖总承包合同责任。在工作内容上不应有缺陷或遗漏。在实际工程中,这种缺陷会带来设计的修改、新的附加工程、计划的修改、施工现场的停工和缓工,从而导致双方的争执。

为了防止缺陷和遗漏,应做好以下工作:

(1) 招标前认真地进行总项目的系统分析,确定总项目的系统范围。

(2) 系统地进行项目的结构分解,在详细的项目结构分解的基础上列出各个合同的工程量表。实质上,将整个项目任务分解成几个独立的合同,每个合同中又有一个完整的工程量表,这都是项目结构分解的结果。

(3) 进行项目任务(各个合同或各个承包单位,或项目单元)之间的界面分析,划定各个界面上的工作责任、成本、工期、质量的定义。工程实践证明,许多遗漏和缺陷常常都发生在界面上。

2) 技术上的协调

这里包括极其复杂的内容,例如:

(1) 几个主合同之间设计标准的一致性,如土建、设备、材料、安装等应有统一的质量、技术标准和要求。各专业工程之间,如建筑、结构、水、电、通信之间应有很好的协调。在建设项目中建筑师常常作为技术协调的中心。

(2) 分包合同必须按照总承包合同的条件订立,全面反映总包合同相关内容。采购合同的技术要求必须符合承包合同中的技术规范。总包合同风险要反映在分包合同中,由相关的分包商承担。为了保证总承包合同不折不扣地完成,分包合同一般比总承包合同条款更为严格、周密和具体,对分包单位提出更为严格的要求,所以对分包商的风险更大。

(3) 各合同所定义的专业工程之间应有明确的界面和合理的搭接。例如供应合同与运输合同、土建承包合同和安装合同、安装合同和设备供应合同之间存在责任界面和搭接。界面上的工作容易遗漏,容易产生争执。

各合同只有在技术上协调,才能共同构成符合总目标的工程技术系统。

3) 价格上的协调

一般在总承包合同估价前,就应向各分包商(供应商)询价,或进行洽商,在分包报价的基础上考虑到管理费等因素作为总包报价,所以分包报价水平常常又直接影响总包报价水平和竞争力。

(1) 对大的分包(或供应)工程如果时间来得及,也应进行招标,通过竞争降低价格。

(2) 作为总承包商,周围最好要有一批长期合作的分包商和供应商作为忠实的伙伴,这是具有战略意义的。可以确定一些合作原则和价格水准,这样可以保证分包价格的稳定性。

(3) 对承包商来说,由于与业主的承包合同先订,而与分包商和供应商的合同后订,一般在订承包合同前先向分包商和供应商询价;待承包合同签订后,再签订分包合同和供应合同。要防止在询价时分包商(供应商)报低价,而承包商中标后又报高价,特别是当询价时对合同条件(采购条件)未来得及细谈,分包商(供应商)有时找一些理由提高价格。一般可先订分包(或供应)意向书,既要确定价格,又要留有活口,防止总合同不能签订。

【案例分析1解析】 承包商的正确报价应为 $8\,100\,000+(300\,000-30\,000)=8\,370\,000$ 元。

6.2 建设工程招标与投标

【案例分析3】 某大型工业项目进行施工招标,招标人编制了完整详细的招标文件,招标人通过资格预审对申请投标人进行审查,而且确定了资格预审表的内容,提出了对申请投标人资格必要合格条件的要求:(1)资质等级达到要求标准;(2)投标人在开户银行的存款达到工程造价的5%;(3)主体工程中的重点部位可分包给经验丰富的承包商来完成;(4)具有同类工程的施工经验和能力。

【问题】 背景材料中的必要合格条件有哪些不妥之处?

对建筑工程的发包人来说,找到理想的、有能力承担建设工程任务的合格单位,用经济合理的价格,获得满意的服务和产品非常重要。发包人一般都通过招标或其他竞争方式选择建设工程任务的实施单位,包括设计、咨询、施工承包和供货等单位。而承担建设工程任务的设计、施工等单位也通常以投标竞争方式显示自己的实力和水平,获得想要承担的工程任务。

建设工程施工招标应该具备以下条件:
(1) 招标人已经依法成立。
(2) 初步设计及概算应当履行审批手续的,已经批准。
(3) 招标范围、招标方式和招标组织形式等应当履行核准手续的,已经核准。
(4) 有相应资金或资金来源已经落实。
(5) 有招标所需的设计图纸及技术资料。

这些条件和要求,一方面是从法律上保证了项目和项目法人的合法化,另一方面也从技术和经济上为项目的顺利实施提供了支持和保障。

6.2.1 施工招标的内容

在工程中,业主是通过合同分解项目目标,落实承包人,并实施对项目的控制权。由于业主处于主导地位,他的合同总体策划对整个工程有很大的影响,同时直接影响承包商的合同策划。业主在招标前,必须就以下合同问题作出决策:

1) 招标投标项目的确定

从理论上讲,在市场经济条件下,建设工程项目是否采用招标方式确定承包人、采用何种方式进行招标,业主有完全的决定权。但是,为了保证公共利益,各国法律都规定了由政府资金投资的公共项目(包括部分甚至全部投资的项目),涉及公共利益的其他资金投资项目,投资额在一定额度之上时,要采用招标方式进行采购,对此我国也有详细的规定。按照我国的《招

标投标法》,以下项目宜采用招标方式确定承包人:
(1) 大型基础设施、公用事业等关系社会公共利益、公众安全的项目。
(2) 全部或者部分使用国有资金投资或者国家融资的项目。
(3) 使用国际组织或者外国政府资金的项目。

2) 招标方式的确定

【案例分析 4】 某市新建科技馆工程,地下 2 层,地上 24 层,地上裙房 4 层,通过正规招投标程序,建设单位最终选定了一个具有相应施工总承包资质的 A 建筑公司为中标单位,并与其签订了工程总承包合同。

施工过程中发生以下事件:

事件一:建设单位将该工程金属门窗指定分包,并与具备相应资质条件的 B 公司签订门窗施工合同。

事件二:由于工期紧张,A 公司在征得建设单位同意后,决定自行施工主楼,将裙房工程分包给具备相应资质的 C 公司,将装饰装修工程分包给具备相应资质的 D 公司。

事件三:A 公司在征得建设单位同意后,与 E 劳务公司针对主楼施工签订了劳务分包合同,经查 E 公司具备相应劳务资质。由于该工程工期压力较大,E 公司劳务人员不够,将部分劳务分包给同样具备相应资质的 F 劳务公司。

事件四:由于 D 公司管理不善,出现施工质量问题,给建设单位造成一定损失,建设单位因 A 公司为项目总承包,于是就此事向 A 公司提出索赔要求。A 公司认为损失由 D 公司造成,且分包给 D 公司也经过建设单位同意,所以建设单位应向 D 公司提出索赔,A 公司不应承担责任。

【问题】 (1) 事件一中,关于建设单位指定分包门窗工程的做法是否正确?说明理由。
(2) 事件二中,C 公司、D 公司的分包是否合法?分别说明理由。
(3) 事件三中,E 公司、F 公司的分包是否合法?分别说明理由。
(4) 事件四中,建设单位向 A 公司索赔是否正确,为什么?A 公司的说法是否正确,为什么?

《招标投标法》规定,招标分公开招标和邀请招标两种方式。

(1) 公开招标。公开招标亦称无限竞争性招标,招标人在公共媒体上发布招标公告,提出招标项目和要求,符合条件的一切法人或者组织都可以参加投标竞争,都有同等竞争的机会。按规定应该招标的建设工程项目,一般应采用公开招标方式。

公开招标的优点是招标人有较大的选择范围,可在众多投标人中选择报价合理、工期较短、技术可靠、资信良好的中标人。但是公开招标的资格审查和评标的工作量比较大,耗时长,费用高,且有可能因资格预审把关不严导致鱼目混珠的现象发生。

如果采用公开招标方式,招标人就不得以不合理的条件限制或排斥潜在的投标人,例如不得限制本地区以外或本系统以外的法人或组织参加投标等。

(2) 邀请招标。邀请招标亦称有限竞争性招标,招标人事先经过考察和筛选,将投标邀请书发给某些特定的法人或者组织,邀请其参加投标。

为了保护公共利益,避免邀请招标方式被滥用,各个国家和世界银行等金融组织都有相关规定:按规定应该招标的建设工程项目,一般应采用公开招标,如果要采用邀请招标,需经过批准。

国有资金占控股或者主导地位的依法必须进行招标的项目,应当公开招标。但有下列情形之一的,可以邀请招标:①技术复杂、有特殊要求或者受自然环境限制,只有少量潜在投标人可供选择;②采用公开招标方式的费用占项目合同金额的比例过大;③涉及国家安全、国家秘密或者抢险救灾,适宜招标但不适宜公开招标;④法律、法规规定的不宜公开招标的项目。

招标人采用邀请招标方式,应当向 3 个以上具备承担招标项目能力、资信良好的特定的法人或者其他组织发出投标邀请书。

世界银行贷款项目中的工程和货物的采购,可以采用国际竞争性招标、有限国际招标、国内竞争性招标、询价采购、直接签订合同、自营工程等采购方式。其中国际竞争性招标和国内竞争性招标都属于公开招标,而有限国际招标则相当于邀请招标。

3) 自行招标与委托招标

招标人可自行办理招标事宜,也可以委托招标代理机构代为办理招标事宜。招标人自行办理招标事宜,应当具有编制招标文件和组织评标的能力,即招标人具有与招标项目规模和复杂程度相适应的技术、经济等方面的专业人员。

招标人不具备自行招标能力的,必须委托具备相应资质的招标代理机构代为办理招标事宜。

工程招标代理机构资格分为甲、乙两级,其中乙级工程招标代理机构只能承担工程投资额(不含征地费、大市政配套费与拆迁补偿费)3 000 万元以下的工程招标代理业务。

工程招标代理机构可以跨省、自治区、直辖市承担工程招标代理业务。

4) 招标信息的发布与修正

(1) 招标信息的发布

工程招标是一种公开的经济活动,因此要采用公开方式发布信息。资格预审公告和招标公告应在国务院发展改革部门依法指定的媒介发布。在不同媒介发布的同一招标项目的资格预审公告或者招标公告的内容应当一致。指定媒介发布依法必须进行招标的项目的境内资格预审公告、招标公告,不得收取费用。

招标公告应当载明招标人的名称和地址,招标项目的性质、数量、实施地点和时间,投标截止日期以及获取招标文件的办法等事项。招标人或其委托的招标代理机构应当保证招标公告内容的真实、准确和完整。

编制依法必须进行招标的项目的资格预审文件和招标文件,应当使用国务院发展改革部门会同有关行政监督部门制定的标准文本。

拟发布的招标公告文本应当由招标人或其委托的招标代理机构的主要负责人签名并加盖公章。招标人或其委托的招标代理机构发布招标公告,应当向指定媒介提供营业执照(或法人证书)、项目批准文件的复印件等证明文件。招标人或其委托的招标代理机构应至少在一家指定的媒介发布招标公告。指定报刊在发布招标公告的同时,应将招标公告如实抄送指定网络。招标人或其委托的招标代理机构在两个以上媒介发布的同一招标项目招标公告的内容应当相同。

招标人应当按招标公告或者投标邀请书规定的时间、地点出售招标文件或资格预审文件。自招标文件或者资格预审文件出售之日起至停止出售之日止,最短不得少于 5 个工作日。

投标人必须自费购买相关招标或资格预审文件。招标人发售资格预审文件、招标文件收取的费用应当限于补偿印刷、邮寄的成本支出,不得以营利为目的。对于所附的设计文件,招标人可以向投标人酌收押金,对于开标后投标人退还设计文件的,招标人应当向投标人退还押金。招标文件或者资格预审文件售出后,不予退还。招标人在发布招标公告、发出投标邀请书后,或者售出招标文件或资格预审文件后,不得擅自终止招标。

(2) 招标信息的修正

如果招标人在招标文件已经发布之后,发现有问题需要进一步澄清或修改,必须依据以下原则进行:

时限:招标人对已发出的招标文件进行必要的澄清或者修改,应当在招标文件要求提交投标文件截止时间至少15日前发出。

形式:所有澄清文件必须以书面形式进行。

全面:所有澄清文件必须直接通知所有招标文件收件人。由于修正与澄清文件是对于原招标文件的进一步补充或说明,因此该澄清或者修改的内容应为招标文件的有效组成部分。

5) 资格预审

招标人可以根据招标项目本身的特点和要求,要求投标申请人提供有关资质、业绩和能力等证明,并对投标申请人进行资格审查。资格审查分为资格预审和资格后审。资格预审是指在招标开始之前或者开始初期,由招标人对申请参加投标的潜在投标人进行资质条件、业绩、信誉、技术、资金等多方面的情况进行资格审查;经认定合格的潜在投标人,才可以参加投标。

通过资格预审可以使招标人了解潜在投标人的资信情况,包括财务状况、技术能力以及以往从事类似工程的施工经验,从而选择优秀的潜在投标人参加投标,降低将合同授予不合格的投标人的风险。通过资格预审,可以淘汰不合格的潜在投标人,从而有效地控制投标人的数量,减少多余的投标,进而减少评审阶段的工作时间,减少评审费用,也为不合格的潜在投标人节约投标的无效成本。通过资格预审,招标人可以了解潜在投标人对项目投标的兴趣,如果潜在投标人的兴趣大大低于招标人的预料,招标人可以修改招标条款,以吸引更多的投标人参加竞争。

6) 标前会议

标前会议也称为投标预备会或招标文件交底会,是招标人按投标须知规定的时间和地点召开的会议。标前会议上,招标人除了介绍工程概况以外,还可以对招标文件中的某些内容加以修改或补充说明,以及对投标人书面提出的问题和会议上提出的问题给予解答,会议结束后,招标人应将会议纪要用书面通知的形式发给每一个投标人。

无论是会议纪要还是对个别投标人问题的解答,都应以书面形式发给每一个获得投标文件的投标人,以保证招标的公平和公正。但对问题的答复不需要说明问题来源。会议纪要和答复函件形成招标文件的补充文件,都是招标文件的有效组成部分,与招标文件具有同等法律效力。当补充文件与招标文件内容不一致时,应以补充文件为准。

为了使投标单位在编写投标文件时有充分的时间考虑招标人对招标文件的补充或修改内容,招标人可以根据实际情况在标前会议上确定延长投标截止时间。

7) 评标

评标分为评标的准备、初步评审、详细评审、编写评标报告等过程。初步评审主要是进行符合性审查,即重点审查投标书是否实质上响应了招标文件的要求。审查内容包括:投标资格审查、投标文件完整性审查、投标担保的有效性、与招标文件是否有显著的差异和保留等。如果投标文件实质上不响应招标文件的要求,将作无效标处理,不必进行下一阶段的评审。另外还要对报价计算的正确性进行审查,如果计算有误,通常的处理方法是:大小写不一致的以大写为准,单价与数量的乘积之和与所报的总价不一致的应以单价为准,标书正本和副本不一致的以正本为准。这些修改一般应由投标人代表签字确认。

详细评审是评标的核心,是对标书进行实质性审查,包括技术评审和商务评审。技术评审主要是对投标书的技术方案、技术措施、技术手段、技术装备、人员配备、组织结构、进度计划等的先进性、合理性、可靠性、安全性、经济性等进行分析评价。商务评审主要是对投标书的报价高低、报价构成、计价方式、计算方法、支付条件、取费标准、价格调整、税费、保险及优惠条件等进行评审。

评标方法可以采用评议法、综合评分法或评标价法等,可根据不同的招标内容选择相应的方法。

评标结束应该推荐中标候选人。评标委员会推荐的中标候选人数应当限定在1~3人,并标明排列顺序。

【案例分析4解析】 (1)事件一中,建设单位指定分包门窗工程的做法不正确。理由:指定分包,应该是与总承包单位签订施工合同,而不是由建设单位直接与B公司签订合同。

(2)C公司分包不合法。理由:裙房结构同样属于主体结构,根据《建设工程质量管理条例》(国务院令第279号),施工总承包单位将建设单位主体结构的施工分包给其他单位的属于违法分包。

D公司分包合法。理由:D公司具备相应资质,且分包行为征得建设单位同意。

(3)E公司劳务分包合法。理由:E公司具备相应资质,且分包行为征得建设单位同意。

F公司劳务分包不合法。理由:根据《建设工程质量管理条例》(国务院令第279号),分包不得再行分包,属于违法分包。

(4)建设单位做法正确。理由:建设单位只与总承包单位A公司有合同关系,故由于施工方原因造成的损失应向A公司提出索赔。

A公司做法不正确。理由:根据《建设工程质量管理条例》(国务院令第279号),总承包单位依法将建设工程分包给其他单位的,总承包单位与分包单位对分包工程的质量承担连带责任。由此可见,A单位应对D公司的质量损害承担责任。

6.2.2 施工投标的内容

【案例分析5】 某房地产开发公司新建住宅楼工程。招标文件规定,工程为砖混结构,条形基础,地上5层,工期265 d,固定总价合同模式。至投标阶段工程施工图设计尚未全部完成。在此过程中发生如下事件:

事件一:施工单位中标价格为1 350万元。但是经双方3轮艰苦谈判,最终确定合同价位1 200万元,并据此签订了施工承包合同。

事件二:在投标过程中,施工单位未到现场进行勘察,认为工程结构简单并且对施工现场、周围环境非常熟悉,另外考虑工期不到1年,市场材料价格不会发生太大的变化,于是按照企业以往积累的经验编制标书。

事件三：部分合同条款中规定：(1)施工单位按照开发公司批准的施工组织设计组织施工，施工单位不承担因此引起的工期延误和费用增加责任。(2)开发公司向施工单位提供场地的工程地质和主要管线资料，供施工单位参考使用。

【问题】(1)事件一中开发公司的做法是否正确？为什么？
(2)事件二中施工单位承担的风险有哪些？
(3)指出事件三中合同条款的不妥之处并说明正确做法。

在工程中，业主是通过合同分解项目目标，落实承包人，并实施对项目的控制权力。由于业主处于主导地位，其合同总体策划对整个工程有很大的影响，同时直接影响承包商的合同策划。业主在招标前，必须就以下合同问题作出决策：

1) 研究招标文件

投标单位取得投标资格，获得招标文件之后的首要工作就是认真仔细地研究招标文件，充分了解其内容和要求，以便有针对性地安排投标工作。

研究招标文件的重点应放在投标者须知、合同条款、设计图纸、工厂范围及工程量表上，还要研究技术规范要求，看是否有特殊要求。

投标人应该重点注意招标文件中以下方面问题：

(1) 投标人须知。"投标人须知"是招标人向投标人传递基础信息的文件，包括工程概况、招标内容、招标文件的组成、投标文件的组成、报价的原则、招标投标时间安排等关键信息。

① 投标人需要注意招标工程的详细内容和范围，避免遗漏或多报。

② 要特别注意投标文件的组成，避免因提供的资料不全而被作为废标处理。例如，曾经有一家资信良好的著名的企业在投标时因为遗漏资产负债表而失去了本来非常有希望的中标机会。在工程实践中，这方面的先例不在少数。

还要注意招标答疑时间、投标截止时间等重要时间安排，避免因遗忘或迟到等原因而失去竞争机会。

(2) 投标书附录与合同条件。这是招标文件的重要组成部分，其中可能标明了招标人的特殊要求，即投标人在中标后应享受的权利、所要承担的义务和责任等，投标人在报价时需要考虑这些因素。

(3) 技术说明。要研究招标文件中的施工技术说明，熟悉所采用的技术规范，了解技术说明中有无特殊施工技术和特殊材料设备要求，以及有关选择代用材料、设备的规定，以便根据相应的定额和市场确定价格，计算有特殊要求项目的报价。

(4) 永久性工程之外的报价补充文件。永久性工程是指合同的标的物——建设工程项目及其附属设施，但是为了保证工程建设的顺利进行，不同的业主还会对承包商提出额外要求。这些要求可能包括：对旧有建筑物和设施的拆除、工程师的现场办公室及其各项开支、模型、广告、工程照片和会议费用等。如果有的话，则需要将其列入工程总价中、弄清一切费用纳入工程总报价的方式，以免产生遗漏而导致损失。

2) 进行各项调查研究

在研究招标文件的同时，投标人需要开展详细的调查研究，即对招标工程的自然、经济和社会条件进行调查,这些都是工程施工的制约因素,必然会影响到工程成本,是投标报价所必须考虑的,所以在报价前必须了解清楚。

(1) 市场宏观经济环境调查。应调查工程所在地的经济形势和经济状况,包括与投标工程实施有关的法律法规、劳动力与材料的供应状况、设备市场的租赁状况、专业施工公司的经营状况与价格水平等。

(2) 工程现场考察和工程所在地区的环境考察。要认真地考察施工现场,认真调查具体工程所在地区的环境,包括一般自然条件、施工条件及环境,如地质地貌、气候、交通、水电等的供应和其他资源情况等。

(3) 工程业主方和竞争对手公司的调查。业主、咨询工程师的情况,尤其是业主的项目资金落实情况、参加竞争的其他公司与工程所在地的工程公司的情况,与其他承包商或分包商的关系。参加现场踏勘与标前会议,可以获得更充分的信息。

3) 复核工程量

有的招标文件中提供了工程量清单,尽管如此,投标者还是需要进行复核,因为这直接影响到投标报价以及中标的机会。例如,当投标人大体上确定了工程总报价以后,可适当采用报价技巧如不平衡报价法,对某些工程量可能增加的项目提高报价,而对某些工程量可能减少的可以降低报价。

对于单价合同,尽管是以实测工程量结算工程款,但投标人仍应根据图纸仔细核算工程量,当发现相差较大时,投标人应向招标人要求澄清。

对于总价固定合同,更要特别引起重视,工程量估算的错误可能带来无法弥补的经济损失。因为总价合同是以总报价为基础进行结算的,如果工程量出现差异,可能对施工方极为不利。对于总价合同,如果业主在投标前对争议工程量不予更正,而且是对投标者不利的情况,投标者在投标时要附上声明:工程量表中某项工程量有错误,施工结算应按实际完成量计算。

承包商在核算工程量时,还要结合招标文件中的技术规范弄清工程量中每一细目的具体内容,避免出现在计算单位、工程量或价格方面的错误与遗漏。

4) 选择施工方案

施工方案是报价的基础和前提,也是招标人评标时要考虑的重要因素之一。有什么样的方案,就有什么样的人工、机械与材料消耗,就会有相应的报价。因此,必须弄清分项工程的内容、工程量、所包含的相关工作、工程进度计划的各项要求、机械设备状态、劳动与组织状况等关键环节,据此制定施工方案。

施工方案应由投标人的技术负责人主持制定,主要应考虑施工方法、主要施工机具的配置、各工种劳动力的安排及现场施工人员的平衡、施工进度及分批竣工的安排、安全措施等。施工方案的制定应在技术、工期和质量保证等方面对招标人有吸引力,同时又有利于降低施工成本。

(1) 要根据分类汇总的工程数量和工程进度计划中该类工程的施工周期、合同技术规范要求以及施工条件和其他情况选择和确定每项工程的施工方法,应根据实际情况和自身施工能力来确定各类工程的施工方法。对各种不同施工方法应当从保证完成计划目标、保证工程质量、节约设备费用、降低劳务成本等多方面综合比较,编制最适用、最经济的施工方案。

（2）要根据上述各类工程的施工方法选择相应的机具设备并计算所需数量和使用周期，研究确定采购新设备、租赁当地设备或调动企业现有设备。

（3）要研究确定工程分包计划。根据概略指标估算劳务数量，考虑其来源及进场时间安排。注意当地是否有限制外籍劳务的规定。另外，从所需劳务的数量，估算所需管理人员和生活性临时设施的数量和标准等。

（4）要用概略指标估算主要的和大宗建筑材料的需用量，考虑其来源和分批进场的时间安排，从而可以估算现场用于存储、加工的临时设施（例如仓库、露天堆放场、加工场地或工棚等）。

（5）根据现场设备、高峰人数和一切生产和生活方面的需要，估算现场用水、用电量，确定临时供电和排水设施；考虑外部和内部材料供应的运输方式，估计运输和交通车辆的需要和来源；考虑其他临时工程的需要和建设方案；提出某些特殊条件下保证正常施工的措施，例如排除或降低地下水以保证地面以下工程施工的措施；冬期、雨期施工措施以及其他必需的临时设施安排，例如现场安全保卫设施，包括临时围墙、警卫设施、夜间照明等，现场临时通信联络设施等。

5）投标计算

投标计算是投标人对招标工程施工所要发生的各种费用的计算。在进行投标计算时，必须首先根据招标文件复核或计算工程量。作为投标计算的必要条件，应预先确定施工方案和施工进度。此外，投标计算还必须与采用的合同计价形式相协调。

6）确定投标策略

正确的投标策略对提高中标率并获得较高的利润有重要作用。常用的投标策略又以信誉、低价、缩短工期、改进设计取胜或者以先进或特殊的施工方案取胜等。不同的投标策略要在不同投标阶段的工作（如制定施工方案、投标计算等）中体现和贯彻。

7）正式投标

投标人按照招标人的要求完成标书的准备与填报之后，就可以向招标人正式提交投标文件。在投标时需要注意以下方面：

（1）注意投标的截止日期。招标人所规定的投标截止日就是提交标书最后的期限。投标人在投标截止日之前所提交的投标是有效的，超过该日期之后就会被视为无效投标。在招标文件要求提交投标文件的截止时间后送达的投标文件，招标人可以拒收。

（2）投标文件的完备性。投标人应当按照招标文件的要求编制投标文件。投标文件应当对招标文件提出的实质性要求和条件作出响应。投标不完备或投标没有达到招标人的要求，在招标范围以外提出新的要求，均被视为对于招标文件的否定，不会被招标人所接受。投标人必须为自己所投出的标负责，如果中标，必须按照投标文件中所阐述的方案完成工程，这其中包括质量标准、工期与进度计划、报价限额等基本指标以及招标人所提出的其他要求。

（3）注意标书的标准。标书的提交要有固定的要求，基本内容是：签章、密封。如果不密封或密封不满足要求，投标是无效的。投标书还需要按照要求签章，投标书需要盖有投标企业公章以及企业法人的名章（或签字）。如果项目所在地与企业距离较远，由当地项目经理部组织投标，需要提交企业法人对于投标项目经理的授权委托书。

（4）注意投标的担保。投标担保，或投标保证金，是指投标人保证中标后履行签订承发包合同的义务,否则,招标人将对投标保证金予以没收。

根据《工程建设项目施工招标投标办法》规定,施工投标保证金的数额一般不得超过投标总价的2%,但最高不得超过80万元人民币。投标保证金有效期应当超出投标有效期30天。投标人不按招标文件要求提交投标保证金的,该投标文件将被拒绝,作废标处理。

根据《工程建设项目勘察设计招标投标办法》规定,招标文件要求投标人提交投标保证金的,保证金数额一般不超过勘察设计费投标报价的2%,最多不超过10万元人民币。

国际上常见的投标担保的保证金数额为2%～5%。

【案例分析5解析】(1)事件一中,开发公司的做法不正确。因为招投标法规定,建设项目中标后,双方不得签订违背中标结果的事项。因为中标价是1 350万元,所以合同价格应当是1 350万元。

(2)事件二中,因为开发公司应提供的施工图纸没有完成设计,而且施工单位也没有到现场实地勘察,因此施工单位会承担4个方面的风险,分别是工程量计算失误的风险、单价计算失误的风险、工期延误的风险、工程质量风险。

(3)开发公司向施工单位提供场地的工程地质和主要管线资料,供施工单位参考使用的做法不妥。正确做法是:开发公司应该向施工单位提供准确、真实的工程地质和主要管线资料,作为施工单位施工的依据。

6.2.3 合同的谈判与签约

在工程中,业主是通过合同分解项目目标,落实承包人,并实施对项目的控制权力。由于业主处于主导地位,他的合同总体策划对整个工程有很大的影响,同时直接影响承包商的合同策划。业主在招标前,必须就以下合同问题作出决策:

1) 合同订立的程序

与其他合同的订立程序相同,建设工程合同的订立也要采取要约和承诺方式,根据《招标投标法》对招标、投标的规定,招标、投标、中标的过程实质就是要约、承诺的一种具体方式。招标人通过媒体发布招标公告,或向符合条件的投标人发出招标邀请,为要约邀请;投标人根据招标文件内容在约定的期限内向招标人提交投标文件,为要约;招标人通过评标确定中标人,发出中标通知书,为承诺;招标人和中标人按照中标通知书、招标文件和中标人的投标文件等订立书面合同时,合同成立并生效。

建设工程施工合同的订立往往要经历一个较长的过程。在明确中标人并发出中标通知书后,对方即可就建设工程施工合同的具体内容和有关条款展开谈判,直到最终签订合同。

2) 建筑工程施工承包合同谈判的主要内容

(1)关于工程内容和范围的确认。招标人和中标人可就招标文件中的某些具体工作内容进行讨论、修改、明确或细化,从而确定工程承包的具体内容和范围。在谈判中双方达成一致的内容,包括在谈判讨论中经双方确定工程内容和范围方面的修改或调整,应以文字方式确定下来,并以"合同补遗"或"会议纪要"方式作为合同附件,并明确它是构成合同的一部分。

对于为监理工程师提供的建筑物、家具、车辆以及各项服务,也应逐项详细地予以明确。

(2) 关于技术要求、技术规范和施工技术方案。双方尚可对技术要求、技术规范和施工技术方案等进行进一步讨论和确认,必要情况下甚至可以变更技术要求和施工方案。

(3) 关于合同价格条款。依据计价方式的不同,建设工程施工合同可以分为总价合同、单价合同和成本加酬金合同。一般在招标文件中就会明确规定合同将采用什么计价方式,在合同谈判阶段往往没有讨论的余地。但在可能的情况下,中标人在谈判过程中仍然可以提出降低风险的改进方案。

(4) 关于价格调整条款。对于工期较长的建设工程,容易遭受货币贬值或通货膨胀等因素的影响,可能给承包人造成较大损失,价格调整条款可以比较公正地解决这一承包人无法控制的风险损失。无论是单价合同还是总价合同,都可以确定价格调整条款,即是否调整以及如何调整等。可以说,合同计价方式以及价格调整方式共同确定了工程承包合同的实际价格,直接影响着承包人的经济利益。在建设工程实践中,由于各种原因导致费用增加的概率远远大于费用减少的概率,有时最终的合同价格调整金额会很大,远远超过原定的合同总价,因此承包人在投标过程中,尤其是在合同谈判阶段,一定要对合同的价格调整条款予以充分重视。

(5) 关于合同款支付方式的条款。建设工程施工合同的付款分4个阶段进行,即预付款、工程进度款、最终付款和退还保留金。关于支付时间、支付方式、支付条件和支付审批程序等有很多种可能的选择,并且可能对承包人的成本、进度等产生比较大的影响,因此,合同支付方式的有关条款是谈判的重要方面。

(6) 关于工期和维修期。中标人与招标人可根据招标文件中要求的工期,或者根据投标人在投标文件中承诺的工期,并考虑工程范围和工程量的变动而产生的影响来商定一个确定的工期。同时,还要明确开工日期、竣工日期等。双方可根据各自的项目准备情况、季节和施工环境因素等条件洽商适当的开工时间。

对于具有较多的单项工程的建设工程项目,可在合同中明确允许分部位或分批提交业主验收(例如成批的房屋建筑工程应允许分批验收,分多段的公路维修工程应允许分段验收,分多片的大型灌溉工程应允许分片验收等),并从该批验收时起开始计算该部分的维修期,以缩短承包人的责任期限,最大限度地保障自己的利益。

合同文本中应当对维修工程的范围、维修责任及维修期的开始和结束时间有明确的规定,承包人应该只承担由于材料和施工方法及操作工艺等不符合合同规定而产生的缺陷。承包人应力争以维修保函来代替业主扣留的保留金。与保留金相比,维修保函对承包人有利,主要是因为可提前取回被扣留的现金,而且保函是有时效的,期满将自动作废。同时,它对业主并无风险,真正发生维修费用,业主可凭保函向银行索回款项。因此,这一做法是比较公平的。维修期满后,承包人应及时从业主处撤回保函。

(7) 合同条件中其他特殊条款的完善。关于合同图纸,关于违约罚金和工期提前奖金,工程量验收以及衔接工序和隐蔽工程施工的验收程序,关于施工占地,关于向承包人移交施工现场和基础资料,关于工程交付,预付款保函的自动减额条款,等等。

3) 建设工程施工承包合同最后文本的确定和合同签订

(1) 合同风险评估。在签订合同之前,承包人应对合同的合法性、完备性、合同双方的责任和权益以及合同风险进行评审、认定和评价。

(2) 合同文件内容。建设工程施工承包合同文件构成:合同协议书;工程量及价格;合同条件,包括合同一般条件和合同特殊条件;投标文件;合同技术条件(含图纸);中标通知书;双方代表共同签署的合同补遗(有时也以合同谈判会议纪要形式);招标文件;其他双方认为应该作为合同组成部分的文件,如投标阶段业主要求投标人澄清问题的函和承包人所做的文字答复、双方往来函件等。

对所有在招标投标及谈判前后各方发出的文件、文字说明、解释性资料进行清理,对凡是与上述合同构成内容有矛盾的文件应宣布作废,可以在双方签署的《合同补遗》中对此作出排除性质的声明。

(3) 关于合同协议的补遗。在合同谈判阶段双方谈判的结果一般以《合同补遗》的形式,有时也可以《合同谈判纪要》形式,形成书面文件。同时应该注意的是,建设工程施工承包合同必须遵守法律。对于违反法律的条款,即使由合同双方达成协议并签了字,也不受法律保障。

(4) 签订合同。双方在合同谈判结束后,应按上述内容和形式形成一个完整的合同文本草案,经双方代表认可后形成正式文件。双方核对无误后,由双方代表草签,至此合同谈判阶段即告结束。此时,承包人应及时准备和递交履约保函,准备正式签署施工承包合同。

【案例分析3解析】 背景材料中的必要合格条件不妥之处是:①投标人在开户银行的存款达到工程造价的5%;②主体工程重点部位可分包给经验丰富的承包商。

6.3 建设工程合同的实施管理与索赔

【案例分析6】 某一房地产开发项目中,业主提供了地质勘查报告,证明地下土质很好。承包商做施工方案,用挖方的余土作通往住宅区道路基础的填方。由于基础开挖施工时正值雨季,开挖后土方潮湿且易碎,不符合道路填筑要求,承包商不得不将余土外运,另外取土作道路填方材料,对此承包商向业主提出索赔要求。

【问题】 监理工程师是否同意其索赔要求?

工程项目的实施过程实质上是工程项目相关合同的实施过程。由于工程项目合同确定了工程项目的价格、工期和质量各目标,项目合同的实施管理同时涵盖了三大目标的实施管理,居于项目管理实施管理的核心地位。

6.3.1 项目合同实施管理

从整个工程角度而言,一般由业主的项目管理者负责工程项目相关合同的管理和协调,并承担相应的责任。对于承包商而言,由于大量材料、设备供应合同及分包合同的存在,也应委派专人负责工程现场合同的协调和控制。

1) 建立合同实施保证体系

(1) 设立专门的合同管理机构和人员。依据工程的规模和复杂程度,在工程项目组织中设立合同管理小组或合同管理员,较小的项目,也可交由项目经理完成。承包商的合同管理部门在合同实施阶段的主要工作包括：对项目的合同履行情况进行分析、汇总，协调项目合同的实施，处理重大的合同关系，组织合同的变更及索赔。

(2) 进行合同履行分析和合同交底。合同履行分析是将合同责任落实到实施的具体问题上和具体工程活动中。主要分析：承包商的主要合同责任、工程范围和权利；业主的主要责任和权利；合同价格、计价方法和补偿条件；工期要求和补偿条件；工程问题的处理方法和程序，如变更、付款、验收等；争执的解决；违约责任；合同实施中注意的问题和风险等。在合同履行分析完后，将合同文件和分析结果下达到项目职能管理人员和工程负责人，进行合同交底，使相关人员熟悉合同的主要内容、支付的程序和规定，了解工程范围和合同责任及法律后果，并将合同责任落实到相关实施者。

(3) 建立合同管理工作程序。对合同目标内的经常性管理工作应建立管理制度，如依据各个材料设备供应合同进行的财务交割（进场、检查验收、付款）、工程验收和计量、支付的程序、竣工验收和结算等；对变更合同目标的非常性工作，如工程变更、索赔等，也应有一套管理工作程序。

(4) 建立报告和行文制度，建立文档管理系统。涉及合同方的确认、变更、情况报告、处理、意见、指令等，都应以书面形式建立文件往来，以便使合同主体之间履行相应的手续并进行记载，建立起合同文档系统，保存工程实施过程中的相关事件和活动的一切资料和信息，反映实际情况，为以后的查阅、分析提供原始资料。

2) 合同实施控制

(1) 对合同实施过程进行监督，对照合同监督各承（分）包商的施工，使各项目组、各承（分）包商、业主、其他协作方的工作都满足合同要求。

(2) 对过程的各种书面文件进行合同法律方面的审查，对项目经理、过程负责人等在合同关系上给予帮助和工作指导。

(3) 对整体工程项目及具体各项合同活动或事件进行跟踪，向领导层次管理人员提供合同实施情况报告，对合同的实施提出建议、意见甚至警告。

(4) 实施合同文档管理，特别注意记录导致成本、进度等合同目标变更及其原因的资料。

(5) 调解合同争执，做好协调和管理工作。

(6) 处理索赔和反索赔。

3) 合同评价与判断

在跟踪合同实施情况的基础上，分析工程实施情况与合同文件的差异及其造成的原因，明确和落实责任，对合同实施进行趋向性预测，考虑是否采取调控措施及相应的结果，以此指导后续管理工作。

6.3.2 工程变更

1) 工程变更的概念

因施工条件改变、业主要求、工程师要求或设计原因使工程或其任何部分的形式、质量或数量发生变更,称之为工程变更。因此工程变更是在合同仍然有效的前提下,合同权利义务的部分修改。工程变更可分为设计变更、进度计划变更、施工条件变更和新增工程(包括价格变更和工程变更)。工程变更导致合同文件、合同目标的变更,相应的合同责任也发生了变更,工程变更对工程施工影响较大,造成工期拖延和费用增加,易引起争执。

2) 工程变更的程序

工程变更可以由承包商提出,也可以由业主方或工程师提出,一般业主方提出的工程变更由工程师代为发出。工程师发出工程变更指令的权限,由业主授予,在施工合同中明确约定。工程师就超出其权限的工程变更指令时,应附上业主的书面批准文件,否则承包商可拒绝执行。在紧急情况下,工程师可先采取行动再尽快通知业主,对此承包商应立即遵照工程师的变更指示。承包商提出的工程变更须经工程师审批后方可实行。

较为理想的情况是,在变更执行前业主(或工程师)就变更中涉及的费用和工期补偿达成一致。但较为常见的情况是,合同中赋予了工程师直接指令变更工程的权力,承包商接到指令后即执行变更,而变更涉及的价格和工期调整由业主(或工程师)和承包商协商后确定。

我国施工合同示范文本所确定的工程变更估价原则为:

(1) 合同中已有适用于变更工程的价格,按合同已有的价格变更合同价款。

(2) 合同中只有类似于变更工程的造价,可以参照类似价格变更合同价款。

(3) 合同中没有适用或类似于变更工程的价格,由承包人提出适当的变更价格,经工程师确认后执行。

工程变更指令一般应以书面通知下达。对于工程师口头发出的变更指令,事后应补发书面指令。如果工程师忘了补发,承包商应在 7 天内以书面形式证实此项指示,交工程师签字,如果工程师在 14 天内未提出反对意见的,视为认可。

3) 工程变更管理

(1) 尽量在变更涉及的工程开工前变更,以免因变更审批或决策时间过长造成停工等待或继续施工增大返工损失。对于工程师和承包商而言,都有尽早发现工程变更迹象、相互提醒的管理义务。在科学合理、有利于施工和达到合同目标的前提下,各项目管理人员和技术人员应以尽量减少工程变更为控制目标,特别是随意地修改工程设计或盲目追求施工速度而造成不必要的工程浪费。

(2) 对工程师发出的工程变更指令,特别是重大变更和设计修改,应对照合同规定的工程师权限进行核实。超出权限部分应有业主的批准书面文件。

(3) 承包商应有效落实工程师按合同规定发出的工程变更指令,不论承包商对此是否有异议,也不论是否已就价格和工期调整与业主达成一致。因为即使在争议处理期间,承包商不能免除其进行正常施工和进行变更工程施工的义务,否则可能造成承包商违约。对于先下达的变更指令要求执行,而价格和工期谈判又迟迟达不成协议时,承包商可以采取适当措施保护和争取自身利益,如:控制施工进度,等待变更谈判结果;争取以实际费用支出或点工计算变更工程的费用补偿,避免价格谈判僵持不下;完整记录变更实际情况,并请业主和工程师签字,收集由变更造成的费用增加和其他损失的证据,在谈判中争取合理补偿,保留索赔的权利。

6.3.3 索赔管理

1) 工程索赔的概念及分类

索赔是在工程承包合同履行过程中,当事人一方由于另一方未履行合同规定的义务而遭受损失时,向另一方提出给予合理补偿要求的行为。凡是涉及两方(或多方)的合同协议都可能发生索赔问题,索赔是签订合同的双方各自享有的正当权利。一方只有在损害后果已客观存在的情况下才能向另一方提起索赔,比如已造成额外费用支出的经济损失,或恶劣气候造成工程进度的不利影响。索赔是一种未经对方确认的单方行为,在通过确认(如协商、谈判、调解、仲裁或诉讼)之后才能实现。

索赔按照提出方的不同分为业主索赔和施工索赔;按索赔目的分为工期索赔和费用索赔;按合同关系分为承包商同业主之间、总包与分包之间、承包商与供货商之间的索赔等;按索赔依据可分为合同规定的索赔、非合同规定的索赔和道义索赔。

【案例分析7】 某工程地下2层,地上15层,现浇钢筋混凝土框架结构。由于技术难度大,业主采用了邀请招标方式,择优选择了其中一家作为中标单位,并与其签订了工程施工承包合同,承包工作范围包括土建、机电安装的装修工程。该工程开工日期为2011年4月1日,合同工期为18个月。

在合同履行过程中发生以下事件:

事件一:2011年5月,施工单位为保证施工质量,扩大了开挖面积,导致开挖量、费用及相应工序持续时间增加,于是向业主提出了索赔费用3.0万元,工期索赔3d。

事件二:2011年8月,恰逢连降7d罕见大雨,造成停工损失2.5万元,工期增加了4d,于是施工单位据此向业主提出索赔。

事件三:2012年2月,在主体砌筑工程中,因施工图设计有误,实际工程量增加,导致费用增加3.8万元,相应工序持续时间增加了2d,于是施工单位据此向业主提出索赔。

事件四:在工程保修期间发生了由于施工质量原因引起的屋顶漏水、墙面剥落等问题,业主在多次催促施工单位修理,而施工单位一再拖延的情况下,另请其他施工单位进行了维修。

上述事件中,除事件二外,其他工序事件的延误均未超过工作的总时差。

【问题】 (1) 事件一中施工单位的索赔是否成立?说明理由。

(2) 事件二中施工单位的索赔是否成立?说明理由。

(3) 事件三中施工单位的索赔是否成立?说明理由。

(4) 事件四中施工单位的做法是否妥当?说明理由。所发生的维修费用该如何处理?

2) 业主索赔

业主索赔是指由承包单位不履行或不完全履行约定的义务,或者由于承包单位的行为使业主受到损失时,业主向承包单位提出索赔。主要有以下几种:

(1) 对拖延竣工期限索赔。由于承包商拖延竣工期限,业主提出索赔。索赔的费用可按实际损失计算,或按清偿损失计算。业主按工期拖延的实际损失向承包商提出索赔一般考虑的费用包括:①业主盈利和收入损失。②增大的工程管理费用开支。③超额筹资的费用。这常常是业主遭受的最为严重的延误费用,业主对承包商延期引起的任何利息支付都应作为延期损失索赔。④使用设施机会丧失而导致的可能增加收益的损失。清偿损失额等于承包单位引起的工期延误日数乘以日清偿损失额。由于日清偿损失额在招标文件中给出,业主一般采用较低的损失额来计算延误损失,以免投标方大幅度提高报价。其优点在于使用时业主可以避免确定实际损失需要支出的花费,也可以从给付承包商的工程款中陆续扣回。

(2) 对不合格的工程拆除和不合格材料运输费用索赔。当承包商未能履行合同规定的质量标准,业主要求运走或调换不合格的材料、拆除或重新做好缺陷的工程而承包商拒不执行时,业主有权雇佣他人来完成工作,发生的一切费用由承包商负担,业主可以从任何应付给承包商的款项中扣回。

(3) 对承包商为履行合同的保险费用索赔。如果承包商未能按照合同条款指定的项目投保,并保证保险有效,业主可以投保并保证保险有效,业主所支付的必要保险费可在付给承包商的款项中扣回。

(4) 对承包商超额利润的索赔。如果工程量增加很多,使承包商预期的收入增大,而工程量增加,承包商并不增加任何固定成本,合同价应由双方讨论调整,收回部分超额利润。或者由于法规的变化导致承包商在工程实施中降低了成本,产生了超额利润,也应重新调整合同价格,收回部分超额利润。

(5) 对指定分包商的付款索赔。当工程总承包商无合理理由扣留应向分包商支付的工程款时,业主可以直接按照工程师的证明书,将总承包商未付给指定分包商的款项(扣除保留金)直接支付给该分包商,并从应付给承包商的任何款项中如数扣回。

(6) 业主合理终止合同或承包商不正当地放弃工程的索赔。如果业主合理地终止承包商的承包,或者承包商不合理地放弃工程,业主有权从承包商手中收回由新的承包商完成全部工程所需的工程款与原合同未付部分的差额。

3) 施工索赔及处理

施工索赔系指由于业主或其他相关方面的过失或责任,使承包商在工程施工中增加了额外的费用,承包商根据合同条款的有关规定,以合法的程序要求业主或其他有关方面补偿在施工中所遭遇的损失。

(1) 施工索赔的内容

① 不利的自然条件与人为障碍引起的索赔。不利的自然条件是指施工中遇到的实际自然条件比招标文件中所描述的更为困难和恶劣,这些不利的自然条件或人为障碍增加了施工的难度,导致承包商必须花费更多时间和费用,在这种情况下,承包商可向工程师提出索赔要求。其中,对于不利自然条件和地质条件引起的索赔,一般由于招标文件中已经进行了描述或附有相关资料,甚至要求承包商对现场环境先行考察和确认,因而这种索赔经常会引起争议。在施工期间,如果承包商遇到不利的自然条件或不利障碍,应立即通知工程师,如果工程师认可为即使是有经验的承包商也不能遇见的,并给予证明,那么业主应给予承包商在该情况下支出的额外费用补偿。对于工程中人为障碍引起的索赔,经工程师到现场检查,通常较易成立。由于业主本身负有提供现场相关地下管线资料的义务,因而工程师应和承包商密切配合,预先收集、检查相关文件资料,做好突发情况的应对准备,减少对施工的影响。

② 工程变更引起的索赔。承包商应按工程师的指令执行工程变更,有权对这些变更所引

起的附加费用进行索赔。变更工程中,合同双方应以合同中的规定确认变更工程费用。变更工程价格或单价确定是否合理常常是引起这类索赔争议的主要原因。

③ 关于工期延长的索赔通常包括两方面:一是承包商要求延长工期;二是承包商要求偿付由于非承包商原因导致工程延误而造成的损失。一般这两方面的索赔报告要求分别编写,因为工期和费用的索赔并不一定同时成立。例如,由于特殊恶劣气候等原因,承包商可能得不到延长工期的承诺,但是,如果承包商能提供证明其延误造成的损失,就可能有权获得这些损失的赔偿。

④ 由于业主不正当地终止工程而引起的索赔。由于业主不正当地终止工程,承包商有权要求补偿损失,其数额是承包商在被终止工程上的人工、材料、机械设备的全部支付,以及项目管理费用、保险费、贷款利息、保函费用的支出(减少结算的工程款),并有权要求赔偿其盈利损失。

⑤ 关于支付方面的索赔。工程付款涉及价格、货币和支付方式3个方面的问题,由此引起的索赔也很常见。如价格调整的索赔、货币贬值导致的索赔、拖延支付工期款的索赔等。

(2) 施工索赔的资料

索赔的主要依据是合同文件及工程项目资料,资料不完整,工程师难以正确处理索赔。一般情况下,承包商为便于向业主进行索赔,都保存有一套完整的工程项目资料,而工程师也应保存自己带的一套有关详细记录。这样,工程师可根据承包商提供的记录及驻地工程师所做的记录做出裁决,避免了各执其词、相互扯皮。

① 承包商提供的记录

a. 施工方面记录。包括施工日志、施工检查员的报告、逐月分项记录、施工工长日报、每日工时记录、同工程师的往来通信及文件、施工进度特殊问题照片、会议记录和纪要、施工图纸、同工程师或业主的电话记录、投标时的工程进度计划、修正后的施工进度计划、施工质量检查验收记录、施工设备材料使用记录。

b. 财务方面记录。包括施工进度款支付申请单、工人劳动计时卡、工人或雇用人员工资单、材料设备和配件等采购单、付款收据、标书中财务部分的章节、工地的施工预算、工地开支报告、会议日报表、会计总账、批准的财务报告、会计往来书信及文件、通用货币汇率变化表。

根据索赔内容,还要准备上述资料范围以外的证据。

② 工程师方面的记录

a. 历史记录。包括工程进度计划及已完工程记录,承包商的机具和人力,气象报告,与承包商的洽谈记录,工程变更令,以及其他影响工程的重大事项。

b. 工程量和财务记录。包括工程师复核的所有工程量和付款的资料,如工程计量单、付款证书、计日工、变更令、各种费率价格的变化,现场的材料及设备的实验报告等。

c. 质量记录。包括有关工程质量的所有资料以及对工程质量有影响的其他资料。

d. 竣工记录。包括各单项工程、单位工程的竣工图纸、竣工证书,对竣工部分的鉴定证书等。

(3) 施工索赔的处理程序

① 提出索赔要求,报送索赔资料。承包商根据合同条件的任何条款或其他有关规定(如根据有关合同法)企图索取任何追加付款,都应在引起索赔事件发生的一定时间内将索赔意向通知工程师,同时将一份副本呈交业主。我国《建设工程施工合同(示范文本)》(GF—2017—0201)通用条款第19.1规定:承包人认为有权得到追加付款和(或)延长工期的,应按以下程序

向发包人提出索赔：

a. 承包人应在知道或应当知道索赔事件发生后 28 天内，向监理人递交索赔意向通知书，并说明发生索赔事件的事由；承包人未在前述 28 天内发出索赔意向通知书的，丧失要求追加付款和(或)延长工期的权利。

b. 承包人应在发出索赔意向通知书后 28 天内，向监理人正式递交索赔报告；索赔报告应详细说明索赔理由以及要求追加的付款金额和(或)延长的工期，并附必要的记录和证明材料。

c. 索赔事件具有持续影响的，承包人应按合理时间间隔继续递交延续索赔通知，说明持续影响的实际情况和记录，列出累计的追加付款金额和(或)工期延长天数。

d. 在索赔事件影响结束后 28 天内，承包人应向监理人递交最终索赔报告，说明最终要求索赔的追加付款金额和(或)延长的工期，并附必要的记录和证明材料。

② 工程师对索赔的处理。工程师在接到承包商的正式索赔信件后，应立即研究承包商的索赔资料，在没有确认责任谁负的情况下，要求承包人论证索赔的原因，重温有关合同条款，并同业主协商，对承包商索赔要求及时做出答复。如果对索赔款额一时难以表态，亦应通知对方，允诺日后处理。

工程师一般应在接到索赔报告资料后的一定时间内提出自己的意见，连同承包商的索赔报告一并报业主审定。如根据承包商所提供的证据，工程师认为索赔成立，则应做出决定通知承包商并付款，同时将一份副本呈交业主。

③ 会议协商解决。当索赔要求不能在工地由合同双方及时解决时，要采取会议协商的办法。第一次协商会议一般采取非正式的形式，由业主或工程师出面，同承包商交换意见，了解可能索赔的款项。双方代表在会前均应做好准备，提出资料及论证根据，明确需要协商的问题，以及可以接受的协商结果。

初次会谈结束时，如问题没有解决，则可商定正式会谈的时间和地点，以便继续讨论确定索赔的结论。对于一个复杂的索赔争论，一次会议很难达成协议，往往要经过多次谈判才能最后达成协议，签署执行。

④ 邀请中间人调解。如果争议双方的直接会谈没有结果，在提交法庭裁决或仲裁之前，还可由双方协调邀请一至数名中间人进行调解，促进双方索赔争议矛盾的解决。中间人调解工作是争议双方在自愿的基础上进行的，如果任何一方对中间人的工作不满意，或难以达成调解协议时，即可结束调解工作。

⑤ 提交仲裁。当工程师对业主和承包商提出的索赔要求做出的决断意见，得不到双方同意，经过会谈协商和中间人调解也得不到解决时，索赔一方有权要求将此争议提交仲裁机关裁决，仲裁机关做出的决定为最终裁决，索赔双方必须遵照执行。

【案例分析 7 解析】 (1) 事件一中：费用索赔不成立，工期索赔不成立。理由：因为该工作属于承包商自己采取的质量保证措施。

(2) 事件二中：费用索赔不成立，工期可以延长。理由：因为异常气候条件的变化，属于不可抗力因素，承包商不应得到费用补偿，但工期应予以顺延。

(3) 费用索赔成立，工期不予延长。理由：因为图纸设计方案有误，所以费用索赔成立；又因为该工作的时间延误未超过工作的总时差，不会影响工期，所以工期不予延长。

(4) 施工单位的做法不妥当。理由：在保修期内，施工单位应承担保修责任，及时修复质量问题。所发生的维修费可以从施工单位保修金中扣除。

4）索赔的处理原则

索赔必须以合同为依据。遇到索赔事件时，工程师必须以完全独立的身份，站在客观公正的立场上审查索赔要求的正当性，必须对合同条件、协议条款等有详细的了解，以合同为依据来公平处理合同双方的利益纠纷。由于合同文件的内容相当广泛，包括合同协议、图纸、合同条件、工程量清单以及许多来往函件和变更通知，有时会造成自相矛盾，或者不同解释，导致合同纠纷。根据我国有关规定，合同文件能互相解释、互为说明，除合同另有约定外，其组成和解释顺序如下：

(1) 本合同协议书。
(2) 中标通知书。
(3) 投标书及其附件。
(4) 本合同专用条款。
(5) 本合同通用条款。
(6) 标准、规范及有关技术文件。
(7) 图纸。
(8) 工程量清单。
(9) 工程报价单或预算书。

5）索赔费用的计算方法

(1) 分项法。分项法是按每个索赔事件所引起损失的费用项目分别分析计算索赔值的一种方法。这一方法是在明确责任的前提下，将索赔费用分项列出，并提供相应的工程记录、收据、发票等证据资料，这样可以在较短时间内给以分析、核实，确定索赔费用，顺利解决索赔事宜。在实际中，绝大多数工程的索赔都采用分项法计算。

(2) 总费用法。总费用法又称总成本法，是当发生多次索赔事件后，重新计算该工程的实际总费用，再从这个实际总费用中减去投标报价时的估算总费用，计算索赔余额，具体公式为：

$$索赔金额 = 实际总费用 - 投标报价估算总费用 \qquad (6-1)$$

(3) 修正总费用法。修正总费用法是对总费用法的改进。即在总费用计算的原则上，去掉一些不合理的因素，使其更合理。修正内容如下：

① 将计算索赔款的时段局限于受到外界影响的时间，而不是整个施工期。
② 只计算受影响时段内的某项工作所受影响的损失，而不是计算该时段内所有施工工作所受的损失。
③ 与该项工作无关的费用不列入总费用中。
④ 对投标报价费用重新进行核算：按所受影响时段内该项工作的实际单价进行核算，乘以实际完成的该项工作的工作量，得出调整后的报价费用。

按修正后的总费用计算索赔金额的公式如下：

$$索赔金额 = 某项工作调整后的实际费用 - 该项工作的报价费用$$

修正总费用法与总费用法相比，有了实质性的改进，能够相当准确地反映出实际增加的费用。

【案例分析 6 解析】 工程师否定了该索赔要求,理由是,填方的取土作为承包商的施工方案,它因受到气候条件的影响而改变,不能提出索赔要求。在本案例中即使没有下雨,而因业主提供的地质报告有误,地下土质过差不能用于填方,承包商也不能因为另外取土而提出索赔要求。这是因为:(1)合同规定承包商对业主提供的水文地质资料的理解负责。而地下土质可用于填方,这是承包商对地质报告的理解,应由他自己负责。(2)取土填方作为承包商的施工方案,也应由他负责。

课后习题

一、单项选择题

1. 根据我国《招标投标法》,若招标人需要对已发出的招标文件进行必要的澄清或者修改,应当至少在招标文件中规定的投标文件截止时间的( )日,以书面形式通知所有投标文件收受人。
   A. 14　　　　　　B. 15　　　　　　C. 28　　　　　　D. 30

2. 某项按单价合同计价的招标工程,在评标过程中,发现某投标人的总价与单价的计算结果不一致,究其原因是投标人在计算时,将混凝土单价 300 元/m^3 误作为 30 元/m^3 的结果。对此,业主有权( )。
   A. 以总价为准调整单价　　　　　　B. 要求投标者重新提报混凝土单价
   C. 以单价为准调整总价　　　　　　D. 将该投标文件作废标处理

3. 工程施工投标过程中,施工方案由投标人的( )主持制定。
   A. 拟派项目经理　　　　　　　　　B. 分管投标的副总经理
   C. 技术负责人　　　　　　　　　　D. 分管生产的副总经理

4. 建设工程合同的订立程序中,属于要约的是( )。
   A. 招标人通过媒体发布招标公告
   B. 投标人根据招标文件内容在规定的期限内向招标人提交投标文件
   C. 向符合条件的投标人发出招标文件
   D. 招标人通过评标确定中标人,发出中标通知书

5. 在施工期间,承包商可能遇到不能预见的地下岩石,导致工期拖延,这类风险应由( )承担。
   A. 发包人　　　　　　　　　　　　B. 承包人
   C. 发包人和承包人共同　　　　　　D. 监理工程师

6. 对于采用单价合同招标的工程,如投标书中有明显的数字计算错误,业主有权先做出修改再评标。当总价和单价的计算结果不一致时,正确的做法是( )。
   A. 按市场价调整单价　　　　　　　B. 分别调整单价和总价
   C. 以总价为准调整单价　　　　　　D. 以单价为准调整总价

7. 建设工程索赔中,承包商计算索赔费用时最常用的方法是( )。
   A. 总费用法　　　　　　　　　　　B. 修正的总费用法
   C. 实际费用法　　　　　　　　　　D. 修正的实际费用法

8. 在固定总价合同形式下,承包人承担的风险是( )。
   A. 全部工程量的风险,不包括通货膨胀的风险

B. 全部工程量和通货膨胀的风险
C. 工程变更的风险,不包括工程量和通货膨胀的风险
D. 通货膨胀的风险,不包括工程量的风险

9. 根据我国现行规定,施工投标保证金的数额一般为投标价的某一百分比,但其最高额度不超过(　　)万元人民币。
   A. 50　　　　　　B. 80　　　　　　C. 100　　　　　　D. 120

10. 非承包商原因导致非关键线路上的某项工作延误,如延误时间小于该项工作的总时差,则对此项延误的补偿是(　　)。
    A. 业主既应给予工期顺延,也应给予费用补偿
    B. 业主一般不会给予工期顺延,但给予费用补偿
    C. 业主既不会给予工期顺延,也不给予费用补偿
    D. 业主一般不会给予工期顺延,但可能给予费用补偿

11. 建设工程施工招标应具备的条件有(　　)。
    A. 已委托招标代理机构
    B. 招标文件已编制完成
    C. 初步设计及概算应当履行批准手续的,已经批准
    D. 施工图设计及预算应当履行批准手续的,已经批准

12. 标前会议上,招标人对投标人书面提出的问题和会议上提出的问题给予解答,会议结束后,招标人应将会议纪要用书面形式发给(　　)。
    A. 提出问题的投标人　　　　　　B. 所有参加标前会议的投标人
    C. 所有未参加标前会议的投标人　　D. 每一个投标人

13. 初步评审中发现投标报价的单价与数量的乘积之和与所报的总价不一致时,应(　　)。
    A. 以总价为准
    B. 以大写为准
    C. 以单价为准,并应由投标人代表签字确认
    D. 以单价为准,无需由投标人代表签字确认

14. 《招标投标法》关于公开招标与邀请招标的规定,正确的有(　　)。
    A. 应该招标的建设工程项目,一般应采用公开招标方式
    B. 公开招标的优点是招标人有较大的选择范围,费用较低
    C. 对于技术复杂的项目,招标人可采用邀请招标
    D. 采用邀请招标方式,招标人应当向5个以上法人或其他组织发出投标邀请书

15. 按照我国的招投标法,(　　)项目宜采用招标方式确定承包人。
    A. 所有基础设施　　　　　　B. 部分使用国有资金
    C. 总投资超过3 000万元　　D. 使用国外资金

16. (　　)是指每一件索赔事件发生后,索赔管理人员就针对该事件,在规定的索赔有效期内向工程师提出索赔要求,要求单项解决支付,不与其他索赔事件混在一起。
    A. 单项索赔　　　　B. 总索赔　　　　C. 工期索赔　　　　D. 费用索赔

17. 总费用法一般是在(　　)的情况下才采用的计算索赔款的方法。

A. 单项索赔　　　　　B. 总索赔　　　　　C. 工期索赔　　　　　D. 费用索赔

18. 某些紧急工程,特别是灾后修复工程,只能采用(　　)合同。
A. 可调价的总价　　　　　　　　　B. 不可调价的总价
C. 单价　　　　　　　　　　　　　D. 成本加酬金

19. 施工合同文本规定,承包人有权(　　)。
A. 自主决定分包所承包的部分工程　　B. 自主决定分包和转让所承担的工程
C. 经发包人同意转包所承担的工程　　D. 经发包人同意分包所承担的部分工程

20. 在工程实施过程中发生索赔事件以后,或者承包人发现索赔机会,索赔工作程序的第一步是要(　　)。
A. 提出索赔意向　　B. 提出索赔金额　　C. 提出索赔时间　　D. 提出索赔报告

二、多项选择题

1. 招标人应在招标文件中明确规定合同的计价方式,计价方式主要有(　　)。
A. 固定总价合同　　　　　　　B. 单价合同　　　　　　　C. 成本加酬金合同
D. 固定总价加酬金合同　　　　E. 单价合同加酬金合同

2. 施工招标划分合同数量时,应考虑的影响因素包括(　　)。
A. 有利于本地区的承包商　　　　　B. 有利于本系统的承包商
C. 施工内容的专业性要求　　　　　D. 避免施工现场的交叉干扰
E. 对项目建设总投资的影响

3. 按索赔的处理方式进行分类,索赔可以分为(　　)。
A. 工程加速索赔　　　　B. 总索赔　　　　C. 单项索赔
D. 合同中默示的索赔　　E. 合同外的索赔

4. 索赔按目的划分包括(　　)。
A. 综合索赔　　　　　　B. 单项索赔　　　　C. 工期索赔
D. 合同内索赔　　　　　E. 费用索赔

5. 施工过程中,工程师根据工程的需要,可以就(　　)情况发布变更指令。
A. 改变某单位工程的标高
B. 增加工程量清单中列明某项工作的数量
C. 从承包范围内删减部分工作内容交与当地承包人施工
D. 为了协调施工干扰指示改变承包商某部分施工的时间
E. 指示承包商使用其投标书内未承诺到场的施工机械完成新增工作

三、案例分析题

1. 某幕墙公司通过招投标从总承包单位承包了某机关办公大楼幕墙工程施工任务。承包合同约定,本工程实行包工包料承包,合同工期180个日历天。在合同履行过程中发生了以下事件:

事件一:按照合同约定,总承包单位应在8月1日交出施工场地,但由于总承包单位负责施工的主体结构没有如期完成,使幕墙开工时间延误了10 d。

事件二:幕墙公司向某铝塑复合板生产厂订购铝塑复合板,考虑该生产厂具有与本工程规模相符的幕墙安装资质,幕墙公司遂与该厂签订了铝塑复合板幕墙供料和安装的合同。总承包单位提出异议,要求幕墙公司解除铝塑复合板安装合同。

事件三：对办好隐蔽工程验收的部位，幕墙公司已进行封闭，但总承包单位和监理单位对个别施工部位的质量还有疑虑，要求重新检验。

事件四：工程竣工验收前，幕墙公司与发包人签订了《房屋建筑工程质量保修书》，质量保修期限为1年。

问题：

(1) 事件一中，幕墙公司可否要求总承包单位给予工期补偿和赔偿停工损失？为什么？

(2) 事件二中，总承包单位要求幕墙公司解除铝塑复合板安装合同是否合理？为什么？

(3) 事件三中，幕墙公司是否可以因这些部位已经进行过隐蔽工程验收而拒绝重新检验？为什么？重新检验的费用应由谁负责？

(4) 事件四中，指出《房屋建筑工程质量保修书》中保修期限的错误，说明理由并修正保修期限。

2. 某综合办公楼工程，建设单位(甲)通过招标投标程序确定本工程由承包商(乙)为中标单位，双方签订了工程总承包合同。由于工程涉及勘察设计任务，而乙不具备上述能力，后经甲建设单位同意，乙分别与丙设计公司和丁建筑工程公司签订了工程勘察设计合同和工程施工合同。勘察设计合同约定丙设计公司负责综合办公楼的设计服务工作，并按合同约定交付有关设计文件的资料。施工合同约定丁根据丙设计公司提供的设计图纸进行施工，工程竣工时根据国家有关验收规定及设计图纸进行质量验收。上述合同签订后，丙设计公司按时将设计文件和有关资料交给丁，丁根据设计图纸进行施工。工程竣工后，甲组织相关单位对工程进行联合验收，发现工程存在严重质量问题，是由于设计违反相关规范造成的。后甲就工程质量损失提出索赔要求，丙设计公司以与甲方没有合同关系为由拒绝承担责任，乙以自己不是设计人为由推卸责任，后甲以丙为被告向法院提起诉讼。

问题：

(1) 本案中，甲与乙、乙与丙、乙与丁分包签订的合同是否有效？说明理由。

(2) 本案工程出现的质量问题责任应如何划分？

(3) 甲以丙为被告向法院提起诉讼是否妥当？说明理由。

7 工程项目信息管理

教学目标

本章主要讲述了施工信息管理的概念、任务、方法,信息技术在工程项目管理中的应用,BIM 技术在工程项目管理中的应用价值以及工程项目管理信息化发展的趋势。通过本章学习,应达到以下目标:

(1) 了解施工信息管理的概念和工程项目管理信息化发展趋势;

(2) 熟悉施工信息管理的任务和方法,以及 BIM 在工程项目管理中的应用价值;

(3) 掌握施工信息管理的任务和方法。

案例导入

中冶天工集团用 BIM 技术助力世界单跨最长木拱桥建设

飞虹桥是由中冶天工集团承建的一座大跨度人行木拱桥,建成后将成为世界同类拱桥中单跨最长的木桥,创吉尼斯世界纪录。此桥位于山东滨州北海经济开发区黄河故道公园内,桥梁全长 140 m,主拱跨度 99 m、宽 9 m,采用木结构木桁架拱体系,造型简洁优美,与整个黄河故道公园融为一体。工程自 2017 年 12 月开工,于 2018 年 8 月 2 日合龙成功。飞虹桥效果图见图 7-1。

图 7-1 飞虹桥效果图

"飞虹桥"项目是中冶天工集团重点项目,具有以下特点和难点:(1)施工场地为黄河故道水域,邻水施工;(2)桥梁跨度大,且风速大,安装难度大;(3)桥梁构件尺寸不一,安装精度要求高;(4)桥梁位于滨海地区,防腐要求高。为了高质量、高标准、高效率完成项目施工任务,根据项目特点,公司选派 BIM 中心高级 BIM 工程师与项目人员成立 BIM 小组,负责模型建立和全过程应用,采用 BIM 技术协助项目施工,促进精细化管理。

"飞虹桥"项目自 2018 年 3 月进行 BIM 5D 立项,2018 年 6 月召开 BIM 5D 试点应用启动会，中冶天工集团技术质量部、BIM中心、分公司领导和技术中心、广联达老师均参与此次启动会。要求以飞虹桥BIM应用为基础，结合现场，并为现场实际服务。

项目在应用BIM过程中借助BIM相关软件为现场提供了一定的实际运用，为项目顺利施工提供了强大的技术支持，如图纸深化、可视化交底、方案模拟和VR全景体验、图纸会审、排砖、现场问题PDCA过程管理、3D打印等。图纸深化方面，项目部在飞虹桥建模过程中发现了桥台错位问题、主体结构复杂节点尺寸存在偏差问题、飞虹阁柱和拱连接存在错位问题等，通过及时沟通、变更，避免了返工，降低了质量隐患，减少了材料损耗，相对节省了约18天工期。

在场地布置上，项目部利用BIM 5D中三维场布对飞虹桥施工现场进行场地布置，合理规划施工现场，在临时规划论证阶段就确保施工现场场地得到充分利用，避免了资源浪费。

项目部还充分利用BIM可视化交底的功能，通过对飞虹桥整体、满堂脚手架及临时钢管支撑架等进行建模，采用投影仪、现场大屏幕、手机端、VR室、二维码、BIM 5D软件等多种途径进行可视化展示和交底。BIM整体模型见图7-2。

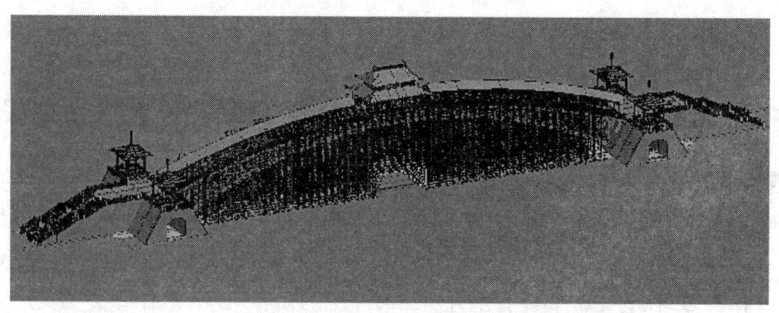

图7-2　BIM整体模型

针对飞虹桥跨度大的特点，项目部进行了方案模拟，采用大直径钢管支撑架做主拱临时支撑，采用履带吊分段吊装主拱、满堂脚手架作为安全防护及上人脚手架，对支撑架和吊装危大工程方案进行方案模拟，提高了方案的可行性和安全性。

通过BIM与3D打印机的结合应用，项目人员将模型输出到3D打印机中，历经一个月将模型按照比例打印、对外展示，BIM技术能力获得当地管委会、各参建单位的认可。

BIM技术已经很方便地实现了三维可视化，而与VR技术的结合，则把可视化带进一种新的体验。项目部利用VR技术，将飞虹桥三维模型实现了虚拟场景体验，可以让大家身临其境走进飞虹桥。

项目部还充分运用进度、质量、安全三端一云应用，将BIM 5D中的模型进行拆分，按专业、施工分区等情况详细划分流水段，采用BIM 5D进行进度动态施工模拟，判断施工进度编制是否合理。现场通过BIM 5D软件进行质量安全问题的PDCA管理，进行影像资料的收集汇总、劳动力的统计汇总。

此外，项目部技术人员借助BIM 5D对飞虹桥桥台完成初步排砖，然后通过CAD微调或者直接打印进行标记辅助现场排砖生产应用，控制现场砖块使用量，提高现场排砖美观水平，将砌体的损耗率控制在1%以下。

通过项目部对BIM 5D技术的灵活运用，2018年10月29日，项目部BIM应用通过验收，被评为"广联达BIM应用示范项目"及"广联达BIM应用观摩基地"。

我国从工业发达国家引进项目管理的概念、理论、组织、方法和手段,历时30余年,在工程实践中取得了不少成绩。但是,至今多数业主方和施工方的信息管理水平还相当落后,其落后表现在尚未正确理解信息管理的内涵和意义,现行的信息管理的组织、方法和手段基本还停留在传统的方式和模式上。应指出,我国在建设工程项目管理中当前最薄弱的工作领域是信息管理。

应用信息技术提高建筑业生产效率,提升建筑业管理和项目管理的水平和能力,是21世纪建筑业发展的重要课题。作为重要的物质生产部门,中国建筑业的信息化程度一直低于其他行业,也远低于发达国家的先进水平。因此,我国工程管理信息化任重而道远。

7.1 施工信息管理的任务和方法

7.1.1 施工信息管理的任务

1) 建设工程项目信息管理的内涵

(1) 信息。信息指的是用口头、书面或电子的方式传输(传达、传递)的知识、新闻,或可靠的或不可靠的情报。声音、文字、数字和图像等都是信息表达的形式。建设工程项目的实施需要人力资源和物质资源,应认识到信息也是项目实施的重要资源之一。

(2) 信息管理。信息管理指的是信息传输的合理组织和控制。施工方在投标过程、承包合同洽谈过程、施工准备工作、施工过程、验收过程以及在保修期工作中形成大量的各种信息,这些信息不但在施工方内部各部门流转,其中许多信息还必须提供给政府建设主管部门、业主方、设计方、相关的施工合作方和供货方等,还有许多有价值的信息应有序地保存,以供其他项目施工借鉴。上述过程中包含了信息传输的过程,由谁(哪个工作岗位或工作部门等)、在何时、向谁(哪个项目主管和参与单位的工作岗位或工作部门等)、以什么方式、提供什么信息等,这就是信息管理的内涵。信息管理不能简单理解为仅对产生的信息进行归档和一般的信息领域的行政事务管理。为充分发挥信息资源的作用和提高信息管理的水平,施工单位及其项目管理部门都应设置专门的工作部门(或专门的人员)负责信息管理。

(3) 项目的信息管理。项目的信息管理是通过对各个系统、各项工作和各种数据的管理,使项目的信息能方便和有效地获取、存储、存档、处理和交流。项目的信息管理的目的旨在通过有效的项目信息传输的组织和控制为项目建设的增值服务。

(4) 建设工程项目的信息。建设工程项目的信息包括在项目决策过程、实施过程(设计准备、设计、施工和物资采购过程等)和运行过程中产生的信息,以及其他与项目建设有关的信息,它包括项目的组织类信息、管理类信息、经济类信息、技术类信息和法规类信息。

2) 施工项目相关的信息管理工作

(1) 收集并整理相关公共信息。公共信息包括:法律、法规和部门规章信息,市场信息,以及自然条件信息。

① 法律、法规和部门规章信息，可采用编目管理或建立计算机文档存入计算机。无论采用哪种管理方式，都应在施工项目信息管理系统中建立法律、法规和部门规章表。

② 市场信息包括：材料价格表，材料供应商表，机械设备供应商表，机械设备价格表，新材料、新技术、新工艺、新管理方法信息表等。应通过每一种表格及时反映出市场动态。

③ 自然条件信息，应建立自然条件表，表中应包括地区、场地土类别、年平均气温、年最高气温、年最低气温、冬雨风季时间、年最大风力、地下水位高度、交通运输条件、环保要求等内容。

(2) 收集并整理工程总体信息。以房屋建设工程为例，工程总体信息包括：工程名称、工程编号、建筑面积、总造价；建设单位、设计单位、施工单位、监理单位和参与建设其他各单位等基本项目信息，以及基础工程、主体工程、设备安装工程、装饰装修工程、建筑造型等特点；工程实体信息、场地与环境、施工合同信息等。

(3) 收集并整理相关施工信息。

施工信息内容包括：施工记录信息，施工技术资料信息等。

施工记录信息包括：施工日志、质量检查记录、材料设备进场记录、用工记录表等。

施工技术资料信息包括：主要原材料、成品、半成品、构配件、设备出厂质量证明和实(检)验报告，施工试验记录，预检记录，隐蔽工程验收记录，基础、主体结构验收记录，设备安装工程记录，施工组织设计，技术交底资料，工程质量检验评定资料，竣工验收资料，设计变更洽商记录，竣工图等。

(4) 收集并整理相关项目管理信息。项目管理信息包括：项目管理规划(大纲)信息，项目管理实施规划信息，项目进度控制信息，项目质量控制信息，项目安全控制信息，项目成本控制信息，项目现场管理信息，项目合同管理信息，项目材料管理信息，构配件管理信息，工、器具管理信息，项目人力资源管理信息，项目机械设备管理信息，项目资金管理信息，项目技术管理信息，项目组织协调信息，项目竣工验收信息，项目考核评价信息等。

① 项目进度控制信息包括：施工进度计划表、资源计划表、资源表、完成工作分析表等。

② 项目成本控制信息要通过责任目标成本表、实际成本表、降低成本计划和成本分析来管理和控制成本的相关信息。而降低成本计划由成本降低率表、成本降低额表、施工和管理费降低计划表组成。成本分析由计划偏差表、实际偏差表、目标偏差表和成本现状分析表等组成。

③ 项目安全控制信息主要包括：安全交底、安全设施验收、安全教育、安全措施、安全处罚、安全事故、安全检查、复查整理记录等。

④ 项目竣工验收信息主要包括：施工项目质量合格证书、单位工程交工质量核定表、交工验收证明书、施工技术资料移交表、施工项目结算、回访与保修书等。

3) 信息管理手册的主要内容

施工方、业主方和项目参与方都有各自的信息管理任务，为充分利用和发挥信息资源的价值、提高信息管理的效率以及实现有序和科学的信息管理，各方都应编制各自的信息管理手册，以规范信息管理工作。信息管理手册描述和定义信息管理的任务、执行者(部门)、每项信息管理任务执行的时间及其工作成果等，它的主要内容包括：

(1) 确定信息管理的任务(信息管理任务目录)。

(2) 确定信息管理的任务分工表和管理职能分工表。

(3) 确定信息的分类。

(4) 确定信息的编码体系和编码。

(5) 绘制信息输入输出模型(反映每一项详细处理过程的信息的提供者、信息的整理加工者、信息整理加工的要求和内容以及经整理加工后的信息传递给信息的接受者,并用框图的形式来表示)。

(6) 绘制各项信息管理工作的工作流程图(如:信息管理手册编制和修订的工作流程,为形成各类报表和报告,收集信息、审核信息、录入信息、加工信息、信息传输和发布的工作流程,以及工程档案管理的工作流程等)。

(7) 绘制信息处理的流程图(如施工安全管理信息、施工成本控制信息、施工进度信息、施工质量信息、合同管理信息等信息处理的流程)。

(8) 确定信息处理的工作平台(如以局域网作为信息处理的工作平台,或用门户网站作为信息处理的工作平台等)及明确其使用规定。

(9) 确定各种报表和报告的格式,以及报表周期。

(10) 确定项目进展的月度报告、季度报告、年度报告和工程总报告的内容及其编制原则和方法。

(11) 确定工程档案管理制度。

(12) 确定信息管理的保密制度,以及与信息管理有关的制度。

在当今的信息时代,在国际工程管理领域产生了信息管理手册,它是信息管理的核心指导文件,期望我国施工企业对此引起重视,并在工程实践中得以应用。

4) 信息管理部门的主要任务

项目管理班子中各个工作部门的管理工作都与信息处理有关,它们也都承担一定的信息管理任务,而信息管理部门是专门从事信息管理的工作部门,其主要工作任务是:

(1) 负责主持编制信息管理手册,在项目实施过程中进行信息管理手册必要的修改和补充,并检查和督促其执行。

(2) 负责协调和组织项目管理班子中各个工作部门的信息处理工作。

(3) 负责信息处理工作平台的建立和运行维护。

(4) 与其他工作部门协同组织收集信息、处理信息和形成各种反映项目进展的项目目标控制的报表和报告。

(5) 负责工程档案管理等。

7.1.2 施工信息管理的方法

施工方信息管理手段的核心是实现工程管理信息化。

1) 信息化的内涵

(1) 信息化的内涵

信息化是指信息资源的开发和利用,以及信息技术的开发和应用。信息化是继人类社会农业革命、城镇化和工业化的又一个新的发展时期的重要标志。

"信息资源"涉及范围非常广,从地域上划分,有国内信息资源和国际信息资源,它们都可再按地域细分。从信息的领域区分,则有政治、军事、经济、文化、艺术类等,它们也可再细分。从信息内容的属性划分,则有组织、管理、经济、技术类等。其他的信息资源的划分方法,此略。信息资源对人类社会的发展是非常宝贵的财富,它应得以广泛开发和充分利用。

"信息技术"包括有关数据处理的软件技术、硬件技术和网络技术等。国际社会认为,一个社会组织的信息技术水平是衡量其文明程度的重要标志之一。

我国实施国家信息化的总体思路是:以信息技术应用为导向,以信息资源开发利用为中心,以制度创新和技术创新为动力,创造环境,鼓励竞争,扩大开放,加快发展通信业、电子信息产品制造业、软件业和信息服务业,以应用促发展,以信息化带动工业化,加快经济结构的战略性调整,全面推动领域信息化、区域信息化、企业信息化和社会信息化进程。具体包括以下方面:

① 建设世界一流的网络基础设施。加快建设宽带多媒体基础传输网络和宽带接入网络,加快广播电视节目制作和传输的数字化、网络化进程。

② 突出信息资源开发利用的中心地位。建设一批国家级战略性、基础性和公益性资源数据库,建设政府信息、国家公共信息资源交换服务中心,在数字图书馆、网络新闻、中国历史文化信息、地理空间信息系统、中外文语言及其翻译等领域实施一系列重大工程。

③ 加快信息化向国民经济和社会各领域的渗透。在经济商贸、生产制造、财政金融、农业、交通能源、科技教育、资源环境、社会公共服务和综合治理等领域,选择重点,实施领域信息化重大应用工程。

④ 提高信息技术研发和产业化水平。在超大规模集成电路技术、信息网络组网和管理技术、高速交换和路由技术、系统和应用软件技术、信息与网络安全技术等方面取得重大进展,使我国通信业、电子信息产品制造业、软件业和信息服务业取得较大的发展。

⑤ 大力培养信息化人才。在基础教育、学历教育和职业教育等各环节统一开设信息化研修课程;加强信息化基础研究和开发;动员社会各方面力量,建设多元化的信息化人才培养教育体系;建立良好的人才选拔、培养和使用机制,制定吸引海外高级人才的政策。

⑥ 加快信息化法律法规和标准规范的建设。制定和完善有关信息化的法律法规,保证网络安全,统一信息化建设中的各项标准和规范,促进国家信息化快速健康发展。

(2) 工程管理信息化和施工管理信息化的内涵

工程管理信息化属于领域信息化的范畴,它和企业信息化也有联系。

我国建筑业和基本建设领域应用信息技术与工业发达国家相比,尚存在较大的数字鸿沟,它反映在信息技术在工程管理中应用的观念上,也反映在有关的知识管理上,还反映在有关技术的应用方面。

在数字经济与数字生态2000年中国高层年会上就提出"认知数字经济、改善数字生态、弥合数字鸿沟、消除数字冲突、把握数字机遇"是推动信息化的重要战略任务。

工程管理信息化是指工程管理信息资源的开发和利用,以及信息技术在工程管理中的开发和利用。施工管理信息化是工程管理信息化的一个分支,其内涵是:施工管理信息资源的开发和利用,以及信息技术在施工管理中的开发和应用。

工程管理的信息资源包括:

① 组织类工程信息,如建筑业的组织信息、项目参与方的组织信息、与建筑业有关的组织

信息和专家信息等。

② 管理类工程信息,如与投资控制、进度控制、质量控制、合同管理和信息管理有关的信息等。

③ 经济类工程信息,如建设物资的市场信息、项目融资的信息等。

④ 技术类工程信息,如与设计、施工和物资有关的技术信息等。

⑤ 法规类信息等。

应重视以上这些信息资源的开发和利用,它的开发和利用将有利于建设工程项目的增值,即有利于节约投资/成本、加快建设进度和提高建设质量。

信息技术在工程管理中的开发和应用,包括在项目决策阶段的开发管理、实施阶段的项目管理和使用阶段的设施管理中开发和应用信息技术。

（3）信息技术在工程管理中应用的发展过程

自20世纪70年代开始,信息技术经历了一个迅速发展的过程,信息技术在工程管理中的应用也有一个相应的发展过程。

① 70年代,单项程序的应用,如工程网络计划时间参数的计算程序、施工图预算程序等。

② 80年代,程序系统的应用,如项目管理信息系统、设施管理信息系统(FMIS—Facility Management Information System)等。

③ 90年代,程序系统的集成,它是随着工程管理的集成而发展的。

④ 90年代末期至今,基于网络平台的工程管理。出于工程项目大量数据处理的需要,在当今时代应重视利用信息技术手段(主要是指数据处理设备和网络)进行信息管理。其核心技术是基于网络的信息处理平台,即在网络平台上(如局域网或互联网)进行信息处理,如图7-3所示。

⑤ 中国未来建筑信息化发展将形成以建筑信息模型(Building Information Modeling, BIM)为核心的产业革命。我国曾将BIM技术作为科技部"十一五"的重点研究项目,并被住房和城乡建设部确认为建筑

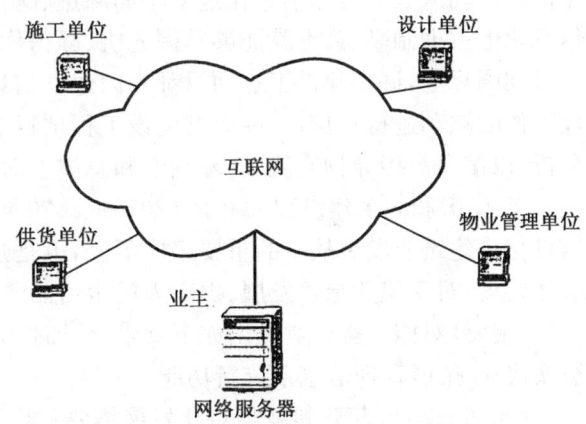

图7-3 基于互联网的信息处理平台

信息化的最佳解决方案。中国将着力建设资源节约型、环境友好型社会,深入贯彻节约资源和保护环境的基本国策。节约能源,降低室温气体排放强度,发展循环经济,推广低碳技术,积极应对气候变化,促进经济及社会发展与人口资源环境相协调,走可持续发展之路。"十二五"时期,BIM技术发挥了积极作用,推动工程建设的可持续发展。

2010年是BIM在中国快速发展的一年,BIM的理念正在深入人心。中国已有非常多的设计和施工单位开始使用BIM技术,BIM应用引爆了工程建设信息化热潮。BIM正在改变项目参与各方的工作协同理念和协同工作方式,使各方都能提高工作效率并获得收益。

BIM的定义有多种版本,2009年国外的一份BIM市场报告中将BIM定义为:"BIM是利用数字模型对项目进行设计、施工和运营的过程。"中国BIM标准正在研究制定中,成立了标准研究组,取得了阶段性成果,并发布了相应的出版物。美国国家BIM标准将BIM定位为:

"BIM是一个设施(建设项目)物力和功能特性的数字表达。BIM是一个共享的知识资源,是一个分享有关这个设施的信息,为该设施从建设到拆除的全生命周期中的所有决策提供可靠依据的过程。在项目不同阶段,不同利益相关方通过在BIM中插入、提取、更新和修改信息,以支持和反映其各自职责的协同作用。"

为贯彻落实《中共中央国务院关于进一步加强城市规划建设管理工作的若干意见》和《国务院办公厅关于促进建筑业持续健康发展的意见》精神,进一步提升工程质量安全水平,确保人民群众生命财产安全,促进建筑业持续健康发展,2017年3月,住房和城乡建设部印发了《工程质量安全提升行动方案》,其中重点任务之三为提升创新能力,包括:"推进信息化技术应用。加快推进建筑信息模型(BIM)技术在规划、勘察、设计、施工和运营维护全过程的集成应用。推进勘察设计文件数字化交付、审查和存档工作。加强工程质量安全监管信息化建设,推进工程质量安全数字化监管。"

⑥《国家信息化发展战略纲要》(以下简称《纲要》)是为了信息化驱动现代化,建设网络强国而制定的。2016年7月,由中共中央办公厅、国务院办公厅印发,自2016年7月起实施。《纲要》是根据新形势对《2006—2020年国家信息化发展战略》的调整和发展,是规范和指导未来10年国家信息化发展的纲要性文件,是国家战略体系的重要组成部分,是信息化领域规划、政策制定的重要依据。

《纲要》提出,当今世界,信息技术创新日新月异,以数字化、网络化、智能化为特征的信息化浪潮蓬勃兴起。全球信息化进入全面渗透、跨界融合、加速创新、引领发展的新阶段。谁在信息化上占据制高点,谁就能够掌握先机、赢得优势、赢得安全、赢得未来。

在国际上,许多建设工程项目都专门建立信息管理部门(或称为信息中心),以确保信息管理工作的顺利进行;也有一些大型建设工程项目专门委托咨询公司从事项目信息动态跟踪和分析,以信息流指导物质流,从宏观上和总体上对项目的实施进行控制。

⑦ 住房和城乡建设部发布的《2016—2020年建筑业信息化发展纲要》明确指出:建筑业信息化是建筑业发展战略的重要组成部分,也是建筑业转变发展方式、提质增效、节能减排的必然要求,对建筑业绿色发展、提高人民生活品质具有重要意义。

《纲要》对施工类企业提出如下要求:a.加强信息化基础设施建设;b.推进管理信息系统升级换代;c.拓展管理信息系统新功能。

《2016—2020年建筑业信息化发展纲要》对工程总承包类企业提出如下要求:a.优化工程总承包项目信息化管理,提升集成应用水平;b.推进"互联网+"协同工作模式,实现全过程信息化。

2)工程管理信息化的意义

工程管理信息资源的开发和信息资源的充分利用,可吸取类似项目正反两方面的经验和教训,许多有价值的组织信息、管理信息、经济信息、技术信息和法规信息将有助于项目决策期多种可能方案的选择,有利于项目实施期的项目目标控制,也有利于项目建成后的运行。

通过信息技术在工程管理中的开发和应用能实现:

(1) 信息存储数字化和存储相对集中(图7-4)。
(2) 信息处理和变换的程序化。
(3) 信息传输的数字化和电子化。

(4) 信息获取便捷。
(5) 信息透明度提高。
(6) 信息流扁平化。

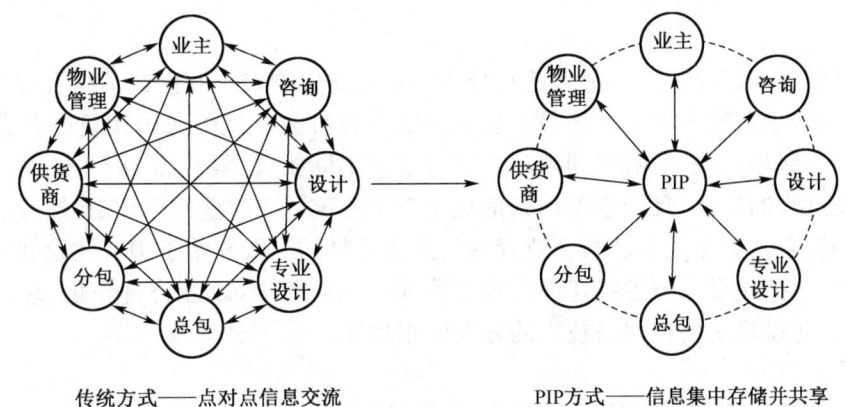

图 7-4 信息储存方式

信息技术在工程管理中的开发和应用的意义在于：

(1) "信息存储数字化和存储相对集中"有利于项目信息的检索和查询,有利于数据和文件版本的统一,并有利于项目的文档管理。

(2) "信息处理和变换的程序化"有利于提高数据处理的准确性,并可提高数据处理的效率。

(3) "信息传输的数字化和电子化"可提高数据传输的抗干扰能力,使数据传输不受距离限制并可提高数据传输的保真度和保密性。

(4) "信息获取便捷""信息透明度提高"以及"信息流扁平化"有利于项目参与方之间的信息交流和协同工作。

工程管理信息化有利于提高建设工程项目的经济效益和社会效益,以达到为项目建设增值的目的。

以某工程项目为例,项目业主方监理、EPC 总包方、EPCM 总包管理方、供货方协同的信息平台,主要功能包括进度管理、质量管理、安全管理、费用控制、采购管理、供应商管理、承包商管理、门禁管理、制度标准管理、综合沟通管理、图纸管理等业务模块。据统计和对比分析,项目管理信息平台直接作用和效益有以下几个方面：

(1) 提高工作效率,减少人员投入。平台的使用,提高了管理效率,减少了人员投入。

(2) 信息共享,增强信息的及时性和管理的透明度。提供了一个数据对比和信息披露的平台,通过对比分析和比较,起到了及时鞭策和警示的作用。

(3) 及时地汇总报表和例外事项监控,为领导决策提供了一定的帮助。有关进度、合同费用、合格率等报表为领导决策提供了一些基础素材;可以对报表中的一些指标设置警示提醒的限值,让领导关注例外事项。

(4) 积累建设数据。平台上开发了价格库,将建设期所有采购的设备和材料的价格数据整理成了可比较分析、检索和查询的数据库。

7.2 信息技术在工程项目管理中的应用

工程项目管理信息化一直伴随着信息技术的发展而发展,自20世纪70年代开始,信息技术不断迅速发展,信息技术在工程项目管理中的应用也日益广泛。我国建筑企业管理信息化相对于发达国家起步较晚,但随着国内建设项目规模不断扩大,科技含量不断增加,建设项目越来越需要全过程的控制,我国也意识到信息化对于建筑行业的重要性,在建筑行业信息化领域不断研究和探索。我国关于建筑企业管理信息化最早的实践开始于国家建设部的"金建"工程,利用网络技术把建设部与各级建设行政主管部门联通起来,以办公自动化、政务公开为重点,大大提高了建设系统信息网络技术的普及应用程度。

7.2.1 计算机辅助工程项目管理信息系统

项目管理信息系统是以项目管理知识体系思想为指导,在统一框架体系下进行的项目业务处理系统,涵盖质量、安全、资源管理、文档管理及事务管理等功能。

1) 工程项目管理信息系统业务功能

工程项目管理信息系统的业务功能包括进度控制、投资控制、质量控制、合同管理、采购管理、沟通管理、文档管理、HSE管理,具有项目全寿命周期辅助管理的能力。

① 进度控制。进度控制子系统的基本设想是通过项目的计划进度和实际进度的不断比较,进度控制者可及时获得反馈信息,以控制项目实施进度。

② 投资控制。投资控制子系统的基本设想是通过项目的投资计划和投资实际值的不断比较,投资控制者可及时获得信息,以控制项目投资计划,保证项目目标的实现。在项目建设过程中,与项目投资有关的费用有投资匡算、投资估算、设计概算、施工图预算、标底、投标价、合同价、结算、决算等。投资计划值与实际值的比较是一个动态过程,即是将与投资有关的费用进行比较,从中发现投资偏差。

③ 质量控制。质量控制子系统的基本设想是辅助制定项目质量标准和要求,通过项目实际质量与质量标准、要求的对比,质量控制者可及时获得信息,以控制项目质量。质量控制子系统的基本方法是质量数据的储存、统计和比较。

④ 合同管理。合同管理子系统的基本设想是涉及项目勘察设计、施工、工程监理、咨询和科研等全部项目实施合同的起草、签订、执行的跟踪管理、归档、索赔等全部环节的辅助管理。

⑤ 采购管理。采购管理子系统的基本设想是涉及从采购计划下达、采购单生成、采购单执行、到货接收、检验入库、采购发票的收集到采购结算的采购活动的全过程,对采购过程中物流运动的各个环节状态进行严密的跟踪、监督,实现对企业采购活动执行过程的科学管理。采购管理子系统基本功能包括采购、入库、出库、盘点、调拨、借贷、还贷、退货、预警、付款、售后、公告、知识库、备忘录、图表统计、自动提醒等功能模块。

⑥ 沟通管理。沟通管理子系统的基本设想是为了确保项目信息及时适当的产生、收集、

传播、保存和交流，是对各种不同内容的沟通活动和过程的管理。

沟通管理子系统的基本方法是提供有效的沟通渠道，确保在适当的时间以适当的方式使正确的信息被合适的人所获得。

沟通管理子系统的基本功能包括以流程、报告、报表、预警提示、文件和表单等为载体，利用邮件、责任事项提醒、即时沟通工具、联系单、会议、新闻公告等沟通工具，协助实现业主、工程监理、承包商、供货商、设计方和咨询方等项目参与方之间的高效沟通。这些沟通包括上行沟通、下行沟通和平行沟通。

⑦ 文档管理。文档管理子系统的基本设想是对工程建设实施过程中形成的文件资料进行收集积累、加工整理、立卷归档和检索利用等一系列工作。建设工程项目文档管理的对象是建设工程项目文件资料，它们是工程项目信息的载体。

文档管理是对项目信息的收集、整理、处理、储存、传递和应用等一系列工作的总称，也就是把项目信息作为管理对象进行管理。文档管理的目的是根据工程项目信息的特点，有计划地组织信息沟通，以保证决策者能及时、准确地获得所需信息。为了达到这个目的，需要把握信息管理的各个环节，包括信息的收集、加工整理、储存、传递和应用。

文档管理子系统的基本功能是实现对文件与档案从发文、收文到分类、归档、检索、删除的一体化管理，提高文档的利用效率。

⑧ HSE 管理。HSE 中 H 代表职业健康(Health)，S 代表安全(Safe)，E 代表环境(Environment)，称为职业健康安全和环境管理。HSE 管理子系统的基本设想是，通过有效的管理，避免项目安全事故的发生，减少安全事件发生后给工程带来的损失，保证施工质量满足要求和施工活动安全顺利地进行。

HSE 管理子系统实施的基本方法包括安全健康环境保障体系的建立、监督、监察，安全计划、安全教育培训，安全健康环境检查和反馈，风险控制及风险点分析，重要物项管理等。

HSE 管理子系统的基本功能是安全保障体系、安全组织机构、安全网络的建立和维护，开展安全计划管理，安全教育培训管理，安全资质管理，应急内容管理，每周安全周报、安全检查、风险控制及危险点分析、不合格项管理，工器具与设施管理，事故管理，安全奖惩、安全考核、安全会议及会议纪要管理等。

2) 合同管理子系统的功能

合同管理子系统的基本设想是对涉及工程项目勘察设计、采购、施工、工程监理、咨询和科研等全部项目实施合同的起草、签订，执行的跟踪管理、归档、索赔等全部环节，进行辅助管理。

合同管理子系统实施的基本方法是用于合同文本起草和修改的公文处理和合同信息的统计，通过合同信息的统计可以获得月度、季度、年度的应付款额、合同总数等信息。

合同管理子系统的基本功能是提供和选择标准的合同文本，开展合同文件及资料管理、合同执行情况跟踪和处理过程管理、涉外合同外汇折算、经济法规库(国内外经济法规)查询，提供合同管理报表等。

7.2.2 工程项目管理信息化发展策略

工程项目管理信息化是顺应时代发展的产物，是我国建筑业与国际接轨的重要手段。通过学习发达国家的管理经验，结合我国工程项目实际情况，积极推进信息技术发展和信息化进程，以下方面值得重点关注：

（1）建立以工程项目管理为中心的管理理念。工程项目管理对项目的实施提供了一种有力的管理思想，改善了对各种人力和资源利用的计划、组织、执行和控制的方法，对管理实践作出了重要的贡献。随着市场全球化、信息化的发展，客观上要求组织对资源进行最大效用的利用，具体来说就是对资源在成本、时间、质量3个方面进行全方位、全过程的控制。对于企业来说，最重要的是项目管理理念在企业中的推广。要切实运用项目管理的专业技术，需要拥有一批具有项目管理专业技能的项目经理和专业人员。

（2）统一行业专业数据标准，建立行业数据库。业主、设计方、工程监理方、承包商与材料供应商之间的大量数据不能交换，企业数据和项目数据不能共享，这些"信息孤岛"现象就是由于缺乏信息化标准体系而造成的。目前，我国建筑行业缺乏统一的数据标准，数据格式各异，给社会化的数据共享、交换带来极大的不便；缺少统一规划，国内相关软件存在低水平重复开发现象，总体效率低下；各部门为建立信息系统而引起的各业务子系统之间缺少联系，不能集成；大量数据需重复录入，导致不必要的重复劳动。建立数据交换标准已经是信息化普及的一个瓶颈问题，有关方面应当组织相关专家进行交流研究，借鉴国外的成功经验，建立行业信息化标准。

虽然制定统一标准可以实现数据共享，但毕竟在短期内难以实现，从这一点来考虑，企业自行开发或购买第三方接口软件比较现实和经济。第三方接口软件的功能是通过一系列的技术支持，将各个系统连接起来，将数据进行实时转换，实现信息交换和信息共享以及其他的功能，从而实现企业内部不同系统间的兼容，还可以通过Internet专网实现跨地域的数据共享和交换。

（3）选择合适的软件产品。目前，很多企业都拥有了各种各样的项目管理软件，但各个企业和各个项目上的应用水平和应用深度却有很大的不同。管理水平较高的企业或项目拥有一整套完整的项目管理软件应用规范以及与之相配套的相关规定，在项目管理软件的应用上得心应手；而相当一部分项目和企业对项目管理软件的应用仅仅局限在一个很低的水平，这里除了有硬件和人员方面的因素外，很大程度上还在于管理意识、管理基础和管理水平与项目管理软件应用的要求存在一定的差距。项目管理软件的应用能否取得成功，除了相关的技术因素之外，更大的因素取决于能不能将现代的管理理念同企业的具体实际良好结合。因此，如何选择一个能与企业实际相融合的软件，是当前大部分企业和工程项目参与方应着手解决的问题。

（4）提高从业人员素质，从业主方开始推广工程项目管理信息化。从业人员水平的提高对管理信息化的发展有很大的作用。目前，我国缺乏对工程项目管理专业人才的规范培养和资质认定，企业应给工程项目管理人员提供培训的机会，并定期组织开展工程项目管理的交流和研讨，以进一步提高工程项目管理人才的素质。要深入推广工程项目管理信息化，应该从对管理理论和管理工具需求最迫切、信息化能力和操作水平相对较高、在整个工程项目建设中处于主导地位的一方，即业主方着手。从业主方开始实施工程项目管理信息化，不仅能减少阻力，而且能够尽快体现控制工期、节省费用的成效。业主方处于建设项目投资人的重要地位，工程总承包方、工程监理方都要向投资人负责，从业主方开始实施，建立一个针对工程项目的多方沟通管理平台，有利于提高各方的项目管理水平，并可以逐步向工程总承包方、工程监理方、施工方推广工程项目管理信息化。

课后习题

一、单项选择题

1. 建设工程项目信息系统主要用于项目的（　　）。
   A. 投标报价　　　　B. 合同管理　　　　C. 目标控制　　　　D. 技术资料管理

2. 根据《建筑市场诚信行为信息管理办法》，不良行为记录信息公布期限一般为（　　）。
   A. 3个月～3年　　B. 1～3年　　　　C. 6个月～3年　　D. 3年以上

3. 工程管理信息化有利于提高建设工程项目的经济效益和社会效益，以达到（　　）的目的。
   A. 为项目建设增值　　　　　　　　B. 实现项目建设目标
   C. 实现项目管理目标　　　　　　　D. 提高项目建设综合治理

4. 建设工程的项目信息门户是基于互联网技术的重要管理工具，可以作为一个建设工程服务的项目信息门户主持者的是（　　）。
   A. 建设行政主管部门　　　　　　　B. 设计单位
   C. 业主委托的工程顾问公司　　　　D. 施工单位

5. 关于项目信息门户，下列说法正确的是（　　）。
   A. 项目信息门户是一种项目管理信息系统（PMIS）
   B. 项目信息门户是一种企业管理信息系统（MIS）
   C. 项目信息门户主要用于项目法人的人、财、物、产、供、销的管理
   D. 项目信息门户可以为一个建设工程的各参与方服务

6. 对建设项目投资项（或者成本项）信息进行编码时，适宜的做法是（　　）。
   A. 综合考虑投资方、承包商要求进行编码
   B. 综合考虑概算、预算、标底、合同价、工程支付等因素建立编码
   C. 根据概算定额确定的分部分项工程进行编码
   D. 根据预算定额确定的分部分项工程进行编码

7. 项目信息管理的目的是通过对项目信息传输的有效组织和控制，为项目的（　　）提供服务。
   A. 技术更新　　　　B. 档案管理　　　　C. 信息管理　　　　D. 建设增值

8. 在当今时代，应重视利用信息技术的手段进行建设工程项目信息管理，其核心手段是（　　）。
   A. 编制统一的信息管理手册　　　　B. 制定统一的信息管理流程
   C. 建立基于网络的信息沟通制度　　D. 建立基于网络的信息处理平台

9. 由于建设工程项目大量数据处理的需要，应重视利用信息技术的手段进行信息管理，当今时代其核心手段是（　　）。
   A. 编制统一的信息管理手册　　　　B. 制定统一的信息管理流程
   C. 建立基于网络的信息沟通制度　　D. 建立基于网络的信息处理平台

10. 建设工程项目信息管理的最终目的是（　　）。
    A. 通过项目信息收集的有效组织和控制为项目参与各方的沟通搭建平台
    B. 通过项目信息传输的有效组织和控制为项目建设的增值服务

C. 通过项目信息存储的有效组织和控制为项目运行期的维护保养提供依据
D. 通过项目信息处理的有效组织和控制为项目业主方协调各方关系提供依据

11. 基于网络的信息处理平台是由一系列的( )构成。
A. 硬件和软件　　B. 文档资料　　C. 专用网站　　D. 计算机网络

12. 下列项目信息中,属于组织类信息的是( )。
A. 工作量控制信息　　　　　　　B. 编码信息
C. 前期技术信息　　　　　　　　D. 合同管理信息

13. 编码信息、单位组织信息、项目组织信息等属于( )信息。
A. 管理类　　B. 组织类　　C. 经济类　　D. 技术类

14. 下列工作任务中,不属于信息管理部门的是( )。
A. 负责编制行业信息管理规范
B. 负责信息处理工作平台的建立和运行维护
C. 负责工程档案管理
D. 负责协调各部门的信息处理工作

15. 下列建设项目信息中,属于经济类信息的是( )。
A. 编码信息　　　　　　　　　　B. 质量控制信息
C. 工作量控制信息　　　　　　　D. 设计技术信息

16. 根据建设项目信息的内容属性,质量控制信息应归类为( )。
A. 组织类信息　　B. 技术类信息　　C. 管理类信息　　D. 经济类信息

17. 项目信息门户建立和运行的理论基础是( )。
A. 绩效优化理论　　B. 项目集成理论　　C. 远程合作理论　　D. 网络互联理论

18. ( )属于建设工程项目管理软件应用规划的主要内容之一。
A. 建立项目管理软件应用的管理办法和相关细则
B. 确定项目管理软件应用的范围
C. 确定项目管理软件应用的目标
D. 确定项目管理软件应用的需求

19. 基于互联网的建设项目信息管理系统功能分为( )。
A. 电子商务功能　　　　　　　　B. 文档管理功能
C. 基本功能和扩展功能　　　　　D. 通知和桌面管理功能

20. 基于互联网的建设工程信息管理系统的特点有( )。
A. 用户是建设单位的承包单位　　B. 用户包括政府、监理单位、材料供应商
C. 用户是建设工程的所有参与单位　D. 用户依靠政府建设主管部门的网站

二、多项选择题

1. 下列建设工程项目信息中,属于技术类信息的有( )。
A. 进度计划　　　　B. 施工方案　　　　C. 隐蔽验收记录
D. 桩基检测报告　　E. 工程量清单

2. 建设工程项目信息管理中,为形成各类报表和报告,应当建立( )的工作流程。
A. 信息管理和输出　　　　　　　B. 收集信息、录入信息
C. 审核信息、加工信息　　　　　D. 信息传输和发布

E. 信息整理和共享

3. 下列关于项目信息管理手册及内容的说法,正确的有(   )。
   A. 信息管理的任务分工表是信息管理手册的主要内容
   B. 信息管理手册应随项目进展而做必要的修改和补充
   C. 信息管理手册中应包含工程档案管理制度
   D. 应编制项目参与各方通用的信息管理手册
   E. 信息管理部门负责编制信息管理手册

4. 建设工程项目信息,按其内容属性可分为(   )。
   A. 资源类信息   B. 组织类信息   C. 管理类信息
   D. 技术类信息   E. 经济类信息

5. 为了做好建设工程项目成本目标的动态控制,进行项目成本信息编码时需考虑的因素包括(   )。
   A. 概算   B. 标底   C. 预算
   D. 施工成本分析   E. 合同价

6. 信息编码是信息处理的一项重要基础工作,施工单位在进行建设工程项目成本项统一编码时,应综合考虑的因素包括(   )。
   A. 工程款支付   B. 标底价   C. 施工成本分析
   D. 投标价   E. 合同价

7. 建设工程项目信息,按其内容属性可分为(   )。
   A. 资源类信息   B. 组织类信息   C. 管理类信息
   D. 技术类信息   E. 经济类信息

8. 下列关于沟通障碍的说法,正确的有(   )。
   A. 沟通障碍来自发送者的障碍、接收者的障碍和沟通通道的障碍
   B. 从信息发送者的角度看,影响信息沟通的因素可能是信息译码不准确
   C. 从信息接收者的角度看,影响信息沟通的因素可能是心理上的障碍
   D. 沟通障碍包括组织的沟通障碍和能力的沟通障碍两种形式
   E. 选择沟通媒介不当是沟通通道障碍的一个方面

9. 信息的特点有(   )。
   A. 真实性   B. 系统性   C. 片面性
   D. 不完全性   E. 有效性

10. 建设工程信息管理的基本环节包括(   )。
    A. 信息的收集、传递   B. 信息的加工、整理
    C. 信息的检索、存储   D. 数据和信息的收集、传递
    E. 数据和信息的加工、整理

参考文献

[1] 中华人民共和国住房和城乡建设部. 建设工程项目管理规范：GB/T 50326—2017[S]. 北京：中国建筑工业出版社，2017.

[2] Gould F E. 高等学校双语教学系列教材：工程项目管理（英文版）[M]. 北京：中国建筑工业出版社，2006.

[3] 全国一级建造师执业资格考试用书编写委员会. 建设工程项目管理[M]. 北京：中国建筑工业出版社，2021.

[4] 许江林. 项目管理知识体系指南（PMBOK 指南）[M]. 5 版. 北京：电子工业出版社，2013.

[5] 丁士昭. 建设工程管理概论[M]. 北京：中国建筑工业出版社，2010.

[6] 全国二级建造师执业资格考试用书编写委员会. 建设工程项目管理[M]. 北京：中国建筑工业出版社，2021.

[7] 吴念祖. 虹桥综合交通枢纽开发策划研究[M]. 上海：上海科学技术出版社，2009.

[8] 管振祥. 工程项目质量管理与安全[M]. 北京：中国建材工业出版社，2001.

[9] 王雪青. 国际工程项目管理[M]. 北京：中国建筑工业出版社，2000.

[10] 成虎. 建筑工程合同管理与索赔[M]. 3 版. 南京：东南大学出版社，2000.

[11] 乐云. 国际新型建筑工程 CM 承发包模式[M]. 上海：同济大学出版社，1998.

[12] 中国建筑学会建筑统筹管理分会. 工程网络计划技术规程教程[M]. 北京：中国建筑工业出版社，2000.

[13] 湖北省建设工程标准定额管理总站. 湖北省建筑安装工程费用定额[M]. 武汉：长江出版社，2018.

[14] 中华人民共和国住房和城乡建设部. 建设工程工程量清单计价规范：GB 50500—2013[S]. 北京：中国计划出版社，2013.

[15] 英国土木工程师学会. 新工程合同条件（NEC 合同）-工程施工合同与使用指南[M]. 方志达，译. 北京：中国建筑工业出版社，1999.

[16] 任宏. 巨项目管理[M]. 北京：科学出版社，2012.

[17] 丛培经. 工程项目管理[M]. 3 版. 北京：中国建筑工业出版社，2006.

[18] 成虎. 工程全寿命期管理[M]. 北京：中国建筑工业出版社，2011.

[19] 张伟，仲景冰. 工程项目管理[M]. 武汉：华中科技大学出版社，2020.